建筑工程资料管理与表格填写系列丛书

钢结构工程资料管理与表格填写范例

北京土木建筑学会　主编

中国计划出版社

图书在版编目（CIP）数据

钢结构工程资料管理与表格填写范例 / 北京土木建筑学会主编. -- 北京 : 中国计划出版社, 2017.3
（建筑工程资料管理与表格填写系列丛书）
ISBN 978-7-5182-0583-7

Ⅰ. ①钢… Ⅱ. ①北… Ⅲ. ①钢结构－建筑工程－工程施工－技术档案－档案管理 Ⅳ. ①G275.3

中国版本图书馆CIP数据核字(2017)第042543号

建筑工程资料管理与表格填写系列丛书
钢结构工程资料管理与表格填写范例
北京土木建筑学会　主编

中国计划出版社出版发行
网址：www.jhpress.com
地址：北京市西城区木樨地北里甲 11 号国宏大厦 C 座 3 层
邮政编码：100038　电话：(010)63906433(发行部)
北京市科星印刷有限责任公司印刷

787mm×1092mm　1/16　23.25 印张　542 千字
2017 年 3 月第 1 版　2017 年 3 月第 1 次印刷
印数 1—2000 册

ISBN 987-7-5182-0583-7
定价：65.00 元

建筑工程资料管理与表格填写系列丛书

《钢结构工程资料管理与表格填写范例》

编 委 会 名 单

前　言

建筑工程资料是在工程建设过程中形成的各种形式的信息记录。它既是反映工程质量的客观见证，又是对工程建设项目进行过程检查、竣工验收、质量评定、维修管理的依据，是城市建设档案的重要组成部分。工程资料实现规范化、标准化管理，可以体现企业的技术水平和管理水平，进而提升企业的市场竞争能力，是适应我国工程建设质量管理改革形势的需要。鉴于此，北京土木建筑学会组织有丰富施工经验的技术人员及专家组成了编写组和审编组，编写了建筑工程资料管理与表格填写系列丛书。

丛书依据工程质量验收标准《建筑工程施工质量验收统一标准》GB 50300—2013、资料管理标准《建筑工程资料管理规程》JGJ/T 185—2009、文件归档标准《建设工程文件归档规范》GB/T 50328—2014及《建筑地基基础工程施工规范》GB 51004—2015、《混凝土结构工程施工质量验收规范》GB 50204—2015、《砌体结构工程施工规范》GB 50924—2014、《屋面工程质量验收规范》GB 50207—2012、《通风与空调工程施工规范》GB 50738—2011、《建设工程监理规范》GB/T 50319—2013等最新专业工程的施工及验收规范，参考了大量相关专业的书籍，并结合建筑工程专业特点，根据资料类型对资料进行了整理与编制，方便读者的使用。

建筑工程资料管理与表格填写系列丛书共分为九个分册，分别为：《地基与基础工程资料管理与表格填写范例》、《建筑结构工程资料管理与表格填写范例》、《钢结构工程资料管理与表格填写范例》、《建筑装饰装修工程资料管理与表格填写范例》、《建筑设备安装工程资料管理与表格填写范例》、《电气、智能建筑工程资料管理与表格填写范例》、《隐蔽工程验收资料管理与表格填写范例》、《建筑工程监理资料管理与表格填写范例》、《建筑施工安全资料管理与表格填写范例》。

本书为第二分册，共分为九章，主要包括：工程资料管理要求、施工管理资料（C1）、施工技术资料（C2）、进度造价资料（C3）、施工物资资料（C4）、施工记录（C5）、施工试验记录及检测报告资料（C6）、施工质量验收记录（C7）、竣工验收资料（C8）。本书主要对混凝土结构工程、模板工程、钢筋工程、砌体工程和屋面工程的资料进行了分类与整理。读者在阅读本书时，可参考本书的附录《工程资料类别、来源及保存》，以核查在资料收集工作中是否有疏漏。

本书的表格范例样式主要参考了北京、河北、吉林的地方标准，适用于工程施工、建设、监理、设计等广大技术人员，可供其在编制工程资料时以有益的借鉴、学习、参考和指导。本书资料全面，贴近现场，并将新规范的内容融会贯通，做到通俗易懂，具有较强的指导作用和使用价值，可视为规范实施的技术性工具书。

由于时间关系以及编者水平所限，书中难免存在错误与疏漏，恳请广大读者批评指正。

编　者

2017年3月

目　录

第一章　工程资料的管理要求

第二章　钢结构工程施工管理资料(C1)

第八章 钢结构工程施工质量验收资料(C7)

第九章 钢结构工程资料组卷与归档(实例)范本

第一章

工程资料的管理要求

本章内容包括下列资料：

- 工程资料的分类及编号
- 工程准备阶段文件管理
- 监理资料管理
- 施工资料管理
- 钢结构工程资料管理系统
- 工程资料组卷及归档管理

第一节　工程资料的分类及编号

一、工程资料的分类

建筑工程资料是在建筑工程建设过程中形成的各种形式信息记录的统称，简称为工程资料。工程资料分为工程准备阶段文件、监理资料、施工资料、竣工图和工程竣工文件5类，其分类是按照不同收集单位、不同资料类别进行的，同时兼顾了工程的专业不同。

1.工程准备阶段文件

工程准备阶段文件由建设单位负责形成。建设单位应当按照基本建设程序进行工作，重视工程资料管理，配备专职或兼职的工程资料管理人员。建设单位的资料管理人员应负责及时收集基本建设程序各个环节所形成的文件资料，并按类别、形成时间进行登记、立卷、保管。工程竣工后，建设单位应按规定进行移交。涉及需要向政府行政主管部门申报的工程准备阶段文件，应按政府行政主管部门的有关规定执行。工程准备阶段文件经归纳可以分为6种，具体名称如下：

(1)决策立项文件。

(2)建设用地文件。

(3)勘察设计文件。

(4)招投标及合同文件。

(5)开工文件。

(6)商务文件。

2.监理资料

监理资料由工程建设监理单位负责形成。监理单位应当按照监理规程的要求，重视资料管理工作，配备专职或兼职的监理资料管理人员，及时收集各个环节所形成的文件资料，并按类别、形成时间进行登记、立卷、保管。工程竣工后，监理单位应按规定将监理资料移交给建设单位。监理资料可以分为6种，具体名称如下：

(1)监理管理资料。

(2)进度控制资料。

(3)质量控制资料。

(4)造价控制资料。

(5)合同管理资料。

(6)竣工验收资料。

3.施工资料

施工资料内容与种类繁多，应由施工单位负责形成，其中部分资料需要监理、设计、勘察等单位签认。施工单位应当按照法律法规和标准规范的要求，高度重视资料管理工作，配备专职的资料管理人员，及时收集各个环节所形成的文件资料，并按类别、形成时间进行登记、立卷、保管。施工中，应按照规定接受有关单位的检查。工程竣工后，施工单位应按规定将施工资料移交给建设单位。施工资料可以分为8种，具体名称如下：

(1)施工管理资料。

(2)施工技术资料。

(3)施工进度及造价资料。

(4)施工物资资料。

(5)施工记录。

(6)施工试验记录。

(7)施工质量验收记录。

(8)竣工验收资料。

施工资料一般应为两套,工程竣工后移交建设单位一套,施工单位自留一套。施工资料的保存期限应符合有关规定。

4.竣工图

竣工图是建筑工程竣工档案的重要组成部分,是工程建设完成后一种凭证性材料。竣工图是建设过程的真实记录,也是工程竣工验收的必备条件。建筑工程日后的维修、管理、改建、扩建,都需要竣工图。因此所有新建、改建、扩建的工程项目在竣工时必须绘制竣工图。竣工图绘制工作应由建设单位负责,也可由建设单位委托施工单位、监理单位或设计单位。编制费用应由建设单位负责。绘制竣工图的主要规定有:

(1)工程竣工后,凡按施工图施工没有变动的,可在施工图图签附近空白处加盖并签署竣工图章。一般性图纸变更,编制单位可根据设计变更依据,在施工图上直接改绘,并加盖及签署竣工图章。

工程竣工后,凡结构形式、工艺、平面布置、项目等重大改变及图面变更超过40%的,应重新绘制竣工图。重新绘制的图纸必须有图名和图号,图号可按原图编号。

(2)竣工图应专业齐全,并应有图纸目录。绘制的竣工图必须准确、清楚、完整、规范,修改必须符合工程的真实情况,即应真实反映项目竣工验收时的客观情况。

(3)用于改绘竣工图的图纸必须是新蓝图或使用绘图仪绘制的白图,不得使用复印的图纸。竣工图编制单位应按照国家建筑制图标准的要求绘制竣工图,使用绘图笔或签字笔及不褪色的绘图墨水。竣工图应采用仿宋字,字体的大小要与原图采用字体的大小相协调,不应出现错别字。竣工图应使用绘图工具或计算机绘制,不得徒手绘制。

(4)竣工图应加盖竣工图印章。竣工图印章应具有明显的"竣工图"字样,并包括编制单位名称、制图人、审核人和编制日期等内容。编制单位、制图人、审核人、技术负责人要对竣工图负责。

(5)竣工图的主要组成内容如下:

1)工艺布置图,包括工艺平面、立面、轴侧图等竣工图。

2)建筑竣工图,包括幕墙竣工图。

3)结构竣工图,包括混凝土、砌体、钢结构等竣工图。

4)建筑给水、排水与采暖竣工图。

5)燃气竣工图。

6)建筑电气竣工图 。

7)智能建筑竣工图,包括综合布线、监控、电视天线、火灾报警等竣工图。

8)通风空调竣工图。

9)地面的道路、绿化、庭院照明、喷泉、喷灌等竣工图。

10)地下部分的各种市政、电力、电信管线等竣工图。

5. 工程竣工文件

工程竣工文件是建筑工程竣工验收、备案和移交等活动中形成的文件。主要包括《建设工程文件归档规范》GB/T 50328—2014 中提出的“竣工验收文件”,以及工程竣工决算文件、竣工交档文件和竣工总结文件等内容。

工程竣工文件主要包括“单位(子单位)工程质量竣工验收记录”、“工程竣工验收报告”等;工程竣工决算文件主要包括“竣工决算资料”等;竣工交档文件主要包括“施工资料移交书”、“城市建设档案移交书”等;竣工总结文件包括“工程竣工总结”等。

(1)《单位(子单位)工程质量竣工验收记录》。

《单位(子单位)工程质量竣工验收记录》是一个建筑工程项目的最后一份验收资料,应由施工单位填写。

1)单位工程完工,施工单位组织自检合格后,应报请监理单位进行工程预验收,通过后向建设单位提交工程竣工报告并填报《单位(子单位)工程质量竣工验收记录》。建设单位应组织设计单位、监理单位、施工单位等进行工程质量竣工验收并记录,验收记录上各单位必须签字并加盖公章。

2)进行单位(子单位)工程质量竣工验收时,施工单位应同时填报《单位(子单位)工程质量控制资料检查记录》、《单位(子单位)工程安全和功能检验资料核查及主要功能抽查记录》、《单位(子单位)工程观感质量检查记录》,作为《单位(子单位)工程质量竣工验收记录》的附表。

3)“分部工程”栏根据各《分部(子分部)工程质量验收记录》填写。应对所含各分部工程,由竣工验收组成员共同逐项核查。对表中内容如有异议,应对工程实体进行检查或测试。核查并确认合格后,由监理单位在“验收记录”栏注明共验收了几个分部,符合标准及设计要求的有几个分部,并在右侧的“验收结论”栏内,填入具体的验收结论。

4)“质量控制资料核查”栏根据《单位(子单位)工程质量控制资料核查记录》的核查结论填写。建设单位组织由各方代表组成的验收组成员,或委托总监理工程师,按照《单位(子单位)工程质量控制资料核查记录》的内容,对资料进行逐项核查。确认符合要求后,在《单位(子单位)工程质量竣工验收记录》右侧的“验收结论”栏内,填写具体验收结论。

5)“安全和主要使用功能核查及抽查结果”栏根据《单位(子单位)工程安全和功能检验资料核查及主要功能抽查记录》的核查结论填写。

对于分部工程验收时已经进行了安全和功能检测的项目,单位工程验收时不再重复检测。但要核查以下内容。

①单位工程验收时按规定、约定或设计要求,需要进行的安全功能抽测项目是否都进行了检测;具体检测项目有无遗漏。

②抽测的程序、方法是否符合规定。

③抽测结论是否达到设计及规范规定。

经核查认为符合要求的，在《单位(子单位)工程质量竣工验收记录》中的“验收结论”栏填入符合要求的结论。如果发现某些抽测项目不全，或抽测结果达不到设计要求，可进行返工处理，使之达到要求。

6)“观感质量验收”栏根据《单位(子单位)工程观感质量检查记录》的检查结论填写。参加验收的各方代表，在建设单位主持下，对观感质量抽查，共同做出评价。如确认没有影响结构安全和使用功能的项目，符合或基本符合规范要求，应评价为“好”或“一般”。如果某项观感质量被评价为“差”，应进行修理。如果确难修理时，只要不影响结构安全和使用功能的，可采用协商解决的方法进行验收，并在验收表上注明。

7)“综合验收结论”栏应由参加验收各方共同商定，并由建设单位填写，主要对工程质量是否符合设计和规范要求及总体质量水平做出评价。

(2)《工程竣工报告》。

1)工程概况。写明工程名称，工程地址，工程结构类型，建筑面积，占地面积，地下及地上层数，基础类型，建筑物檐高，主要工程量，开工和完工日期，建设、勘察、设计、监理、总包及分包施工单位名称。

2)施工主要依据。说明施工主要依据，标明合同名称及备案编号、设计图工程号及主要设计变更编号，施工执行的主要标准。

3)工程施工情况。

①人员组织情况：总包单位项目部项目经理、技术负责人、专业负责人、施工现场管理负责人等姓名、执业证书及编号。特殊工种人员持证上岗情况。

②项目专业分包情况：专业分包情况，分包单位名称、资质证书号码和技术负责人姓名、执业证书及编号。

③工程施工过程：施工工期定额规定的施工天数，实际施工天数，工程总用工工日。按照《建筑工程施工质量验收统一标准》GB 50300—2013 中分部工程的划分，简介各分部主要施工方法，重点描述地基基础、主体结构施工过程，包括建筑地基种类(天然或人工)、深度(槽底标高)、承载力数值、允许变形要求。地基处理情况，地基土质和地下水对基础有无侵蚀性。混凝土的制作及浇筑方法，砌体结构的砌筑方法，模板制作方法，钢筋接头方法等。说明主要建筑材料使用情况，用于主体结构建筑材料、门窗、防水、保温材料、混凝土外加剂、特种设备等产品是否符合相关规定，生产厂家是否具有生产许可证品牌和生产厂家名称。建筑材料、构配件设备是否按规定进行了报验，是否按规定进行了复试、有见证取样与送检，有见证取样与送样见证人姓名和见证试验机构名称，是否有合格证明文件，是否符合国家及地方标准。

④工程施工技术措施及质量验收情况：简介各工序采用了哪些技术、质量控制措施及新技术、新工艺和特殊工序。评定工程质量采用的标准，执行《工程建设标准强制性条文》和国家工程施工质量验收规范及安全与功能性检测、原材料试验、施工试验、主要建筑设备、系统调试的情况，说明地基基础与主体结构及分部验收质量达标、企业竣工自检、施工资料管理等情况。

⑤工程完成情况：是否依法完成了合同约定的各项内容，有无甩项，有无质量遗留问题，需要说明的其他事项。

4)工程质量总体评价:工程是否达到设计要求,是否符合《工程建设标准强制性条文》和国家工程施工质量验收规范,是否达到了施工合同的质量目标,是否具备竣工验收条件。《单位工程竣工报告》同时应有总监理工程师签字。

(3)《施工总结》。

1)编制责任和时限要求。施工总结是在施工过程中和工程完工后,根据工程特点、性质,进行的阶段性、综合性或专题性总结材料。应由项目经理统筹协调项目有关部门和管理人员共同完成。

2)施工总结包括以下方面的内容。

①工程概况:工程名称、建筑用途、基础结构类型、建筑面积、主要建筑材料、主要分部、分项工程、设计特点等。

②管理方面总结要点:对施工过程中所采用的质量管理措施、消除质量通病措施、降低成本措施、安全技术措施、环境管理措施、文明施工措施、合同管理措施、QC 质量管理活动等。

③技术方面总结要点:主要针对工程施工中采用的新技术、新产品、新工艺、新材料进行总结;施工组织设计(施工方案)编制的合理性以及实施情况等。

④经验与教训方面总结:施工过程中出现的质量、安全事故的分析;事故的处理情况;如何杜绝类似事件发生等。

3)施工总结应由项目经理和项目技术负责人签字。

二、工程资料的编号

(1)工程准备阶段文件:可按文件形成时间的先后顺序和类别,由建设单位确定编号原则。

(2)监理资料:可按资料形成时间的先后顺序编号。

(3)施工资料:应按以下形式编号。

××—××—××—×××

① ② ③ ④

注:①为分部工程代号(2 位),按《建筑工程施工质量验收统一标准》GB 50300—2013 规定的代号填写。

②为子分部工程代号(2 位),按《建筑工程施工质量验收统一标准》GB 50300—2013 规定的代号填写。

③为资料的类别编号(2 位),按《建筑工程资料管理规程》JGJ/T 185—2009 规定的类别编号填写。

④为顺序号,按资料形成时间的先后顺序从 001 开始逐张编号。

(4)分部工程中每个子分部工程,应根据资料属性不同按资料形成的先后顺序分别编号;使用表格相同但检查项目不同时应按资料形成的先后顺序分别编号。

(5)对按单位工程管理,不属于某个分部、子分部工程的施工资料,其编号中分部、子分部工程代号用“00”代替。

(6)同一批物资用在两个以上分部、子分部工程中时,其资料编号中的分部、子分部工程代号按主要使用部位的分部、子分部工程代号填写。

(7)资料编号应填写在资料专用表格右上角的资料编号栏中;无专用表格的资料,应在资料右上角的适当位置注明资料编号。

(8)由施工单位形成的资料，其编号应与资料的形成同步编写；由施工单位收集的资料，其编号应在收集的同时进行编写。

(9)类别及属性相同的施工资料，数量较多时宜建立资料管理目录。管理目录分为通用管理目录和专项管理目录。

(10)资料管理目录的填写要求：

1)工程名称：单位或子单位(单体)工程名称；

2)资料类别：资料项目名称，如工程洽商记录、钢筋连接技术交底等；

3)序号：按时间形成的先后顺序用阿拉伯数字从1开始依次编写；

4)内容摘要：用精练语言提示资料内容；

5)编制单位：资料形成单位名称；

6)日期：资料形成的时间；

7)资料编号：施工资料右上角资料编号中的顺序号；

8)备注：填写需要说明的其他问题。

(11)建筑工程资料管理使用的各种表格应符合资料管理规程的要求，规程没有提供表样的可自行设计，本书提供了各资料表格相应的填写范例。

第二节 工程准备阶段文件管理

工程准备阶段文件是建设单位从立项申请并依法进行项目申报、审批、开工、竣工及备案全过程所形成的全部资料。按其性质可分为：立项决策、建设用地、勘察设计、招投标及合同、开工、商务文件。

一、工程准备阶段文件的基本要求

(1)立项决策文件包括：项目建议书(代可行性研究报告)及其批复、有关立项的会议纪要及相关批示、项目评估研究资料及专家建议等。根据项目大小、投资主体的不同，项目建议书的批复文件分别由国家、行业或地方相关政府管理部门审批。

(2)建设用地文件包括：征占用地的批准文件、国有土地使用证、国有土地使用权出让交易文件、规划意见书、建设用地规划许可证等。建设用地文件分别由国有土地管理部门和规划部门审批形成。

(3)勘察设计文件包括：工程地质勘查报告、土壤氡浓度检测报告、建筑用地钉桩通知单、验线合格文件、设计审查意见、设计图纸及设计计算书、施工图设计文件审查通知书等。建筑用地钉桩通知单、验线合格文件、审定设计方案通知书由规划部门审批形成。

(4)招投标及合同文件包括：工程建设招标文件、投标文件、中标通知书及相关合同文件。

(5)开工文件包括：建设工程规划许可证、建设工程施工许可证等。工程开工文件分别由规划部门和建设行政管理部门审批形成。

(6)商务文件包括：工程投资估算、工程设计概算、施工图预算、施工预算、工程结算等。

二、工程准备阶段文件的形成流程

工程准备阶段文件可按下列流程形成(见图 1-1)。

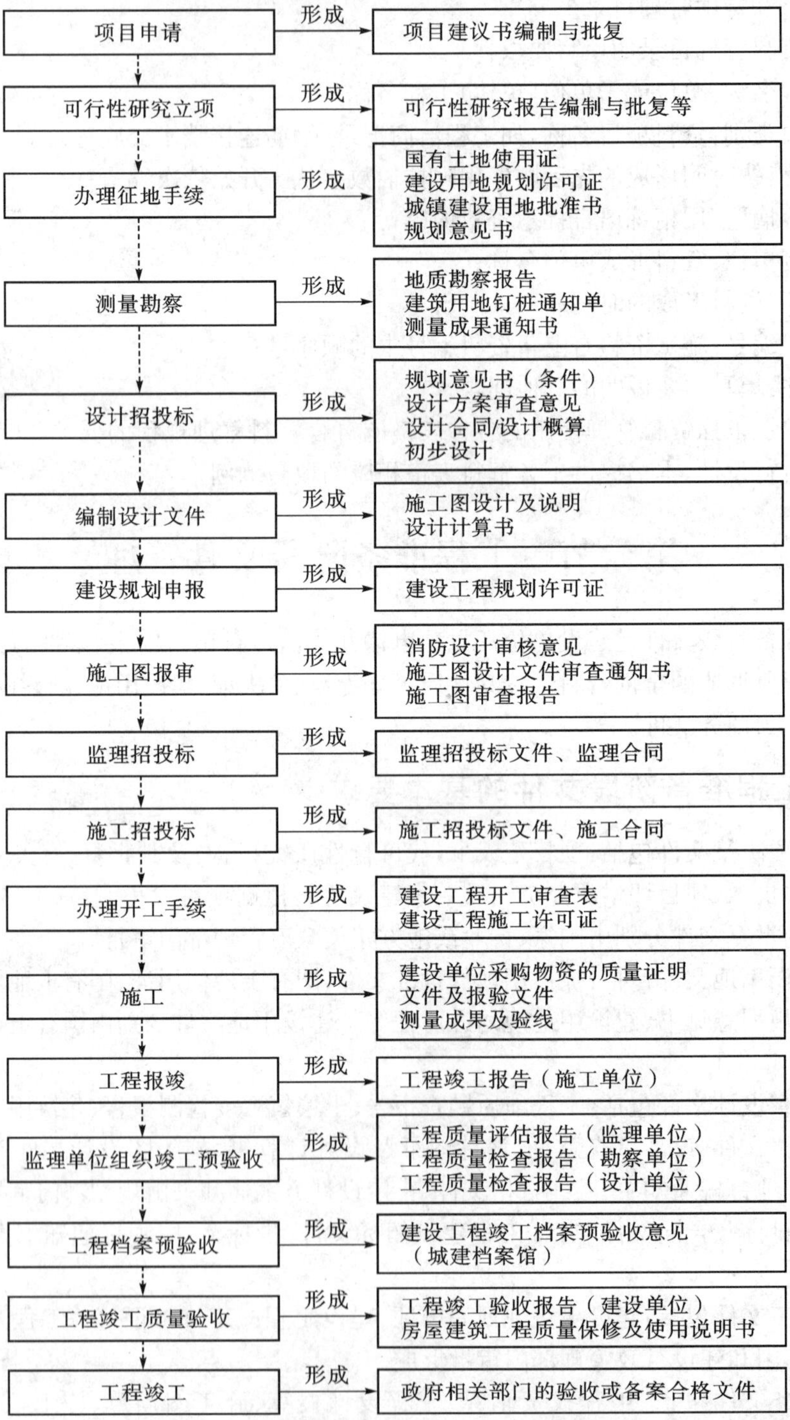

图 1-1　工程准备阶段文件形成流程图

第三节　监理资料管理

监理资料是监理单位在工程建设监理活动过程中所形成的全部资料。

一、监理资料的形成流程

监理资料可按下列流程形成(见图 1-2)。

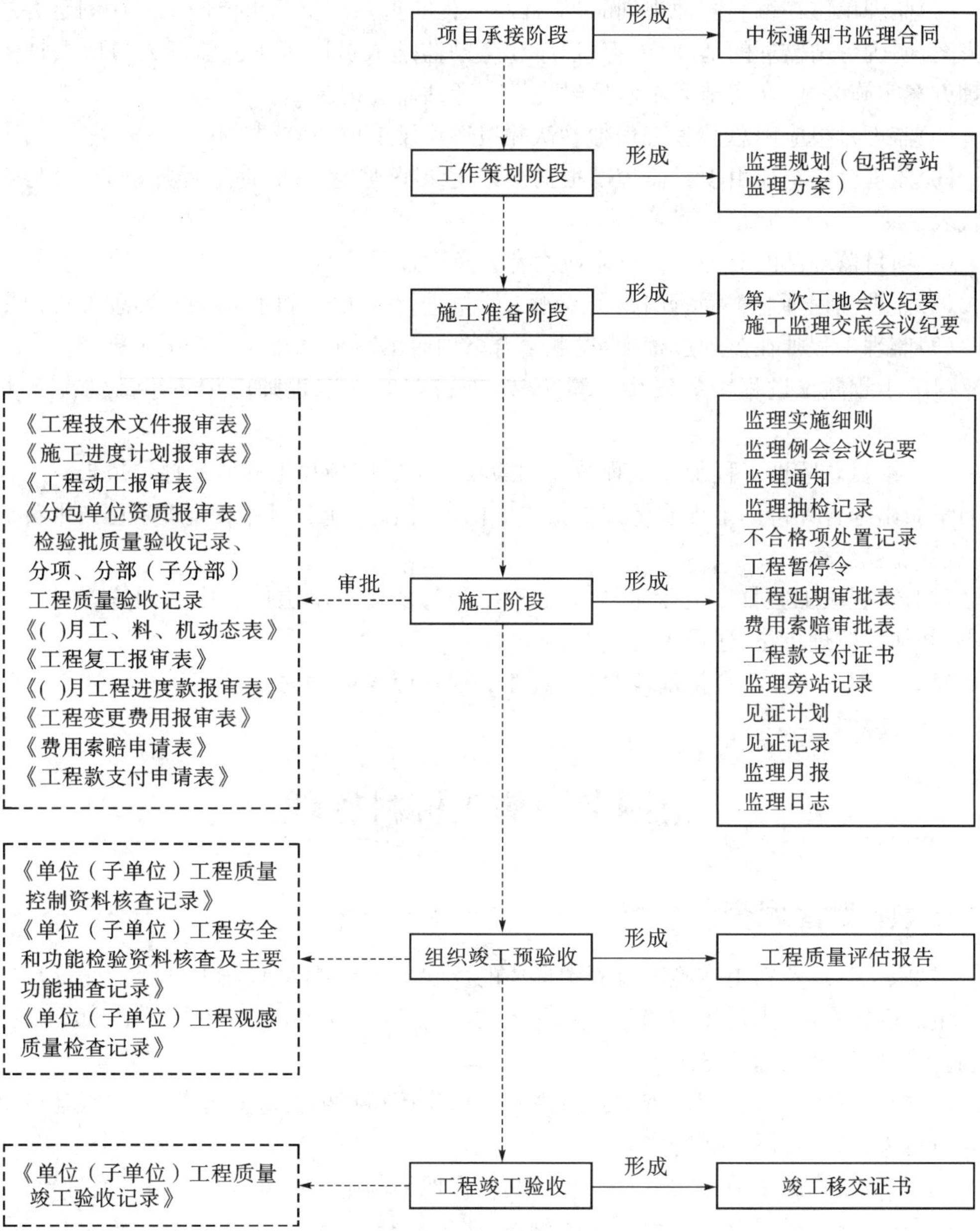

图 1-2　监理资料形成流程图

二、监理资料的基本要求

(1)监理(建设)单位应在工程开工前按相关规定确定本工程的见证人员。见证人应履行见证职责,填写见证记录。

(2)监理规划应由总监理工程师审核签字,并经监理单位技术负责人批准。

(3)监理实施细则应由监理工程师根据专业工程特点编制,经总监理工程师审核批准。

(4)监理单位在编制监理规划时,应针对工程的重要部位及重要施工工序制定旁站监理方案,明确旁站监理的范围、内容、程序和旁站监理人员职责等。监理人员应根据旁站监理方案实施旁站,在实施旁站监理时应填写旁站监理记录。

(5)监理月报应由总监理工程师签认并报送建设单位和监理单位。

(6)监理会议纪要由项目监理部根据会议记录整理,经总监理工程师审阅,由与会各方代表会签。

(7)项目监理部的监理工作日志应由专人负责逐日记载。

(8)监理工程师对工程所用物资或施工质量进行随机抽检时,应填写监理抽检记录。

(9)监理工程师在监理过程中,发现不合格项应填写不合格项处置记录。

(10)工程施工过程中如发生质量事故,项目总监理工程师应记录事故情况并书面上报。

(11)项目总监理工程师在工程竣工预验收合格后应撰写工程质量评估报告对工程建设质量做出综合评价。工程质量评估报告应由项目总监理工程师及监理单位技术负责人签认,并加盖公章。

(12)工程竣工验收合格后,项目总监理工程师及建设单位代表应共同签署竣工移交证书,并加盖监理单位、建设单位公章。

(13)工程竣工验收合格后,项目总监理工程师应组织编写监理工作总结并提交建设单位。

第四节 施工资料管理

一、施工管理资料

(1)施工管理资料是在施工过程中形成的反映施工组织及监理审批等情况资料的统称。主要内容有:施工现场质量管理检查记录、施工过程中报监理审批的各种报验报审表、施工试验计划及施工日志等。

(2)施工现场质量管理检查记录应由施工单位填写报项目总监理工程师(或建设单位项目负责人)审查,并做出结论。

(3)单位工程施工前,施工单位应科学、合理地编制施工试验计划并报送监理单位。

(4)施工日志应以单位工程为记载对象,从工程开工起至工程竣工止,按专业指定专人负责逐日记载,其内容应真实。

二、施工技术资料

(1)施工技术资料是在施工过程中形成的,用以指导正确、规范、科学施工的技术文件及反映工程变更情况的各种资料的总称。主要内容有:施工组织设计及施工方案、技术交底记录、图纸会审记录、设计变更通知单、工程变更洽商记录等。

(2) 施工技术资料可按下列流程形成(见图 1-3)。

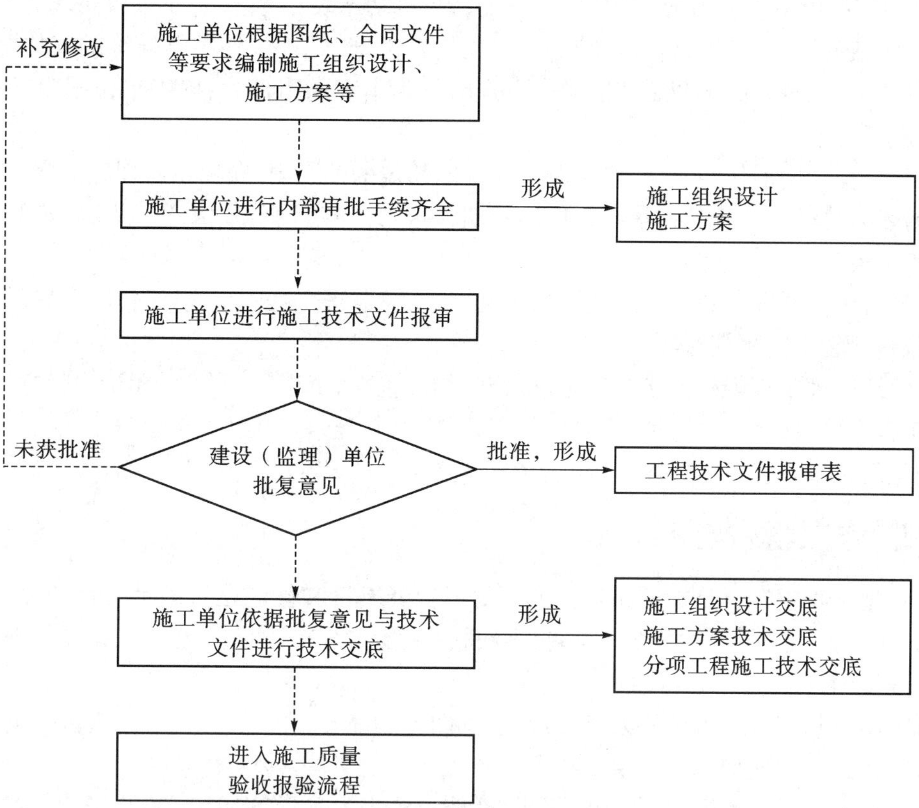

图 1-3 施工技术资料形成流程图

(3)施工组织设计由施工单位编制完成,经企业技术负责人审批并填写工程技术文件报审表报监理单位批准实施。

(4)施工方案编制内容应齐全有针对性,可根据工程规模大小、技术复杂程度、施工重点部位及施工季节变化等情况分别编制。施工方案应经项目部技术负责人或公司技术部门负责人审批,并填写工程技术文件报审表报请监理单位批准实施。

(5)施工组织设计应由施工单位的技术负责人组织交底,“四新”(新材料、新产品、新技术、新工艺)技术应用及专项施工方案应由项目技术负责人组织交底;分项工程施工方案应由专业工长组织交底。各项交底应有文字记录并有交底双方人员的签字。

(6)图纸会审应由建设单位组织,设计、监理和施工单位技术负责人及有关人员参加。设计单位对各专业问题进行交底,施工单位负责将设计交底内容按专业汇总、整理形成图纸会审记录,有关各方签字确认。

三、施工进度及造价资料

(1)施工单位根据现场实际情况达到开工条件时,应向项目监理部申报《工程动工报审表》。由监理工程师审核,总监理工程师签署审批结论,并报建设单位。

(2)施工单位应根据建设工程施工合同的约定,按时编制施工总进度计划、季度进度计划、月进度计划,并按时填写《施工进度计划报审表》报项目监理部审批。

(3)施工单位每月 25 日前报《( )月工、料、机动态表》。主要施工设备进场并调试合格后也应填写《( )月工、料、机动态表》报项目监理部。塔吊、外用电梯等的安检资料及计量设备检定资料,应于开始使用的一个月内作为本表的附件,由施工单位报审,监理单位留存备案。

(4)工程延期事件终止后,施工单位在合同约定的期限内,向项目监理部提交《工程延期申请表》,总监理工程师在最终评估出延期天数,并与建设单位协商一致后,签发《工程延期审批表》。

(5)对于较复杂或持续时间较长的延期申请,总监理工程师可用《工作联系单》给予施工单位一个暂定的延期时间。

(6)总监理工程师根据实际情况,按合同约定签发《工程暂停令》。无论由何方原因造成的工程暂停,在暂停原因消失,具备复工条件时,总监理工程师应要求施工单位及时填写《工程复工报审表》,并予以签批。

四、施工物资资料

(1)施工物资资料是指反映工程施工所用物资质量和性能是否满足设计和使用要求的各种质量证明文件及相关配套文件的统称。主要内容有:隐蔽工程验收记录、交接检查记录、施工记录等。

(2)施工物资资料可按下列流程形成(见图 1-4)。

(3)建筑工程使用的各种主要物资应有质量证明文件。

(4)产品质量合格证、型式检验报告、性能检测报告、生产许可证、商检证明、中国强制认证(CCC)证书、计量设备检定证书等均属质量证明文件。

(5)涉及消防、电力、卫生、环保等有关物资,须经行政管理部门认可的,应有相应的认可文件。

(6)进口材料和设备应有中文安装使用说明书及性能检测报告。

(7)国家规定须经强制认证的产品应有认证标志(CCC),生产厂家应提供认证证书复印件,认证证书应在有效期内。

(8)施工物资进场后施工单位应对进场物资数量、型号和外观等进行检查,并填写材料及构配件进场检验记录或设备开箱检验记录。

(9)施工单位应按国家有关规范、标准的规定对进场物资进行复试或试验,没有专用试验表格的可用本规程提供的材料通用试验表格;规范、标准要求实行见证时,应按规定进行有见证取样和送检。

(10)施工物资进场后施工单位应报监理单位查验并签字。

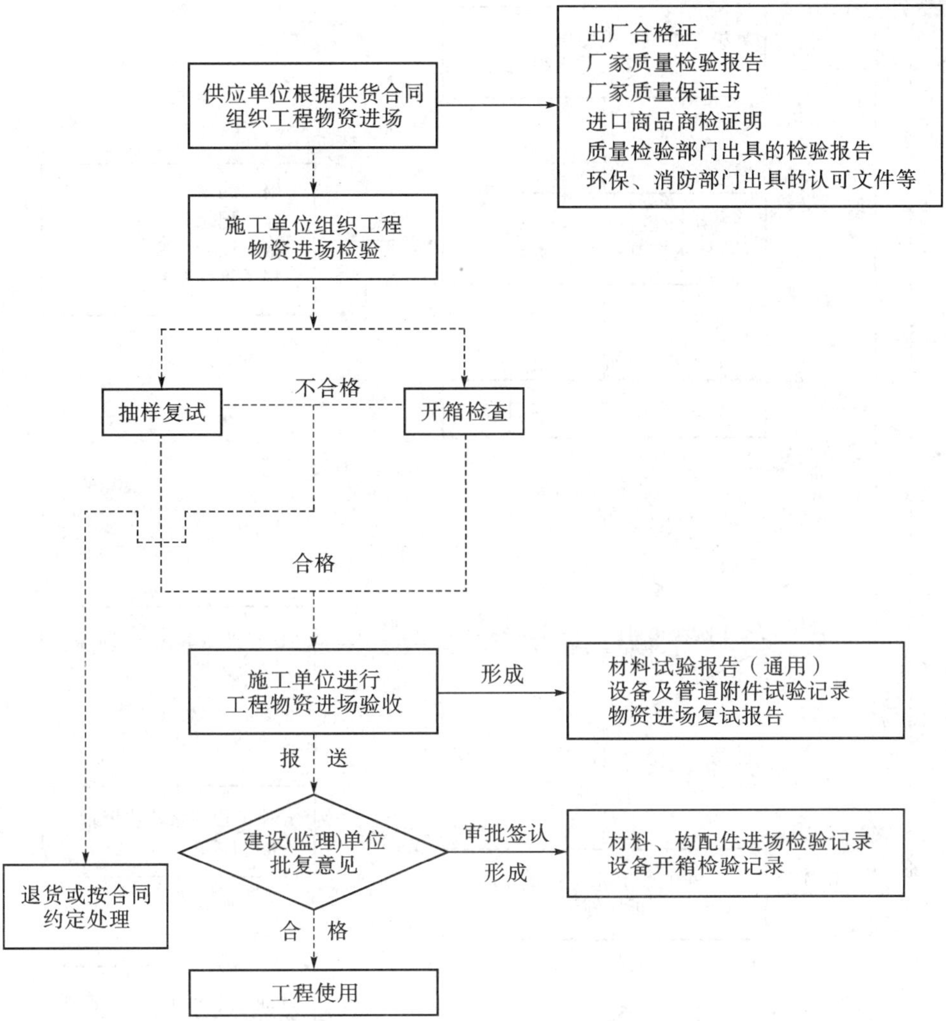

图 1-4 施工物资资料形成流程图

五、施工记录

(1)施工记录是施工单位在施工过程中形成的,为保证工程质量和安全的各种内部检查记录的统称。主要内容有:隐蔽工程验收记录、交接检查记录、地基验槽记录、地基处理记录、桩施工记录、混凝土浇灌申请书、混凝土养护测温记录、构件吊装记录、预应力筋张拉记录等。

(2)施工测量、施工记录、施工试验及质量验收资料可按下列流程形成(见图 1-5)。

(3)凡国家规范标准规定隐蔽工程检查项目的,应做隐蔽工程检查验收并填写隐蔽工程验收记录,涉及结构安全的重要部位应留置隐蔽前的影像资料。

(4)同一单位(子单位)工程,不同专业施工单位之间应进行工程交接检查并填写交接检查记录。移交单位、接收单位共同对移交工程进行验收,并对质量情况、遗留问题、工序要求、注意事项、成品保护等进行记录。

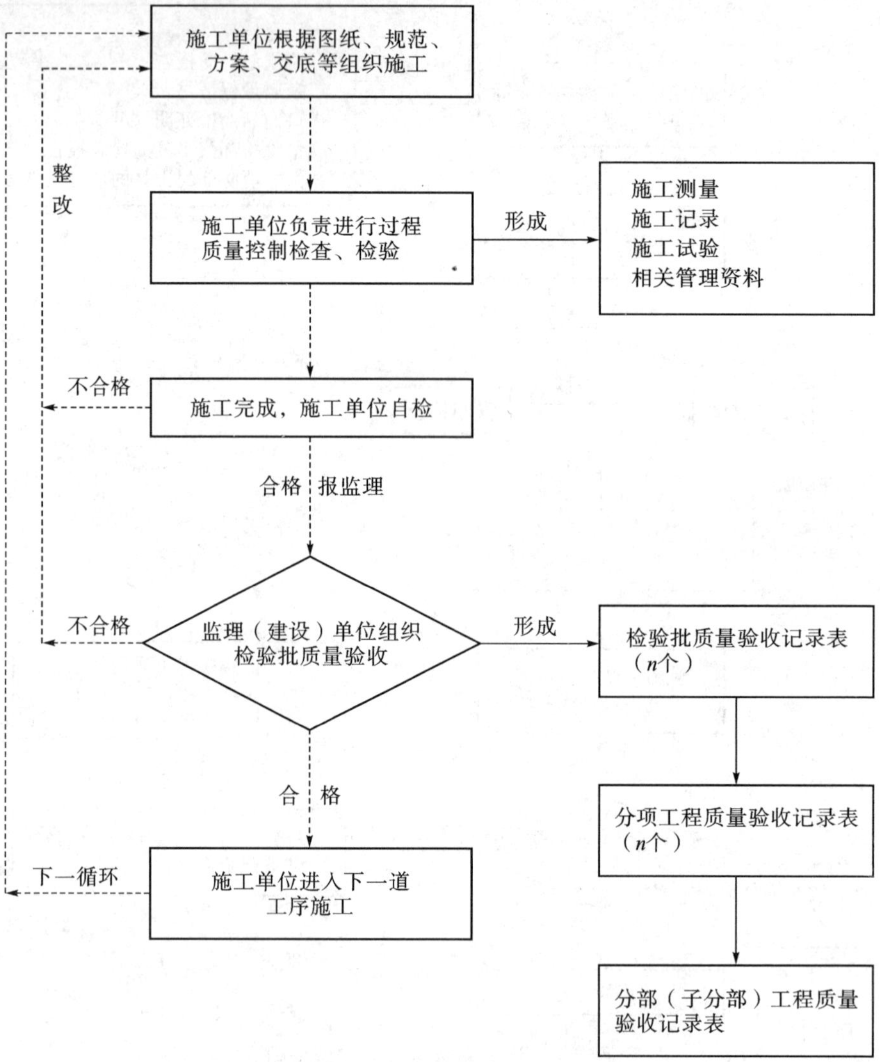

图 1-5　施工测量、施工记录、施工试验及质量验收资料形成流程图

(5)单位(子单位)工程的土方开挖分项工程完工后应进行地基验槽,地基验槽应由建设、勘察、设计、监理和施工单位共同进行,并填写地基验槽检查记录表。检查内容包括基坑位置、平面尺寸、持力层核查、基底绝对高程和相对标高、基坑土质及地下水位等,有桩支护、桩基的工程还应进行桩的检查。地基需处理时,应由勘察、设计单位提出处理意见。

(6)勘察设计单位要求对地基进行处理的,地基处理完后应填写地基处理记录表,报请勘察、设计、监理单位复查。

(7)勘察设计要求对基槽浅层土质的均匀性和承载力进行钎探的,钎探前应绘制钎探点平面布置图,确定钎探点布置及顺序编号,按照钎探图及有关规定进行钎探并填写地基钎探记录表。

(8)混凝土正式浇筑前,应检查各项准备工作(如钢筋、模板、水电预埋、设备材料准备情况等),自检合格填写混凝土浇灌申请书,并告知监理单位。

(9)采用钢筋机械连接的工程应有钢筋机械连接质量的检查记录。

(10)拆除现浇混凝土结构板、梁、悬臂构件等底模及冬季施工的柱、墙侧模前,应填写混凝土拆模申请单,报项目专业技术负责人审批,通过后方可拆模。

(11)冬季混凝土施工时应进行温度测定并填写测温记录表。冬施混凝土养护测温应绘制测温点布置图,确定测温点的部位和深度等。

(12)大体积混凝土施工时应进行测温记录,填写大体积混凝土测温记录表并附温度测点布置图。

(13)地下工程验收时,应对地下工程有无渗漏现象进行检查,填写地下工程防水效果检查记录表,检查内容包括:裂缝、渗漏部位、大小、渗漏情况和处理意见等。

(14)有防水要求的房间和屋面工程完工后应按标准规定进行蓄水或淋水防水性能试验,填写防水工程试水检查记录表。淋水试验持续时间不得少于2h;蓄水试验时间不得少于24h。屋面工程应对细部构造(屋面天沟、檐沟、檐口、泛水、水落口、变形缝、伸出屋面管道等)重点检查。

(15)建筑通风道(烟道)应全数做通(抽)风和漏风、串风试验,并填写通风(烟)道检查记录表。

(16)桩基施工应按规定做桩施工记录,检查内容包括孔位、孔径、孔深、桩体垂直度、桩顶标高、桩位偏差、桩顶完整性和接桩质量等。

(17)预应力工程施加预应力时应填写预应力筋张拉记录表;孔道灌浆时应填写预应力结构灌浆记录表。

(18)钢结构(网架结构)在主体结构形成空间刚度单元并连接固定后,应检查整体垂直度、挠度值变形值及安装偏差,并做施工记录。

(19)大型混凝土构件、钢构件安装时应填写构件吊装记录表。

(20)按照规范和工艺文件等规定须烘焙的焊接材料应进行烘焙,并填写焊接材料烘焙记录表。

(21)幕墙工程施工应有幕墙注胶检查记录和幕墙淋水检查记录。幕墙注胶应记录内容包括宽度、厚度、连续性、均匀性、密实度和饱满度等;淋水检查应在易渗漏部位进行并填写《防水工程试水检查记录》。

(22)智能建筑工程应对设备安装工程质量及观感质量进行检查,并做智能建筑工程安装质量检查记录。

(23)国家规范标准要求或施工需要对施工过程进行记录时应留有施工记录,没有专用记录表格的可使用施工检查通用记录表。

六、施工试验资料

(1)施工试验资料是指按照设计及国家规范标准的要求,在施工过程中所进行的各种检测及测试资料的统称。主要内容有:土工、基桩性能、钢筋连接、埋件(植筋)拉拔、混凝土(砂浆)性能、施工工艺参数、饰面砖拉拔、钢结构焊缝质量检测及水暖、机电系统运转测试报告或测试记录。

(2)土方回填工程应进行土工击实试验,测定回填土质的最大干密度和最佳含水量,按规范要求分段、分层(步)回填,并取样对回填质量进行检验。

(3)钢筋连接应有满足钢筋焊接、机械连接相关技术规程要求的力学性能试验报告。机械连接工程开始前及施工过程中,应对每批进场钢筋,在现场条件下进行工艺检验,工艺检验合格后方可进行机械连接的施工。每台班钢筋焊接前宜先制作班前焊试件,确定焊接工艺参数。

(4)砌筑砂浆应有配合比申请单和试验室签发的配合比通知单(现场搅拌时);并有按规定留置的龄期为28d标养试块的抗压强度试验报告。单位工程应有砌筑砂浆试块抗压强度统计、评定记录。

(5)混凝土应有配合比申请单和试验室签发的配合比通知单(现场搅拌时);有按规定留的28d标养、同条件养护、拆模强度、受冻临界强度、预应力张拉强度等试件的抗压强度试验报告及抗渗、抗冻性能试验报告。单位工程应有混凝土试块抗压强度统计、评定记录。

(6)混凝土(砌筑砂浆)未按规定留置试块的或试件强度不满足设计及规范标准要求时,应委托有资质的检测机构出具相应的结构检测报告,由设计人员提出处理方案。

(7)建筑物外墙采用饰面砖装饰工程,应有饰面砖黏结强度检验报告。

(8)用于承重结构的后置埋件、化学植筋、膨胀螺栓等应有满足设计要求的承载力拉拔试验报告;设计无要求时应满足《混凝土结构后锚固技术规程》JGJ 145—2013的要求。

(9)采用锚杆、土钉墙技术的基坑支护工程应有满足支护设计要求的锚杆、土钉抗拔力试验报告。

(10)地基应有满足设计要求的地基承载力检测报告;桩基应有满足设计和相关规范、标准要求的承载力和桩身完整性检测报告。

(11)后张法有黏结预应力工程应有灌浆用水泥浆性能试验报告。

(12)钢结构子分部工程中设计要求一、二级焊缝的应有超声波或射线探伤检验报告。

(13)建筑安全等级为一级、跨度40m及以上的公共建筑钢网架结构及设计有要求的,应有焊(螺栓)球节点承载力试验报告。

(14)钢结构子分部工程所使用的防腐、防火涂料应有涂层厚度检测报告。

(15)混凝土子分部工程应有结构实体检验的混凝土强度试件报告。

(16)门窗子分部工程应有外门窗气密、水密性能试验报告。

(17)节能工程外墙保温板材与基层采用黏结或连接时应有保温板材与基层的现场黏结强度试验报告;墙体保温砂浆应有强度试验报告。外墙采用保温浆料做保温层时,应在施工中制作同条件养护试件,检测其导热系数、干密度和压缩强度。

(18)幕墙面积大于3000m^2或超过建筑外墙面积50%时,应现场抽取材料和配件,在试验室安装制作试件进行气密性能检测。

(19)给排水采暖工程、通风空调工程中的各类水泵、风机、冷水机组、冷却塔、空调机组、新风机组等设备应有单机试运转记录。

(20)采暖系统、消防系统、通风空调系统等应有系统试运转及调试记录。

(21)非承压管道、设备,包括开式水箱、卫生洁具、安装在室内的雨水管道等,以及暗装、埋地、有绝热层的排水管道应有灌(满)水试验记录。

(22)承压管道、设备应有强度试验记录;自动喷水灭火系统、气体灭火系统管道应有严密性试验记录。

(23)给排水系统及游泳池水系统应有通水试验记录。

(24)给水系统、自动喷水灭火系统、固定消防炮灭火系统、空调水系统等及设计有要求的管道应有冲洗试验记录;介质为气体的管道系统应有吹洗试验记录。

(25)排水水平干管、主立管应有通球试验记录。

(26)补偿器安装应有补偿器安装记录。

(27)室内消火栓系统应有消火栓试射试验记录。

(28)锅炉安装应有按相关规范和职能管理部门要求的安装记录。

(29)自动喷水灭火系统应有验收缺陷项目划分记录。

(30)建筑工程中的主要设备、系统的防雷接地、保护接地、工作接地、防静电接地以及设计有要求的接地电阻应有电阻测试记录,并应附《电气防雷接地装置隐检与平面示意图》说明。

(31)建筑工程中的主要电气设备和动力、照明线路及其他必须摇测绝缘电阻,配管及管内穿线分项质量验收前和单位工程质量竣工验收前,应分别按系统回路进行测试,不得遗漏。

(32)电气器具安装完成后,按层、按部位(户)进行的通电检查,并进行记录,内容包括接线情况、电气器具开关情况等。电气器具应全数进行通电安全检查。

(33)电气设备应有空载试运行记录,空载试运行应符合安装工艺、产品技术条件及相关规范标准的要求。

(34)建筑物照明应有通电试运行记录。公用建筑照明系统通电连续试运行时间为24h,民用住宅照明系统通电连续试运行时间为8h。所有照明灯具均应开启,且每2h记录运行状态1次,连续试运行时间内无故障。

(35)漏电开关应有模拟试验记录,动力和照明工程的漏电保护装置应全数做模拟动作试验,并符合设计要求的额定值。

(36)大容量(630A及以上)导线、母线连接处或开关,在设计计算负荷运行情况下应做温度抽测记录,温升值稳定且不大于设计值。

(37)避雷带的每个支持件应做垂直拉力试验,支持件的承受垂直拉力应大于49N(5kg)。

(38)逆变应急电源安装完毕后应全数做测试试验,并应符合设计要求的额定值和《逆变应急电源》GB/T 21225—2007的规定。

(39)柴油发电机安装完毕后应全数做测试试验,并应符合设计要求的额定值和国家相应的规范标准的规定。

(40)电气工程施工完毕后应对低压配电系统进行调试,调试合格后应对低压配电电源质量进行检测,并应符合设计要求的额定值和《建筑节能工程施工质量验收规范》GB 50411—2007的规定。

(41)建筑安装工程施工完毕后各系统进行联合调试时,应全数检查监测与控制节能工程的设备是否齐全,使用功能是否达到设计要求和《建筑节能工程施工质量验收规范》GB 50411—2007的规定。

(42)建筑物照明系统通电试运行中，应测试并记录照明系统的照度和功率密度值，并应符合设计要求的额定值和《建筑节能工程施工质量验收规范》GB 50411—2007的规定。

(43)智能建筑各系统在安装调试完成后，应对设备及系统逐项进行自检，填写自检测记录。

(44)智能建筑各系统，应按规范要求进行不中断试运行，填写试运行记录并提供试运行报告。

(45)风管系统应有风管漏光或漏风测试记录。

(46)现场组装的除尘器壳体、组合式空气调节机组应有漏风量检测记录。

(47)通风与空调工程无生产负荷联合试运转应有管网风量平衡记录、空调系统试运转调试记录、空调水系统试运转调试记录及各房间室内风量温度测量记录。

(48)组装式的制冷机组和现场充注制冷剂的机组应有制冷系统气密性试验记录。

(49)净化空调系统无生产负荷试运转应有净化空调系统测试记录。

(50)防排烟系统联合试运行和调试应有防排烟系统联合试运行记录。

(51)国家规范标准中要求进行的各种施工试验应有施工试验报告，没有专用试验报告表格的可使用通用试验表格。

七、施工质量验收资料

(1)施工质量验收资料是参与工程建设的有关单位根据相关标准、规范对工程质量是否达到合格做出确认的各种文件的统称。主要内容有：检验批质量验收记录、分项工程质量验收记录、分部(子分部)工程质量验收记录、结构实体检验等。

(2)施工单位在完成分项工程检验批施工，自检合格后，由项目专业质量检查员填写检验批质量验收记录表，报请项目专业监理工程师组织质量检查员等进行验收确认。

(3)分项工程所包含的检验批全部完工并验收合格后，由施工单位技术负责人填写分项工程质量验收记录表，报请项目专业监理工程师组织有关人员验收确认。

(4)分部(子分部)工程所包含的全部分项工程完工并验收合格后，由施工单位技术负责人填写分部(子分部)工程质量验收记录表，报请项目总监理工程师组织有关人员验收确认。

(5)地基与基础、主体结构分部工程完工，由建设、监理、勘察、设计和施工单位进行分部工程验收并加盖公章。

(6)涉及混凝土结构安全的重要部位应进行结构实体检验，并实行有见证取样和送检。结构实体混凝土应有同条件混凝土强度验收记录；结构实体重要部位的钢筋应有钢筋保护层厚度验收记录。

八、工程竣工质量验收资料

(1)工程竣工质量验收资料是指工程竣工时必须具备的各种质量验收资料。主要内容有：单位工程竣工预验收报验表、单位(子单位)工程质量竣工验收记录、单位(子单位)工程质量控制资料核查记录、单位(子单位)工程安全和功能检查资料核查及主要功能抽查记录、单位(子单位)工程观感质量检查记录、室内环境检测报告、建筑节能工程现场实体检验报告、工程竣工质量报告、工程概况表等。

(2)工程竣工质量验收资料可按下列流程形成(见图 1-6)。

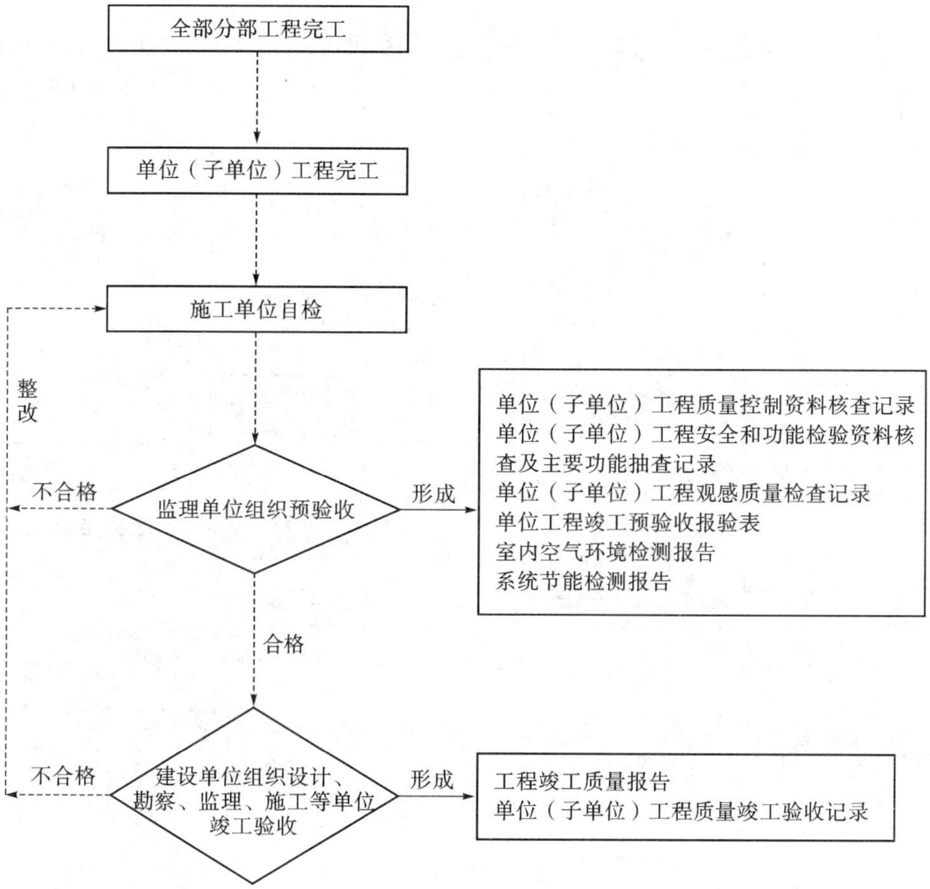

图 1-6　工程竣工质量验收资料形成流程图

(3)单位(子单位)工程的室内环境、建筑工程节能性能应检测合格并有检测报告。

(4)单位工程完工后施工单位应编写工程竣工报告,内容包括:工程概况及实际完成情况、工程实体质量、施工资料、主要建筑设备、系统调试、安全和功能检测、主要功能抽查等。

(5)单位(子单位)工程完工后,由施工单位填写单位工程竣工预验收报验表报项目监理部,申请工程竣工预验收。总监理工程师组织项目监理部人员与施工单位进行检查预验收,合格后总监理工程师签署单位工程竣工预验收报验表、单位(子单位)工程质量控制资料核查记录、单位(子单位)工程安全和功能检查资料核查及主要功能抽查记录和单位(子单位)工程观感质量检查记录等并报建设单位,申请竣工验收。

(6)建设单位应组织设计、监理、施工等单位对工程进行竣工验收,各单位应在单位(子单位)工程质量竣工验收记录上签字并加盖公章。

第五节　钢结构工程资料管理系统

一、钢结构制作工程资料标准化管理流程

钢结构制作工程资料标准化管理流程见图 1-7。

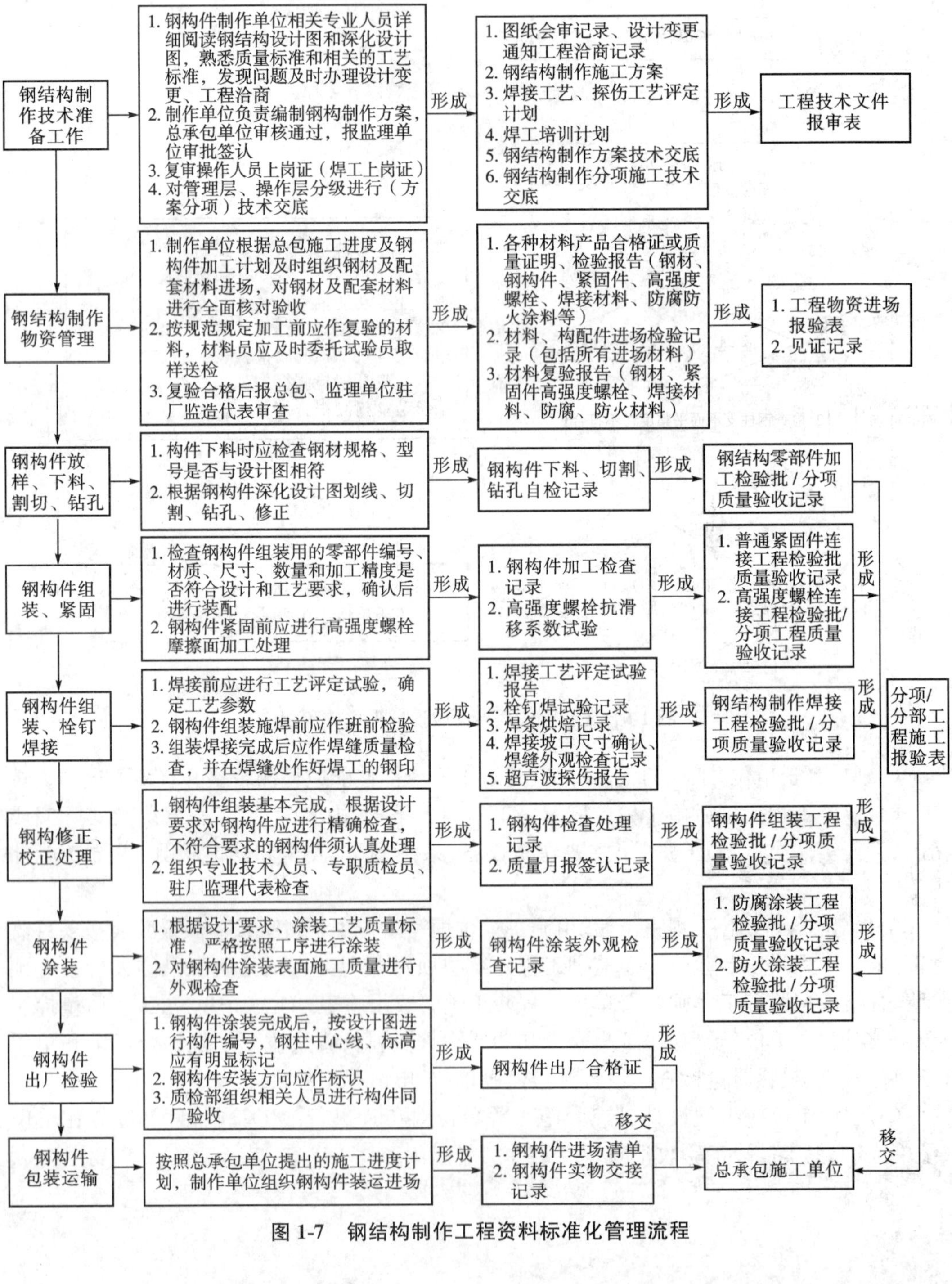

图 1-7　钢结构制作工程资料标准化管理流程

二、钢结构安装工程资料标准化管理流程

钢结构安装工程资料标准化管理流程见图 1-8。

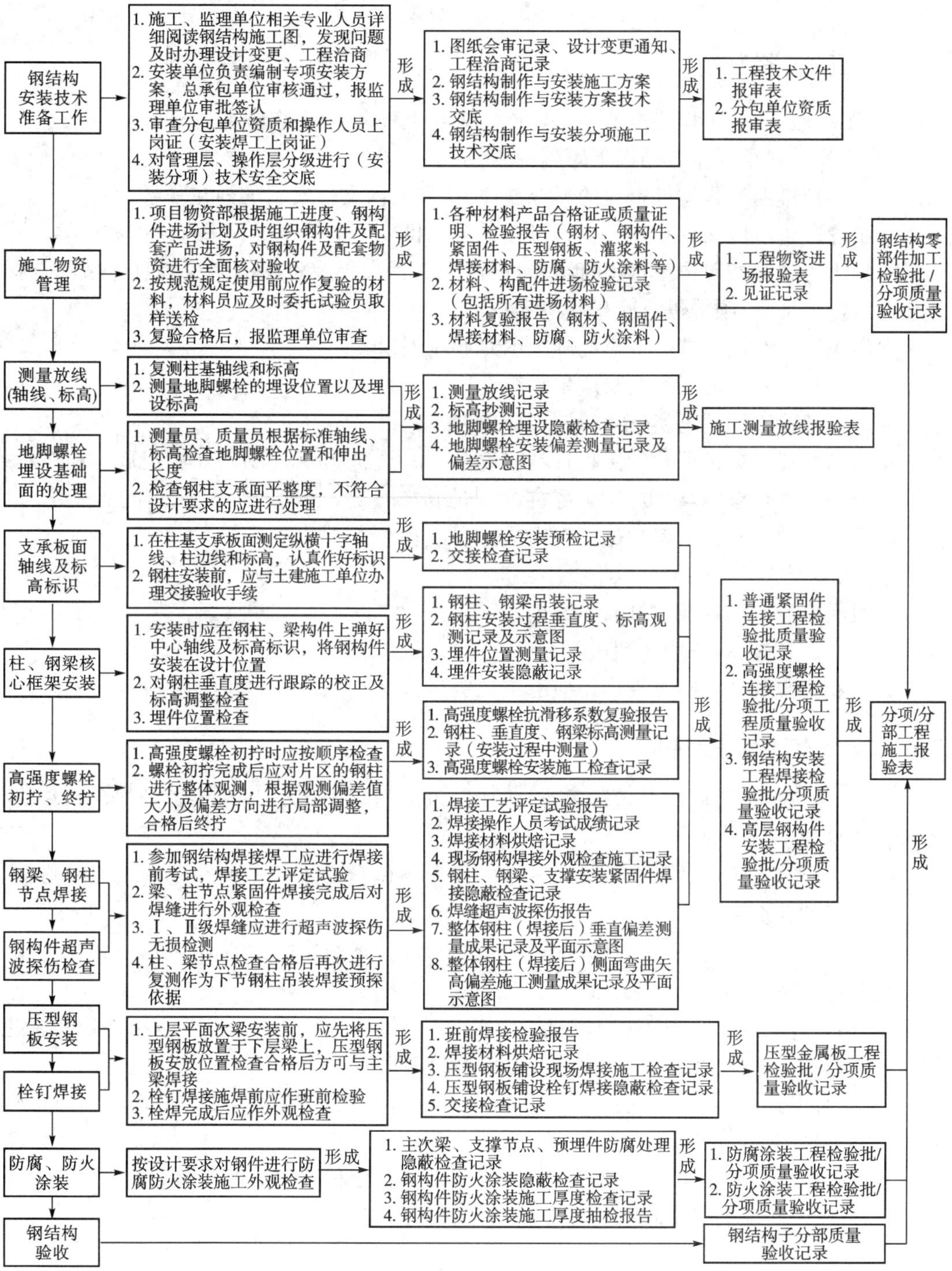

图 1-8 钢结构安装工程资料标准化管理流程

第六节　工程资料组卷及归档管理

一、工程资料组卷

(1)工程竣工后,工程建设的各参建单位应对工程资料编制组卷。

(2)工程资料组卷应遵循以下原则:

1)组卷应遵循工程文件资料的形成规律,保持卷内文件资料的内在联系;

2)工程准备阶段文件和监理资料可按一个项目或一个单位工程进行整理和组卷;

3)施工资料应按单位工程进行组卷,可根据工程大小及资料的多少等具体情况选择按专业或按分部、分项等进行整理和组卷;

4)竣工图应按设计单位提供的施工图专业序列组卷;

5)专业承包单位的工程资料应单独组卷;

6)建筑节能工程现场实体检验资料应单独组卷;

7)移交城建档案馆保存的工程资料案卷中,施工验收资料部分应单独组成一卷;

8)资料管理目录应与其对应工程资料一同组卷;

9)工程资料可根据资料数量多少组成一卷或多卷。

(3)工程资料案卷应符合以下要求:

1)案卷应有案卷封面、卷内目录、内容、备考表及封底。

2)案卷不宜过厚,一般不超过 40mm。

3)案卷应美观、整齐,案卷内不应有重复资料。

二、工程资料归档

(1)专业承包单位应向总承包单位(或建设单位)移交不少于一套完整的工程档案,并办理相关移交手续。

(2)监理单位、施工总承包单位应各自向建设单位移交不少于一套完整的工程档案,并办理相关的移交手续。

(3)建设单位应在工程竣工验收合格后六个月内,将城建档案馆预验收合格的工程档案移交城建档案馆,并办理相关手续。

(4)国家和北京市重点工程及五万 m^2 以上的大型公建工程,建设单位应将列入城建档案馆保存的工程档案制作成缩微胶片,移交城建档案馆。

(5)工程参建各方应将各自的工程档案归档保存,归档内容见《建筑工程施工质量验收统一标准》GB 50300—2013。

(6)监理单位、施工单位应根据有关规定合理确定工程档案的保存期限。

(7)建设单位工程档案的保存期限应与工程使用年限相同。

第二章

钢结构工程施工管理资料（C1）

本章内容包括下列资料：

- 施工现场质量管理检查记录
- 分包单位资质报审表
- 建设工程质量事故调(勘)查记录及报告书
- 见证记录
- 施工日志
- 监理工程师通知回复单

第一节 施工现场质量管理检查记录

一、《施工现场质量管理检查记录》填写范例

<table>
<tr><td colspan="4">施工现场质量管理检查记录</td><td>资料编号</td><td>×××</td></tr>
<tr><td colspan="2">工程名称</td><td colspan="2">××工程</td><td>施工许可证
(开工证)</td><td>施××-00260建</td></tr>
<tr><td colspan="2">建设单位</td><td colspan="2">××集团开发有限公司</td><td>项目负责人</td><td>×××</td></tr>
<tr><td colspan="2">设计单位</td><td colspan="2">××建筑设计院</td><td>项目负责人</td><td>×××</td></tr>
<tr><td colspan="2">监理单位</td><td colspan="2">××建设监理公司</td><td>总监理工程师</td><td>×××</td></tr>
<tr><td colspan="2">施工单位</td><td>××建设集团有限公司</td><td>项目经理</td><td>×××</td><td>项目技术负责人</td><td>×××</td></tr>
<tr><td>序号</td><td colspan="2">项　目</td><td colspan="4">内　容</td></tr>
<tr><td>1</td><td colspan="2">现场质量管理制度</td><td colspan="4">质量例会制度;月评比及奖罚制度;三检及交接检制度;质量与经济挂钩制度</td></tr>
<tr><td>2</td><td colspan="2">质量责任制</td><td colspan="4">岗位责任制;设计交底会制度;技术交底制度;挂牌制度</td></tr>
<tr><td>3</td><td colspan="2">主要专业工种操作上岗证书</td><td colspan="4">测量工、钢筋工、木工、混凝土工、电工、焊工、起重工、架子工等主要专业工种操作上岗证书齐全,符合要求</td></tr>
<tr><td>4</td><td colspan="2">分包方资质与分包单位的管理制度</td><td colspan="4">对分包方资质审查,满足施工要求,总包对分包单位制定的管理制度可行</td></tr>
<tr><td>5</td><td colspan="2">施工图审查情况</td><td colspan="4">施工图经设计交底,施工方已确认</td></tr>
<tr><td>6</td><td colspan="2">地质勘查资料</td><td colspan="4">勘察设计院提供地质勘查报告齐全</td></tr>
<tr><td>7</td><td colspan="2">施工组织设计、施工方案及审批</td><td colspan="4">施工组织设计、主要施工方案编制、审批齐全</td></tr>
<tr><td>8</td><td colspan="2">施工技术标准</td><td colspan="4">企业自定标准4项,其余采用国家、行业标准</td></tr>
<tr><td>9</td><td colspan="2">工程质量检验制度</td><td colspan="4">有原材料及施工检验制度;抽测项目的检测计划,分项工程质量三检制度</td></tr>
<tr><td>10</td><td colspan="2">搅拌站及计量设置</td><td colspan="4">有管理制度和计量设施,经计量检校准确</td></tr>
<tr><td>11</td><td colspan="2">现场材料、设备存放与管理</td><td colspan="4">按材料、设备性能要求制定了管理措施、制度,其存放按施工组织设计平面图布置</td></tr>
<tr><td></td><td colspan="2"></td><td colspan="4"></td></tr>
<tr><td colspan="7">检查结论:
通过上述项目的检查,项目部施工现场质量管理制度明确到位,质量责任制措施得力,主要专业工种操作上岗证书齐全,施工组织设计、主要施工方案逐级审批,现场工程质量检验制度制定齐全,现场材料、设备存放按施工组织设计平面图布置,有材料、设备管理制度
总监理工程师:×××
(建设单位项目负责人)　　××年×月×日</td></tr>
</table>

注:本表由施工单位填写。

二、《施工现场质量管理检查记录》填写说明

1. 表格解析

(1)责任部门。

项目质量部。

(2)提交时限。

正式施工前完成并提交审核。

(3)填写要点。

1)表头部分：

①"工程名称"栏要填写工程名称全称，要与合同或招标文件中的工程名称一致。"施工许可证(开工证)"栏填写当地建设行政主管部门批准发给的施工许可证(开工证)的编号。

②"建设单位"栏写合同文件中的甲方，单位名称要与合同签章上的单位相一致。建设单位"项目负责人"栏，要填写合同书上签字人或签字人以文字形式委托的代表——工程的项目负责人。工程完工后竣工验收备案表中的单位项目负责人应与此一致。

③"设计单位"栏填写设计合同中签章单位的名称，其全称应与印章上的名称一致。设计单位"项目负责人"栏，应是设计合同书签字人或签字人以文字形式委托的该项目负责人，工程完工后竣工验收备案表中的单位项目负责人应与此一致。

④"监理单位"栏填写单位全称，应与合同或协议书中的名称一致。"总监理工程师"栏应是合同或协议书中明确的项目监理负责人，也可以是监理单位以文件形式明确的该项目监理负责人，总监理工程师必须有监理工程师任职资格证书，并要与其各相关专业对口。

⑤"施工单位"栏填写施工合同中签章单位的全称，与签章上的名称一致。"项目经理"栏、"项目技术负责人"栏与合同中明确的项目经理、项目技术负责人一致。

2)检查项目部分：

①现场质量管理制度。

a. 核查现场质量管理制度内容是否健全、有针对性、时效性等。

b. 质量管理体系是否建立，是否持续有效。

c. 各级专职质量检查人员的配备。

②质量责任制。

质量责任制是否具体及落实到位情况。

③主要专业工种操作上岗证书。

核查主要专业工种操作上岗证书是否齐全和符合要求。

④分包方资质与分包单位的管理制度。

审查分包方资质是否符合要求；分包单位的管理制度是否健全。

a. 承包单位填写《分包单位资质报审表》，报项目监理部审查。

b. 审查分包单位的营业执照、企业资质等级证书、专业许可证、人员岗位证书。

c. 审查分包单位的业绩。

d. 经审查合格，签发《分包单位资质报审表》。

⑤施工图审查情况。审查设计交底、图纸会审工作是否已完成。

⑥地质勘查资料。地质勘查资料是否齐全。

⑦施工组织设计、施工方案及审批。

a. 项目监理部可规定某些主要分部(分项)工程施工前，承包单位应将施工工艺、原材料使用、劳动力配置、质量保证措施等情况编写专项施工方案，填写《工程技术文件报审表》报项目监理部审核。

b. 在施工过程中，当承包单位对已批准的施工组织设计进行调整、补充或变动时，应经专业监理工程师审查，并应由总监理工程师签认。

c. 专业监理工程师应要求承包单位报送重点部位、关键工序的施工工艺和确保工程质量的措施，审核同意后予以签认。

d. 当承包单位采用新材料、新工艺、新设备时，专业监理工程师应要求承包单位报送相应的施工工艺措施和证明材料，组织专题论证，经审定后予以签认。

e. 上述方案经专业监理工程师审查，由总监理工程师签认。

⑧施工技术标准。施工技术标准是否能满足本工程的使用。

⑨工程质量检验制度。工程质量检验制度是否健全。

⑩搅拌站及计量设置。审查混凝土、砌筑砂浆(配合比申请单和通知单)、对现场搅拌设备(含计量设备)，现场管理进行检查；对商品混凝土生产厂家资质和生产能力进行考察。搅拌站资质是否符合要求，各种计量设备是否先进可靠。

⑪现场材料、设备存放与管理现场平面布置是否能满足现场材料、设备存放及施工；材料、设备是否有管理制度。

根据检查情况，将检查结果填到相对应的栏中。可直接将有关资料的名称写上，资料较多时，也可将有关资料进行编号填写，注明份数。

3)“检查结论”栏：

由总监理工程师或建设单位项目负责人填写。

总监理工程师或建设单位项目负责人，对施工单位报送的各项资料进行验收核查，验收核查合格后，签署认可意见。

“检查结论”要明确，是符合要求还是不符合要求。如总监理工程师或建设单位项目负责人验收核查不合格，施工单位必须限期改正，否则不准许开工。

(4)填写与主要签认责任。

总监理工程师或建设单位项目负责人。

2. 相关规定及要求

建筑工程项目经理部应按规定填写《施工现场质量管理检查记录》，报项目总监理工程师(或建设单位项目负责人)检查，并做出检查结论。《施工现场质量管理检查记录》应在进场后、开工前填写。通常每个单位工程只填写一次。但当项目管理有重大变化调整时，应重新检查填写。为了提高项目管理水平，在对质量管理制度检查中，应注意两点：

(1)了解有关人员对各项制度的熟悉程度。

(2)在施工过程中需要检查督促各项制度的落实。

第二节 分包单位资质报审表

一、《分包单位资质报审表》填写范例

<table>
<tr><td colspan="2">分包单位资质报审表</td><td>资料编号</td><td colspan="2">×××</td></tr>
<tr><td>工程名称</td><td>××工程</td><td>日 期</td><td colspan="2">××年×月×日</td></tr>
<tr><td colspan="5">致：××建设监理公司(监理单位)
经考察，我方认为拟选择的××钢结构安装公司(分包单位)具有承担下列工程的施工资质和施工能力，可以保证本工程项目按合同的约定进行施工。分包后，我方仍然承担总承包单位的责任。请予以审查和批准。
附：
1. ☑分包单位资质材料
2. ☑分包单位业绩材料
3. □中标通知书</td></tr>
<tr><td>分包工程名称(部位)</td><td>单 位</td><td>工程数量</td><td colspan="2">其他说明</td></tr>
<tr><td>钢结构工程</td><td>m^2</td><td>6000</td><td colspan="2">劳务承包</td></tr>
<tr><td></td><td></td><td></td><td colspan="2"></td></tr>
<tr><td colspan="5">施工单位名称：××建设集团有限公司　　项目经理(签字)：×××</td></tr>
<tr><td colspan="5">监理工程师审查意见：
经审查，分包单位资质、业绩材料齐全、真实有效，具有承担分包工程的施工资质和施工能力
监理工程师(签字)：×××　　日期：××年×月×日</td></tr>
<tr><td colspan="5">总监理工程师审批意见：
同意资格审查
监理单位名称：××建设监理公司　　总监理工程师(签字)：×××　　日期：××年×月×日</td></tr>
</table>

注：本表由施工单位填报，监理单位签署审批意见。

二、《分包单位资质报审表》填写说明

1. 表格解析

(1)责任部门。

项目经理部。

(2)审核时限。

项目监理机构对承包单位报审的《分包单位资质报审表》的审批，不应超过3d。

(3)填写要点。

1)承包单位填写。

①根据工程分包的具体情况，可在“附”栏中的“分包单位资质材料、分包单位业绩材料、中标通知书”相应的选择框处划“√”，并将所附资料随本表一同报验。

②在“分包工程名称(部位)”栏中填写分包单位所承担的工程名称(部位)及计量单位、工程数量、其他说明。

2)监理单位填写。

①监理工程师应审查分包单位的营业执照、企业资质等级证书、施工许可证、管理人员、技术人员资格(岗位)证书以及所获得的业绩材料的真实性、有效性。审查合格后，在“监理工程师审查意见”栏中填写审查意见，并予以签认。

②总监理工程师审核后在“总监理工程师审批意见”栏中填写具体的审批意见，并予以签认。

2. 相关规定及要求

(1)分包单位资格报审程序。

1)承包单位应在工程项目开工前或拟分包的分项、分部工程开工前，填写《分包单位资格报审表》，附上经其自审认可的分包单位的有关资料，报项目监理机构审核。

2)项目监理机构应在施工合同规定的期限内完成或提出进一步补充有关资料的审批工作。

3)项目监理机构和建设单位认为必要时，可会同承包单位对分包单位进行实地考察，以验证分包单位有关资料的真实性。

4)分包单位的资格符合有关规定并满足工程需要，由总监理工程师签发《分包单位资格报审表》予以确认。

5)分包合同签订后，承包单位将分包合同报项目监理机构备案。

(2)分包单位资格报审内容。

1)承包单位对部分分项、分部工程(主体结构工程除外)实行分包必须符合施工合同的规定。

2)分包单位的营业执照、企业资质等级证书、特种行业施工许可证、国外(境外)企业在国内承包工程许可证。

3)分包单位的业绩。

4)分包工程内容和范围。

5)专职管理人员和特种作业人员的资格证、上岗证。

(3)总监理工程师应安排专业监理工程师对报审表及其附件进行审查，其审查重点是审查分包单位的专业能力是否胜任分包工程。审查后，在相应栏目签注审查意见并签字。

(4)项目监理机构对承包单位报审的《分包单位资质报审表》的审批，不应超过 3d。

(5)分包单位的资格符合有关规定并满足工程需要时，由总监理工程师签发《分包单位资质报审表》，予以确认。

(6)分包合同签订后，承包单位填写《分包合同报验申请表》，并附分包单位合同报送项目监理机构备案。

(7)项目监理机构发现承包单位存在转包、肢解分包、层层分包等情况时，应签发《监理通知》即时予以制止，同时报告建设单位及有关部门。

第三节 建设工程质量事故调(勘)查记录及报告书

一、《建设工程质量事故调(勘)查记录及报告书》填写范例

<table>
<tr><td colspan="3">建设工程质量事故调(勘)查记录</td><td>资料编号</td><td>×××</td></tr>
<tr><td>工程名称</td><td colspan="2">××工程</td><td>日　期</td><td>××年×月×日</td></tr>
<tr><td>调(勘)查时间</td><td colspan="4">××年×月×日 9 时 0 分至 11 时 0 分</td></tr>
<tr><td>调(勘)查地点</td><td colspan="4">××区××路××号(施工现场)</td></tr>
<tr><td>参加人员</td><td>单　位</td><td>姓名</td><td>职务</td><td>电话</td></tr>
<tr><td>被调查人</td><td>××建设集团有限公司</td><td>×××</td><td>项目经理</td><td>××××</td></tr>
<tr><td rowspan="2">陪同调(勘)查人员</td><td>××建筑设计院</td><td>×××</td><td>×××</td><td>×××</td></tr>
<tr><td>××建设监理公司</td><td>×××</td><td>×××</td><td>×××</td></tr>
<tr><td>调(勘)查笔录</td><td colspan="4">在一层柱安装施工时，由于混凝土没有按照混凝土操作规程操作致使一层一根钢柱柱脚与基础接触不紧密，产生空隙质量缺陷</td></tr>
<tr><td>现场证物照片</td><td colspan="4">☑有 □无 共 6 张 共 3 页</td></tr>
<tr><td>事故证据资料</td><td colspan="4">☑有 □无 共 10 张 共 5 页</td></tr>
<tr><td>被调查人签字</td><td>×××</td><td colspan="2">调(勘)查人</td><td>×××</td></tr>
</table>

注：本表由调查人填写。

建设工程质量事故报告书		资料编号	×××
工程名称	××工程	建设地点	××区××路××号
建设单位	××集团开发有限公司	设计单位	××建筑设计院
施工单位	××建设集团有限公司	建筑面积(m^2) 工作量(元)	$8428m^2$ 2310 万元
结构类型	框架剪力墙	事故发生时间	××年×月×日
上报时间	××年×月×日	经济损失(元)	10000.00 元以上

事故经过、后果与原因分析：

在一层柱安装施工时，由于混凝土没有按照混凝土操作规程操作致使一层一根钢柱柱脚与基础接触不紧密，产生空隙质量缺陷

事故发生后采取的措施：

将栓脚基础浇筑到从设计标高低 40～60mm 如，当柱安装到钢垫板（每叠数量不得超过 3 块）上后，再浇筑细石混凝土

事故责任单位、责任人及处理意见：

事故责任单位：××钢结构安装公司

责任人：混凝土工×××

处理意见：

1. 对直接责任者进行质量意识教育，切实加强混凝土工操作规程培训学习及贯彻执行，经考核合格后持证上岗，并处以适当经济处罚。

2. 对所在班组提出批评，切实加强施工过程质量控制。

结论：经返工处理后，达到施工规范要求

负责人	×××	报告人	×××	日　　期	××年×月×日

注：本表由报告人填写。

二、《建设工程质量事故调(勘)查记录及报告书》填写说明

1. 表格解析

(1)责任部门。

项目质量部。

(2)提交时限。

事故发生后48h内提交。

(3)填写要点。

1)填写该表时应写明工程名称、时间、地点、人员所在单位、姓名、职务、联系电话。

2)“调(勘)查笔录”栏应填写工程质量事故发生的时间、具体部位,造成质量事故的原因,以及现场观察的现象,并初步估计造成的经济损失。

3)当工程质量事故发生后,应采用影像的形式真实记录现场的情况,以作为事故原因分析的依据,当留有现场证物照片或事故证据资料时,应在“有”、“无”选择框处划“√”并标注数量。

(4)填写与主要签认责任。

本表由调查人填写,项目经理或项目主要负责人签认。

2. 相关规定及要求

(1)工程质量事故的分类。

1)按事故造成的后果可分为未遂事故和已遂事故。

2)按事故产生的原因可分为指导责任事故和操作责任事故。

3)按事故的性质可分为一般事故、严重事故和重大事故。

4)依据建设部令规定,工程质量事故按其性质分为三大类六个等级。

(2)质量事故的调查与分析,事故调查报告的内容。

1)常见的工程质量事故发生的原因一般有:违反施工程序,违反有关法规和工程合同规定,施工方案不正确,设计方案不正确,工程设备质量差,材料材质不合格,使用建筑物、构筑物不当,施工管理问题,自然条件和环境影响。

2)质量事故的调查。调查的主要目的,是确定质量事故的范围、性质、影响和原因等,通过调查质量事故的原因分析为处理提供依据。

质量事故的调查组织机构及调查内容:

①由项目技术负责人为首组建调查小组,参加人员应与事故直接相关的专业技术人员、质检员和有经验的技术工人组成。

②对事故进行细致的现场调查,包括发生时间、性质、操作人员、现状及发展变化的情况,充分了解与掌握事故的现场和特征。

③收集资料,包括所依据的设计图纸、使用的施工方法、施工工艺、采用的材料、施工机械、真实的施工记录、施工期间环境条件、施工顺序及质量控制情况等,摸清事故对象在整个施工过程中所处的客观条件。

④对收集到可能引发事故的原因进行整理,按“人、机、料、法、环”五个方面内容进行归纳,形成质量事故调查的原始资料。

第四节 见 证 记 录

一、《见证记录》填写范例

有见证取样和送检见证人备案书

××市建设工程 质量监督站：

××建筑工程公司 试验室：

我单位决定，由 ×××、××× 同志担任 ××大厦钢结构制作与安装 工程有见证取样和送检见证人。有关的印章和签字如下，请查收备案。

有见证取样和送检印章	见证人签字
××建设监理公司 有见证取样和送检印章	××× ×××

建设单位名称（盖章）： ××集团开发有限公司 ××年×月×日

监理单位名称（盖章）： ××建设监理公司 ××年×月×日

施工项目负责人签字： ××× ××年×月×日

见 证 记 录

资料编号：015

工程名称：××工程

取样部位：塔楼及裙房钢柱B1～F7层，钢梁F1～F5层

样品名称：钢板20mm　　取样数量：1块

取样地点：施工现场　　取样日期：××年×月×日

见证记录：

检验编号	钢号或牌号	规格	炉批号	代表数量(kg)	产地	备注
X－1	Q345C	δ＝20mm	5A03789070	6020	首钢	母材复试

有见证取样和送检印章：

××建设监理公司
有见证取样和送检印章

取样人签字：×××

见证人签字：×××

填制日期：××年×月×日

见证试验检测汇总表

<table>
<tr><td rowspan="2">工程名称</td><td rowspan="2">××大厦工程</td><td>资料编号</td><td colspan="2">×××</td></tr>
<tr><td>填表日期</td><td colspan="2">××年×月×日</td></tr>
<tr><td>建设单位</td><td>××集团开发有限公司</td><td>检测单位</td><td colspan="2">××建设工程质量检测中心</td></tr>
<tr><td>监理单位</td><td>××建设监理公司</td><td>见证人员</td><td colspan="2">×××</td></tr>
<tr><td>施工单位</td><td>××建设集团有限公司</td><td>取样人员</td><td colspan="2">×××</td></tr>
<tr><td>试验项目</td><td>应试验组/次数</td><td>见证试验组/次数</td><td>不合格次数</td><td>备　注</td></tr>
<tr><td>钢材</td><td>47</td><td>18</td><td>0</td><td></td></tr>
<tr><td>焊丝</td><td>35</td><td>13</td><td>0</td><td></td></tr>
<tr><td>扭剪型高强度螺栓</td><td>20</td><td>8</td><td>0</td><td></td></tr>
<tr><td>厚型钢结构防火涂料</td><td>21</td><td>8</td><td>0</td><td></td></tr>
<tr><td>高强度螺栓抗滑移</td><td>6</td><td>3</td><td>0</td><td></td></tr>
<tr><td></td><td></td><td></td><td></td><td></td></tr>
<tr><td></td><td></td><td></td><td></td><td></td></tr>
<tr><td></td><td></td><td></td><td></td><td></td></tr>
<tr><td></td><td></td><td></td><td></td><td></td></tr>
<tr><td></td><td></td><td></td><td></td><td></td></tr>
<tr><td>制表人(签字)</td><td colspan="4">×××</td></tr>
</table>

二、《见证记录》填写说明

(1)有见证取样和送检见证人备案书。

每个单位工程应设定1～2名取样和送检见证人员,见证人员应由该工程的监理单位或建设单位具备建筑施工试验知识的专业技术人员担任,并由该工程监理单位或建设单位填写《有见证取样和送检见证人备案书》,通知施工单位、检测、试验单位和负责该工程的质量监督机构。

(2)见证记录。

见证人员应执行有见证取样和送检项目的管理,按规定填写《见证记录》,并有见证人员和取样人员签字。

第五节　施工日志

一、《施工日志》填写范例

<table>
<tr><td colspan="3">施工日志</td><td>资料编号</td><td>×××</td></tr>
<tr><td></td><td>天气状况</td><td>风　　力</td><td>最高/最低温度(℃)</td><td>备　　注</td></tr>
<tr><td>白天</td><td>晴</td><td>2～3 级</td><td>24/19</td><td></td></tr>
<tr><td>夜间</td><td>晴</td><td>1～2 级</td><td>17/16</td><td></td></tr>
<tr><td colspan="5">生产情况记录：(施工部位、施工内容、机械作业、班组工作、生产存在问题等)
钢结构安装：
1. 南段：A 栋 F2～F3 层钢梁安装
2. 中庭：A 轴钢梁安装、校正、焊接
3. 现场人员：钢结构管理人员 10 人，钢结构安装工 60 人，电焊工 30 人
4. 现场主要机械：电焊机 20 台
钢结构制作：
1. T3、T4 节箱形柱已组成 U 形已装隔板并已焊接待装隔板的有：F19-3、G23a-4、E19-4、F19-4、C6-3、E23-4、E19-3、C6a-4、C18-4、C22-4、A24-3、E30-4、G23-4、C6a-3、E10-3 等。隔板已装待焊接的有：A21-3、E9-4、E23a-3、E12-3、A24-4、G8-3、C5-4、A26-4、A18-2、F25-4、C4-4 等。主缝焊接第一阶段(包括打底、焊满 90%)的有：A25-4、E23-3、E30-3、E30-4、C5-3、E22-4、G22-3、B10-4、A23-4、F20-4、G21-4、E8-4、C23-4、C4-3、E22-3、E11-4、C18-3、G23-3、G7-4、E11-3、C2-4、E19-3、C23-3、A22-3、C20-3 等 20 多根。主缝焊接第二阶段(包括电渣焊、修理、盖面等工序)的有：A25-3、F20-3、G23a-3、A26-3、E6-4、A24a-4、B23-3、G6-4、B13-3、E9-3、C24a-4、A23-3、B9-4、A19-4、E8-3、E23a-3、F23a-4、B24-3、B23-4；F2、F3、F4、F5、F6、F7 层梁正在加工。
2. 已装隔板的 G13、18-2 和已组焊完的 A18-2 由于有变动。现正在停做。
3. T5 节钢柱以上箱形柱由于图纸未到厂，现我加工厂正在加工其中所有部分隔板。
明日施工计划：
南段：A 栋 F2～F3 层钢梁安装</td></tr>
<tr><td colspan="5">技术质量安全工作记录：(技术质量安全活动、检查评定验收、技术质量安全问题等)
1. 安全生产情况良好；
2. 监理及质检员对 T3、T4 节箱形柱已安装隔板及焊缝进行检查，验收合格；
参加验收人员
监理单位：×××、×××(职务)等。
施工单位：×××、××、×××(职务)等</td></tr>
<tr><td>记录人</td><td>×××</td><td>日　　期</td><td colspan="2">××年×月×日　星期×</td></tr>
</table>

注：本表由施工单位填写。

二、《施工日志》填写说明

本表为施工活动的原始记录，是编制施工文件、积累资料、总结施工经验的重要依据，按专业指定专人负责逐日记载，并保证内容真实、连续和完整。施工日志填写应字迹清楚、内容齐全、及时、准确、具体，不得涂改，不得缺页掉角。

1. 表格解析

(1)责任部门。

项目工程部。

(2)提交时限。

逐日记录按周或月提交一次。

(3)填写要点。

1)施工日志填写的主要内容。

①生产情况记录。

a. 施工部位：对于结构工程应体现楼层、轴线、主要构件名称和标高；对于装饰装修工程应体现楼层、轴线、建筑功能房间/区域名称，如楼梯间、公共走廊、会议室、餐厅等；对于机电工程应体现楼层、轴线、管线或设备名称及对应编号等。

b. 施工内容：指子分部、分项、工序的具体内容、施工进度、作业动态等。

c. 班组工作：指劳动力安排，如专业施工班组(或专业分包)等。

d. 生产存在问题：应写明影响生产的各种问题，如影响进度所涉及的人员不足，机具不到位等。

②技术质量安全工作记录：包括技术质量安全活动(如上级检查、各种工程会议、企业贯标复审等)；检查评定验收(指检验批、分项、分部(子分部)工程质量验收、隐蔽工程验收)；技术质量安全问题等。

③每个工程项目的开、竣工日期、施工勘测资料、建设行政或上级主管部门的检查、有关指示等。

④施工中发生的问题，如变更设计、变更施工方法、工程质量事故及其他处理情况等。

2)施工日志中，除记录生产情况和技术质量安全工作外，若施工中出现其他问题，也要反映在施工日志中。同时强调一点，×月×日施工日志记录中如果有发现不合格项的记录，也须有复查(解决、关闭)不合格项的记录。

2. 相关规定及要求

(1)施工日志是施工活动的原始记录，是编制施工文件、积累资料、总结施工经验的重要依据，由项目技术负责人具体负责。

(2)施工日志应以单位工程为记载对象，从工程开工起至工程竣工止，按专业指定专人负责逐日记载，并保证内容真实、连续和完整。

(3)施工日志可采用计算机录入、打印，也可按规定式样(印制的施工日志)用手工填写方式记录，并装订成册，但必须保证字迹清楚、内容齐全。施工日志填写须及时、准确、具体，不潦草，不能随意撕毁，妥善保管，不得丢失。

(4)当对工程资料进行核查时，或工程出现某些问题时，往往需要检查施工日志中的记录，以了解当时的施工情况。借助对某些施工资料中作业时间、作业条件、材料进场、试块养护等方面的横向检查对比，能够有效地核查资料的真实性与可靠性。

第六节 监理工程师通知回复单

一、《监理工程师通知回复单》填写范例

监理工程师通知回复单		资料编号	×××
工程名称	××工程	日　期	××年×月×日

致：××建设监理公司（监理单位）

我方接到第（××－××）号监理通知后，已按要求完成了保证梁柱焊接质量的工作，特此回复，请予以复查。

详细内容：

我项目部收到（××-××）号《监理通知》后，立即召开了专题会议，按通知要求组织专业人员进一步制定了保证梁柱焊接质量的措施（见附件）

施工单位名称：××建设集团有限公司　　项目经理（签字）：×××

复查意见：

经复查，承包单位按监理通知要求进行了落实，且保证措施得当。要求承包单位按此措施落实到位，以保证梁柱焊接的质量

监理工程师（签字）：×××　　日期：××年×月×日

监理单位名称：××建设监理公司　　总监理工程师（签字）：×××　　日期：××年×月×日

注：本表由施工单位填报。

二、《监理工程师通知回复单》填写说明

1. 表格解析

(1)责任部门。

项目工程部。

(2)填写要点。

1)承包单位填写。

①“已按要求完成了________工作”栏填写《监理通知》中相对应的内容。

②“详细内容”栏应写明对监理通知中所提问题发生的原因分析、整改经过和结果及预防措施等。

2)监理单位填写。

“复查意见”一般应由《监理通知》的签发人进行复查验收并签字确认。当监理工程师不在现场或与总监理工程师意见不一致时,由总监理工程师签字生效。

2. 相关规定及要求

(1)《监理通知回复单》是与《监理通知》配套使用的表格。

(2)对施工过程中所发现的问题可先口头通知承包单位整改,并及时签发《监理通知》。要求承包单位整改的,承包单位应将整改结果填写《监理通知回复单》报监理工程师进行复查。

第三章

钢结构工程施工技术资料（C2）

本章内容包括下列资料：

- 工程技术文件报审表
- 施工组织设计及施工方案
- 技术交底记录
- 图纸会审记录
- 设计变更通知单
- 工程变更洽商记录

第一节 工程技术文件报审表

一、《工程技术文件报审表》填写范例

<table>
<tr><td colspan="2" rowspan="2">工程技术文件报审表</td><td>施工编号</td><td>×××</td></tr>
<tr><td>监理编号</td><td>×××</td></tr>
<tr><td>工程名称</td><td>××工程</td><td>日　期</td><td>××年×月×日</td></tr>
<tr><td colspan="4">致：××建设监理公司（监理单位）
我方已编制完成了施工测量方案技术文件，并经相关技术负责人审查，请予以审定。
附：技术文件×页×册

施工总承包单位××建设集团有限公司　　项目经理/责任人×××
专业承包单位＿＿＿＿　　项目经理/责任人＿＿＿＿</td></tr>
<tr><td colspan="4">专业监理工程师审查意见：
原则上同意方案内容；应加强过程和措施上的严格控制；测量放线成果必须经过“三检”，达到100％的合格

专业监理工程师×××
日期××年×月×日</td></tr>
<tr><td colspan="4">总监理工程师审批意见：
1.符合设计图和现场的实际情况；
2.投入的人力、物力基本满足工程施工测量的需要；
3.采取的方式、方法、措施及管理制度基本可行；
同意本方案的内容并以此指导本工程的施工测量放线工作

监理单位××建设监理公司
总/专业监理工程师×××
日期××年×月×日</td></tr>
</table>

二、《工程技术文件报审表》填写说明

1.填写要点

(1)承包单位填写。

1)“施工总承包单位”是指直接负责该项工程实施的单位，如为分包单位，应先由该分

包单位填写此栏,经承包单位审核无误后报项目监理部。

2)“我方已编制完成了”应填入编写的工程技术文件名称,其中“类别、编制人、册数、页数”按编制的工程技术文件的实际情况如实填写。

(2)监理单位填写。

1)“专业监理工程师审查意见”栏必须填写具体的审核内容。

2)先经专业监理工程师审核,并在“监理单位审核意见”中填写意见。由总监理工程师签署“总监理工程师审批意见”。

2.相关规定及要求

(1)施工单位向监理单位申报的工程技术文件包括施工组织设计、施工方案(含季节性施工方案)、深化设计、质量问题处理方案等。

(2)施工单位应编写工程技术文件,经施工单位技术部门审查通过,并填写《工程技术文件报审表》报项目监理部。工程项目开工前,总监理工程师组织专业监理工程师审核,填写审核意见,由总监理工程师签署审定结论。

(3)工程技术文件审查的主要内容。

1)承包单位的审批手续是否齐全。

2)施工总平面布置是否合理。

3)施工布置是否合理,施工方法是否可行,质量保证措施是否可靠并具有针对性。

4)工期安排是否满足建设工程施工合同要求。

5)进度计划是否保证施工的连续性和均衡性,所需人力、材料、设备的配置与进度计划是否协调。

6)承包单位的质量管理体系是否健全。

7)安全、环保、消防和文明施工措施是否符合有关规定。

8)季节性施工方案和专项施工方案的可行性、合理性和先进性。

9)总监理工程师认为应审核的其他内容。

(4)工程技术文件报审应有时限规定,施工和监理单位均应按照施工合同和约定的时限要求完成各自的报送和审批工作。

(5)在施工过程中,当承包单位对已批准的工程技术文件进行调整、补充或变动时,应经专业监理工程师审查,并应由总监理工程师签认。

(6)施工组织设计(施工方案)审核程序。

1)总监理工程师组织审查并核准,需要承包单位修改时,应由总监理工程师签发书面意见退回承包单位修改,修改后再报,重新审核;

2)对于重大或特殊的工程,项目监理部还应将施工组织设计(施工方案)报监理单位技术负责人审核后,再由总监理工程师签认发给承包单位;

3)施工组织设计(施工方案)在实施过程中,承包单位如需做较大的变动,仍应经总监理工程师审核同意;规模较大、工艺较复杂的工程、群体工程或分期出图的工程可分阶段报批施工组织设计;

4)技术复杂或采用新技术的分项、分部工程,承包单位应编制分项、分部工程施工方案,报项目监理部审核。

第二节　施工组织设计及施工方案

一、施工组织总设计

1. 工程概况

工程概况应包括项目主要情况和项目主要施工条件等。

(1)项目主要情况应包括下列内容：

1)项目名称、性质、地理位置和建设规模；

2)项目的建设、勘察、设计和监理等相关单位的情况；

3)项目设计概况；

4)项目承包范围及主要分包工程范围；

5)施工合同或招标文件对项目施工的重点要求；

6)其他应说明的情况。

(2)项目主要施工条件应包括下列内容：

1)项目建设地点气象状况；

2)项目施工区域地形和工程水文地质状况；

3)项目施工区域地上、地下管线及相邻的地上、地下建(构)筑物情况；

4)与项目施工有关的道路、河流等状况；

5)当地建筑材料、设备供应和交通运输等服务能力状况；

6)当地供电、供水、供热和通信能力状况；

7)其他与施工有关的主要因素。

2. 总体施工部署

(1)施工组织总设计应对项目总体施工做出下列宏观部署：

1)确定项目施工总目标，包括进度、质量、安全、环境和成本等目标；

2)根据项目施工总目标的要求，确定项目分阶段(期)交付的计划；

3)确定项目分阶段(期)施工的合理顺序及空间组织。

(2)对于项目施工的重点和难点应进行简要分析。

(3)总承包单位应明确项目管理组织机构形式，并宜采用框图的形式表示。

(4)对于项目施工中开发和使用的新技术、新工艺应做出部署。

(5)对主要分包项目施工单位的资质和能力应提出明确要求。

3. 施工总进度计划

(1)施工总进度计划应按照项目总体施工部署的安排进行编制。

(2)施工总进度计划可采用网络图或横道图表示，并附必要说明。

4. 总体施工准备与主要资源配置计划

(1)总体施工准备应包括技术准备、现场准备和资金准备等。

(2)技术准备、现场准备和资金准备应满足项目分阶段(期)施工的需要。

(3)主要资源配置计划应包括劳动力配置计划和物资配置计划等。

(4)劳动力配置计划应包括下列内容：

1)确定各施工阶段(期)的总用工量；

2)根据施工总进度计划确定各施工阶段(期)的劳动力配置计划。

(5)物资配置计划应包括下列内容：

1)根据施工总进度计划确定主要工程材料和设备的配置计划；

2)根据总体施工部署和施工总进度计划确定主要施工周转材料和施工机具的配置计划。

5.主要施工方法

(1)施工组织总设计应对项目涉及的单位(子单位)工程和主要分部(分项)工程所采用的施工方法进行简要说明。

(2)对脚手架工程、起重吊装工程、临时用水用电工程、季节性施工等专项工程所采用的施工方法应进行简要说明。

6.施工总平面布置

(1)施工总平面布置应符合下列原则：

1)平面布置科学合理,施工场地占用面积少；

2)合理组织运输,减少二次搬运；

3)施工区域的划分和场地的临时占用应符合总体施工部署和施工流程的要求,减少相互干扰；

4)充分利用既有建(构)筑物和既有设施为项目施工服务,降低临时设施的建造费用；

5)临时设施应方便生产和生活,办公区、生活区和生产区宜分离设置；

6)符合节能、环保、安全和消防等要求；

7)遵守当地主管部门和建设单位关于施工现场安全文明施工的相关规定。

(2)施工总平面布置图应符合下列要求：

1)根据项目总体施工部署,绘制现场不同施工阶段(期)的总平面布置图；

2)施工总平面布置图的绘制应符合国家相关标准要求并附必要说明。

(3)施工总平面布置图应包括下列内容：

1)项目施工用地范围内的地形状况；

2)全部拟建的建(构)筑物和其他基础设施的位置；

3)项目施工用地范围内的加工设施、运输设施、存贮设施、供电设施、供水供热设施、排水排污设施、临时施工道路和办公、生活用房等；

4)施工现场必备的安全、消防、保卫和环境保护等设施；

5)相邻的地上、地下既有建(构)筑物及相关环境。

二、单位工程施工组织设计

1.工程概况

(1)工程概况应包括工程主要情况、各专业设计简介和工程施工条件等。

(2)工程主要情况应包括下列内容：

1)工程名称、性质和地理位置；

2)工程的建设、勘察、设计、监理和总承包等相关单位的情况；

3)工程承包范围和分包工程范围；

4)施工合同、招标文件或总承包单位对工程施工的重点要求；

5)其他应说明的情况。

(3)各专业设计简介应包括下列内容：

1)建筑设计简介应依据建设单位提供的建筑设计文件进行描述，包括建筑规模、建筑功能、建筑特点、建筑耐火、防水及节能要求等，并应简单描述工程的主要装修做法；

2)结构设计简介应依据建设单位提供的结构设计文件进行描述，包括结构形式、地基基础形式、结构安全等级、抗震设防类别、主要结构构件类型及要求等；

3)机电及设备安装专业设计简介应依据建设单位提供的各相关专业设计文件进行描述，包括给水、排水及采暖系统、通风与空调系统、电气系统、智能化系统、电梯等各个专业系统的做法要求。

(4)工程施工条件应包括下列内容。

1)项目建设地点气象状况；

2)项目施工区域地形和工程水文地质状况；

3)项目施工区域地上、地下管线及相邻的地上、地下建(构)筑物情况；

4)与项目施工有关的道路、河流等状况；

5)当地建筑材料、设备供应和交通运输等服务能力状况；

6)当地供电、供水、供热和通信能力状况；

7)其他与施工有关的主要因素。

2. 施工部署

(1)工程施工目标应根据施工合同、招标文件以及本单位对工程管理目标的要求确定，包括进度、质量、安全、环境和成本等目标。各项目标应满足施工组织总设计中确定的总体目标。

(2)施工部署中的进度安排和空间组织应符合下列规定：

1)工程主要施工内容及其进度安排应明确说明，施工顺序应符合工序逻辑关系；

2)施工流水段应结合工程具体情况分阶段进行划分；单位工程施工阶段的划分一般包括地基基础、主体结构、装饰装修和机电设备安装三个阶段。

(3)对于工程施工的重点和难点应进行分析，包括组织管理和施工技术两个方面。

(4)工程管理的组织机构形式应规定执行，并确定项目经理部的工作岗位设置及其职责划分。

(5)对于工程施工中开发和使用的新技术、新工艺应做出部署，对新材料和新设备的使用应提出技术及管理要求。

(6)对主要分包工程施工单位的选择要求及管理方式应进行简要说明。

3. 施工进度计划

(1)单位工程施工进度计划应按照施工部署的安排进行编制。

(2)施工进度计划可采用网络图或横道图表示，并附必要说明；对于工程规模较大或较复杂的工程，宜采用网络图表示。

4. 施工准备与资源配置计划

(1)施工准备应包括技术准备、现场准备和资金准备等。

1)技术准备应包括施工所需技术资料的准备、施工方案编制计划、试验检验及设备调试工作计划、样板制作计划等;

①主要分部(分项)工程和专项工程在施工前应单独编制施工方案,施工方案可根据工程进展情况,分阶段编制完成;对需要编制的主要施工方案应制定编制计划;

②试验检验及设备调试工作计划应根据现行规范、标准中的有关要求及工程规模、进度等实际情况制定;

③样板制作计划应根据施工合同或招标文件的要求并结合工程特点制定。

2)现场准备应根据现场施工条件和工程实际需要,准备现场生产、生活等临时设施。

3)资金准备应根据施工进度计划编制资金使用计划。

(2)资源配置计划应包括劳动力配置计划和物资配置计划等。

1)劳动力配置计划应包括下列内容:

①确定各施工阶段用工量;

②根据施工进度计划确定各施工阶段劳动力配置计划。

2)物资配置计划应包括下列内容:

①主要工程材料和设备的配置计划应根据施工进度计划确定,包括各施工阶段所需主要工程材料、设备的种类和数量;

②工程施工主要周转材料和施工机具的配置计划应根据施工部署和施工进度计划确定,包括各施工阶段所需主要周转材料、施工机具的种类和数量。

5. 主要施工方案

(1)单位工程应按照《建筑工程施工质量验收统一标准》GB 50300—2013 中分部、分项工程的划分原则,对主要分部、分项工程制定施工方案。

(2)对脚手架工程、起重吊装工程、临时用水用电工程、季节性施工等专项工程所采用的施工方案应进行必要的验算和说明。

6. 施工现场平面布置

(1)施工现场平面布置图应结合施工组织总设计,按不同施工阶段分别绘制。

(2)施工总平面布置应符合下列原则:

1)平面布置科学合理,施工场地占用面积少;

2)合理组织运输,减少二次搬运;

3)施工区域的划分和场地的临时占用应符合总体施工部署和施工流程的要求,减少相互干扰;

4)充分利用既有建(构)筑物和既有设施为项目施工服务,降低临时设施的建造费用;

5)临时设施应方便生产和生活,办公区、生活区和生产区宜分离设置;

6)符合节能、环保、安全和消防等要求;

7)遵守当地主管部门和建设单位关于施工现场安全文明施工的相关规定。

(3)施工总平面布置图应符合下列要求:

1)根据项目总体施工部署,绘制现场不同施工阶段(期)的总平面布置图;

2)施工总平面布置图的绘制应符合国家相关标准要求并附必要说明。

(4)施工现场平面布置图应包括下列内容:

1)工程施工场地状况;

2)拟建建(构)筑物的位置、轮廓尺寸、层数等;

3)工程施工现场的加工设施、存贮设施、办公和生活用房等的位置和面积;

4)布置在工程施工现场的垂直运输设施、供电设施、供水供热设施、排水排污设施和临时施工道路等;

5)施工现场必备的安全、消防、保卫和环境保护等设施;

6)相邻的地上、地下既有建(构)筑物及相关环境。

三、施工方案

1.工程概况

(1)工程概况应包括工程主要情况、设计简介和工程施工条件等。

(2)工程主要情况应包括:分部(分项)工程或专项工程名称,工程参建单位的相关情况,工程的施工范围,施工合同、招标文件或总承包单位对工程施工的重点要求等。

(3)设计简介应主要介绍施工范围内的工程设计内容和相关要求。

(4)工程施工条件应重点说明与分部(分项)工程或专项工程相关的内容。

2.施工安排

(1)工程施工目标包括进度、质量、安全、环境和成本等目标,各项目标应满足施工合同、招标文件和总承包单位对工程施工的要求。

(2)工程施工顺序及施工流水段应在施工安排中确定。

(3)针对工程的重点和难点,进行施工安排并简述主要管理和技术措施。

(4)工程管理的组织机构及岗位职责应在施工安排中确定,并应符合总承包单位的要求。

3.施工进度计划

(1)分部(分项)工程或专项工程施工进度计划应按照施工安排,并结合总承包单位的施工进度计划进行编制。

(2)施工进度计划可采用网络图或横道图表示,并附必要说明。

4.施工准备与资源配置计划

(1)施工准备应包括下列内容:

1)技术准备:包括施工所需技术资料的准备、图纸深化和技术交底的要求、试验检验和测试工作计划、样板制作计划以及与相关单位的技术交接计划等;

2)现场准备:包括生产、生活等临时设施的准备以及与相关单位进行现场交接的计划等;

3)资金准备:编制资金使用计划等。

(2)资源配置计划应包括下列内容:

1)劳动力配置计划:确定工程用工量并编制专业工种劳动力计划表;

2)物资配置计划:包括工程材料和设备配置计划、周转材料和施工机具配置计划以及计量、测量和检验仪器配置计划等。

5.施工方法及工艺要求

(1)明确分部(分项)工程或专项工程施工方法并进行必要的技术核算,对主要分项工程(工序)明确施工工艺要求。

(2)对易发生质量通病、易出现安全问题、施工难度大、技术含量高的分项工程(工序)等应做出重点说明。

(3)对开发和使用的新技术、新工艺以及采用的新材料、新设备应通过必要的试验或论证并制定计划。

(4)对季节性施工应提出具体要求。

四、主要施工管理计划

1.一般规定

(1)施工管理计划应包括进度管理计划、质量管理计划、安全管理计划、环境管理计划、成本管理计划以及其他管理计划等内容。

(2)各项管理计划的制定,应根据项目的特点有所侧重。

2.进度管理计划

(1)项目施工进度管理应按照项目施工的技术规律和合理的施工顺序,保证各工序在时间上和空间上顺利衔接。

(2)进度管理计划应包括下列内容:

1)对项目施工进度计划进行逐级分解,通过阶段性目标的实现保证最终工期目标的完成;

2)建立施工进度管理的组织机构并明确职责,制定相应管理制度;

3)针对不同施工阶段的特点,制定进度管理的相应措施,包括施工组织措施、技术措施和合同措施等;

4)建立施工进度动态管理机制,及时纠正施工过程中的进度偏差,并制定特殊情况下的赶工措施;

5)根据项目周边环境特点,制定相应的协调措施,减少外部因素对施工进度的影响。

3.质量管理计划

(1)质量管理计划可参照《质量管理体系 要求》GB/T 19001—2008,在施工单位质量管理体系的框架内编制。

(2)质量管理计划应包括下列内容:

1)按照项目具体要求确定质量目标并进行目标分解,质量指标应具有可测量性;

2)建立项目质量管理的组织机构并明确职责;

3)制定符合项目特点的技术保障和资源保障措施,通过可靠的预防控制措施,保证质量目标的实现;

4)建立质量过程检查制度,并对质量事故的处理做出相应规定。

4.安全管理计划

(1)安全管理计划可参照《职业健康安全管理体系 要求》GB/T 28001—2011,在施工单位安全管理体系的框架内编制。

(2)安全管理计划应包括下列内容：

1)确定项目重要危险源，制定项目职业健康安全管理目标；

2)建立有管理层次的项目安全管理组织机构并明确职责；

3)根据项目特点，进行职业健康安全方面的资源配置；

4)建立具有针对性的安全生产管理制度和职工安全教育培训制度；

5)针对项目重要危险源，制定相应的安全技术措施；对达到一定规模的危险性较大的分部(分项)工程和特殊工种的作业应制定专项安全技术措施的编制计划；

6)根据季节、气候的变化，制定相应的季节性安全施工措施；

7)建立现场安全检查制度，并对安全事故的处理做出相应规定。

(3)现场安全管理应符合国家和地方政府部门的要求。

5. 环境管理计划

(1)环境管理计划可参照《环境管理体系要求及使用指南》GB/T 24001—2004，在施工单位环境管理体系的框架内编制。

(2)环境管理计划应包括下列内容：

1)确定项目重要环境因素，制定项目环境管理目标；

2)建立项目环境管理的组织机构并明确职责；

3)根据项目特点，进行环境保护方面的资源配置；

4)制定现场环境保护的控制措施；

5)建立现场环境检查制度，并对环境事故的处理做出相应规定。

(3)现场环境管理应符合国家和地方政府部门的要求。

6. 成本管理计划

(1)成本管理计划应以项目施工预算和施工进度计划为依据编制。

(2)成本管理计划应包括下列内容：

1)根据项目施工预算，制定项目施工成本目标；

2)根据施工进度计划，对项目施工成本目标进行阶段分解；

3)建立施工成本管理的组织机构并明确职责，制定相应管理制度；

4)采取合理的技术、组织和合同等措施，控制施工成本；

5)确定科学的成本分析方法，制定必要的纠偏措施和风险控制措施。

(3)必须正确处理成本与进度、质量、安全和环境等之间的关系。

7. 其他管理计划

(1)其他管理计划宜包括绿色施工管理计划、防火保安管理计划、合同管理计划、组织协调管理计划、创优质工程管理计划、质量保修管理计划以及对施工现场人力资源、施工机具、材料设备等生产要素的管理计划等。

(2)其他管理计划可根据项目的特点和复杂程度加以取舍。

(3)各项管理计划的内容应有目标，有组织机构，有资源配置，有管理制度和技术、组织措施等。

第三节 技术交底记录

一、《技术交底记录》填写范例

技术交底记录		资料编号	×××
工程名称	××住宅楼工程	交底日期	××年×月×日
施工单位	××建设集团有限公司	分项工程名称	混凝土
交底提要	±0.000 以上混凝土浇筑(1～6 层)		

交底内容：

一、分项工程概况

（略）

二、施工准备

（一）技术准备

1.对预拌混凝土提出详细的技术要求，一般应明确浇筑部位、浇筑方式、浇筑时间、浇筑数量、浇筑强度、强度等级、坍落度、水泥品种、骨料粒径、外加剂及初凝时间等，并根据浇筑强度，提出保证连续浇筑供应要求。

2.编制好混凝土浇筑方案，并对施工班组交底，混凝土浇灌申请书已批准。

3.预先弹出混凝土浇筑高度控制线。

（二）材料准备

1.预拌混凝土：与预拌混凝土供应厂家签订供应合同，混凝土质量必须符合现行国家规范及设计要求，进场时对混凝土质量严格检查验收。

2.混凝土养护用塑料布、麻袋布等。

（三）机具准备

1.机械：塔式起重机、混凝土泵送设备、布料杆、插入式振捣器、平板振捣器等。

2.工具：混凝土吊斗、刮杠、木抹子、钢卷尺、墨斗、标尺杆、照明灯具等。

（四）作业条件

1.浇筑前应将模板内木屑、泥土等杂物清除干净；检查钢筋保护层及其定位措施的可靠性；顶板钢筋应设马凳支架，铺搭脚手架，严防浇筑、振捣时踩压钢筋骨架；模板清扫口在清除杂物后应再封闭；施工缝处混凝土已将表面软弱层剔除清理干净并洒水润湿。

2.浇筑混凝土层段的模板、钢筋、预埋件及管线等全部安装完毕，经检查符合设计及施工规范要求，并办完隐、预检手续。

3.浇筑混凝土用的架子、马道已支搭完毕，并经检验合格，控制混凝土分层浇筑厚度的标尺杆就位，夜间施工还需配备照明灯具。

（五）作业人员

混凝土施工班组，坚持上岗转岗前培训制度和思想管理，提高劳动者综合素质，优化配置。

三、施工进度要求

严格按结构工程施工进度计划执行。于××年×月×日开始施工，计划于××年×月×日完成。

续表

技术交底记录		资料编号	×××
工程名称	××住宅楼工程	交底日期	××年×月×日
施工单位	××建设集团有限公司	分项工程名称	混凝土
交底提要	±0.000 以上混凝土浇筑(1～6 层)		

交底内容：

四、施工工艺

(一)工艺流程

作业准备→混凝土搅拌→混凝土运输→混凝土浇筑与振捣→养护

混凝土浇筑与振捣↓混凝土试块留置

(二)操作工艺

1. 混凝土搅拌。

主体结构采用预拌混凝土。

2. 混凝土运输。

(1) 混凝土水平运输采用混凝土罐车或机动翻斗车，垂直运输采用泵车或塔吊。本工程采用地泵，合理确定泵管及布料杆的位置。

(2) 在风雨或炎热天气运输混凝土时，容器上加遮盖，以防水分进入或蒸发。夏季高温时，混凝土砂、石、水应有降温措施。混凝土拌合物出机温度不宜大于 30℃，浇筑温度不宜超过 35℃。

(3) 混凝土自搅拌机中卸出后，应及时运至浇筑地点，并逐车检测其坍落度，所测坍落度值应符合设计和施工要求，其允许偏差值应符合有关标准的规定。如混凝土拌合物出现离析分层现象或坍落度不满足要求时，不得使用。

(4) 混凝土泵送时，必须保证混凝土泵送连续工作，因故停歇时间超过 45min 或混凝土出现离析现象，应立即清除管内残留的混凝土。

(5) 混凝土泵要搭防雨、防晒棚，混凝土泵管夏季要覆盖降温。

3. 混凝土浇筑与振捣。

(1) 混凝土浇筑和振捣的一般要求。

1) 混凝土从出料管口至浇筑层的自由倾落高度不得大于 2m，如超过 2m 时必须采取措施，可用加长软管或串筒等方法。

2) 混凝土浇筑入模，不得集中倾倒冲击模板或钢筋骨架，应分层、分段均匀布料，分层厚度一般为振捣棒有效作用部分长度的 1.25 倍，最大不超过 500mm。

3) 使用插入式振捣棒应快插慢拔，插点要均匀排列，逐点移动，顺序进行，振捣密实。移动间距不大于振捣棒作用半径的 1.5 倍(400～500mm)。振捣上一层时应插入下层 50mm 左右，以消除层间接缝。每一振点的延续时间应以混凝土表面呈现浮浆为止，防止漏振、欠振及过振。平板振捣器的移动间距，应保证振捣器的平板边缘覆盖已振实部分的边缘。

4) 浇筑混凝土时派专人观察模板、钢筋、预留孔洞、预埋件、插筋等位置有无移动、变形等情况，发现问题应及时处理，并在已浇筑混凝土初凝之前修整完好。

5) 浇筑混凝土应连续进行，如必须间歇，间歇时间应尽量缩短，并应在前层混凝土初凝之前，将次层混凝土浇筑完毕，否则，需按施工缝处理。

续表

技术交底记录		资料编号	×××
工程名称	××住宅楼工程	交底日期	××年×月×日
施工单位	××建设集团有限公司	分项工程名称	混凝土
交底提要	±0.000 以上混凝土浇筑(1~6层)		

交底内容：

6）施工缝处理。

①水平施工缝：先将已硬化混凝土表面的水泥薄膜或松散混凝土及其砂浆软弱层剔凿、清理干净，铺适当厚度(一般为 50mm 左右)与混凝土配合比相同的减石子混凝土。墙、柱根部施工缝先弹线切割后剔凿，切割线距墙、柱边线(向里)宜为 5mm，沿切割线剔凿直至露出坚硬石子，剔凿深度不宜超过 10mm。墙、柱混凝土浇筑高度应高出板底或梁底 30mm 左右，切割线高出板底或梁底线宜为 5mm，保证施工缝处混凝土外观效果。

②竖向施工缝：先将混凝土表面浮动石子、钢板网等剔除，用水冲洗干净并充分湿润。浇筑宜从垂直施工缝处开始，但要避免靠近缝边直接下料和振捣，保证新旧混凝土结合密实、不胀模。

(2) 墙、柱混凝土浇筑。

1) 墙、柱浇筑混凝土之前，底部应先垫一层 50mm 左右厚与混凝土配合比相同减石子混凝土，混凝土应分层浇筑，使用插入式振捣器时每层厚度不大于 500mm，分层厚度用标尺杆控制，振捣棒不得触动钢筋和预埋件。

2) 墙、柱高度在 2m 之内，可直接在顶部下料浇筑，超过 2m 时，应采用软管等辅助浇筑。

3)振捣时应特别注意钢筋密集处(如墙体拐角处及门洞两侧)及洞口下方混凝土的振捣，宜采用小直径振捣棒，且需在洞口两侧同时振捣，浇筑高度也要大体一致。宽大洞口的下部模板应开口，再补充浇筑振捣。

4) 浇筑过程中，应随时将外露的钢筋整理到位。

5) 施工缝留置：墙体宜留置在门洞口过梁跨中 1/3 范围内，也可留在纵横墙的交接处。柱施工缝可留置在基础顶面、主梁下面、无梁楼板柱帽下面。

(3) 梁、板混凝土浇筑。

1) 梁、板与柱、墙连续浇筑时，应在柱、墙浇筑完毕后停歇 1~1.5h。

2) 梁、板应同时浇筑，浇筑方法应由一端开始用“赶浆压茬法”，即先浇筑梁，根据梁高分层浇筑成阶梯形，当达到板底位置时再与板混凝土一起浇筑，向前推进。大截面梁也可单独浇筑，施工缝可留置在板底面以下 20~30mm 处。

3) 当梁、板、柱节点处的混凝土强度等级有差异时，应与设计协商浇筑方法，当分级浇筑时应采取分隔措施，先浇筑柱子混凝土，梁、板混凝土应在柱子混凝土初凝前浇筑，保证各部位混凝土强度等级符合设计要求。梁、柱节点钢筋较密，需采用小直径振捣棒振捣。

4) 浇筑板混凝土的虚铺厚度略大于板厚，用平板振捣器垂直浇筑方向来回振捣，厚板可用插入式振捣器顺浇筑方向拖拉振捣，振捣完毕后先用刮杠初次找平，然后再用木抹子找平压实，在顶板混凝土达到初凝前，进行二次找平压实，用木抹子拍打混凝土表面直至泛浆，用力搓压平整。

5) 顶板混凝土浇筑高度(标高)应拉对角水平线控制，边找平边测量，尤其注意墙、柱根部混凝土表面的找平，为模板支设创造有利条件。

6) 施工缝位置：宜沿次梁方向浇筑楼板，施工缝应留置在次梁跨度的中间 1/3 范围内，施工缝表面应与梁轴线或板面垂直，不得留斜槎。施工缝宜用多层板或钢丝网封堵。

续表

技术交底记录		资料编号	×××
工程名称	××住宅楼工程	交底日期	××年×月×日
施工单位	××建设集团有限公司	分项工程名称	混凝土
交底提要	±0.000 以上混凝土浇筑(1～6 层)		

交底内容：

7) 施工缝处需待已浇筑混凝土的抗压强度不小于 1.2MPa 时，才允许继续浇筑。

(4) 楼梯混凝土浇筑。

1) 楼梯段混凝土自下而上浇筑，先振实底板混凝土，达到踏步位置时再与踏步混凝土一起浇筑，向上推进，并随时用木抹子将踏步上表面抹平。

2) 施工缝位置：视结构具体情况选择，既可留设在休息平台板跨中的 1/3 范围内，也可留置在楼梯段的 1/3 范围内。

4. 混凝土养护。

常温施工混凝土应在浇筑后 12h 以内采取覆盖保湿养护措施，防止脱水、裂缝。养护时间一般不得少于 7d，对于掺缓凝型外加剂或有抗渗要求的混凝土，养护时间不得少于 14d。养护期间应能保证混凝土始终处于湿润状态。楼板混凝土宜采用铺麻袋片浇水养护的方法，柱混凝土宜采用包裹塑料布保湿的养护方法，墙体混凝土可采用涂刷养护剂的养护方法。

5. 试块留置。

试块应在混凝土浇筑地点随机抽取制作。标准养护试块的取样与留置组数应根据浇筑数量、部位、配合比等情况确定，同条件养护试块的留置组数应根据实际需要确定，此外还需针对涉及混凝土结构安全的重要部位留置同条件养护结构实体检验试块，抗渗试块的留置在同一工程、同一配合比取样不应少于一次，组数可根据实际需要确定。其他规定按照国家现行标准《混凝土结构工程施工质量验收规范》GB 50204 的规定执行。

(三) 季节性施工

1. 雨期施工前应编制应急预案，应加强对粗、细骨料含水量的检测，及时调整施工配合比，严格控制混凝土用水量，保证水灰比及坍落度。

2. 要随时了解天气情况，尽量避开雨天浇筑。浇筑现场应预备防雨材料，避免雨水冲刷新浇混凝土表面。

五、质量标准

(一)主控项目

1. 混凝土所用的水泥及外加剂等必须符合规范及有关规定。

检查数量：水泥按同一生产厂家、同一等级、同一品种、同一批号且连续进场的水泥，袋装不超过 200t 为一批，散装不超过 500t 为一批，每批抽样不少于一次。外加剂按进场的批次和产品的抽样检验方案确定。

检验方法：水泥和外加剂等检查产品合格证、出厂检验报告和进场复验报告。

2. 根据强度等级、耐久性和工作性等要求进行配合比设计。混凝土强度等级必须符合设计要求。

检验方法：检查配合比设计资料和检查施工记录及试件强度试验报告。

3. 用于检查混凝土强度的试块取样留置、制作、养护和试验要符合《混凝土强度检验评定标准》GB/T 50107—2010 的规定。

续表

技术交底记录		资料编号	×××
工程名称	××住宅楼工程	交底日期	××年×月×日
施工单位	××建设集团有限公司	分项工程名称	混凝土
交底提要	±0.000以上混凝土浇筑(1~6层)		

交底内容:

4.混凝土原材料每盘称量的允许偏差应符合下表的规定。

混凝土原材料每盘计量的允许偏差

检 查 项 目	允许偏差(%)	检 验 方 法	检 查 数 量
水泥、掺合料	±2	复称	每工作班抽检不应少于一次
粗、细骨料	±3		
水、外加剂	±2		

5.混凝土运输、浇筑及间歇的全部时间不应超过混凝土的初凝时间。

6.现浇结构的外观质量不应有严重缺陷,不应有影响结构性能和使用功能的尺寸偏差。严重缺陷的划分按照国家现行标准《混凝土结构工程施工质量验收规范》GB 50204表8.1.2的规定执行。

检查数量:全数检查。

检验方法:观察,检查技术处理方案。

(二)一般项目

1.混凝土中所用矿物掺合料等应符合国家现行标准及有关规定,掺量应通过试验确定。

检验方法:检查出厂合格证、进场复验报告。

2.混凝土所用的粗、细骨料应符合国家现行标准及有关规定。

检查数量:按进场批次和产品的抽样检验方案确定。

检验方法:检查进场复验报告。

3.拌制混凝土宜采用饮用水;当采用其他水源时,水质应符合国家现行标准的规定。

检查数量:同一水源检查不应少于一次。

检验方法:检查水质报告。

4.首次使用的混凝土配合比应进行开盘鉴定,其工作性应满足设计配合比的要求。开始生产时应至少留置一组标准养护试件,作为验证配合比的依据。

检验方法:检查开盘鉴定资料和试件强度试验报告。

5.混凝土拌制前,应测定砂、石含水率,并根据测试结果调整材料用量,提出施工配合比。

检查数量:每工作班检查一次。

检验方法:检查含水量测试结果和施工配合比通知单。

6.施工缝、后浇带的留置和处理应执行施工技术方案,符合设计要求。

7.现浇结构的外观质量不宜有一般缺陷,一般缺陷的划分按照国家现行标准《混凝土结构工程施工质量验收规范》GB 50204表8.1.2的规定执行。

检查数量:全数检查。

检验方法:观察,检查技术处理方案。

续表

技术交底记录		资料编号	×××
工程名称	××住宅楼工程	交底日期	××年×月×日
施工单位	××建设集团有限公司	分项工程名称	混凝土
交底提要	±0.000 以上混凝土浇筑(1～6 层)		

交底内容：

8. 现浇框架结构混凝土允许偏差应符合下表的规定。

现浇框架结构混凝土允许偏差及检验方法

项　目			允许偏差(mm)	检 验 方 法
轴线位移	墙、柱、梁		8	钢尺检查
垂直度	层高	≤5m	8	经纬仪或吊线、钢尺检查
		>5m	10	
	全高 H		H/1000 且≤30	经纬仪、钢尺检查
标高	层高		±10	水准仪或拉线、钢尺检查
	全高		±30	
截面尺寸			+8,−5	钢尺检查
表面平整度			8	2m 靠尺和塞尺检查
电梯井	井筒长、宽对定位中心线		+25,0	钢尺检查
	井筒全高 H 垂直度		H/1000 且≤30	经纬仪、钢尺检查
预留洞中心线位置			15	钢尺检查
预埋设施中心线位置	预埋件		10	钢尺检查
	预埋螺栓		5	
	预埋管		5	

注：检查轴线、中心线位置，应沿纵、横两个方向量测，并取其中的较大值。

(三)其他要求

留置结构实体检验用同条件养护试块，留置及检验方法参见国家现行标准《混凝土结构工程施工质量验收规范》GB 50204 附录 D 中的有关规定。

六、成品保护

1. 要保护钢筋及其定位卡具和垫块的位置准确，不碰动预埋件和插筋，不得踩踏楼板尤其是悬挑板的负弯矩筋、楼梯的弯起钢筋。

2. 不在楼梯踏步模板吊帮上蹬踩，应搭设跳板，保护模板的牢固和严密。

续表

技术交底记录		资料编号	×××
工程名称	××住宅楼工程	交底日期	××年×月×日
施工单位	××建设集团有限公司	分项工程名称	混凝土
交底提要	±0.000以上混凝土浇筑(1～6层)		

交底内容：

3. 已浇筑楼板、楼梯踏步混凝土要加以养护，在混凝土强度达到1.2MPa后，方可上人作业。

4. 冬期施工浇筑的混凝土，工作人员在覆盖保温材料和初期测温时，要在铺好的脚手板上操作，防止踩踏混凝土。

5. 墙、柱阳角拆模后必要时在2m高度范围内采用可靠的护角保护。

七、应注意的质量问题

1. 为防止混凝土出现蜂窝、麻面和夹渣现象，模板支设前应先将表面清理干净，均匀涂刷隔离剂，合模前或后续浇筑混凝土前要将施工缝剔凿下来的杂物清除干净，模板要严密防止漏浆，并严格控制拆模时间。

2. 为避免浇筑框架结构混凝土出现烂根和孔洞质量问题，应将模板与结构面交接处封堵严密，防止漏浆。混凝土浇筑前，在水平接槎处先浇筑50mm厚同强度等级减石子混凝土。对钢筋密集处混凝土要加强振捣，必要时可采用小直径振捣棒作业。

3. 做好钢筋隐蔽验收，重点检查钢筋垫块和架立筋间距，浇筑混凝土时要随时将移位钢筋整理到位，防止出现混凝土露筋质量问题。

4. 对梁、柱节点处，应加工定型阴、阳角模板，控制截面尺寸，保证梁、柱节点直顺和外观质量。

八、环境、职业健康安全管理措施

1. 环境管理措施。

(1) 施工污水处理：冲洗运输车污水，需经施工现场沉淀池沉淀后方可排入市政管线。

(2) 对现场强噪声机具尽可能避开夜间作业，如必须夜间作业时，应采取必要的隔音措施，减少噪声扰民。

(3) 施工扬尘控制：施工主干道应全部硬化，定时洒水降尘。搅拌站封闭作业，并采取喷淋除尘措施。

(4) 现场落地灰、施工垃圾等应封闭清运，防止扬尘和遗撒。

2. 职业健康安全管理措施。

(1) 对混凝土工进行岗位培训，熟悉有关安全技术操作规程和标准。

(2) 高度超过2m的墙、柱，混凝土浇筑时应支搭操作平台，必要时系安全带。

(3) 采用塔吊吊运时，要有信号工指挥，在料斗接近下料位置时，下降速度要慢，要稳住料斗，防止料斗碰挤伤人。采用泵送混凝土进行浇筑时，输送管道的接头应紧密可靠不漏浆，安全阀必须完好，管道的架子要牢固。

(4) 混凝土布料杆支腿必须全部伸出并固定，支固前不得启动布料杆；当布料杆处于全伸状态时，严禁移动车身。

(5) 夜间施工要有足够照明。严禁非专业人员私拉乱接电线，临时用电使用应符合有关安全用电管理规定。

注：本表由施工单位填写。

二、《技术交底记录》填写说明

建筑工程技术交底是保证工程施工符合设计要求和规范、质量标准和操作工艺标准规定，用以具体指导施工活动的操作性技术文件，应分级编制、落实并实施。

1.一般规定

(1)技术交底应包括施工组织设计交底、专项施工方案技术交底、分项工程施工技术交底、“四新”(新材料、新产品、新技术、新工艺)技术交底和设计变更技术交底。各项交底应有文字记录，交底双方签认应齐全。

1)重点和大型工程施工组织设计交底应由施工企业的技术负责人对项目主要技术管理人员进行交底；其他工程施工组织设计交底应由项目技术负责人进行交底。施工组织设计交底的内容包括：工程特点、难点、工程质量要求、主要施工工艺及施工方法、进度安排、组织机构设置与分工、质量、安全技术措施质量重点、安全重点等。

2)专项施工方案技术交底应由项目专业技术负责人负责，根据专项施工方案对专业工长进行交底，如有编制关键、特殊工序的作业指导书以及特殊环境、特种作业的指导书，也必须向施工作业人员交底，交底内容为该专业工程、过程、工序的施工工艺、操作方法、要领、质量控制、安全措施等。

3)分项工程施工技术交底应由专业工长对专业施工班组(或专业分包)进行交底。

4)“四新”技术交底应由项目技术负责人向有关专业人员交底。

5)设计变更技术交底应由项目技术部门根据变更要求，并结合具体施工步骤、措施及注意事项等对专业工长进行交底。

(2)技术交底应针对工程的特点，运用现代建筑施工管理原理，积极推广行之有效的科技成果，提高劳动生产率，保证工程质量、安全生产，保护环境、文明施工。

(3)技术交底编制应严格执行工程建设程序，坚持合理的施工程序、施工顺序和施工工艺，符合设计要求，满足材料、机具、人员等资源和施工条件要求，并贯彻执行施工组织设计、施工方案和企业技术部门的有关规定和要求，严格按照企业技术标准、施工组织设计和施工方案确定的原则和方法编写，并针对班组施工操作进行细化。

(4)技术交底应力求做到：主要项目齐全，内容具体明确、符合规范，重点突出，表述准确，取值有据，必要时辅以图示。

对工程施工能起到指导作用，具有针对性、指导性和可操作性。技术交底中不应有“未尽事宜参照××××(规范)执行”等类似内容。

2.建筑工程技术交底编制依据

(1)国家、行业、地方标准、规范、规程，当地主管部门有关规定，企业技术标准和质量、环境、职业健康安全管理体系文件。

(2)工程施工图纸、标准图集、图纸会审记录、设计变更及工作联系单等技术文件。

(3)施工组织设计、施工方案对本分项工程、特殊工程等的技术、质量和其他要求。

(4)其他有关文件：工程所在地建设主管部门(含工程质量安全监督站)有关工程管理、技术推广、质量管理及治理质量通病等方面的文件；企业发布的年度工程技术质量管理、环境管理、职业健康安全管理等文件。

3.建筑工程技术交底内容要求

(1)施工准备。

1)技术准备。

①学习和审查工程设计文件和图纸,核对平面尺寸和标高,图纸相互间有无错误或矛盾,掌握设计内容及各项技术要求,了解工程规模、特点、工程量和质量要求,做好图纸会审及设计交底工作。

②编制施工组织设计或专项施工方案,报有关部门和人员审批,确定施工工艺标准,并进行施工组织设计或专项施工方案技术交底。

③针对工程基本情况,收集工程所需的相关规定、标准、图集及技术资料。收集工程相关的水文地质资料及场区地下障碍物、管网等其他资料。

④根据施工方案编制技术交底,并向参加施工人员进行详细的技术、环境和职业健康安全交底。专业工种操作人员的岗位证书审查应齐全、有效。

⑤组织现场管理人员和作业人员学习有关质量、环境、职业健康安全的现行有关文件、标准和规定。

⑥进行测量基准交底、复测及验收工作。

⑦核对各种材料的见证取样、送试、检测是否符合要求。确定工程中即将使用的“四新”成果类型、内容及施工注意事项。

⑧其他技术准备工作。

2)材料准备。

说明施工所需材料名称、品种、规格、型号,材料质量标准等直观要求,感官判定合格的方法,强调从有“检验合格”标识牌的材料堆放处领料,每次领料批量要求等。

3)机具准备。

①机械设备。

说明所使用机械的名称、型号、性能、使用要求等。

②主要工具。

说明施工应配备的小型工具,包括测量用设备等,必要时应对小型工具的规格、合法性(对一些测量用工具,如经纬仪、水准仪、钢卷尺、靠尺等,应强调要求使用经检定合格的设备)等进行规定。

4)作业条件。

说明与本道工序相关的上道工序应具备的条件,是否已经过验收并合格。本工序施工现场工前准备应具备的条件等。

5)作业人员。

说明劳动力配置、培训、特殊工种持证上岗要求等。

(2)施工进度要求。

对本分项工程具体施工时间、完成时间等提出详细要求。

(3)施工工艺。

1)工艺流程。

详细列出该项目的操作工序和顺序。

2)操作工艺。

①施工方法。根据工艺流程所列的工序和顺序,分别对其进行详细叙述,并提出相应要求。

②重点部位和关键环节控制要点。结合施工图提出设计的特殊要求和处理方法,细部处理要求,容易发生质量事故和环境、安全施工的工艺过程,尽量用图表达。

③保证质量措施。重点从人、材料、设备、方法等方面制定具有针对性的保证措施。

3)季节性施工。

说明该项目在冬、雨期施工应采取的施工方法、措施和其他要求。

(4)质量标准。

1)主控项目。

国家质量检验规范要求,包括抽检数量、检验方法。

2)一般项目。

国家质量检验规范要求,包括抽检数量、检验方法和合格标准。

(5)成品保护。

对上道工序成品的保护提出要求;对本道工序成品提出具体保护措施。

(6)应注意的质量问题。

根据企业提出的预防和治理质量通病和施工问题的技术措施等,针对本工程特点具体提出质量通病及其预防措施。

(7)环境、职业健康安全管理措施。

1)环境管理措施。

国家、行业、地方法规环保要求,企业对社会承诺,项目管理措施,环保隐患报告要求。

2)职业健康安全管理措施。

内容包括:作业相关安全防护设施要求,个人防护用品要求,作业人员安全素质要求,接受安全教育要求,项目安全管理规定,特种作业人员执证上岗规定,应急响应要求,隐患报告要求,相关机具安全使用要求,相关用电安全技术要求,相关危险源的防范措施,文明施工要求,相关防火要求,季节性安全施工注意事项。

4.建筑工程技术交底实施要求

(1)技术交底的责任:明确项目技术负责人、专业工长、管理人员、作业人员等的责任。

(2)技术交底的展开:应分层次展开,直至交底到全体施工作业人员。交底必须在作业前进行。班组长在接受技术交底后,应组织全班组成员进行认真学习,根据其交底内容,明确各自责任和互相协作配合关系,制定保证全面完成任务的计划。

(3)技术交底前的准备:有书面的技术交底资料或示范、样板演示的准备。

(4)技术交底的记录:作为履行职责的凭据,技术交底记录的表格应有统一的标准格式,交底人员应认真填写表格并在表格上签字,接受交底人也应在交底记录上签字。

(5)交底文件的归档:技术交底资料和记录应由交底人整理归档。

(6)交底责任的界定:重要的技术交底应在开工前界定。交底内容编制后应由项目技术负责人批准,交底时技术负责人应到位。

(7)例外原则:外部信息或指令可能引起施工发生较大变化时应及时向作业人员交底。

第四节 图纸会审记录

一、《图纸会审记录》填写范例

<table>
<tr><td colspan="3" rowspan="2">图纸会审记录</td><td>资料编号</td><td>×××</td></tr>
<tr><td>日　期</td><td>××年×月×日</td></tr>
<tr><td colspan="2">工程名称</td><td>××大厦工程</td><td>专业名称</td><td>钢结构</td></tr>
<tr><td colspan="2">地　点</td><td>××会议室</td><td>页　数</td><td>共　页，第　页</td></tr>
<tr><td>序号</td><td>图号</td><td>图 纸 问 题</td><td colspan="2">图纸问题交底</td></tr>
<tr><td>1</td><td>结附 1</td><td>“十八层顶板结构平面布置图”中 E、F 轴之间 3 轴靠右核心筒墙里设置了两根钢柱，请提供钢柱起始标高，柱脚节点做法</td><td colspan="2">见钢结构设计变更××—××附图 1</td></tr>
<tr><td>2</td><td></td><td>4、E 轴线交点钢柱截面变化了两次，从下至上依次由小 H 形截面变为大 H 截面(强弱轴方向相反)，再变形箱形截面，请提供变拱面的具体标高及节点做法</td><td colspan="2">见钢结构设计变更××—××附图 2</td></tr>
<tr><td>3</td><td></td><td>3、D 轴线交点处，主梁 G18 连接了两根梁 G6、B2′，并在节点处设置了梁上 H 形柱，请提供此节点形式构造做法</td><td colspan="2">见钢结构设计变更××—××附图 3</td></tr>
<tr><td>4</td><td>结附 5</td><td>钢梁坡标高是否改为 88.680</td><td colspan="2">应为 88.680m</td></tr>
<tr><td>5</td><td></td><td>D、E、F、G 轴线上，3 至 6 轴线上的钢梁跨度分别为 18900、13500，是否考虑起拱，起拱值如何确定</td><td colspan="2">18.900m 跨钢梁起拱 15mm
13.500m 跨钢梁不需要起拱</td></tr>
<tr><td></td><td></td><td></td><td colspan="2"></td></tr>
<tr><td></td><td></td><td></td><td colspan="2"></td></tr>
</table>

<table>
<tr><td rowspan="2">签字栏</td><td>建设单位</td><td>监理单位</td><td>设计单位</td><td>施工单位</td></tr>
<tr><td>×××</td><td>×××</td><td>×××</td><td>×××</td></tr>
</table>

注：本表由施工单位整理、汇总。

二、《图纸会审记录》填写说明

1. 表格解析

(1)责任部门。

项目总工、项目工程部。

(2)提交时限。

图纸会审后 7d 内整理完毕并提交。

(3)填写与主要签认责任。

施工单位总工或项目经理。

2. 相关规定及要求

(1)施工单位领取图纸后,应由项目技术负责人组织技术、生产、预算、测量、翻样及分包方等有关部门和人员对图纸进行审查。

(2)监理、施工单位应将各自提出的图纸问题及意见,按专业整理、汇总后报建设单位,由建设单位提交设计单位做交底准备。

(3)图纸会审应由建设单位组织设计、监理和施工单位技术负责人及有关人员参加。设计单位对各专业问题进行交底,施工单位负责将设计交底内容按专业汇总、整理,形成图纸会审记录。

(4)图纸会审记录应逐条注明须修改图纸的图号,必要时应附施工图。图纸问题涉及若干张图纸的,应逐一注明图纸号,不得遗漏。

(5)图纸会审记录应由建设、设计、监理和施工单位的项目相关负责人签认,形成正式图纸会审记录。不得擅自在会审记录上涂改或变更其内容。

(6)图纸的会审内容。

1)图纸会审时,应重点审查施工图的有效性、对施工条件的适应性、各专业之间和全图与详图之间的协调一致性等。

2)建筑、结构、设备安装等设计图纸是否齐全,手续是否完备;设计是否符合国家有关的经济和技术政策、规范规定,图纸总的做法说明(包括分项工程做法说明)是否齐全、清楚、明确,与建筑、结构、安装图、装饰和节点大样图之间有无矛盾;设计图纸(平、立、剖、构件布置,节点大样)之间相互配合的尺寸是否相符,分尺寸与总尺寸、大、小样图、建筑图与结构图、土建图与水电安装图之间互相配合的尺寸是否一致,有无错误和遗漏;设计图纸本身、建筑构造与结构构造、结构各构件之间,在立体空间上有无矛盾;预留孔洞、预埋件、大样图或采用标准构配件图的型号、尺寸有无错误与矛盾。

3)总图的建筑物坐标位置与单位工程建筑平面图是否一致;建筑物的设计标高是否可行;地基与基础的设计与实际情况是否相符,结构性能如何;建筑物与地下构筑物及管线之间有无矛盾。

4)主要结构的设计在强度、刚度、稳定性等方面有无问题,主要部位的建筑构造是否合理,设计能否保证工程质量和安全施工。

5)设计图纸的结构方案、建筑装饰,与施工单位的施工能力、技术水平、技术装备有无矛盾;采用新技术、新工艺,施工单位有无困难;所需特殊建筑材料的品种、规格、数量能否解决,专用机械设备能否保证。

6)安装专业的设备、管架、钢结构立柱、金属结构平台、电缆、电线支架以及设备基础是否与工艺图、电气图、设备安装图和到货的设备相一致;传动设备、随机到货图纸和出厂资料是否齐全,技术要求是否合理;是否与设计图纸及设计技术文件相一致;底座同土建基础是否一致;管口相对位置、接管规格、材质、坐标、标高是否与设计图纸一致;管道、设备及管件需防腐衬里、脱脂及特殊清洗时,设计结构是否合理,技术要求是否切实可行。

第五节 设计变更通知单

一、《设计变更通知单》填写范例

<table>
<tr><td colspan="3" rowspan="2">设计变更通知单</td><td>资料编号</td><td colspan="2">×××</td></tr>
<tr><td>日 期</td><td colspan="2">××年×月×日</td></tr>
<tr><td colspan="2">工程名称</td><td>××工程</td><td>专业名称</td><td colspan="2">钢结构</td></tr>
<tr><td colspan="2">设计单位名称</td><td>××建筑设计院</td><td>页 数</td><td colspan="2">共 页,第 页</td></tr>
<tr><td>序号</td><td>图 号</td><td colspan="4">变 更 内 容</td></tr>
<tr><td>1</td><td>结施-1</td><td colspan="4">1—1剖面中箱型梁XL750×250×20×20与悬臂梁、钢柱的连接点处,将箱型梁截面形式调整如下,节点连接处拆开一段上翼缘板,工人可以进去安装螺栓以平焊下翼缘
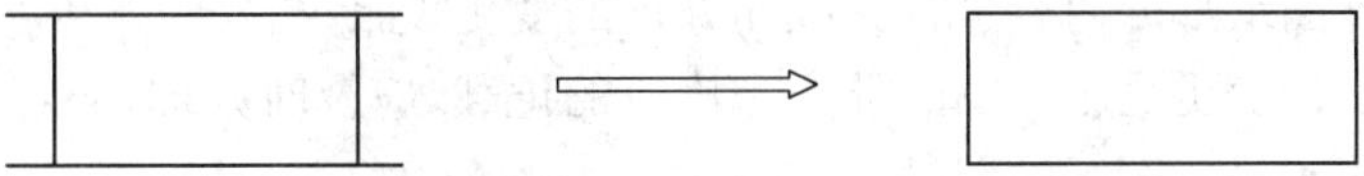</td></tr>
<tr><td>2</td><td>结施-2</td><td colspan="4">钢梁坡标高改为88.680mm</td></tr>
<tr><td>3</td><td>结施-3</td><td colspan="4">B节点详图中,原要求将柱腹板整板升出充当悬臂梁腹板,现改为采用主立面图所示接点形式,梁柱连接处钢梁与柱断开,并采用箱型截面形式调整如下,以便于安装
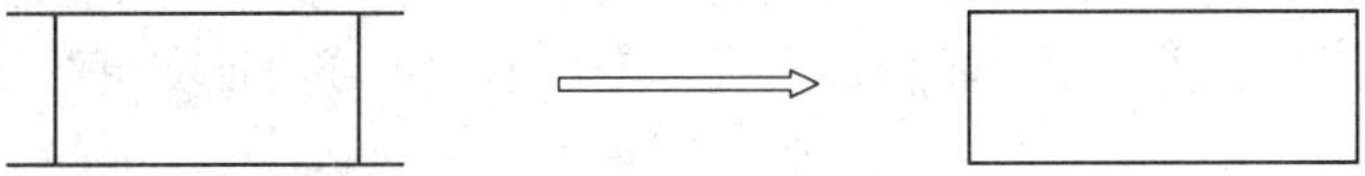</td></tr>
<tr><td rowspan="2">签字栏</td><td colspan="2">建设(监理)单位</td><td colspan="2">设计单位</td><td>施工单位</td></tr>
<tr><td colspan="2">×××</td><td colspan="2">×××</td><td>×××</td></tr>
</table>

注:本表由变更提出单位填写。

二、《设计变更通知单》填写说明

1. 表格解析

(1)责任部门。

项目总工、项目技术部。

(2)提交时限。

与设计或建设方协商确定。

(3)核查要点。

1)涉及图纸修改的,必须注明应修改图纸的图号。

2)不可将不同专业的设计变更办理在同一份变更上。

3)"专业名称"栏应按专业填写,如建筑、结构、给排水、电气、通风空调等。

(4)填写与主要签认责任。

专业技术人员。

2. 相关规定及要求

(1)设计变更是施工过程中,由于设计图纸本身差错,设计图纸与实际情况不符,施工条件变化,原材料的规格、品种、质量不符合设计要求及职工提出合理化建议等原因,需要对设计图纸部分内容进行修改而办理的变更设计文件。

设计变更是施工图的补充和修改的记载,应及时办理,内容翔实,必要时应附图,并逐条注明应修改图纸的图号。

(2)设计单位应及时下达设计变更通知单,设计变更通知单应由设计专业负责人以及建设(监理)和施工单位的相关负责人签认。

(3)工程设计由施工单位提出变更时,例如钢筋代换、细部尺寸修改等重大技术问题,必须征得设计单位和建设、监理单位的同意。

(4)工程设计变更由设计单位提出,如设计计算错误、做法改变、尺寸矛盾、结构变更等问题,必须由设计单位提出变更设计联系单或设计变更图纸,由施工单位根据施工准备和工程进展情况,做出能否变更的决定。

(5)遇有下列情况之一时,由设计单位签发设计变更通知单或变更图纸:

1)当决定对图纸进行较大修改时。

2)施工前及施工过程中发现图纸有差错,做法、尺寸有矛盾,结构变更或与实际情况不符时。

3)由建设单位对建筑构造、细部做法、使用功能等方面提出设计变更时,必须经过设计单位同意,并由设计单位签发设计变更通知单或设计变更图纸。

(6)图纸与设计变更文件收发管理。

1)工程总承包施工单位资料管理人员从建设单位领取图纸、工程设计变更通知后,应及时发给技术、生产、测量、预算、质量、其他专业及分承包方等有关部门和人员,并进行登记签收。

2)图纸套数以满足施工实际需要为原则,与建设单位协商解决。土建专业技术部门留存一套全图以备查用。

3)进行复印分发的设计变更文件,应在分发前对复印件的正确性进行复核。

第六节　工程变更洽商记录

一、《工程变更洽商记录》填写范例

<table>
<tr><td colspan="3" rowspan="2">工程变更洽商记录</td><td>资料编号</td><td colspan="4">×××</td></tr>
<tr><td>日　　期</td><td colspan="4">××年×月×日</td></tr>
<tr><td colspan="2">工程名称</td><td>××工程</td><td>专业名称</td><td colspan="4">钢结构</td></tr>
<tr><td colspan="2">提出单位名称</td><td>××建设集团有限公司</td><td>页　　数</td><td colspan="4">共　页,第　页</td></tr>
<tr><td colspan="2">内容摘要</td><td colspan="6">关于修改反课的事宜</td></tr>
<tr><td>序号</td><td>图　　号</td><td colspan="6">洽 商 内 容</td></tr>
<tr><td>1</td><td>结 41 改(奇)
×月×日版
结 43 改～
结 49 改(奇)
×月×日版
结 51 改～
结 81 改(奇)
×月×日版</td><td colspan="6">㉘～㉘/Ⓓ～Ⓔ轴线间反梁 B3(HN400×200×8×13)与桁架梁向 H 形钢柱(H650×400×25×25)相碰,切除反梁部分翼缘及加劲板如下图所示
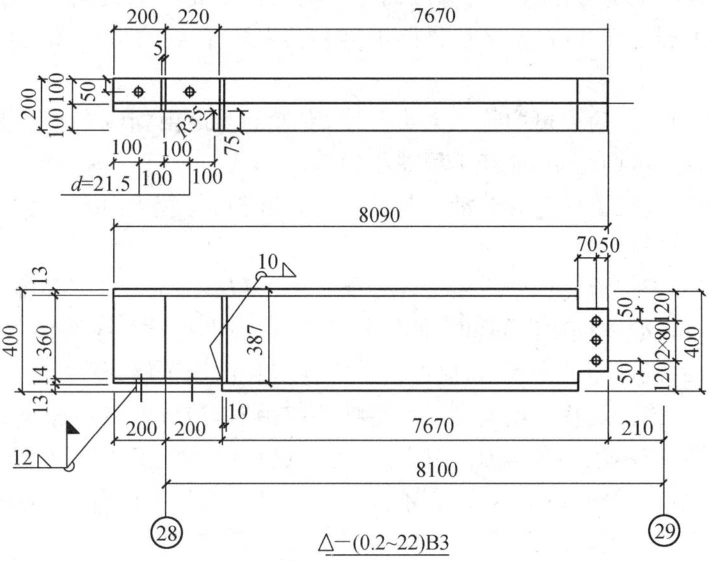
说明:本洽商内容不需要计取增加费用</td></tr>
<tr><td rowspan="2">签字栏</td><td colspan="2">建设单位</td><td colspan="2">监理单位</td><td colspan="2">设计单位</td><td>施工单位</td></tr>
<tr><td colspan="2">×××</td><td colspan="2">×××</td><td colspan="2">×××</td><td>×××</td></tr>
</table>

注:本表由变更提出单位填写。

二、《工程变更洽商记录》填写说明

1. 表格解析

(1)责任部门。

项目总工、项目技术部。

(2)提交时限。

洽商提出后 7d 内完成。

(3)核查要点。

1)涉及图纸修改的,必须注明应修改图纸的图号。

2)不可将不同专业的设计变更办理在同一份变更上。

3)"专业名称"栏应按专业填写,如建筑、结构、给排水、电气、通风空调等。

(4)填写与主要签认责任。

施工单位总工或项目经理。

2. 相关规定及要求

(1)洽商记录是施工过程中,由于设计图纸本身差错,设计图纸与实际情况不符,施工条件变化,原材料的规格、品种、质量不符合设计要求及职工提出合理化建议等原因,需要对设计图纸部分内容进行修改而办理的工程洽商记录文件。

工程洽商记录应分专业办理,内容翔实,必要时应附图,并逐条注明应修改图纸的图号。

(2)工程洽商可由技术人员办理,专业的洽商由相应专业工程师负责办理。工程分包方的有关洽商记录,应经工程总承包单位确认后方可办理。

(3)工程洽商内容若涉及其他专业、部门及分包方,应征得有关专业、部门、分包方同意后,方可办理。

(4)工程洽商记录应由设计专业负责人以及建设、监理和施工单位相关负责人签认。设计单位如委托建设(监理)单位办理签认,应办理委托手续。

(5)设计图纸交底后,应办理一次性工程洽商记录。

(6)施工过程中增发、续发、更换施工图时,应同时签办洽商记录,确定新发图纸的起用日期、应用范围及与原图的关系;如有已按原图施工的情况,要说明处置意见。

(7)各责任人在收到工程洽商记录后,应及时在施工图纸上对应的部位标注洽商记录日期、编号、更改内容。

(8)工程洽商记录需进行更改时,应在洽商记录中写清原洽商记录日期、编号、更改内容,并在原洽商被修正的条款上注明"作废"标记。

(9)同一地区内相同的工程,如需同一个洽商(同一设计单位,工程的类型、变更洽商的内容和部位相同),可采用复印件或抄件,但应注明原件存放处。

第四章

钢结构工程进度造价资料（C3）

本章内容包括下列资料：

- 工程开工报审表
- 工程复工报审表
- 施工进度计划报审表
- （　）月工、料、机动态表
- 工程延期申请表
- 工程款支付申请表
- 工程变更费用报审表
- 费用索赔申请表

第一节　工程开工报审表

一、《工程开工报审表》填写范例

工程开工报审表		资料编号	×××
工程名称	××工程	日　　期	××年×月×日
致：××建设监理公司（监理单位） 我方承担的　××　工程，已完成了以下各项工作，具备了开工条件，特此申请施工，请核查并签发开工指令。 附件： 1. ☑北京市建设工程施工许可证（复印件） 2. ☑施工组织设计（含主要管理人员和特殊工种资格证明） 3. ☑施工测量放线相关文件 4. ☑主要人员、材料、设备进场相关文件 5. ☑施工现场道路、水、电、通信等相关文件 6. □ 施工总承包单位（章）××建设集团有限公司 项目经理　×××			
审查意见： 所报工程开工资料齐全、有效，具备开工条件，同意开工 监理单位　××建设监理公司 总监理工程师　××× 日　　期　××年×月×日			

注：本表由施工单位填报，监理单位签署审批意见。

二、《工程开工报审表》填写说明

1.表格解析

(1)责任部门。

项目工程部。

(2)填写要点。

1)承包单位填写。

①在“计划于____年____月____日”栏中填写计划开工的具体时间。

②在“已完成报审条件有”的选择框处划“√”。所附的证明文件必须齐全真实,对任何形式的不符合开工报审条件的工程项目,承包单位不得提请报审。

2)监理单位填写。

①“审查意见”栏由监理工程师填写。除审查第一栏所报内容外,还应对施工图纸及有关设计文件是否齐备,施工现场的临时设施是否满足开工要求,地下障碍物是否清除或查明等情况进行审查,并根据所报开工资料及现场检查情况,填写审查意见。

②“审批结论”栏由总监理工程师签署,在“同意”或“不同意”选择框处划“√”并签字。

2.相关规定及要求

(1)施工单位在工程开工之前,必须具备完善的开工条件。

(2)承包单位认为施工准备工作已完成,具备开工条件时,应向项目监理机构报送《工程开工报审表》及相关资料。

(3)《工程开工报审表》由负责该项工程的施工单位填写,并在开工前报送监理机构。

(4)专业监理工程师应审查下列内容。

1)当地政府建设主管部门已签发“建设工程施工许可证”,其他有关行政许可的手续均已办理。

2)征地拆迁工作能够满足工程施工进度的需要。

3)施工图纸及有关设计文件已齐备。

4)施工现场道路、水、电、通讯和临时设施已满足开工要求,地下障碍物已清除或已查明。

5)施工组织设计已经项目监理机构总监理工程师审核签认。

6)测量控制桩已经项目监理机构复验合格。

7)承包单位项目经理部管理人员已按计划到位,施工人员、施工机械、设备、料具已按需要进场,主要建筑材料供应已落实,并满足开工的需要。

8)承包单位各项管理制度已建立。

(5)经专业监理工程师审核,具备开工条件时报项目总监理工程师,由项目总监理工程师签署承包单位报送的《工程开工报审表》,并报送建设单位备案。

(6)如果委托监理合同约定,需经建设单位审批时,项目总监理工程师审核后报建设单位,由建设单位审核批准。

第二节 工程复工报审表

一、《工程复工报审表》填写范例

<table>
<tr><td colspan="2">工程复工报审表</td><td>资料编号</td><td>×××</td></tr>
<tr><td>工程名称</td><td>××工程</td><td>日　　期</td><td>××年×月×日</td></tr>
<tr><td colspan="4">致：××建设监理公司（监理单位）
根据××号《工程暂停令》，我方已按照要求完成了以下各项工作，具备了复工条件，特此申请，请核查并签发复工指令。
附件：具备复工条件的详细说明
1. 地上一层①～⑤/Ⓑ～Ⓕ钢梁已按工程变更单（编号：××）要求施工完毕。
2. 对完成的工程变更内容自检合格，并报项目监理部签认合格
专业承包单位＿＿＿＿　项目经理/责任人 ×××
施工总承包单位 ××建设集团有限公司　项目经理/责任人 ×××</td></tr>
<tr><td colspan="4">审批意见：
1. 施工单位已完成工程变更单所发生的工程项目。
2. 工程暂停的原因已消除，证据齐全、有效
同意复工
监理单位 ××建设监理公司
专业监理工程师 ×××
总监理工程师 ×××
日　　期 ××年×月×日</td></tr>
</table>

注：本表由施工单位填报，监理单位签署审批意见。

二、《工程复工报审表》填写说明

1. 表格解析

(1)责任部门。

项目工程部。

(2)填写要点。

1)承包单位填写。

①承包单位填写《工程复工报审表》时,应附下列书面材料一起报送项目监理部审核,由总监理工程师签署审批意见:

a. 承包单位对工程暂停原因的分析;

b. 工程暂停原因已消除的证据;

c. 避免再次出现类似问题的预防措施。

②"附件"栏应详细说明具备复工的条件,证明文件必须齐全真实,对任何形式的不符合复工报审条件的工程项目,承包单位不得提请报审。

2)监理单位填写。

①"审批意见"栏应由总监理工程师根据核实结果填写。

②总监理工程师应指定专业监理工程师对复工条件进行复核,在合同约定的时间内完成对复工申请的审批。当同意复工时,在"审批结论"栏下的"具备复工条件,同意复工"处划"√",否则在"不具备复工条件,暂不同意复工"处划"√",并注明不同意复工的原因和对承包单位的要求。

2. 相关规定及要求

(1)承包单位按《工程暂停令》的要求,自检符合了复工条件向项目监理机构报送《工程复工报审表》及其附件。

(2)总监理工程师应及时指定监理工程师进行审查,工程暂停是由非承包单位原因引起时,签认《工程复工报审表》时,只需要看引起暂停施工的原因是否还存在;工程暂停是由承包单位的原因引起的,复工审查时不仅要审查其停工因素是否消除,还要审查其是否查清了导致停工因素产生的原因和制定了针对性的整改措施、预防措施,还要复核其各项措施是否得到贯彻落实。

(3)总监理工程师根据审查情况,应当在收到《工程复工报审表》后48h内完成对复工申请的审批。项目监理机构未在收到承包人复工申请后48h(或施工合同规定时间)内提出审查意见,承包单位可自行复工。

第三节　施工进度计划报审表

一、《施工进度计划报审表》填写范例

<table>
<tr><td colspan="2">施工进度计划报审表</td><td>资料编号</td><td>×××</td></tr>
<tr><td>工程名称</td><td>××工程</td><td>日　　期</td><td>××年×月×日</td></tr>
<tr><td colspan="4">致：××建设监理公司（监理单位）
我方已根据施工合同的有关约定完成了 ×× 工程总/年第 三 季度 × 月份工程施工进度计划的编制，请予以审查。
附件：1.☑施工进度计划（说明、图表、工程量、工作量、资源配备）
1 份
2.□
施工总承包单位（章）：××建设集团有限公司　　　项目经理（签字）：×××</td></tr>
<tr><td colspan="4">专业监理工程师审查意见：
经审查，施工进度计划编制有可行性和合理性，与工程实际情况相符，符合合同工期及总控计划要求，同意按此计划组织施工
专业监理工程师：×××　　　日期：××年×月×日</td></tr>
<tr><td colspan="4">总监理工程师审核意见：
同意
监理单位：××建设监理公司　　总监理工程师（签字）：×××　　日期：××年×月×日</td></tr>
</table>

注：本表由施工单位填报，监理单位签署审批意见。

二、《施工进度计划报审表》填写说明

1. 相关规定及要求

（1）施工进度计划报验申请是承包单位根据已批准的施工总进度计划，按施工合同约定或监理工程师要求，编制的施工进度计划报项目监理机构审查、确认和批准。监理机构对施工进度的审查或批准，并不解除承包单位对施工进度计划的责任和义务。

（2）对施工进度计划，主要进行如下审核。

1）进度安排是否符合工程项目建设总进度，计划中总目标和分目标的要求，是否符合施工合同中开、竣工日期的规定。

2）施工总进度计划中的项目是否有遗漏，分期施工是否满足分批动用的需要和配套动用的要求。

3)施工顺序的安排是否符合施工工艺的要求。

4)劳动力、材料、构配件、施工机具及设备、施工水、电等生产要素的供应计划是否能保证进度计划的实现,供应是否均衡,需求高峰期是否有足够能力实现计划供应。

5)由建设单位提供的施工条件(资金、施工图纸、施工场地、采供的物资设备等),承包单位在施工进度计划中所提出的供应时间和数量是否明确、合理,是否有造成建设单位违约而导致工程延期和费用索赔的可能。

6)工期是否进行了优化,进度安排是否合理。

7)总、分包单位分别编制的各单项工程施工进度计划之间是否相协调,专业分工与计划衔接是否明确合理。

(3)通过专业监理工程师的审核,提出审查意见报总监理工程师,总监理工程师审核后如同意承包单位所报计划,则应签署"本月编制的施工进度计划具有可行性和可操作性,与工程实际情况相符合,满足合同工期及总控制计划的要求,予以通过。同意按此计划组织施工"。如不同意承包单位所报计划,则签署"不同意按此进度计划施工",并就不同意的原因及理由简要列明。

(4)施工进度计划(调整计划)报审程序。

1)承包单位按施工合同要求的时间编制好施工进度计划,并填报《施工进度计划报验申请表》报监理机构。

2)总监理工程师指定专业监理工程师对承包单位所报的《施工进度计划报审表》,及有关资料进行审查,并向总监理工程师汇报。

3)总监理工程师按施工合同要求的时间,对承包单位所报《施工进度计划报审表》予以确认或提出修改意见。

2.填写要点

(1)承包单位填写。

1)"现报上____年____季____月"栏中应填写拟报审进度计划的年、季、月时间。

2)"附件"栏填写承包单位根据经项目监理部批准的施工组织设计(施工方案)编制的施工进度计划并注明份数。

3)"施工单位名称"栏填写施工单位的全称,不可简化。

4)"项目经理(签字)"栏为施工单位工程项目负责人。

(2)监理单位填写。

1)"审查意见"栏由监理工程师根据工程的条件(工程的规模、质量标准、复杂程度、施工的现场条件等)及施工队伍的条件,全面分析承包单位编制的施工进度计划的合理性、可行性,并签署意见。

2)"审批结论"栏的填写:

①所报施工进度计划符合合同工期及总控计划要求,有可实施性,同意实施时,在"同意"栏划"√";

②所报计划有明显错误时,应限定修改日期,在"修改后再报"栏划"√";

③所报计划与总控计划不符,需重新编制时,应限定重新编制日期,在"重新编制"栏划"√"。

3)"监理单位名称"栏填写监理单位的全称,不可简化。

第四节　(　)月工、料、机动态表

一、《(　)月工、料、机动态表》填写范例

(×)月工、料、机动态表							资料编号	×××	
工程名称		××工程					日　期	××年×月×日	
人工	工　种	安装工	普工	测量	焊工	铆工	架子工	其他	合计
	人　数	60	60	10	50	30	40	24	274
	持证人数	52	48	8	50	28	32	20	238
主要材料	名称	单位	上月库存量		本月进场量		本月消耗量	本月库存量	
	水泥 Q345	t	25.3		15		19	21.3	
	焊丝	t	1.3		0.8		0.9	1.2	
	高强度螺栓	套	1672		381		1012	1041	
主要机械	名　称		生 产 厂 家				规格型号	数　量	
	塔　吊		××机械设备公司				H31363	1	
	塔吊		××机械厂				ST70/30	1	
	塔吊		××机械厂				K50/50	2	
	CO_2 气体保护半自动焊机		××机械设备公司				KR/600	32	
	电热干燥箱		××机械设备公司				YZH2－100	2	
附件： 塔吊安检资料、特殊工种上岗证复印件									
施工单位名称：××建设集团有限公司					项目经理(签字)：×××				

注：本表由施工单位于每月25日填报。

二、《(　)月工、料、机动态表》填写说明

1. 表格解析

(1)责任部门。

项目工程部。

(2)提交时限。

施工单位每月 25 日前报。

(3)填写要点。

1)“人工”栏按施工现场实际工种情况填写并进行合计。

2)“主要材料”栏应填写工程使用主要材料,如水泥、钢筋,并填写相应材料的上月库存量、本月进场量、本月消耗量,以得出本月最终库存量。

3)“主要机械”栏按施工现场实际使用的主要机械填写,核准其生产厂家、规格型号、数量。

4)塔吊、外用电梯等的安检资料及计量设备检定资料应于开始使用的一个月内作为本表的附件,由施工单位报审,监理单位留存备案。

2. 相关规定及要求

主要施工设备进场并调试合格后也应填写《(　)月工、料、机动态表》报项目监理部。

料、工、机情况按不同施工阶段填报主要项目。

第五节　工程延期申请表

一、《工程延期申请表》填写范例

<table>
<tr><td colspan="2">工程延期申请表</td><td>资料编号</td><td>×××</td></tr>
<tr><td>工程名称</td><td>××工程</td><td>日　　期</td><td>××年×月×日</td></tr>
<tr><td colspan="4">致：××建设监理公司（监理单位）
根据合同条款　×　条的规定，由于设计单位提出的工程变更单（编号：××）的要求，对此项整改和施工，造成下道工序拖延施工 3d 的原因，申请工程延期，请批准。

工程延期的依据及工期计算：
1. 依据工程变更单（编号：××）和施工图纸（图纸号：××）。
2. 整改和增加的施工项目在关键线路上。
工期计算：（略）

合同竣工日期：××年×月×日

申请延长竣工日期：××年×月×日

附：证明材料
（略）

施工单位名称：××建设集团有限公司　　项目经理（签字）：×××</td></tr>
</table>

注：本表由施工单位填报。

二、《工程延期申请表》填写说明

1. 表格解析

(1)责任部门。

项目工程部。

(2)填写要点。

1)"根据合同条款____条的规定"栏中填写施工合同有关工程延期的相关条款。

2)"由于____的原因"栏填写工程延期的具体原因。

3)"工程延期的依据及工期计算"栏应详细说明工程延期的依据,并将工期延长的计算过程、结果列于表内。

4)"合同竣工日期"栏填写施工合同签订的工程竣工日期。

5)"申请延长竣工日期"栏填写由于相关原因施工单位申请延长的竣工日期。

6)"附"栏中填写相关的证明材料。

2. 相关规定及要求

(1)由于合同中约定的下列原因引起的工期延长,承包单位可以提出工程延期申请。

1)非承包单位的责任造成工程不能按合同约定日期开工。

2)工程量的实质性变化和设计变更。

3)非承包单位原因停水、停电(地区限电除外)、停气造成停工时间超过合同的约定。

4)国家或有关部门正式发布的不可抗力事件。

5)异常不利的气候条件。

6)建设单位同意工期相应顺延的其他情况。

(2)工程延期事件终止后,承包单位在合同约定期限内,向项目监理部提交《工程延期申请表》,如果工程延期事件是延续性的,承包单位应以一定的时间间隔提交暂时的细节材料;待延期事件结束后,在合同约定的时间内,再将所有提供的细节材料和详细记录汇总、整理齐全,随《工程延期申请表》一起报送项目监理部。

(3)对于较复杂或持续时间较长的延期申请,总监理工程师可用《工作联系单》给予承包单位一个暂定的延期时间。

第六节　工程款支付申请表

一、《工程款支付申请表》填写范例

<table>
<tr><td colspan="2">工程款支付申请表</td><td>资料编号</td><td>×××</td></tr>
<tr><td>工程名称</td><td>××工程</td><td>日　期</td><td>××年×月×日</td></tr>
<tr><td colspan="4">致：××建设监理公司（监理单位）
我方已完成了　地上1～5层钢结构工程　工作，按施工合同的规定，建设单位应在　××　年　×　月　×　日前支付该项工程款共计（大写）　贰佰柒拾叁万贰仟伍佰元整　，（小写）　￥2732500.00　，现报上　×月份　工程付款申请表，请予以审查并开具工程款支付证书。

附件：
1.工程量清单；
2.计算方法

施工单位名称：××建设集团有限公司　　　　项目经理（签字）：×××</td></tr>
</table>

注：本表由施工单位填报。

二、《工程款支付申请表》填写说明

1.填写要点

（1）工程预付款、进度款、变更费用、结算款、费用索赔等各种费用的支付均用此表。

（2）“承包单位的工程付款申请”即为《工程款支付申请表》。

2.相关规定及要求

（1）《工程款支付证书》是与《工程款支付申请表》配套使用的表格。在工程预付款、工程进度款、工程结算款等支付时使用。

（2）项目监理部在收到承包单位《工程款支付申请表》后，由负责造价控制的监理工程师根据合同的约定及有关标准、定额进行审核，确定应支付的工程款额度。

（3）监理工程师审核后，由总监理工程师审查并签署《工程款支付证书》。

第七节 工程变更费用报审表

一、《工程变更费用报审表》填写范例

<table>
<tr><td colspan="6">工程变更费用报审表</td><td>资料编号</td><td colspan="2">×××</td></tr>
<tr><td>工程名称</td><td colspan="5">××工程</td><td>日　期</td><td colspan="2">××年×月×日</td></tr>
<tr><td colspan="9">致：××建设监理公司(监理单位)
根据第(　007　)号工程变更单，申请费用如下表，请审核。</td></tr>
<tr><td rowspan="2">项目名称</td><td colspan="3">变更前</td><td colspan="3">变更后</td><td colspan="2" rowspan="2">工程款
增(＋)减(－)</td></tr>
<tr><td>工程量</td><td>单价</td><td>合价</td><td>工程量</td><td>单价</td><td>合价</td></tr>
<tr><td>镀锌薄钢板</td><td>2.3t</td><td>5000.00</td><td>11500.00</td><td>2.54t</td><td>5000.00</td><td>12700.00</td><td colspan="2">＋1200.00</td></tr>
<tr><td>热轧工字钢</td><td>3.7t</td><td>4950.00</td><td>18315.00</td><td>4.14t</td><td>4950.00</td><td>20493.00</td><td colspan="2">＋2179.00</td></tr>
<tr><td></td><td></td><td></td><td></td><td></td><td></td><td></td><td colspan="2"></td></tr>
<tr><td></td><td></td><td></td><td></td><td></td><td></td><td></td><td colspan="2"></td></tr>
<tr><td></td><td></td><td></td><td></td><td></td><td></td><td></td><td colspan="2"></td></tr>
<tr><td></td><td></td><td></td><td></td><td></td><td></td><td></td><td colspan="2"></td></tr>
<tr><td></td><td></td><td></td><td></td><td></td><td></td><td></td><td colspan="2"></td></tr>
<tr><td></td><td></td><td></td><td></td><td></td><td></td><td></td><td colspan="2"></td></tr>
<tr><td>合　计</td><td></td><td></td><td>29815.00</td><td></td><td></td><td>33193.00</td><td colspan="2">＋3378.00</td></tr>
<tr><td colspan="9">施工单位名称：××建设集团有限公司　　项目经理(签字)：×××</td></tr>
<tr><td colspan="9">监理工程师审核意见：
1.工程量符合所报工程实际。
2.符合《工程变更单》所包括的工作内容。
3.定额项目选用准确，单价、合价计算正确
监理工程师(签字)：×××　　日期：××年×月×日</td></tr>
<tr><td colspan="9">总监理工程师审查意见：
同意施工单位提出的变更费用申请

监理单位：××建设监理公司　　总监理工程师(签字)：×××　　日期：××年×月×日</td></tr>
</table>

注：本表由施工单位填报，监理单位签署审批意见。

二、《工程变更费用报审表》填写说明

1. 表格解析

(1)责任部门。

项目工程部。

(2)填写要点。

1)承包单位填写。

承包单位在填写该表时，应明确《工程变更单》所列项目名称，变更前后的工程量、单价、合价的差别，以及工程款的增减额度。

2)监理单位填写。

①由负责造价控制的监理工程师对承包单位所报审的工程变更费用进行审核。审核内容为工程量是否符合所报工程实际；是否符合《工程变更单》所包括的工作内容；定额项目选用是否正确，单价、合价计算是否正确。

②在“监理工程师审核意见”栏，签署具体意见并签字。监理工程师的审核意见不应签署“是否同意支付”，因为工程款的支付应在相应工程验收合格后，按合同约定的期限，签署《工程款支付证书》。

③总监理工程师进行审查并签字，明确其领导责任。

2. 相关规定及要求

(1)实施工程变更发生增加或减少的费用，由承包单位填写《工程变更费用报审表》报项目监理部。项目监理部进行审核并与承包单位和建设单位协商后，由总监理工程师签认，建设单位批准。

(2)工程变更完成并经项目监理部验收合格后，应按正常的计量和支付程序办理变更工程费用的支付。

(3)分包工程的工程变更应通过承包单位办理。

第八节 费用索赔申请表

一、《费用索赔申请表》填写范例

费用索赔申请表		资料编号	×××
工程名称	××工程	日　期	××年×月×日

致：××建设监理公司(监理单位)

根据施工合同第 21 条款的规定，由于建设单位负责订货的制冷机组未按时到货的原因，我方要求索赔金额共计人民币(大写) 壹万贰仟 元，请批准。

索赔的详细理由及经过：

按合同约定本工程的制冷机组由建设单位负责订货，因制冷机组未按约定时间运至现场，造成临时租用仅限于吊装制冷机组的汽车闲置，因而使我方受到直接经济损失

索赔金额的计算：

(根据实际情况，依据各省现行预算定额计算)

附件：证明材料

1. 施工合同；
2. 制冷机组订货合同；
3. 汽车吊租用合同

施工单位名称：××建设集团有限公司　　　　项目经理(签字)：×××

注：本表由施工单位填报。

二、《费用索赔申请表》填写说明

1. 表格解析

(1)责任部门。

项目工程部。

(2)填写要点。

1)承包单位填写。

承包单位在填写该表时,应明确《工程变更单》所列项目名称,变更前后的工程量、单价、合价的差别,以及工程款的增减额度。

2)监理单位填写。

①由负责造价控制的监理工程师对承包单位所报审的工程变更费用进行审核。审核内容为工程量是否符合所报工程实际;是否符合《工程变更单》所包括的工作内容;定额项目选用是否正确,单价、合价计算是否正确。

②在"监理工程师审核意见"栏,签署具体意见并签字。监理工程师的审核意见不应签署"是否同意支付",因为工程款的支付应在相应工程验收合格后,按合同约定的期限,签署《工程款支付证书》。

③总监理工程师进行审查并签字,明确其领导责任。

2. 相关规定及要求

(1)实施工程变更发生增加或减少的费用,由承包单位填写《工程变更费用报审表》报项目监理部。项目监理部进行审核并与承包单位和建设单位协商后,由总监理工程师签认,建设单位批准。

(2)工程变更完成并经项目监理部验收合格后,应按正常的计量和支付程序办理变更工程费用的支付。

(3)分包工程的工程变更应通过承包单位办理。

第五章

钢结构工程施工物资资料（C4）

本章内容包括下列资料：

- 出厂质量证明文件及检测报告
- 进场复试报告

第一节　出厂质量证明文件及检测报告

一、《材料、构配件进场检验记录》填写范例

<table>
<tr><td colspan="5">材料、构配件进场检验记录</td><td>资料编号</td><td colspan="2">×××</td></tr>
<tr><td colspan="2">工程名称</td><td colspan="3">××工程</td><td>检验日期</td><td colspan="2">××年×月×日</td></tr>
<tr><td rowspan="2">序号</td><td rowspan="2">名称</td><td rowspan="2">规格型号</td><td rowspan="2">进场数量</td><td>生产厂家</td><td rowspan="2">检验项目</td><td rowspan="2">检验结果</td><td rowspan="2">备　注</td></tr>
<tr><td>合格证号</td></tr>
<tr><td rowspan="2">1</td><td rowspan="2">焊条</td><td rowspan="2">E4313</td><td rowspan="2">130 根</td><td>×××</td><td rowspan="2">外观、质量证明文件</td><td rowspan="2">合格</td><td rowspan="2"></td></tr>
<tr><td>×××</td></tr>
<tr><td rowspan="2">2</td><td rowspan="2">焊丝</td><td rowspan="2">$\phi2.4$</td><td rowspan="2">80 根</td><td>×××</td><td rowspan="2">外观、质量证明文件</td><td rowspan="2">合格</td><td rowspan="2"></td></tr>
<tr><td>×××</td></tr>
<tr><td rowspan="2">3</td><td rowspan="2">焊剂</td><td rowspan="2">HJX_1X_2O—H×××</td><td rowspan="2">5km</td><td>×××</td><td rowspan="2">外观、质量证明文件</td><td rowspan="2">合格</td><td rowspan="2"></td></tr>
<tr><td>×××</td></tr>
<tr><td rowspan="2">4</td><td rowspan="2">焊钉</td><td rowspan="2">$\phi19\times100$</td><td rowspan="2">500</td><td>×××</td><td rowspan="2">外观、质量证明文件</td><td rowspan="2">合格</td><td rowspan="2"></td></tr>
<tr><td>×××</td></tr>
<tr><td colspan="8">检验结论：
以上材料、构配件经外观检查合格，管径壁厚均匀，材质、规格型号及数量经复检均符合设计、规范要求，产品质量证明文件齐全</td></tr>
<tr><td rowspan="3">签字栏</td><td rowspan="2" colspan="2">施工单位</td><td rowspan="2" colspan="2">××钢结构工程公司</td><td>专业质检员</td><td>专业工长</td><td>检验员</td></tr>
<tr><td>×××</td><td>×××</td><td>×××</td></tr>
<tr><td colspan="2">监理(建设)单位</td><td colspan="2">××建设监理有限公司</td><td colspan="2">专业工程师</td><td>×××</td></tr>
</table>

注：本表由施工单位填写。

二、《材料、构配件进场检验记录》填写说明

(1)资料流程：由直接使用所检查的材料及配件的施工单位填写，作为工程物资进场报验表填表进入资料流程。

(2)相关规定与要求：工程物资进场后，施工单位应及时组织相关人员检查外观、数量及供货单位提供的质量证明文件等，合格后填写本表。

(3)注意事项：

1)工程名称填写应准确、统一，日期应准确。

2)物资名称、规格、数量、检验项目和结果等填写应规范、准确。

3)检验结论及相关人员签字应清晰可辨认，严禁其他人代签。

4)按规定应进场复试的工程物资，必须在进场检查验收合格后取样复试。

(4)本表由施工单位填写并保存。

三、《电焊条质量合格证》填写范例

Tianjin Bridge Group Co.，Ltd　　　　No. 0006164

电焊条质量合格证

Welding Electrode Quality Certificate

使用单位：××钢结构工程有限公司　　　　提货单号：(INV. NO:) 10105

焊条名称 Designation of electrode	批号 Batch No.	规格 Size (mm)	数量 Quantity (kg)	焊缝金属机械性能 Mechanical properties of Weld seam metal									焊缝金属化学成分 Chemical compositions of Weld line metal(%)				
				抗拉强度 Tensile Strength (N/mm^2)	屈服强度 Yielding Strength (N/mm^2)	延伸率 Elongation (%)	却贝V型缺口冲击实验 Charpy V－notch Impact test				角焊 Fillet Weld	X光 X－Radial	碳 C	硫 S	锰 Mn	磷 P	硅 Si
							试验温度 Temp(℃)	试验值 Test Value(J) 1	2	3							
THJ422	11983	3.2	11000.0	470	390	29.00	0	62.00	68.00	70.00	合格	I	0.08	0.026	0.039	0.023	0.14
THJ422	04782	2.5	2000.0	476	400	29.30	0	70.00	76.00	77.00	合格	I	0.09	0.025	0.37	0.023	0.13
THJ422	04484	4.0	2000.0	520	400	28.00	0	8.00	75.00	85.00	合格	I	0.09	0.021	0.32	0.030	0.12

认可机构　Approved by:

美国　American Bureau of Shipping.

法国　Bureau Veritas.

中国　China Classification Society.

挪威　Det Norske Veritas.

德国　Germanischer Lloyd.

英国　Lloyd's Register of Shipping.

日本　Nippon Kaiji Kyokai.

此证加盖检验章有效。

THIS CERTIFICATE BECOME EFFECTIVE UPON STAMPED BY THE QUALITY INSPECTION DEPT.

复印件必须另盖经销单位公章生效。

COPY OF THIS CERTIFICATE GO INTO EFFECT AFTER STAMPED BY THE DISTRIBUTIVE AGENCY.

日期：2010.10.10

Date:

四、《焊丝材质证明书》填写范例

MILL CEKTIFICATE
材质证明书

No. 1041184

JT—Q—10—03

××WELDING & METAL CO.,LTD

××金属工业有限公司

No.×× ×× Rd.,××Dist.,××.P.R.××

××省××市××区××路××号

Customer 客户	Commodity 商名	Size 规格	Lot No. 批号	Mfg. Date 制造日期	Specification 规范	Date of Issue 发行日期
	焊丝 RM—56	φ1.2mm	1009/09	2006.9.20	AWSA5.18ER70S—6,GB/T 8110 ER50—8	2006.10.15

CHEMICAL COMPOSITION 化学成分(%)

Elements 成分	C	Mn	Si	P	S	Cu	Ni	Cr	Ti	Mo	Nb	
Requirement 标准	0.06～0.15	1.40～1.85	0.80～1.15	MAX 0.025	MAX 0.035	MAX 0.50	—	—	—	—		
焊丝	0.09	1.48	0.84	0.011	0.003	0.21	0.03	0.05				

	Tensile Test of Deposited Metal 熔金拉伸试验			Impact Test of Deposited Metal 熔金冲击试验		Soundness	Welding Condition 焊接条件			
	Yield Point 屈服强度(MPa)	Tensile Strength 抗拉强度(MPa)	Elongation 延伸率(%)	Test Temp. 试验温度(℃)	Impact Value 冲击力(J)		Type of Current 电流种类	Amperage 焊接电流	Arc Voltage 焊接电压	Shielding Gas or Flux 保护气体或焊剂
Requirement 标准	min 420	500～660	min 22	—29	min 27	Ⅱ级	—	—	—	
Actual Result 实测值	483	568	27	—20	54,60,52	Ⅰ级				CO_2

Bend Test 弯曲试验		Fillet Weld Test 角焊试验	Hardness Test 硬度试验(HRC)	Moisture 含水率(%)	Core Wire Heat No. 原线号码	Remarks 备注
Face 面弯	Root 背弯					
合格	合格	合格			224006709	

WE HEREBY CERTIFY THAT THIS REPORT IS CORRECT AND THAT ALL TEST RESULTS ARE IN COMPLIANCE WITH THE SPECIFICATION DESCRIBED HEREIN.

兹证明此报告上记载之所有测试结果皆正确并符合适用规范之要求。

QUALITY ASSURANCE DEPARTMENT

品 保 部

×××

Certificate

产品认证

CCS BG

LR、ABS、GL

五、《自动埋弧焊剂质量证明书》填写范例

××焊接材料有限公司自动埋弧焊焊剂质量证明书

焊剂型号:HJ431　　证书编号:06323

焊剂批号	规格	化学成分							熔敷金属				其他检测				宜采用焊接参数		
		$SiO_2+T_1O_2$	Al_2O_3+MnO	CaO+MgO	CaF_2	FeO	S	P	屈服强度(MPa)	抗拉强度(MPa)	延伸率(%)	试验温度(-20℃)(J)	含水量(%)	杂质量(%)	脱渣性能	焊渣成型	电弧电压(V)	焊接电流(A)	焊接速度(m/h)
0604402	8～40目	42.40	38.05	11.05	5.65	1.44	0.022	0.030	348.4	457.8	26.2	36.4	0.04	0.05	良好	美观	32	560	25

注:1. 本产品执行GB/T 5293—1999标准,配用焊丝H08A。
2. 本产品宜采用交、直流焊接。
3. 本次供货量10t。
4. 本证书无质量检验章或复印件无效(有分销商专用章者除外)。
5. 对本产品质量有异议,请在货到10d内提出,并注明焊剂型号、规格、批号、证书编号和发货日期。
6. 酸性焊剂烘干温度一般为250～300℃,烘焙时间2h;碱性焊剂烘干温度一般为300～400℃,烘焙时间2h。
7. 焊接处须清除油污、水分、铁锈等杂质

质检员:×××　　审核:×××　　日期:2010年5月1日

六、《栓钉焊用陶瓷护圈质量证明书》填写范例

栓钉焊用陶瓷护圈质量保证书

生产日期:2010. 2. 14　　**批号:**××××　　**数量:**××

一、陶瓷护圈的外形尺寸:

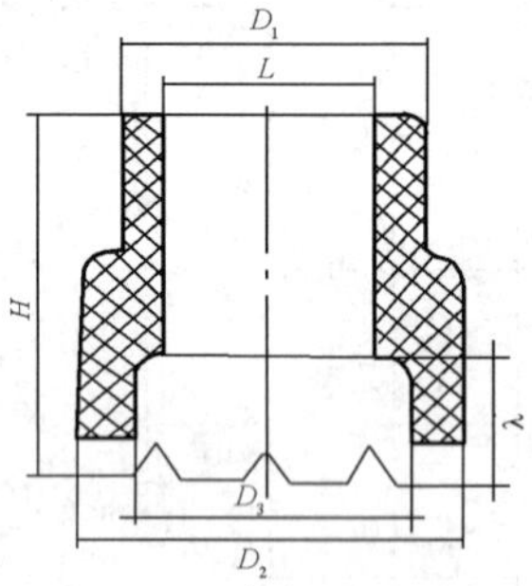

表 1　　(单位 mm)

栓钉公称直径	D	D_1	D_2	D_3	H	λ
ϕ19	20	27	31.5	24	17	9

二、陶瓷护圈主要技术指标:

表 2

项目名称	单　位	指　标
吸水率	%	<13
体比重	g/cm^3	>1.9
弯曲强度	kgf/cm^2	>250
冲击强度	kgf/cm^2	>1.2
电阻系数	Ω	>10
击穿强度	kV/mm	>1.3
耐电弧特性	(级别)	1～3 级
耐温度急变性	℃	750
平均线膨胀系数	11℃	$(2-5)\times10^{-6}$

三、该陶瓷护圈符合《电弧螺柱焊用圆柱头焊钉》GB/T 10433—2002 栓钉配套使用,保证焊接工艺及性能满足 AWSD1.1 规范要求。

××市××厂

七、《电焊条质量检验报告》填写范例

电焊条质量检验报告

委托单位:××钢结构工程有限公司　　**来样日期:**2015 年 10 月 9 日

检验编号:××　　**报告日期:**2015 年 10 月 9 日

工程名称	××钢结构工程			
生产单位	××		使用部位	一层柱
型号规格	产品名称	检验日期	检验依据	检验条件
3.2、4.5、4.0	THJ 422	2015 年 10 月 9 日	《非合金钢及细晶粒钢焊条》GB/T 5117—2012	
样品数量	代表批量	质量证明书号	检验仪器	焊件加工情况
	500/1000/10000kg	00232	××	良好

试件编号	力学性能试验							焊缝射线		焊缝金属化学成分				
	抗拉强度(MPa)	屈服强度(MPa)	延伸率(%)	却贝 V 形缺口冲击实验				角焊	X光	碳 C(%)	硫 S(%)	锰 Mn(%)	磷 P(%)	硅 Si(%)
				温度(℃)	试验值 1	试验值 2	试验值 3							
010	470	390	29.00	0	62.00	68.00	70.00	合格	Ⅰ	0.08	0.026	0.39	0.023	0.14
011	476	400	29.30	0	70.00	76.00	77.00	合格	Ⅰ	0.09	0.025	0.37	0.023	0.13
012	520	400	28.00	0	80.00	75.00	85.00	合格	Ⅱ	0.09	0.021	0.32	0.030	0.12

结论	此焊条符合国家标准《非合金钢及细晶粒钢焊条》GB/T 5117—2012 的规定
备注	**抽样单位:**××钢结构工程公司　　**抽样人:**××× **见证单位:**××建设监理公司　　**见证人:**×××
检验单位:×××建设工程检测中心　**批准:**×××　**审核:**×××　**编写:**×××	
注意事项	1. 委托检验未加盖“检验报告专用章”无效。 2. 复制报告未重新加盖“检验报告专用章”无效。 3. 检验报告无编写、审核、批准人员签章无效。 4. 检验报告涂改无效。 5. 对检验报告结论若有异议,请于收到检验报告之日起 15d 内提出,以便及时处理

检验单位地址:×××　　**电话:**×××　　**邮编:**×××

八、《高强度螺栓出厂合格证、质量保证书》填写范例

产品合格证明书

使用单位：××钢结构工程公司　　　　　　　　　　　　　　　　　　　　**编号：**×××

<table>
<tr><td colspan="3">产品名称</td><td>高强度螺栓</td><td>规格型号</td><td>M20</td></tr>
<tr><td colspan="3">数　　量</td><td>2272</td><td>出厂日期</td><td>××年×月×日</td></tr>
<tr><td rowspan="8">主要技术要求</td><td colspan="2">项　　目</td><td colspan="2">要　　求</td><td>质量情况</td></tr>
<tr><td>1</td><td>原材料材质</td><td colspan="2">GB 38 40Gr</td><td>合格</td></tr>
<tr><td>2</td><td>性能等级</td><td colspan="2">10.9S</td><td>合格</td></tr>
<tr><td>3</td><td>螺纹尺寸</td><td colspan="2">GB 196，GB 197</td><td>合格</td></tr>
<tr><td>4</td><td>表面硬度</td><td colspan="2">HRC 32-36</td><td>合格</td></tr>
<tr><td>5</td><td>外观</td><td colspan="2">严禁淬火裂纹，损伤</td><td>合格</td></tr>
<tr><td>6</td><td>承载力</td><td colspan="2">符合 JG 10—2009 要求</td><td>合格</td></tr>
<tr><td></td><td></td><td colspan="2"></td><td></td></tr>
<tr><td rowspan="7">允许偏差</td><td colspan="2">项　　目</td><td colspan="2">允许偏差(mm)</td><td>实　　测</td></tr>
<tr><td>1</td><td>螺纹长度</td><td colspan="2">0，+2t</td><td>0.2～1.9</td></tr>
<tr><td>2</td><td>螺栓长度</td><td colspan="2">−0.8t+2t</td><td>1.0～1.8</td></tr>
<tr><td>3</td><td>键槽深度</td><td colspan="2">±0.2</td><td>0.1～0.19</td></tr>
<tr><td>4</td><td>键槽直线度</td><td colspan="2">≤0.2</td><td>0.12～0.19</td></tr>
<tr><td>5</td><td>键槽位置度</td><td colspan="2">≤0.3</td><td>0.2～0.24</td></tr>
<tr><td></td><td></td><td colspan="2"></td><td></td></tr>
<tr><td>结论</td><td colspan="5">该批杆件符合《钢网架螺栓球节点》JG 10—2009 标准要求，根据《钢结构工程施工质量验收规范》GB 50205—2001 综合评定为合格

检验员签字：×××　　　　　　　　　　　　（单位检测专用章）
××建设工程质量检测中心</td></tr>
</table>

报出日期：××年×月×日

九、《螺栓球产品合格证明书》填写范例

产品合格证明书

使用单位：××钢结构工程公司　　　　　　　　　　编号：×××

产品名称		螺栓球	规格型号	ϕ150
数　量		4	出厂日期	××年×月×日
主要技术要求	项　目		要　求	质量情况
	1	原材料材质	GB 699　45#	合格
	2	外观	严禁过烧、裂纹及隐患	合格
	3	螺纹尺寸	GB 196，GB 197	合格
	4	工程受力最不利最大螺孔承载力	应符合 JC10—2009 要求	合格
允许偏差	项　目		允许偏差(mm)	实　测
	1	球毛坯直径≤120	+2.0，−1.0	
		>120	+3.0，−1.5	1.4
	2	球心距	±0.2	0.12
	3	不行度≤120	0.2	
		>120	0.2	0.2
	4	夹角	±30	28
	5	垂直度	0.5%r	0.32
	6	圆度≤120	1.5	
		>120	2.5	1.43
结论	该批杆件符合《钢网架螺栓球节点》JG 10—2009 标准要求，根据《钢结构工程施工质量验收规范》GB 50205—2001 综合评定为合格 检验员签字：×××　　　　××建设工程质量检测中心　应检测专用章)			

报出日期：××年×月×日

十、《封板产品合格证明书》填写范例

产品合格证明书

使用单位：××钢结构工程公司　　　　　　　　　　　　　　　　　　编号：×××

产品名称		封板	规格型号	48×14/21
数　　量		1872	出厂日期	××年×月×日
主要技术要求	项　　目		要　　求	质量情况
	1	钢材材质	GB 700 Q235	合格
	2	外观	不得有裂纹、过烧及氧化皮	合格
允许偏差	项　　目		允许偏差(mm)	实　　测
	1	孔径	+0.5	0.22～0.37
	2	底板厚度	−0.2，+0.5	0.21～0.42
	3	底板二面平行度	0.1	0.05～0.09
	4	同轴度	0.2	0.11～0.18
结论	该批杆件符合《钢网架螺栓球节点》JG 10—2009 标准要求，根据《钢结构工程施工质量验收规范》GB 50205—2001 综合评定为合格 检验员签字：×××　　　　××建设工程质量检测中心　(单位检测专用章)			

报出日期：××年×月×日

十一、《锥头产品合格证明书》填写范例

产品合格证明书

使用单位:××钢结构工程公司　　　　　　　　　　　　　编号:×××

产品名称		锥头	规格型号	76×60/14—21
数　量		140	出厂日期	××年×月×日
主要技术要求	项　目		要　求	质量情况
	1	钢材材质	GB 700 Q235	合格
	2	外观	无裂纹、过烧及氧化皮	合格
允许偏差	项　目		允许偏差(mm)	实　测
	1	锥头孔径	+0.5	0.1~0.4
	2	锥头底板厚度	−0.2,+0.5	0.2~0.43
	3	底板二面平行度	0.1	0.01~0.06
	4	锥头孔与钢管安装台阶同轴度	0.2	0.13~0.19
	5	锥头壁厚	+0.2,0	0.12~0.17
结论	该批杆件符合《钢网架螺栓球节点》JG 10—2009 标准要求,根据《钢结构工程施工质量验收规范》GB 50205—2001 综合评定为合格 检验员签字:×××　　　　　　(单位检测专用章)			

报出日期:××年×月×日

十二、《套筒产品合格证明书》填写范例

产品合格证明书

使用单位：××钢结构工程公司　　　　编号：×××

产品名称		套筒	规格型号	32/21
数　量		2272	出厂日期	××年×月×日
主要技术要求		项　目	要　求	质量情况
	1	钢材材质	GB 1591　16Mn	合格
	2	外观	不得有裂纹、过烧及氧化皮	合格
允许偏差		项　目	允许偏差(mm)	实　测
	1	同轴度	+0.5	0.21～0.48
	2	长度	±0.2	0.10～0.17
	3	垂直度	0.5%r	0.2～0.48
	4	平行度	0.3	0.13～0.26
	5			
结论	该批杆件符合《钢网架螺栓球节点》JG 10—2009 标准要求，根据《钢结构工程施工质量验收规范》GB 50205—2001 综合评定为合格 检验员签字：×××　　　　××建设工程质量检测中心（单位检测专用章）			

报出日期：××年×月×日

十三、《钢构件出厂合格证》填写范例

钢构件出厂合格证				资料编号	×××
工程名称	××大厦工程			合格证编号	2011－105
委托单位	××钢构件厂			焊药型号	—
钢材材质		防腐状况	已做防腐处理	焊条或焊丝型号	E4303 3.2mm×350mm
供应总量(t)	90	加工日期	××年×月×日	出厂日期	××年×月×日

序号	构件名称及编号	构件数量	构件单重(kg)	原材报告编号	复试报告编号	使用部位
1	1号钢柱	12	9000	035	××－0135	一层①～⑨/Ⓑ～Ⓘ轴
2	1号桁架	3	22000	039	××－0147	屋面

备注：

供应单位技术负责人	填表人	供应单位名称（章） ××钢结构构件厂
×××	×××	
填表日期	××年×月×日	

注：本表由钢构件供应单位提供。

十四、《钢构件出厂合格证》填写说明

钢结构厂家必须提供构件出厂合格证，合格证应有生产厂家名称、使用构件的工程名称、构件规格、型号、数量、出厂日期、质量等级并加盖生产厂家公章。

1. 表格解析

(1)责任部门。

供应单位。

(2)提交时限。

随物资进场提交。

(3)检查要点。

1)钢构件生产厂家除提供构件出厂合格证外，还应保存各种原材料(钢材、焊接材料、涂料)质量合格证明、复试报告等资料并保证各种资料的可追溯性。

2)钢构件出厂合格证应包括以下主要内容：工程名称、委托单位、合格证编号、钢材原材报告及复试报告编号、焊条或焊丝及焊药型号、供应总量、加工及出厂日期、构件名称及编号、构件数量、防腐状况、使用部位、技术负责人(签字)、填表人(签字)及单位盖章等内容。

3)合格证要填写齐全，不得漏填或错填。数据真实，结论正确，符合标准要求。

2. 相关规定及要求

(1)规范名称。

《钢结构工程施工质量验收规范》GB 50205—2001。

(2)相关要求。

钢构件出厂时，其质量必须合格，并符合《钢结构工程施工质量验收规范》GB 50205—2001 中的有关规定，合格证要填写齐全，不得漏填或错填。数据真实，结论正确，符合标准要求。钢构件出厂时应提交以下资料。

1)钢构件出厂合格证。

2)施工图和设计变更文件，设计变更的内容应在施工图中相应部位加以注明。

3)制作中对技术问题处理的协议文件。

4)钢结构生产厂家除提供构件出厂合格证外，还应保存各种原材料质量证明文件、复试报告等资料并保证各种资料的可追溯性。

①钢材必须有质量证明书，并应符合设计文件的要求，如对钢材的质量有异议时，必须按规范进行力学性能和化学成分的抽样检验，合格后方能使用。

焊条、焊剂及焊药应有出厂合格证，并应符合设计要求，需进行烘焙的应有烘焙记录。

②高强度螺栓、高强度大六角头螺栓在安装前，按有关规定应复试摩擦面抗滑移系数及连接副预拉力或扭矩系数，合格后方可安装。应有一级、二级焊缝无损检验报告。

③涂料应有质量证明书，防火涂料应经消防部门认可。

5)焊接工艺评定报告。

6)有预拼要求时，钢构件验收应具备预拼装记录。

7)构件发运和包装清单。

十五、《钢构件产品合格证明书》填写范例

钢构件产品合格证明书

编号：×××

工程名称	××工程	产品名称	杆件	规格型号	ϕ48×3.5
数　量	936		出厂日期		××年×月×日
保证项目		项　目	要　求		质量情况
	1	钢材材质	GB 700—2006　QXXX		合格
	2	焊条及焊接	应符合 GB 50661—2011 规定		合格
	3	焊缝质量	应符合 GB 50205—2001 二级		合格
	4	工程受力最不利承载力	应符合 JG/T 10—2009 要求		合格
允许偏差项目		项　目	允许偏差(mm)		实　测
	1	杆件长度	±1		0.1～0.8
	2	轴线不平直度	L/1000 且≤5		0.18～0.4
	3	垂直度	0.5%r		0.22～0.37
	4	同轴度	1.0		0.1～0.7
	5	焊缝高度	−2.0，+2.0		1.1～1.8
结论	符合设计要求，根据《钢结构工程施工质量验收规范》GB 50205—2001 综合评定为合格 检验员签字：×××　　　（单位检测专用章） ××建设工程质量检测中心				

报出日期：××年×月×日

第二节 进场复试报告

一、《钢结构用钢材复试报告》填写范例

钢结构用钢材复试报告				资料编号	×××
				试验编号	××××-0194
				委托编号	××××-02150
工程名称	××工程			试件编号	097
委托单位	×××项目部			试验委托人	××
钢材种类	结构钢 Z 型钢	规格或牌号	结构钢 HPB300	生产厂	鞍钢
代表数量(t)	56.78	来样日期	××年×月×日	试验日期	××年×月×日
公称直径(厚度)	2.5mm×1050mm			公称面积(mm^2)	75

试验结果	力学性能					弯曲性能		
	屈服点(MPa)	抗拉强度(MPa)	伸长率(%)	$\sigma_{b实}/\sigma_{s实}$	$\sigma_{s实}/\sigma_{b标}$	弯心直径	角度	结果
	310	425	34			$b=a$	180	合格
	320	425	30			$b=a$	180	合格

化学分析							其他:
分析编号	化学成分(%)						
	C	Si	Mn	P	S	C_{eq}	

结论:

依据《钢筋混凝土用钢 第一部分:热轧光圆钢筋》GB 1499.1—2008 标准,复试符合 HPB300 的要求

批准	×××	审核	×××	试验	×××
试验单位	××中心实验室(单位章)				
报告日期	××年×月×日				

二、《钢结构用钢材复试报告》填写说明

1. 释义

钢材是组成钢结构的主体材料，直接影响着结构的安全使用。随着大跨度空间钢结构发展，钢铸件在钢结构中的应用也逐渐增加。因此，对钢材、钢铸件的品种、规格、性能提出明确要求，并加以强制的规定是完全必要的，体现了从源头上控制工程质量的精神。另外，对进口钢材，各生产国的产品标准不尽相同，所以规定对进口钢材应按设计和供货合同规定的标准进行验收。

2. 措施

(1)钢结构中常用的钢材、钢铸件应按现行国家产品标准进行核准验收，主要有关标准有：

《碳素结构钢》GB/T 700—2006；

《低合金高强度结构钢》GB/T 1591—2008；

《一般工程用铸造碳钢件》GB/T 11352—2009；

《厚度方向性能钢板》GB/T 5313—2010；

《耐候结构钢》GB/T 4171—2008；

《热轧型钢》GB/T 706—2008；

《热轧圆钢、方钢》GB/T 702—2008；

《热轧钢板和钢带》GB/T 709—2006；

《花纹钢板》GB/T 3277—1991；

《结构用无缝钢管》GB/T 8162—2008；

《直缝电焊钢管》GB/T 13793—2008；

《热轧 H 型钢和剖分 T 型钢》GB/T 11263—2010；

《高层建筑结构用钢板》YB 4104—2000；

《通用冷弯开口型钢尺寸、外形、重量及允许偏差》GB/T 6723—2008；

《彩色涂层钢板及钢带》GB/T 12754—2006；

《连续热镀锌钢板及钢带》GB/T 2518—2008；

《建筑用压型钢板》GB/T 12755—2008。

(2)当质量合格证明文件出现下列三种情况，以及按现行国家标准《钢结构工程施工质量验收规范》GB 50205—2001 的规定(第 4.2.2 条)需要抽样复检时，应检查复验检验报告。

1)质量合格证明文件为复印件，有伪造的嫌疑；

2)质量合格证明文件不全，如缺少合格证、材质单等；

3)质量合格证明文件的内容少于设计要求的项目，如屈服强度、抗拉强度、冷弯性能、冲击韧性、化学成份等主要指标。

3. 检查

所有钢材、钢铸件均应进行资料检查。检查质量合格证明文件、中文标志及检验报告等文件资料的合法、有效及完整性。

注意事项：

(1)对进口钢材，国家进出口质量检验部门的复验商检报告可以视为检验报告，当商检报告中的检验项目内容不能涵盖设计和合同要求的项目时，应对没有涵盖的项目进行抽样复验；

(2)对进口钢材，其主要的质量合格证明文件及检验报告应至少要有合法有效的中文资料；

(3)检验报告应加盖必要的印章，如“见证试验”章、“CMA”章及证明检测单位资质的专用章。

4. 判定

(1)国产钢材、钢铸件的质量合格证明文件，及检验报告合法、有效，且其内容符合现行国家产品标准和设计要求，应予以验收。

(2)进口钢材、钢铸件的质量合格证明文件、中文标志及检验报告合法、有效，且其内容符合设计和购货合同规定标准的要求，应予以验收。

(3)凡不符合上述第(1)、(2)项规定时，必须由有资质的检测单位检测鉴定或原设计单位核算认可，否则不得验收和使用。

(4)使用无质量合格证明文件的钢材和钢铸件视为严重违反强制性条文的行为。

三、《金相试验报告》填写范例

金相试验报告

委托单位:××钢结构工程有限公司　　　　试验编号:××

工程名称	××工程			试样编号	1#、2#
委托单位	××钢结构工程有限公司			试验委托人	×××
材质及规格	HPB300　650mm×200mm×8mm×6mm　焊态			试件名称	腹板底板焊
代表数量	20	来样日期	××年×月×日	试验日期	××年×月×日

试验情况与结果:

1#

焊缝组织:一次组织先共析铁素体沿原奥氏体粗大晶界析出,边缘有少量珠光体分布。晶内为粒状贝氏体、针状铁素体的混合组织以及方向性分布的粒贝,粒贝中的岛状相已有分解;

热影响区粗晶区:组织为粒状贝氏体,侧板条贝氏体、无碳贝氏体和针状铁素体,部分晶界有先共析铁素体分布;

热影响区细晶区:铁素体、粒状贝氏体、珠光体及少量针状铁素体;

热影响区不完全重结晶区:铁素体、珠光体呈团簇、不均匀带状分布;

母材组织:铁素体、珠光体呈带状分布

2#

焊缝组织:送检样品上未见有焊缝一次组织。焊缝二次组织为铁素体和珠光体,分布仍可略见原柱晶的方向性

结论:

热影响区粗晶区:粒状贝氏体,方向性分布的粒贝,铁素体和针状铁素体。从组织情况看为受再热影响的粗晶区部位;

热影响区细晶区:铁素体、珠光体呈团簇状不均匀带状分布;

母材组织:同1#

试验单位:××建设工程检测中心　技术负责人:×××　审核:×××　试(检)验:×××

四、《高强度大六角头螺栓连接副扭矩系数检验报告》填写范例

高强度大六角头螺栓连接副扭矩系数检验报告

共 1 页　第 1 页

<table>
<tr><td>工程名称</td><td colspan="3">××工程</td><td>委托编号</td><td colspan="2">检 06×××</td></tr>
<tr><td>委托单位</td><td colspan="3">××建筑工程公司</td><td>检验日期</td><td colspan="2">××年×月×日</td></tr>
<tr><td>见证单位</td><td colspan="3">××建设监理咨询公司</td><td>见证人</td><td colspan="2">×××</td></tr>
<tr><td>样品名称</td><td colspan="3">高强度大六角头螺栓连接副</td><td>检验项目</td><td colspan="2">扭矩系数</td></tr>
<tr><td>检验依据</td><td colspan="6">《钢结构工程施工质量验收规范》GB 50205—2001</td></tr>
<tr><td>检验仪器</td><td colspan="6">仪器名称:标准测力计　7X－11－01　　检定证书编号:×××</td></tr>
<tr><td colspan="7">高强度大六角头螺栓连接副预拉力检验结果</td></tr>
<tr><td>型号规格</td><td>样品编号</td><td>预拉力
(kN)</td><td>扭矩(N·m)</td><td>扭矩系数</td><td>扭矩系数
平均值</td><td>扭矩系数
标准偏差</td></tr>
<tr><td rowspan="8">M22×75
10.9S</td><td>GL06×××</td><td>195</td><td>0.54</td><td>0.126</td><td rowspan="8">0.131</td><td rowspan="8">0.007</td></tr>
<tr><td>GL06×××</td><td>195</td><td>0.60</td><td>0.140</td></tr>
<tr><td>GL06×××</td><td>195</td><td>0.56</td><td>0.131</td></tr>
<tr><td>GL06×××</td><td>195</td><td>0.52</td><td>0.121</td></tr>
<tr><td>GL06×××</td><td>195</td><td>0.56</td><td>0.131</td></tr>
<tr><td>GL06×××</td><td>195</td><td>0.60</td><td>0.140</td></tr>
<tr><td>GL06×××</td><td>195</td><td>0.58</td><td>0.135</td></tr>
<tr><td>GL06×××</td><td>195</td><td>0.54</td><td>0.126</td></tr>
<tr><td>检验结论</td><td colspan="6">该试样所检项目符合《钢结构工程施工质量验收规范》GB 50205—2001</td></tr>
</table>

批准:×××　　　审核:×××　　　校核:×××　　　检验:×××

五、《高强度大六角头螺栓连接副扭矩系数检验报告》填写说明

1. 高强度大六角头螺栓连接副及其规格

高强度大六角头螺栓连接副包括一个螺栓、一个螺母和二个垫圈组成，其规格按直径划分为 7 种，即 M12、M16、M20、M22、M24、M27、M30。螺杆的长度确定是在连接厚度的基础上增加螺母高度和二个垫圈厚度及多出 2～3 个丝扣的长度，并以 5mm 为一级差。

2. 高强度大六角头螺栓连接副的技术性能

高强度大六角头螺栓连接副的技术性能包括螺栓的拉力荷载(楔负载)，螺母的保证荷载、螺栓螺母垫圈的表面硬度等，除此之外，连接副的扭矩系数是影响连接性能的最重要的技术性能，根据国家标准《钢结构用高强度大六角头螺栓、大六角螺母、垫圈技术条件》GB/T 1231—2006 的规定，10.9S 级的高强度大六角头螺栓连接副的扭矩系数的平均值应为 0.110～0.150，其标准偏差小于或等于 0.010。以上性能指标应作为产品质量证明文件的主要内容随产品出厂。

3. 高强度大六角头螺栓扭矩系数复验

施工单位应对进场的高强度大六角头螺栓连接副进行扭矩系数复验，复验用螺栓应在施工现场待安装的螺栓批中随机抽取，每批按规格抽取 8 套连接副进行复验。

复验使用的计量器具，如轴力计、扭矩扳手等应在试验前进行标定，误差不得超过 2%。

采用轴力计方法测试连接副扭矩系数时，应将螺栓穿入轴力计，在测出螺栓紧固预应力 P 的同时，测定施加于螺母上的施拧扭矩值 T，并按(式 5-1)计算扭矩系数 K。

$$K = T/P \cdot d \tag{5-1}$$

式中：T——施拧扭矩值(N·m)；

P——螺栓紧固预拉力(kN)，其值应在标准规定的范围内；

d——螺栓的公称直径(mm)。

每套连接副只能做一次试验，不得重复使用。在紧固中垫圈发生转动时，应更换连接副，重新试验。

六、《扭剪型高强度螺栓连接副预拉力检验报告》填写范例

扭剪型高强度螺栓连接副预拉力检验报告

共1页 第1页

<table>
<tr><td>工程名称</td><td colspan="3">××工程</td><td>委托编号</td><td colspan="2">检08×××</td></tr>
<tr><td>委托单位</td><td colspan="3">××建筑工程公司</td><td>检验日期</td><td colspan="2">××年×月×日</td></tr>
<tr><td>见证单位</td><td colspan="3">××建设监理咨询公司</td><td>见证人</td><td colspan="2">×××</td></tr>
<tr><td>样品名称</td><td colspan="3">高强度大六角头螺栓连接副</td><td>检验项目</td><td colspan="2">扭矩系数</td></tr>
<tr><td>检验依据</td><td colspan="6">《钢结构工程施工质量验收规范》GB 50205—2001</td></tr>
<tr><td>检验仪器</td><td colspan="6">仪器名称:标准测力计 7X—11—01 检定证书编号:×××</td></tr>
<tr><td colspan="7">扭剪型高强度螺栓连接副预拉力检验结果</td></tr>
<tr><td rowspan="2">型号规格</td><td rowspan="2">样品编号</td><td rowspan="2">实测预拉力(kN)</td><td colspan="2">预拉力平均值(kN)</td><td colspan="2">预拉力标准值(kN)</td></tr>
<tr><td>标准值</td><td>实测值</td><td>标准值</td><td>实测值</td></tr>
<tr><td rowspan="8">M24×75
10.9S</td><td>GL06×××</td><td>254</td><td rowspan="8">222～270</td><td rowspan="8">260</td><td rowspan="8">≤22.7</td><td rowspan="8">9.1</td></tr>
<tr><td>GL06×××</td><td>261</td></tr>
<tr><td>GL06×××</td><td>243</td></tr>
<tr><td>GL06×××</td><td>266</td></tr>
<tr><td>GL06×××</td><td>257</td></tr>
<tr><td>GL06×××</td><td>263</td></tr>
<tr><td>GL06×××</td><td>274</td></tr>
<tr><td>GL06×××</td><td>260</td></tr>
<tr><td>检验结论</td><td colspan="6">该试样所检项目符合《钢结构工程施工质量验收规范》GB 50205—2001</td></tr>
</table>

批准:××× 审核:××× 校核:××× 检验:×××

七、《扭剪型高强度螺栓连接副预拉力检验报告》填写说明

1. 扭剪型高强度螺栓连接副及其规格

扭剪型高强度螺栓连接副包括一个螺栓、一个螺母和一个垫圈组成，其规格按直径划分为 4 种，即 M16、M20、M22 和 M24。螺杆的长度确定是在连接厚度的基础上增加螺母高度和垫圈厚度及多出 2～3 个丝扣长度，并以 5mm 为一级差。

2. 扭剪型高强度螺栓连接副的技术性能

扭剪型高强度螺栓连接副的技术性能包括螺栓的拉力荷载(楔负载)、螺母的保证荷载、螺栓螺母垫圈的表面硬度等，除此之外，连接副的紧固预拉力是影响连接性能的最重要的技术性能见表 5-1。以上性能指标应作为产品质量证明文件的主要内容随产品出厂。

表 5-1 扭剪型高强度螺栓连接副紧固预拉力和标准偏差

螺栓直径(mm)	16	20	22	24
紧固预拉力的平均值(kN)	99～120	154～168	191～231	222～270
标准偏差 σ_p(kN)	10.1	15.7	19.5	22.7

3. 扭剪型高强度螺栓连接副紧固预拉力复验

施工单位应对进场的扭剪型高强度螺栓连接副进行紧固预拉力的复验，复验用的螺栓应在施工现场待安装的螺栓批中随机抽取，每批按规格抽取 8 套连接副进行复验。

连接副紧固预拉力可采用经计量检定、标准合格的轴力计进行测试，其误差应在 2% 以内，轴力计有电测轴力计、油压轴力计及压力环(传力器)、电阻应变片等几种，工程上通常使用电测轴力计和油压轴力计，电测轴力计一般设置在试验室，油压轴力计可携带至安装现场，测试环境对测量精度影响不大。

采用轴力计方法测试连接副紧固预拉力时，应将螺栓直接插入轴力计，紧固螺栓分初拧、终拧两次进行，初拧可采用手动扭矩扳手或专用定扭电动扳手，初拧值应为预拉力标准值的 50%左右。终拧应采用专用电动扳手，至尾部梅花头拧掉，读出预拉力值。

每套连接副只能做一次试验，不得重复使用。在紧固中垫圈发生转动时，应更换连接副，重新试验。由于螺栓太短或太长，采用轴力计无法测试时，可以通过对材料性能的测试或用同批同直径螺栓中其他长度规格的试验结果进行旁证。

八、《钢板摩擦面抗滑移组装件抗滑移系数检验报告》填写范例

京市质监认字 006 号

No.L1325

(1998) 量认 (京) 字 (R0110) 号

检　验　报　告

TEST　　REPORT

建钢检字(2010W)第 813 号

受检(委托)单位：××钢结构工程有限公司

产品(试样)名称：钢板摩擦面抗滑移组装件

检　验　类　别：委托检验

国家建筑钢材质量监督检验中心

CHINA NATIONAL CONSTRUCTION STEEL QUALITY SUPERVISION AND TEST CENTRE

国家建筑钢材质量监督检验中心

检 验 报 告

建钢检字(2010W)第813号　　　　共2页　第1页

委托单位	××钢结构工程有限公司	**委托时间**	××年×月×日
工程名称	××工程	**送样(联系)人**	×××
试样名称	钢板摩擦面抗滑移组装件		
检验依据	GB 50205—2001及委托方给定条件		
规格型号	螺栓:M16 盖板:δ=10mm;芯板:δ=16mm		
钢号级别	螺栓:10.9s 钢板:Q345B		
来样编号	—		
试样编号	6W1668		
试样数量	共3套		
检验项目	抗滑移系数		
样品状态	正常		
检验结论	送检样品检验结果符合检验依据规定		
备　注	**表面处理:**××× **见 证 人:**×××	**检验单位:(检验报告专用章)** **签发日期:**××年×月×日	

批准:×××　　　　**审核:**×××　　　　**编写:**×××

国家建筑钢材质量监督检验中心

检 验 报 告

建钢检字(2010W)第 813 号　　　　共 2 页　第 2 页

来样编号		—		
试样编号		6W1668—1	6W1668—2	6W1668—3
螺栓规格级别		M16;10.9s		
钢板规格级别		盖板:δ=10mm;芯板:δ=16mm;Q345B		
板宽(mm)		100	100	100
测试环境温度(℃)		19		
检验项目	标准值	实 测 值		
产生滑移的最大负荷(kN)	—	243	283	220
抗滑移系数 μ	≥0.45	0.59	0.68	0.53
备　注				

分项报告编号:(2010)第 1169 号

九、《高强度螺栓连接副、摩擦面抗滑移系数检验报告》填写范例

高强度螺栓连接副、摩擦面抗滑移系数检验报告

共1页　第1页

<table>
<tr><td>工程名称</td><td colspan="4">××工程</td><td>委托编号</td><td>检06×××</td></tr>
<tr><td>委托单位</td><td colspan="4">××建筑工程公司</td><td>检验日期</td><td>××年×月×日</td></tr>
<tr><td>见证单位</td><td colspan="4">××建设监理咨询公司</td><td>见证人</td><td>×××</td></tr>
<tr><td>样品名称</td><td colspan="4">高强度大六角头螺栓连接副</td><td>检验项目</td><td>扭矩系数</td></tr>
<tr><td>检验依据</td><td colspan="6">《钢结构工程施工质量验收规范》GB 50205—2001</td></tr>
<tr><td>检验仪器</td><td colspan="6">仪器名称:标准测力计　7X—11—01　　检定证书编号:×××</td></tr>
<tr><td colspan="7">高强度大六角头螺栓连接副预拉力检验结果</td></tr>
<tr><td>型号规格</td><td>样品编号</td><td>预拉力
(kN)</td><td>扭矩
(N·m)</td><td>扭矩系数</td><td>扭矩系数
平均值</td><td>扭矩系数
标准偏差</td></tr>
<tr><td rowspan="8">M22×75
10.9S</td><td>GL06×××</td><td>195</td><td>0.54</td><td>0.126</td><td rowspan="8">0.131</td><td rowspan="8">0.007</td></tr>
<tr><td>GL06×××</td><td>195</td><td>0.60</td><td>0.140</td></tr>
<tr><td>GL06×××</td><td>195</td><td>0.56</td><td>0.131</td></tr>
<tr><td>GL06×××</td><td>195</td><td>0.52</td><td>0.121</td></tr>
<tr><td>GL06×××</td><td>195</td><td>0.56</td><td>0.131</td></tr>
<tr><td>GL06×××</td><td>195</td><td>0.60</td><td>0.140</td></tr>
<tr><td>GL06×××</td><td>195</td><td>0.58</td><td>0.135</td></tr>
<tr><td>GL06×××</td><td>195</td><td>0.54</td><td>0.126</td></tr>
<tr><td>检验结论</td><td colspan="6">该试样所检项目符合《钢结构工程施工质量验收规范》GB 50205—2001</td></tr>
</table>

批准:×××　　审核:×××　　校核:×××　　检验:×××

十、《高强度螺栓连接副、摩擦面抗滑移系数检验报告》填写说明

1. 释义

抗滑移系数是高强度螺栓连接的主要设计参数之一，直接影响连接的承载力，因此连接摩擦面无论由制造厂处理还是由现场处理，均应进行抗滑移系数测试，测得的抗滑移系数值应符合设计要求。

2. 措施

(1)抗滑移系数试件型式和数量。

1)抗滑移系数试件采用双摩擦面的二栓拼接头，试件连接板与所代表的钢结构构件应为同一材质、同批制作，采用同一摩擦面处理工艺有相同的表面状态。

2)由制造厂进行摩擦面处理的试件应同时准备两套试件（每套三组件），供制造厂试验和安装单位复验，由现场进行摩擦面处理的试件可以准备一套三组试件，由安装单位进行试验。

(2)摩擦面处理的主要方法及抗滑移系数值应符合表 5-2。

表 5-2 摩擦面处理的主要方法及抗滑移系数值

摩擦面处理方法	连接钢板的钢号		
	Q235	Q345、Q390	Q420
喷砂(丸)	0.45	0.50	0.50
喷砂(丸)	0.35	0.40	0.40
喷砂(刃)后生赤锈	0.45	0.50	0.50
钢丝刷清除浮锈或未经处理的干净轧制表面	0.30	0.35	0.40

3. 检查

按分部(子分部)工程划分规定的工程量每 2000t 为一批，不足 2000t 的可视为一批，对同一种摩擦面处理工艺每批进行一次试验和复验。检查摩擦面抗滑移系数试验报告和复验报告的合法、有效性，及试验结果是否满足设计要求。

注意事项：

(1)采用有压力传感器或贴有电阻应变片对高强度螺栓预拉力进行实测的试件，其每套三组试件的抗滑移系数试验值均应大于或等于设计值。

(2)对高强度螺栓预拉力不进行实测，而取用同批高强度螺栓复验预拉力平均值进行计算时，其每套三组试件的抗滑移系数试验值的平均值应大于或等于设计值，且最小值不得低于设计值的 95%。

(3)检验报告应加盖必要的印章，如“见证试验章”、“CMA”章及证明检测单位资质的专用章。

4. 判定

(1)摩擦面抗滑移系数试验报告、复验报告合法、有效,且试验结果符合设计要求,应予以验收。

(2)凡不符合上述第1项规定时,施工单位应采取调整摩擦面处理工艺等措施进行重新试验直至达到设计要求,或经原设计单位核算认可,否则不得验收。

(3)未经抗滑移系数试验,不得进行摩擦型高强度螺栓连接的安装,否则视为严重违反强制性条文行为。

5.高强度螺栓连接摩擦面的抗滑移系数检验

(1)基本要求。

制造厂和安装单位应分别以钢结构制造批为单位进行抗滑移系数试验。制造批可按分部(子分部)工程划分规定的工程量每2000t为一批,不足2000t的可视为一批。选用两种及两种以上表面处理工艺时,每种处理工艺应单独检验。每批三组试件。

抗滑移系数试验应采用双摩擦面的二栓拼接的拉力试件见图5-1。

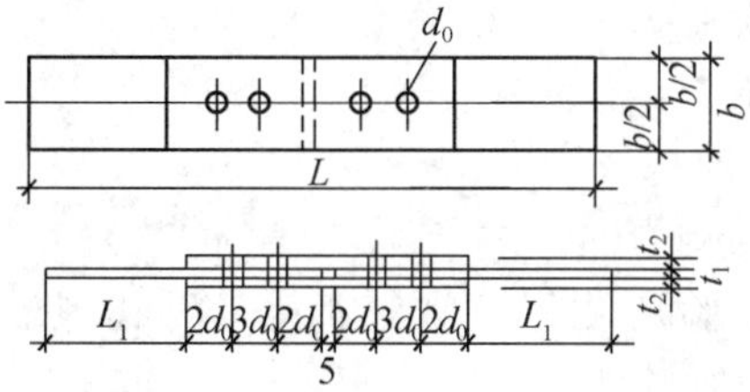

图5-1 抗滑移系数试件的形式和尺寸

抗滑移系数试验用的试件应由制造厂加工,试件与所代表的钢结构构件应为同一材质、同批制作、采用同一摩擦面处理工艺和具有相同的表面状态,并应用同批同一性能等级的高强度螺栓连接副,在同一环境条件下存放。

试件钢板的厚度 t_1、t_2 应根据钢结构工程中有代表性的板材厚度来确定,同时应考虑在摩擦面滑移之前,试件钢板的净截面始终处于弹性状态;宽度 b 可参照表5-3规定取值。L_1 应根据试验机夹具的要求确定。

表5-3 试件板的宽度

螺栓直径 d(mm)	16	20	22	24	27	30
板宽 b(mm)	100	100	105	110	120	120

试件板面应平整,无油污,孔和板的边缘无飞边、毛刺。

(2)试验方法。

试验用的试验机误差应在1%以内。

试验用的贴有电阻片的高强度螺栓、压力传感器和电阻应变仪应在试验前用试验机进行标定,其误差应在2%以内。

试件的组装顺序应符合下列规定:

先将冲钉打入试件孔定位,然后逐个换成装有压力传感器或贴有电阻片的高强度螺栓，或换成同批经预拉力复验的扭剪型高强度螺栓。

紧固高强度螺栓应分初拧、终拧。初拧应达到螺栓预拉力标准值的50%左右。终拧后，螺栓预拉力应符合下列规定：

1)对装有压力传感器或贴有电阻片的高强度螺栓，采用电阻应变仪实测控制试件每个螺栓的预拉力值应在0.95～1.05P(P为高强度螺栓设计预拉力值)之间；

2)在进行实测时，扭剪型高强度螺栓的预拉力(紧固轴力)可按同批复验预拉力的平均值取用。

试件应在其侧面划出观察滑移的直线。

将组装好的试件置于拉力试验机上，试件的轴线应与试验机夹具中心严格对中。

加荷时，应先加10%的抗滑移设计荷载值，停1min后，再平稳加荷，加荷速度为3～5kN/s。直拉至滑动破坏，测得滑移荷载N_v。

在试验中当发生以下情况之一时，所对应的荷载可定为试件的滑移荷载。

①试验机发生回针现象；

②试件侧面划线发生错动；

③X—Y记录仪上变形曲线发生突变；

④试件突然发生“嘣”的响声。

抗滑移系数，应根据试验所测得的滑移荷载N_v和螺栓预拉力P的实测值，按式(5-2)计算，宜取小数点二位有效数字。

$$\mu = \frac{N_v}{n_f \cdot \sum_{i=1}^{m} P_i} \tag{5-2}$$

式中 N_v——由试验测得的滑移荷载(kN)；

n_f——摩擦面面数，取$n_f=2$；

$\sum_{i=1}^{m} P_i$——试件滑移一侧高强度螺栓预拉力实测值(或同批螺栓连接副的预拉力平均值)之和(取三位有效数字)(kN)；

m——试件一侧螺栓数量，取$m=2$。

十一、《螺栓连接副拉力荷载检验报告》填写范例

螺栓连接副拉力荷载检验报告

共1页 第1页

工程名称	××工程			委托编号	检08×××
委托单位	××建筑工程公司			检验日期	××年×月×日
见证单位	××建设监理咨询公司			见证人	×××
检验依据	《钢结构用扭剪型高强度螺栓连接副》GB/T 3632—2008 《钢结构工程施工质量验收规范》GB 50205—2001				
检验仪器	仪器名称:标准测力计 7X—11—01 检定证书编号:×××				
检验结果汇总表					
样品编号	型号规格	螺纹公称应力截面积(mm^2)	实测预拉力荷载(kN)	折算抗拉强度(MPa)	破坏形态
GL06×××	M22×75 10.9S	303	332	1095	断裂在螺纹部位
GL06×××			340	1120	断裂在螺纹部位
GL06×××			353	1165	断裂在螺纹部位
GL06×××			360	1190	断裂在螺纹部位
GL06×××			348	1150	断裂在螺纹部位
GL06×××			357	1180	断裂在螺纹部位
GL06×××			344	1135	断裂在螺纹部位
GL06×××			348	1150	断裂在螺纹部位
检验结论	该试样所检项目符合《钢结构用扭剪型高强度螺栓连接副》GB/T 3632—2008标准要求				

批准:××× 审核:××× 校核:××× 检验:×××

十二、《高强度螺栓洛氏硬度检验报告》填写范例

高强度螺栓洛氏硬度检验报告

共1页 第1页

<table>
<tr><td>工程名称</td><td colspan="4">××工程</td><td colspan="2">委托编号</td><td colspan="5">检 08×××</td></tr>
<tr><td>委托单位</td><td colspan="4">××建筑工程公司</td><td colspan="2">检验日期</td><td colspan="5">××年×月×日</td></tr>
<tr><td>见证单位</td><td colspan="4">××建设监理咨询公司</td><td colspan="2">见证人</td><td colspan="5">×××</td></tr>
<tr><td>检验依据</td><td colspan="11">《金属材料 洛氏硬度试验 第1部分:试验方法(A、B、C、D、E、F、G、H、K、N、T标尺)》GB/T 230.1—2009
《钢结构用扭剪型高强度螺栓连接副》GB/T 3632—2008</td></tr>
<tr><td>检验仪器</td><td colspan="11">仪器名称:HR－150A 洛氏硬度计　　检定证书编号:×××</td></tr>
<tr><td colspan="12">检 验 结 果</td></tr>
<tr><td>型号</td><td>序号</td><td colspan="3">洛氏硬度/HRC</td><td>检测部位</td><td>型号</td><td>序号</td><td colspan="3">洛氏硬度/HRC</td><td>检测部位</td></tr>
<tr><td rowspan="8">M24×75
10.9S</td><td>1</td><td>23.5</td><td>23.0</td><td>23.0</td><td>2层2/A～B</td><td rowspan="8"></td><td>9</td><td></td><td></td><td></td><td></td></tr>
<tr><td>2</td><td>25.0</td><td>25.0</td><td>25.0</td><td>1层1/A～B</td><td>10</td><td></td><td></td><td></td><td></td></tr>
<tr><td>3</td><td>23.5</td><td>23.5</td><td>23.5</td><td>3层A/1～2</td><td>11</td><td></td><td></td><td></td><td></td></tr>
<tr><td>4</td><td>—</td><td>—</td><td>—</td><td></td><td>12</td><td></td><td></td><td></td><td></td></tr>
<tr><td>5</td><td>—</td><td>—</td><td>—</td><td></td><td>13</td><td></td><td></td><td></td><td></td></tr>
<tr><td>6</td><td>—</td><td>—</td><td>—</td><td></td><td>14</td><td></td><td></td><td></td><td></td></tr>
<tr><td>7</td><td>—</td><td>—</td><td>—</td><td></td><td>15</td><td></td><td></td><td></td><td></td></tr>
<tr><td>8</td><td>—</td><td>—</td><td>—</td><td></td><td>16</td><td></td><td></td><td></td><td></td></tr>
<tr><td>检验结论</td><td colspan="11">该试样所检项目符合 GB/T 1231—2006、GB/T 3632—2008 标准中 10.9S 的指标要求</td></tr>
</table>

批准:×××　　审核:×××　　校核:×××　　检验:×××

十三、《钢结构用焊接材料复试报告》填写范例

钢结构用焊接材料复试报告

委托单位:××钢结构工程有限公司　　来样日期:××年×月×日
检验编号:××　　报告日期:××年×月×日

<table>
<tr><td colspan="2">工程名称</td><td colspan="12">××钢结构工程</td></tr>
<tr><td colspan="2">生产单位</td><td colspan="6">××</td><td colspan="2">使用部位</td><td colspan="4">一层柱</td></tr>
<tr><td colspan="2">型号规格 φ(mm)</td><td colspan="3">产品名称</td><td colspan="3">检验日期</td><td colspan="2">检验依据</td><td colspan="4">检验条件</td></tr>
<tr><td colspan="2">3.2、4.5、4.0</td><td colspan="3">THJ 422</td><td colspan="3">××年×月×日</td><td colspan="2">GB/T 5117—2012</td><td colspan="4"></td></tr>
<tr><td colspan="2">样品数量</td><td colspan="3">代表批量/kg</td><td colspan="3">质量证明书号</td><td colspan="2">检验仪器</td><td colspan="4">焊件加工情况</td></tr>
<tr><td colspan="2"></td><td colspan="3">500/1000/10000</td><td colspan="3">00232</td><td colspan="2">××</td><td colspan="4">良好</td></tr>
<tr><td rowspan="3">试件编号</td><td colspan="7">力学性能试验</td><td colspan="2">焊缝射线</td><td colspan="5">焊缝金属化学成分</td></tr>
<tr><td rowspan="2">抗拉强度(MPa)</td><td rowspan="2">屈服强度(MPa)</td><td rowspan="2">延伸率(%)</td><td colspan="4">却贝V形缺口冲击实验</td><td rowspan="2">角焊</td><td rowspan="2">X光</td><td rowspan="2">碳C(%)</td><td rowspan="2">硫S(%)</td><td rowspan="2">锰Mn(%)</td><td rowspan="2">磷P(%)</td><td rowspan="2">硅Si(%)</td></tr>
<tr><td>温度(℃)</td><td>试验值(J•m⁻²) 1</td><td>2</td><td>3</td></tr>
<tr><td>010</td><td>470</td><td>390</td><td>29.00</td><td>0</td><td>62.00</td><td>68.00</td><td>70.00</td><td>合格</td><td>Ⅰ</td><td>0.08</td><td>0.026</td><td>0.39</td><td>0.023</td><td>0.14</td></tr>
<tr><td>011</td><td>476</td><td>400</td><td>29.30</td><td>0</td><td>70.00</td><td>76.00</td><td>77.00</td><td>合格</td><td>Ⅰ</td><td>0.09</td><td>0.025</td><td>0.37</td><td>0.023</td><td>0.13</td></tr>
<tr><td>012</td><td>520</td><td>400</td><td>28.00</td><td>0</td><td>80.00</td><td>75.00</td><td>85.00</td><td>合格</td><td>Ⅱ</td><td>0.09</td><td>0.021</td><td>0.32</td><td>0.030</td><td>0.12</td></tr>
<tr><td colspan="2">结　论</td><td colspan="13">此焊条符合《非合金钢及细晶粒钢焊条》GB/T 5117—2012的规定</td></tr>
<tr><td colspan="2">备　注</td><td colspan="13">抽样单位:××钢结构工程公司　　抽样人:×××
见证单位:××工程建设监理有限公司　　见证人:×××</td></tr>
<tr><td colspan="15">检验单位:×××建设工程检测中心　　批准:×××　　审核:×××　　编写:×××</td></tr>
<tr><td>注意事项</td><td colspan="14">1.委托检验未加盖“检验报告专用章”,无效;
2.复制报告未重新加盖“检验报告专用章”,无效;
3.检验报告无编写、审核、批准人员签章,无效;
4.检验报告涂改,无效;
5.对检验报告结论若有异议,请于收到检验报告之日起15日内提出,以便及时处理</td></tr>
</table>

检验单位地址:×××　　电话:×××　　邮编:×××

十四、《钢结构用焊接材料复试报告》填写说明

1. 释义

焊接连接是钢结构的重要连接型式之一，其连接质量直接关系结构的安全使用。焊接材料对焊接施工质量影响重大，因此焊接材料的品种、规格、性能除应按设计要求选用外，同时应符合相应的国家现行产品标准的要求。

2. 措施

(1)钢结构中常用的焊接材料应按现行国家产品标准进行核准验收，主要有关标准计有：

《非合金钢及细晶粒钢焊条》GB/T 5117—2012；

《热强钢焊条》GB/T 5118—2012；

《碳钢药芯焊丝》GB/T 10045—2001；

《低合金钢药芯焊丝》GB/T 17493—2008；

《熔化焊用钢丝》GB/T 14957—1994；

《气体保护电弧焊用碳钢、低合金钢焊丝》GB/T 8110—2008；

《埋弧焊用碳钢焊丝和焊剂》GB/T 5293—1999；

《埋弧焊用低合金钢焊丝和焊剂》GB/T 12470—2003；

《氩》GB/T 4842—2006；

《焊接用二氧化碳》HG/T 2537—1993；

《电弧螺柱焊用圆柱头焊钉》GB/T 10433—2002。

(2)当质量合格证明文件出现下列三种情况，以及按现行《钢结构工程施工质量验收规范》GB 50205—2001 的规定(第 4.3.2 条) 需要抽样复检时，应检查复验检验报告。

1)质量合格证明文件为复印件，有伪造的嫌疑；

2)质量合格证明文件不全，如缺少合格证、材质单等；

3)质量合格证明文件的内容少于设计要求的项目，如强度、化学成分等主要指标。

3. 检查

所有焊接材料均进行资料检查。检查质量合格证明文件、中文标志及检验报告等文件资料的合法、有效及完整性。

注意事项：抽查复验的检验报告应加盖必要的印章，如“见证试验”章、“CMA”章及证明检测单位资质的专用章。

4. 判定

(1)质量合格证明文件、中文标志及检验报告合法、有效，且其内容符合现行国家产品标准和设计要求，应予以验收。

(2)凡不符合上述第 1 项规定时，必须经有资质的检测单位检测鉴定或原设计单位核算认可，否则不得验收和使用。

(3)使用无质量合格证明文件的焊接材料视为严重违反强制性条文的行为。

第六章

钢结构工程施工记录（C5）

本章内容包括下列资料：

- 施工检查记录（通用）
- 测量记录
- 钢结构施工记录

第一节　施工检查记录(通用)

一、《施工检查记录》填写范例

<table>
<tr><td colspan="3">施工检查记录(通用)</td><td>资料编号</td><td colspan="2">×××</td></tr>
<tr><td>工程名称</td><td colspan="2">××工程</td><td>检查项目</td><td colspan="2">钢构件安装</td></tr>
<tr><td>检查部位</td><td colspan="2">三层①～⑫/Ⓑ～Ⓚ轴墙体</td><td>检查日期</td><td colspan="2">××年×月×日</td></tr>
<tr><td colspan="6">检查依据：
1. 施工图纸:结施 1、结施 5。
2.《钢结构施工质量验收规范》GB 50205—2001</td></tr>
<tr><td colspan="6">检查内容：
①～⑫/Ⓑ～Ⓚ轴钢柱安装现场焊接施工的焊缝质量</td></tr>
<tr><td colspan="6">检查结论：
①～⑫/Ⓑ～Ⓚ轴钢柱焊接位置处焊接前较清洁,焊后接缝处焊缝良好。经实测,符合规范要求</td></tr>
<tr><td colspan="6">复查意见：

复查人：　　　　复查日期：</td></tr>
<tr><td colspan="2">施工单位</td><td colspan="4">北京××建筑有限公司</td></tr>
<tr><td colspan="2">专业技术负责人</td><td colspan="2">专业质检员</td><td colspan="2">专业工长</td></tr>
<tr><td colspan="2">×××</td><td colspan="2">×××</td><td colspan="2">×××</td></tr>
</table>

注:本表由施工单位填写。

二、《施工检查记录》填写说明

1. 表格解析

(1)责任部门。

项目工程部、项目技术部。

(2)提交时限。

检查合格后 1d 内完成,检验批验收前提交。

(3)填写与主要签认责任。

质检员、工长。

2. 相关规定及要求

按照现行规范要求应进行施工检查的重要工序,且无相应施工记录表格的,应填写本表,本表适用于各专业。对于施工过程中影响质量、观感、安装、人身安全的工序,尤其是建筑与结构工程中的砌筑工程、装饰装修工程等应在过程中做好过程控制检查并填写本表。

第二节 测 量 记 录

一、《工程定位测量记录》填写范例

<table>
<tr><td colspan="2">工程定位测量记录</td><td>资料编号</td><td colspan="2">×××</td></tr>
<tr><td>工程名称</td><td>××工程</td><td>委托单位</td><td colspan="2">××房地产开发公司</td></tr>
<tr><td>图纸编号</td><td>总平面、首层建筑平面、基础平面</td><td>施测日期</td><td colspan="2">××年×月×日</td></tr>
<tr><td>平面坐标依据</td><td>北京市测绘院×××普测×××号</td><td>复测日期</td><td colspan="2">××年×月×日</td></tr>
<tr><td>高程依据</td><td>北京市测绘院×××普测×××号</td><td>使用仪器</td><td colspan="2">GTS—3002N(OS0284)
NA724(5230718)</td></tr>
<tr><td>允许误差</td><td>$i<1/7500$；$\alpha<\pm26''$；$h\leqslant\pm5\sqrt{n}$ mm</td><td>仪器校验日期</td><td>GTS—3002N
NA724</td><td>××年×月×日
××年×月×日</td></tr>
<tr><td colspan="5">定位抄测示意图：
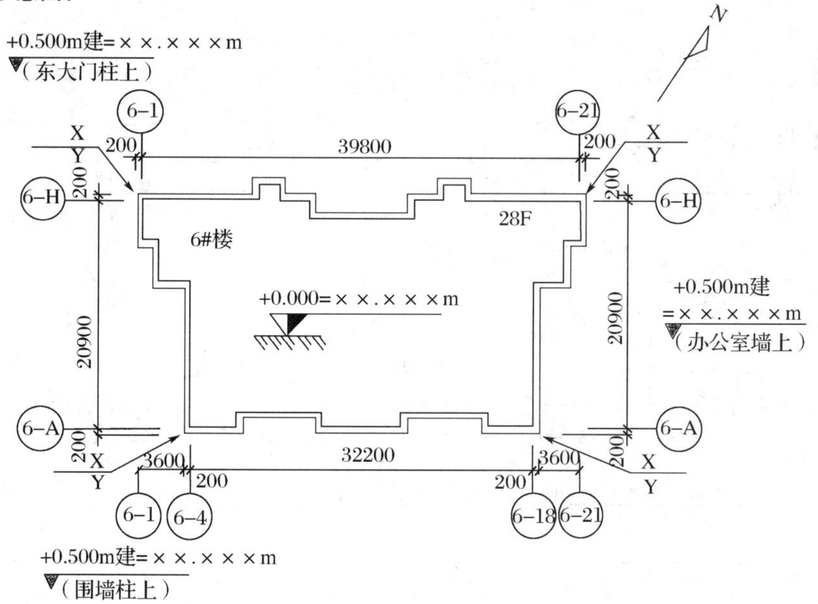
</td></tr>
<tr><td colspan="5">复测结果：
经核对：上图楼座坐标；规划总图、施工图、测绘成果一致资料合格。
经实测：1. 现场桩点最大误差小于±3mm；角度小于±15″；
2. 引测施工现场的三个施工标高+0.500m 建=××.×××m 误差均在 2mm 以内</td></tr>
</table>

<table>
<tr><td rowspan="3">签字栏</td><td rowspan="2">施工单位</td><td rowspan="2">北京××建筑有限公司</td><td>专业技术负责人</td><td>测量负责人</td><td>复测人</td><td>施测人</td></tr>
<tr><td>×××</td><td>×××</td><td>×××</td><td>×××</td></tr>
<tr><td>监理（建设）单位</td><td colspan="2">北京××建设监理有限公司</td><td colspan="2">专业工程师</td><td>×××</td></tr>
</table>

注：本表由施工单位填写。

续表

工程定位测量记录		资料编号	×××
工程名称	××工程	委托单位	××房地产开发公司
图纸编号	建01、建04、结05	施测日期	××年×月×日
平面坐标依据	北京××测绘公司××号导1、导2、导3	复测日期	××年×月×日
高程依据	北京××测绘公司××号 BM1、BM2、BM3	使用仪器	GTS—3002N(OS0284) NA724(5230718)
允许误差	$i<1/7500$；$\alpha<\pm 26''$；$h\leqslant\pm 5\sqrt{n}$ mm	仪器 校验日期	GTS—3002N ××年×月×日 NA724 ××年×月×日

定位抄测示意图：

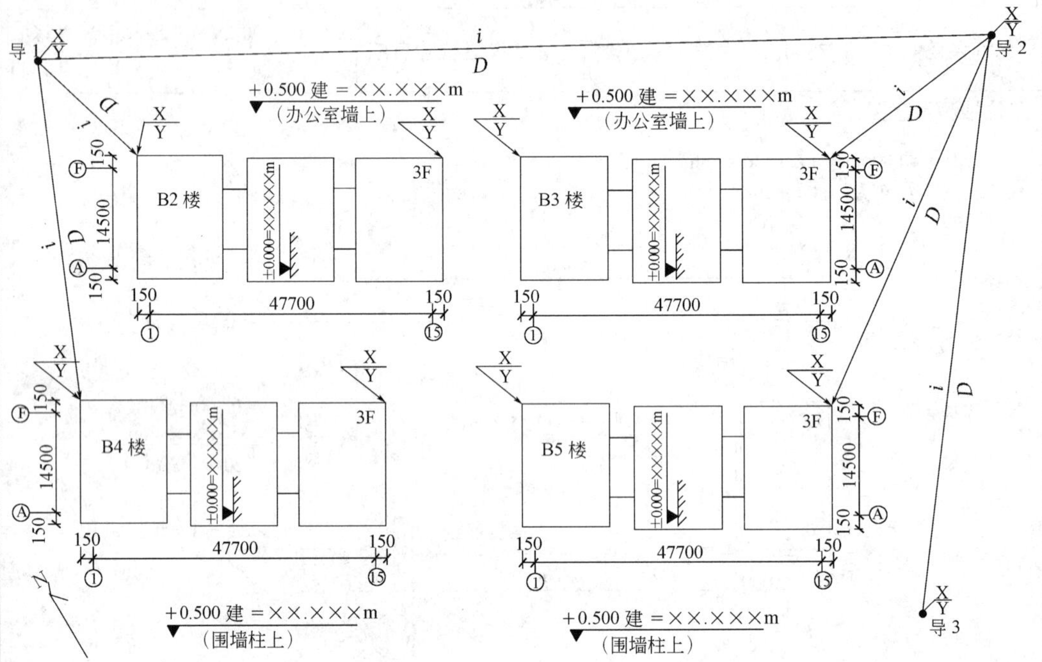

复测结果：

1. 经核对：上述楼座坐标、规划总图、施工图一致。
2. 用导1、导2、导3实测楼座桩后经复测最大误差在±3mm以内，角度小于±10″。
3. 经北京××××测绘公司规划验线(见×××验线成果单)，桩位误差均在10mm以内。

符合设计施工图尺寸及建筑工程施工测量规程精度要求

签字栏	施工单位	北京××建筑有限公司	专业技术负责人	测量负责人	复测人	施测人
			×××	×××	×××	×××
	监理(建设)单位	北京××建设监理有限公司		专业工程师		×××

注：本表由施工单位填写。

二、《工程定位测量记录》填写说明

1. 表格解析

(1)责任部门。

项目测量员或委托的测量单位。

(2)提交时限。

定位完成后 2d 内提交。

(3)填写要点。

1)“工程名称”与施工图纸中的图签一致。

2)“委托单位”指业主或总承包单位。

3)“图纸编号”填写施工图纸编号，如总平面、首层建筑平面、基础平面。

4)“施测日期、复测日期”按实际日期填写。

5)“平面坐标依据、高程依据”是由测绘院或建设单位提供，应以市规划委员会钉桩坐标为标准。在填写时要写明点位编号，且与交桩资料中的点位编号一致。

6)“允许误差”一般应满足三级精度 $i<1/10000$；$h\leqslant\pm6\sqrt{n}$mm 的要求（n 为测站数）。

7)“使用仪器”栏应将经纬仪、水准仪等仪器的名称、型号、出厂编号标注清楚。

8)“仪器校验日期”指由法定检测单位校准的日期。

9)“定位抄测示意图”具体要求：

①应将建筑物位置线、重要控制轴线、尺寸及指北针方向、现场标准水准点、坐标点、红线桩、周边原有建筑物、道路等采用适当比例绘制在此栏内。

②坐标、高程依据要标注引出位置，并标出它与建筑物的关系。

③特殊情况下，可不按比例，只画示意图，但要标出主要轴线尺寸。同时须注明±0.000绝对高程。

10)“复测结果”栏必须填写复测的具体数字，不能只写“合格”或“不合格”。应根据监理单位要求由施工(测量)单位采用计算机打印。如符合设计要求及《工程测量规范(附条文说明)》GB 50026—2007 的规定。

11)签字栏中“技术负责人”为项目总工；“测量负责人”为施测单位主管；“施测人”是指定位仪器操作者，“复测人”是指施测单位的上一级测量人员。

(4)填写与主要签认责任。

本表由施工(测量)单位施测人填写。主要签认责任为：专业技术负责人、测量负责人、施测人、复测人。

2. 相关规定及要求

工程定位测量主要有建筑物位置线、现场标准水准点、坐标点(包括场地控制网或建筑物控制网、标准轴线桩等)。测绘部门根据《建设工程规划许可证》(含附件、附图)批准的建筑工程位置及标高依据，测定出建筑物红线桩。

建筑物位置线：施工测量单位(指专业测量单位)应根据测绘部门提供的放线成果、红线桩及场地控制网(或建筑物控制网)，测定建筑物位置、主控轴线及尺寸，做出平面控制网并绘制成图。标准水准点：标准水准点由规划部门提供，用来作为引入拟建建筑物标高的水准点，一般为 2～3 点，在使用前必须进行校核，测定建筑物±0.000 绝对高程。

三、《楼层平面放线及标高实测记录》填写范例

楼层平面放线及标高实测记录		资料编号	×××
工程名称	××工程	日　　期	××年×月×日
放线部位	首层⑥～⑩/(1/B)～(1/N)轴	放线内容	墙柱轴线、边线、门窗洞口线

放线依据：

1. 定位控制桩⑥⑦⑩(1/B)(1/G)(1/M)。
2. 施工高程控制网 BM1、BM2。
3. 首层建筑平面图××、结构图××。
4. 施工测量方案。
5. 建筑工程施工测量规程

放线简图：

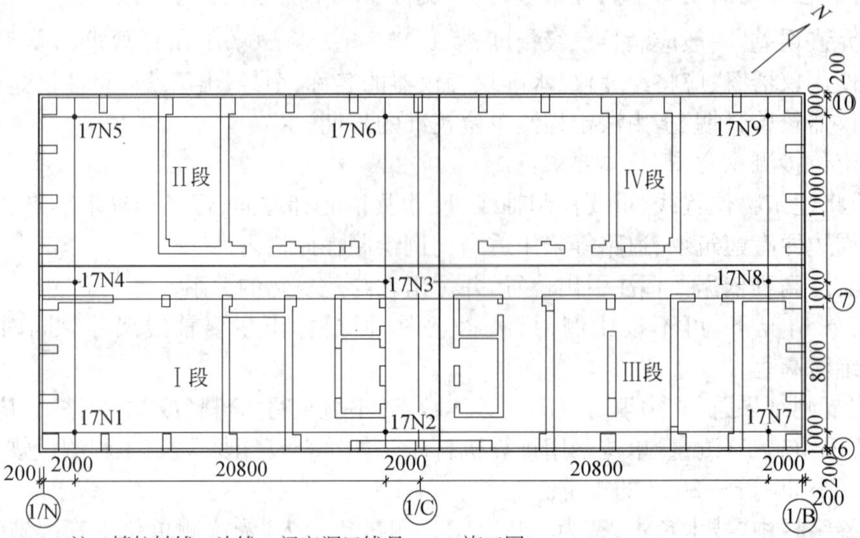

注：墙柱轴线、边线、门窗洞口线见××施工图

检查意见：

经核对：外控桩(坐标)尺寸、设计施工图及放线成果资料一致无误。

经查验：1. 控制段轴线尺寸误差在±5mm 以内，角度±10″以内；

2. 各轴线、墙柱边线、借线、门窗洞口线误差均在±2mm 以内；

3. 内控点间距尺寸误差在 2mm，角度±5″以内；

4. 本层结构面标高－0.100m 误差在±5mm 以内。

符合建筑工程施工测量规程精度要求

签字栏	施工单位	北京××建筑有限公司	专业技术负责人	专业质检员	施测人
			×××	×××	×××
	监理(建设)单位	北京××建设监理有限公司		专业工程师	×××

注：本表由施工单位填写。

四、《楼层平面放线及标高实测记录》填写说明

1. 表格解析

(1)责任部门。

项目工程部。

(2)提交时限。

放线完成后 1d 内提交。

(3)填写要点。

1)工程名称:与竣工图图签一致。

2)放线部位:标明某层及实测施工的轴线段。

3)放线内容:基础板底防水保护层面层及首层(含)以下各层:墙、柱轴线、边线、门窗洞口线;地上二层(含)、以上各层:墙、柱轴线、边线、门窗洞口线、垂直度偏差。

4)放线依据:

①采用外控投线方法的楼层。施工测量方案;建筑工程施工测量规程;定位外控桩×、×、×、×;×层的建筑××平面图、结构××图;首层用测绘院高程 BM1、BM2、BM3。

②采用内控法竖向传递轴线的楼层。施工测量方案;建筑工程施工测量规程;内控点×、×、×、×;×层的建筑××平面图、结构××图;首层以下各层施工用高程控制网 H1、H2、H3;二层(含)以上各层+0.500m=××.×××m 高程传递标准点 1、2、3。

5)放线简图:应标明楼层外轮廓线、楼层重要控制轴线、尺寸及指北方向。采用内控法向上传递竖向控制线时,第一个施工段要标明不少于 4 个内控点。首层(不含)以上各层应标明垂直度偏差方向及数值。

6)检查意见:由施工单位根据监理的要求采用计算机打印,应有测量的具体数据误差。

7)签字栏:

①专业技术负责人:栋号技术负责人或有测量上岗证的项目测量组长。

②专业质检员:验线员或质量检查员。

③实测人:指有测量上岗证的实测人员。

④施工单位:施工总承包单位全称。

(4)检查要点。

1)报验时辅助自检资料:①实测本层结构混凝土面标高;②自检(交接检)表。

2)垂直度偏差:指的是本层施工段阳角对应下面一层的垂直度偏差。

2. 相关规定及要求

(1)楼层平面放线部位含基础板底,即垫层防水保护层上基础搭底线;地下、地上各楼层平面。

(2)当施工单位结构±0.000 层完成后,业主应请有资质的测绘单位按规划位置进行实测并出具测绘成果,业主请规划行政主管部门进行验线,施工单位配合,在结构±0.000 层经规划验线合格,方可继续向上施工。

(3)当主体结构完成封顶后,业主应报相应工程资料到规划行政主管部门进行工程主体建筑的总平面位置、层数和高度进行审核,审核合格后方可进行装修、装饰阶段。

五、《楼层平面标高抄测记录》填写范例

<table>
<tr><td colspan="2">楼层平面标高抄测记录</td><td>资料编号</td><td colspan="3">×××</td></tr>
<tr><td colspan="2">工程名称</td><td>××工程</td><td>日　期</td><td colspan="2">××年×月×日</td></tr>
<tr><td colspan="2">抄测部位</td><td>五层⑥～⑫/Ⓐ～Ⓕ轴</td><td>抄测内容</td><td colspan="2">墙柱＋0.500m 建＝××.×××m</td></tr>
<tr><td colspan="6">抄测依据：
1. 首层＋0.500m 建＝××.×××m 水平控制点。
2. 五层建筑平面图××××。
3. 施工测量方案。
4. 建筑工程施工测量规程</td></tr>
<tr><td colspan="6">抄测说明：
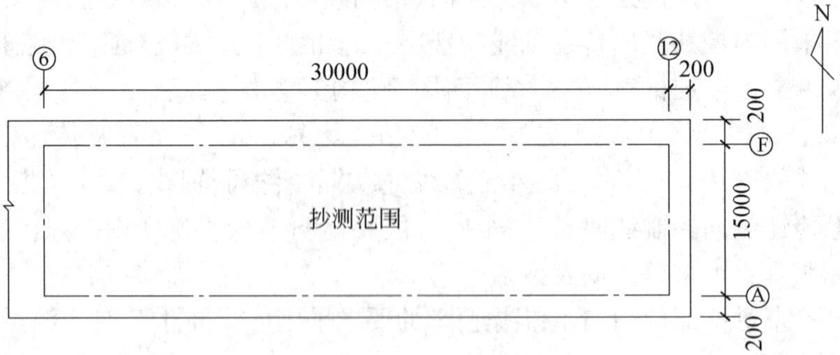

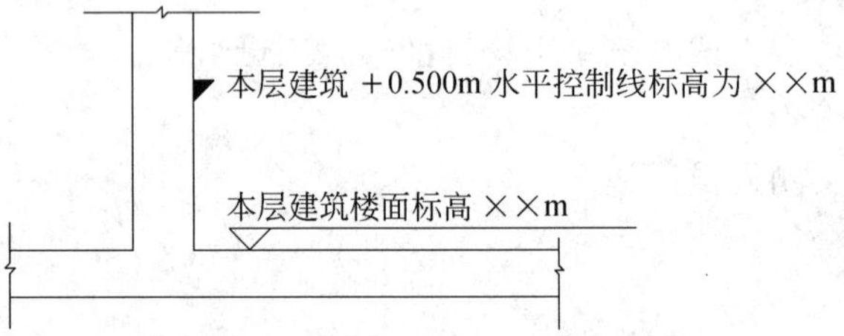

抄测仪器：NA724
出厂编号：5145654
检定日期：2015.03.18</td></tr>
<tr><td colspan="6">检查意见：
经核对：楼层设计标高与抄测标高数值无误。
经查验：墙柱上抄测＋0.500m 建＝××.×××m 标高线误差在±2mm 以内。
符合设计施工图标高及建筑工程施工测量规程精度要求</td></tr>
<tr><td rowspan="3">签字栏</td><td rowspan="2">施工单位</td><td rowspan="2">北京××建筑有限公司</td><td>专业技术负责人</td><td>专业质检员</td><td>施测人</td></tr>
<tr><td>×××</td><td>×××</td><td>×××</td></tr>
<tr><td>监理(建设)单位</td><td colspan="2">北京××建设监理有限公司</td><td>专业工程师</td><td>×××</td></tr>
</table>

注：本表由施工单位填写。

六、《楼层平面标高抄测记录》填写说明

1. 表格解析

(1)责任部门。

项目工程部。

(2)提交时限。

放线完成后 1d 内提交。

(3)填写要点。

1)编号：首层以下分部用 01-C3-001 顺码；首层以上分部用 02-C3-001 顺码；若分段抄测也应按顺码排序。

2)抄测部位：抄测的层数及抄测的施工段的轴线范围。

3)抄测内容：墙、柱上本层+0.500m 建=××.×××m 或+1.000m 建=××.×××m。

4)抄测依据：

①首层以下各层用施工高程控制网 H1、H2、H3；首层用有资质测绘单位抄测的 BM1、BM2、BM3 高程点；二层(含)以上各层+0.500m 建=×.×××m 高程传递控制点。

②所抄测楼层的建筑平面图××。

③施工测量方案。

④建筑工程施工测量规程。

5)抄测说明：抄测范围用轴线简图表示；抄测标高用局部剖面表示；抄测工具：注明仪器型号、出厂编号，合格仪器检定时间。

6)检查意见：

经核对：楼层设计标高与抄测标高数值无误。

经查验：墙柱上抄测+0.500m 建=××.××m 标高线误差为××mm。

符合设计施工图标高及建筑工程施工测量规程精度要求。

(4)检查要点。

1)首层以下各层抄测标高可依据施工高程控制网进行高程控制抄测。首层抄测标高控制点依据有资质的测绘单位现场留置的标高点。二层(含)以上各层部位抄测标高依据首层抄测的±0.000m 建或+0.500m 建或+1.000m 建标高点向二层以上传递标高。

2)各楼层抄测的标高均应以本层建筑标高±0.000m 的+0.500m 整倍数为准。

3)各楼层施工段引测标高点不应少于二个，应做标识，在引测中应错层校对。

4)楼层所抄测标高线应在关键处(电梯井)、明显处(单元楼梯口)留×层+0.500m 建××.×××m 标识供施工现场各工序、工种清楚地使用。

5)多层或高层建筑应事先详细查阅建筑剖面图中各层建筑标高与各楼层建筑标高是否一致，并作出楼层标高实测明细表，避免干一层查一层可能出现的隐患。

2. 相关规定及要求

结构施工期间、施工单位应依据施工图和施工测量方案、按照施工进度安排及时进行标高抄测。施工单位应在完成标高抄测后，填写《标高抄测记录》报请监理单位审核。

控制楼层标高的抄测方式：一种是在钢筋、模板上抄测标高，供支模、拆模用；另一种是在墙、柱上抄测标高(0.500m 整倍数)，结构、装修等各工种较长时限使用的标高线。

七、《建筑物垂直度、标高测量记录》填写范例

建筑物垂直度、标高观测记录		资料编号	×××
工程名称	××工程		
施工阶段	结构完成或工程竣工	观测日期	××年×月×日

观测说明(附观测示意图):

1. 本工程为现浇混凝土框架结构。

2. 用2″精度铅直仪配合量距测得全高、垂直度。

3. 用检定合格50m钢尺外加三项改正量得总高偏差

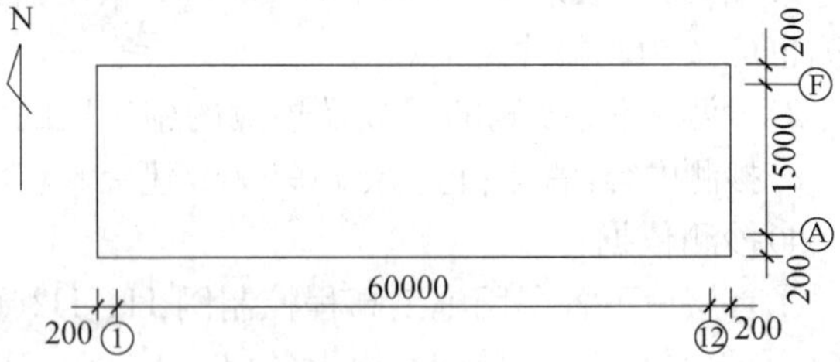

垂直度测量(全高) 60.800m		标高测量(全高) 60.800m	
观测部位	实测偏差(mm)	观测部位	实测偏差(mm)
①/Ⓐ	偏南 3	①/Ⓐ	+4
①/Ⓐ	偏西 3		
①/Ⓕ	偏北 2	①～Ⓕ	+3
①/Ⓕ	偏西 4		
⑫/Ⓐ	偏东 3	⑫/Ⓐ	+2
⑫/Ⓐ	偏南 3		
⑫/Ⓕ	偏北 4	⑫/Ⓕ	+3
⑫/Ⓕ	偏东 4		

结论:

经核对:设计施工图及对应有关资料无误。

经查验:总高垂直度偏差值及标高高差值在允许范围之内。

符合设计施工图及建筑工程施工测量规程精度要求

签字栏					
签字栏	施工单位	北京××建筑有限公司	专业技术负责人	专业质检员	施测人
			×××	×××	×××
	监理(建设)单位	北京××建设监理有限公司		专业工程师	×××

注:本表由施工单位填写。

八、《建筑物垂直度、标高测量记录》填写说明

1. 表格解析

(1)责任部门。

项目测量员。

(2)提交时限。

在每次测量后 7d 内提交。

(3)填写要点。

1)工程名称:同竣工图中图签一致。

2)施工阶段:结构完成或工程竣工。

3)观测说明:

①用示意外轮廓轴线简图表示阳角观测部位。

②使用什么仪器采用什么方法对总高的垂直度和总高进行了实测实量简明标注。

③注明建筑物结构形式是为对应允许误差的分类。

④垂直度测量(全高)、标高测量(全高)指阳角外檐总高度。

4)结论:

①经核对:设计施工图及对应有关资料无误。

②经查验:总高垂直度偏差值及标高高差值在允许范围之内。

③符合设计施工图及建筑工程施工测量规程精度要求。

(4)检查要点。

1)垂直度一个阳角有两个偏差值。

2)标高一个阳角有一个偏差值。

3)允许误差见表 6-1～表 6-3。

(5)填写与主要签认责任。

本表由施测人填写。主要签认责任为:施工单位专业技术负责人、专业质检员、施测人。

2. 相关规定及要求

为了控制建筑物垂直度、标高偏差、在结构工程完成和工程承竣工时对建筑物垂直度和全高进行测量和记录,并报监理单位审核。

(1)建筑物垂直度、标高是指完成建筑物主体结构和竣工时的外檐总高前提下的垂直度和标高偏差。

(2)《建筑物垂直度、标高观测记录》楼总高垂直度偏差与楼层《楼层平面放线》中楼层垂直度偏差不同。

(3)楼座外檐装修时应统一考虑楼总高垂直度偏差值及各楼层对应的垂直度偏差值。

(4)结构完成时总高度的垂直度偏差值及标高高差值肯定大于经过装修后的竣工时的垂直度偏差值和标高高差值。

表 6-1 建筑总高度(H)的铅垂度限差

建筑总高度(m)	限　差(mm)
$30<H\leqslant60$	10
$60<H\leqslant90$	15
$90<H\leqslant120$	20
$120<H\leqslant150$	25
$150<H\leqslant180$	30
$180<H$	符合设计要求

表 6-2 建筑总高度(H)限差

建筑总高度(m)	限　差(mm)
$30<H\leqslant60$	±10
$60<H\leqslant90$	±15
$90<H\leqslant120$	±20
$120<H\leqslant150$	±25
$150<H\leqslant180$	±30
$180<H$	符合设计要求

表 6-3 混凝土工程、钢结构工程、砌体工程垂直度、标高允许偏差

<table>
<tr><th colspan="4" rowspan="2">项　目</th><th colspan="2">允许偏差值(mm)</th><th rowspan="2">检查
方法</th></tr>
<tr><th>国家规范标准</th><th>结构长城杯标准</th></tr>
<tr><td rowspan="5">混凝土
工程</td><td rowspan="3">垂直度</td><td colspan="2">层高≤5m</td><td>8</td><td>5</td><td rowspan="3">经纬仪
吊线
尺量</td></tr>
<tr><td colspan="2">层高>5m</td><td>8</td><td>5</td></tr>
<tr><td colspan="2">全高(H)</td><td>H/1000 且≤30</td><td>H/1000 且≤30</td></tr>
<tr><td rowspan="2">标高</td><td colspan="2">层高</td><td>±10</td><td>+5</td><td rowspan="2">水准仪</td></tr>
<tr><td colspan="2">全高</td><td>±30</td><td>±30</td></tr>
<tr><td rowspan="3">钢结构
工程</td><td rowspan="3">垂直度</td><td colspan="2">杯口、单节柱</td><td>H/1000 且≤10</td><td>8</td><td rowspan="3">经纬仪
尺量</td></tr>
<tr><td colspan="2">单层结构跨中</td><td>H/250 且≤15</td><td>10</td></tr>
<tr><td colspan="2">多层、高层
整体结构</td><td>H/1000 且≤25</td><td>20</td></tr>
<tr><td rowspan="3">砌体
工程</td><td rowspan="3">垂直度</td><td colspan="2">每层</td><td>5</td><td>5</td><td rowspan="3">经纬仪
吊线
尺量</td></tr>
<tr><td rowspan="2">全高</td><td>≤10m</td><td>10</td><td>8</td></tr>
<tr><td>>10m</td><td>20</td><td>15</td></tr>
</table>

九、《地脚螺栓施工测量成果表》填写范例

地脚螺栓施工测量成果表		资料编号	×××
工程名称	××工程	测量部位	南段A栋(Ⅰ栋Ⅰ段) 地下二层顶板Ⓐ—Ⓓ轴/ ㉗—㉙轴、Ⓒ/㉚轴 标高—4.610m
施工单位	××钢结构安装公司	日　　期	××年×月×日

示　意　图

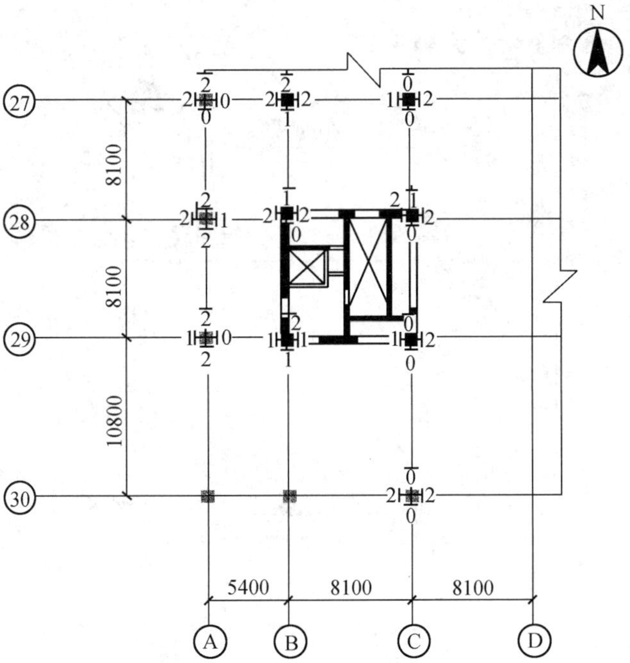

备注	说明： 1. 本成果为南段A栋(Ⅰ栋Ⅰ段)地下二层顶板地脚螺栓灌浆前定位板偏差结果； 2. 单位:mm

质检员	×××	工长	×××	施测人	×××

十、《钢柱施工测量成果表》填写范例

钢柱施工测量成果表		资料编号	×××
工程名称	××工程	测量部位	南段A栋核心筒T3节钢柱(F4～F5层)Ⓑ～Ⓒ/㉘～㉙轴,标高+15.00m～23.300m
施工单位	××钢结构安装公司	日　　期	××年×月×日

示　意　图

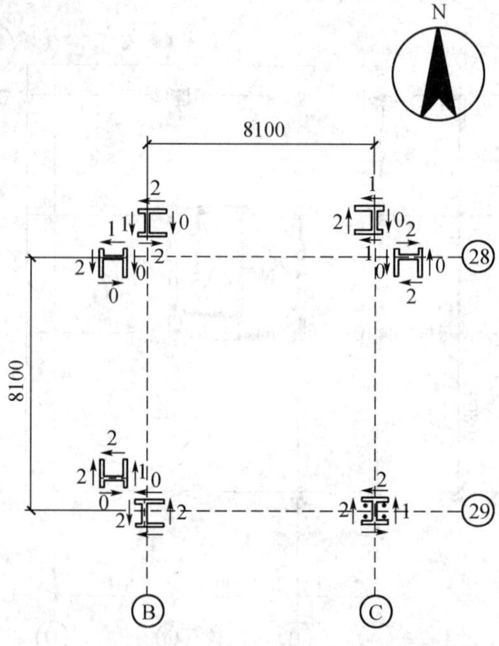

备注	说明: 1. 本成果为南段A栋核心筒钢柱焊接前位置偏移结果; 2. 单位:mm

质检员	×××	工长	×××	施测人	×××

十一、《钢结构埋件施工测量成果表》填写范例

<table>
<tr><td colspan="2">钢结构埋件施工测量成果表</td><td>资料编号</td><td colspan="3">×××</td></tr>
<tr><td>工程名称</td><td>××工程</td><td>测量部位</td><td colspan="3">南段A栋F4层Ⓑ～Ⓒ/㉘～㉙轴核心筒埋件，标高＋18.400m</td></tr>
<tr><td>施工单位</td><td>××钢结构安装公司</td><td>日　　期</td><td colspan="3">××年×月×日</td></tr>
<tr><td colspan="6">示意图
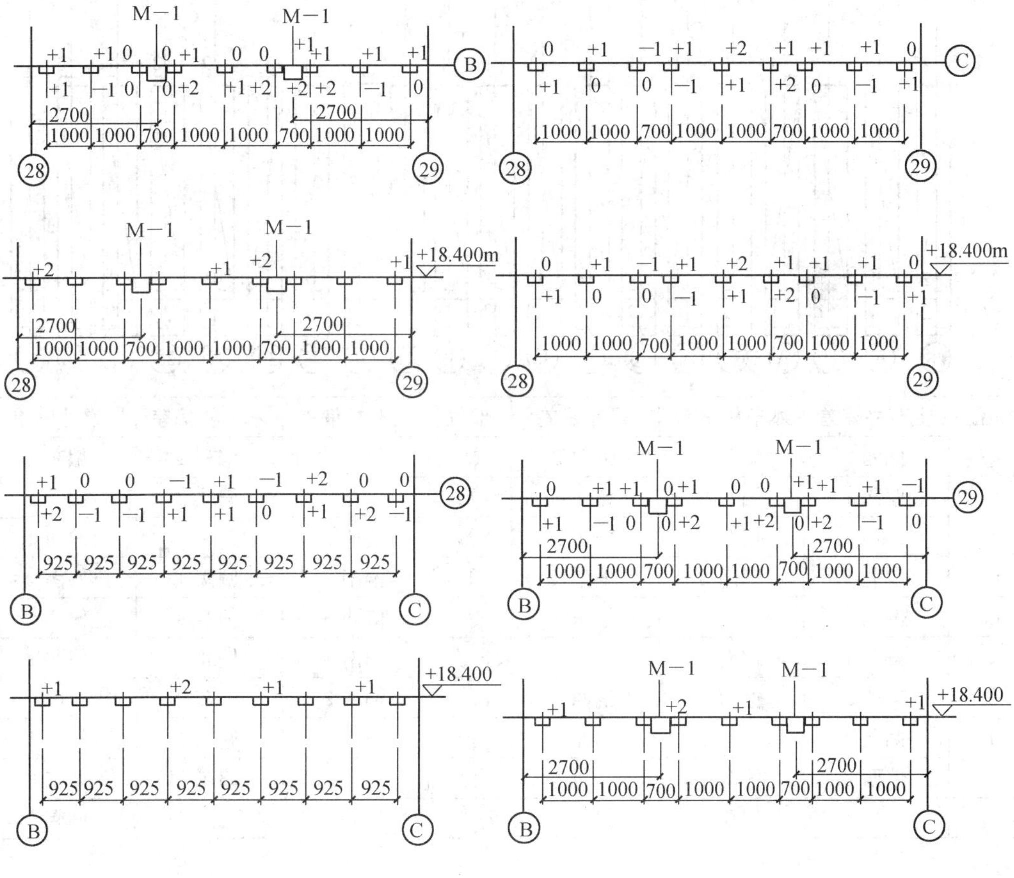</td></tr>
<tr><td>备注</td><td colspan="5">说明：
1. 本成果为南段A栋核心筒F4层埋件测量结果；
2. 图中“＋”表示“凸”出，“－”表示“凹”进；
3. 单位：mm</td></tr>
<tr><td>质检员</td><td>×××</td><td>工长</td><td>×××</td><td>施测人</td><td>×××</td></tr>
</table>

十二、《外框架钢柱安装垂直偏差记录》填写范例

<table>
<tr><td colspan="3" rowspan="2">外框架钢柱安装垂直偏差记录</td><td>资料编号</td><td>×××</td></tr>
<tr><td>日　　期</td><td>××年×月×日</td></tr>
<tr><td>工程名称</td><td>××工程</td><td>测量部位</td><td colspan="2">A 栋外框架 T3 节钢柱焊接前(F4～F5 层)Ⓐ～Ⓒ/㉘～㉚轴、标高 15.500m～＋23.300m</td></tr>
<tr><td>测量依据</td><td colspan="4">结施－29、设计变更(××年×月×日)</td></tr>
</table>

竖向偏差示意图:单位:mm

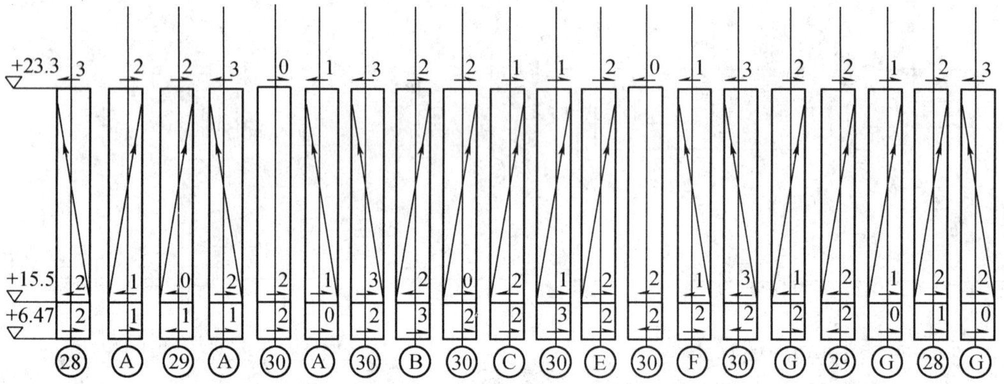

部位	上节柱偏差	本节柱偏差	累计偏差	部位	上节柱偏差	本节柱偏差	累计偏差
㉘	偏西 2	偏西 3	偏西 3	㉚	偏东 1	偏东 1	偏东 1
Ⓐ	偏南 1	偏北 2	偏北 1	Ⓔ	偏北 2	偏北 2	偏北 2
㉙	0	偏东 2	偏东 2	㉚	偏西 2	0	偏西 1
Ⓐ	偏北 2	偏南 3	偏南 1	Ⓕ	偏南 1	偏南 1	偏南 1
㉚	偏东 2	0	偏东 1	㉚	偏西 3	偏西 3	偏西 3
Ⓐ	偏北 1	偏南 1	0	Ⓖ	偏南 1	偏北 2	偏北 2
㉚	偏西 2	偏西 3	偏西 3	㉙	偏西 2	偏东 2	0
Ⓑ	偏北 3	偏北 2	偏北 2	Ⓖ	偏北 1	偏北 1	偏北 1
㉚	偏西 2	偏东 2	0	㉘	偏东 2	偏东 2	偏东 2
Ⓒ	0	偏北 1	偏北 1	Ⓖ	偏北 2	偏南 3	偏南 1

结论:

经检查,测量精度符合《工程测量规范》GB 50026—2007 及设计要求

<table>
<tr><td rowspan="3">签字栏</td><td rowspan="2">建设(监理)单位</td><td>施工单位</td><td colspan="2">××钢结构安装公司</td></tr>
<tr><td>技术负责人</td><td>质检员</td><td>施测人</td></tr>
<tr><td>×××</td><td>×××</td><td>×××</td><td>×××</td></tr>
</table>

注:本表由施工单位填写,建设单位、施工单位各保存一份。

十三、《外框架钢柱安装平面偏差记录》填写范例

外框架钢柱安装平面偏差记录		资料编号	×××
		日　　期	××年×月×日
工程名称	××工程	测量部位	A 栋外框架 T3 节钢柱焊接前（F4～F5 层）Ⓐ～Ⓒ/㉘～㉚轴、标高 15.500m～+23.300m
测量依据	结施一29、设计变更（××年×月×日）		

说明（附平面偏差示意图）：

单位：mm　　天气：多云

风力：1～2 级　风向：南

温度：18℃

观测时间：10：10AM

观测员：×××

记录员：×××

使用仪器：

经纬仪 DJD2E(J2000352)

经纬仪 DJD2E(J2000353)

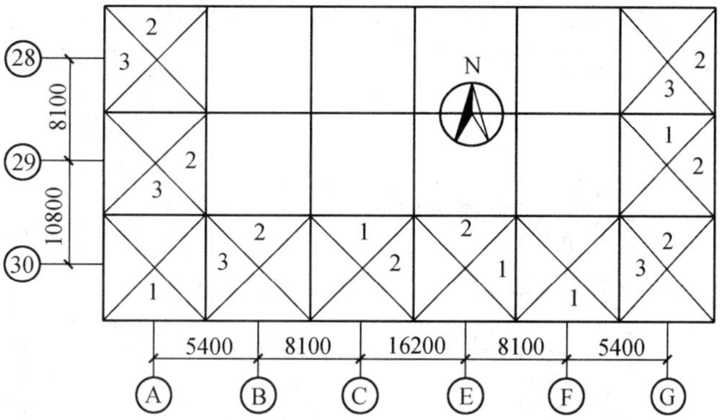

部位	上节柱偏差	本节柱偏差	累计偏差	部位	上节柱偏差	本节柱偏差	累计偏差
㉘/Ⓐ	偏西 2	偏西 3	偏西 3	㉘/Ⓖ	偏东 2	偏东 2	偏东 2
	偏南 1	偏北 2	偏北 1		偏北 2	偏南 3	偏南 1
㉙/Ⓐ	0	偏东 2	偏东 2				
	偏北 2	偏南 3	偏南 1				
㉚/Ⓐ	偏东 2	0	偏东 1				
	偏北 1	偏南 1	0				
㉚/Ⓑ	偏西 2	偏西 3	偏西 3				
	偏北 3	偏北 2	偏北 2				
㉚/Ⓒ	偏西 2	偏东 2	0				
	0	偏北 1	偏北 1				
㉚/Ⓔ	偏东 1	偏东 1	偏东 1				
	偏北 2	偏北 2	偏北 2				
㉚/Ⓕ	偏西 2	0	偏西 1				
	偏南 1	偏南 1	偏南 1				
㉚/Ⓖ	偏西 3	偏西 3	偏西 3				
	偏南 1	偏北 2	偏北 2				
㉙/Ⓖ	偏西 2	偏东 2	0				
	偏北 1	偏北 1	偏北 1				

结论：

经检查，测量精度符合《工程测量规范》GB 50026—2007 及设计要求

签字栏	建设（监理）单位	施工单位	××钢结构安装公司	
		技术负责人	质检员	施测人
	×××	×××	×××	×××

注：本表由施工单位填写，建设单位、施工单位各保存一份。

十四、《整体(焊接后)施工测量成果表》填写范例

整体(焊接后)施工测量成果表		资料编号	×××
工程名称	××工程	测量部位	A 栋钢柱整体垂直度偏差㉔/Ⓖ,㉚/Ⓖ,㉚/Ⓐ轴
施工单位	××钢结构安装公司	日　　期	××年×月×日

示　意　图

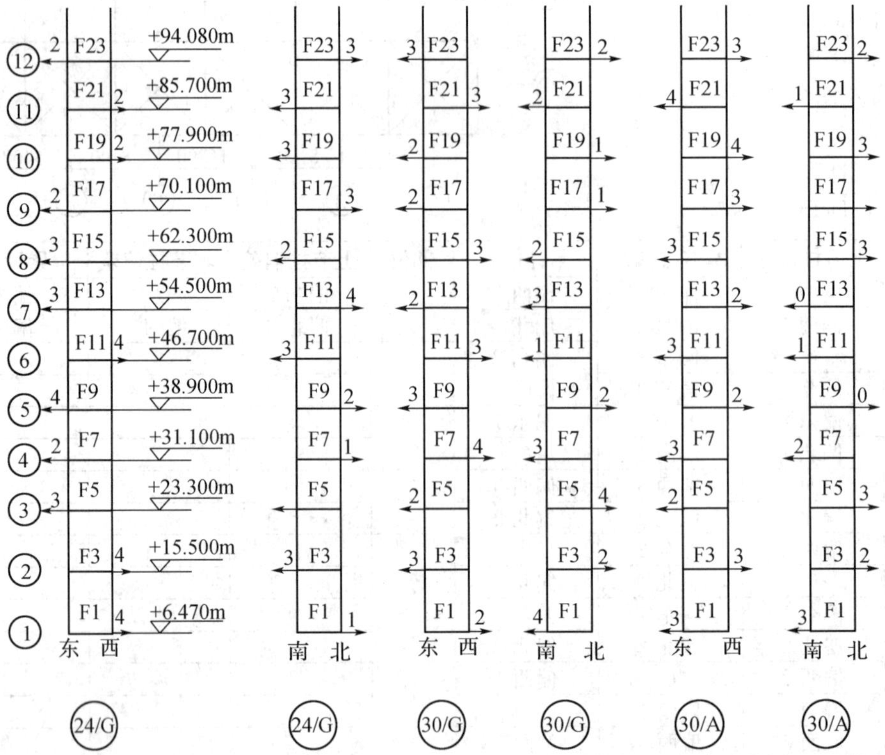

备注	说明： 1. 本成果为 A 栋外框架钢柱焊接后垂直度偏差结果； 2. 单位：mm

质检员	×××	工长	×××	施测人	×××

续表

整体(焊接后)施工测量成果表		资料编号	×××
工程名称	××工程	测量部位	A栋钢柱整体侧面弯曲矢高偏差Ⓐ/㉘～㉚，Ⓖ/㉔～㉚，Ⓐ～Ⓖ/㉚，Ⓔ～Ⓖ/㉔轴，T12节柱，高+88.800m，Ⓐ/㉔～㉗，Ⓐ～Ⓒ/㉔，T5节柱，高+38.900m
施工单位	××钢结构安装公司	日　　期	××年×月×日

示　意　图

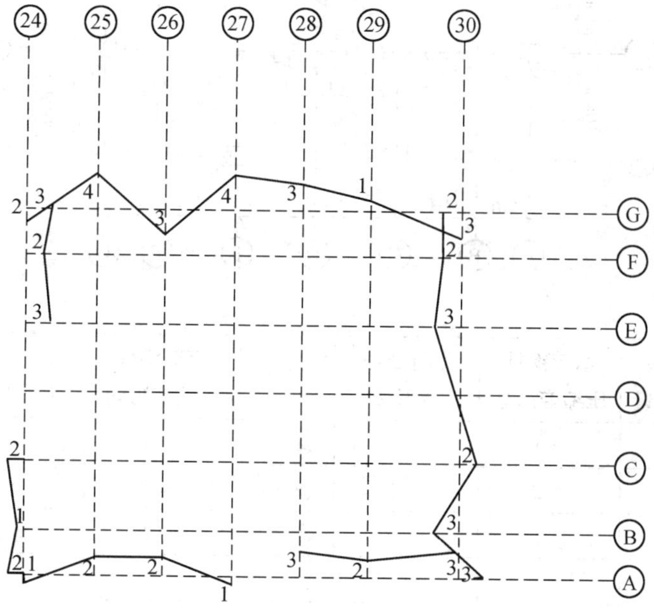

备注	说明： 1. 本成果为A栋外框架钢柱焊接后侧面弯曲矢高偏差结果； 2. 单位：mm

质检员	×××	工长	×××	施测人	×××

十五、《钢(梁)柱顶标高压缩变形记录》填写范例

钢(梁)柱顶标高压缩变形记录		资料编号	×××
		日　　期	××年×月×日
工程名称	××工程	测量部位	A栋外框架T2节钢柱焊接后F5层Ⓐ～Ⓓ/㉘～㉚轴、标高+23.300m
测量依据	结施—27、钢柱节点大样图AZ—20		

抄测示意图:单位:mm

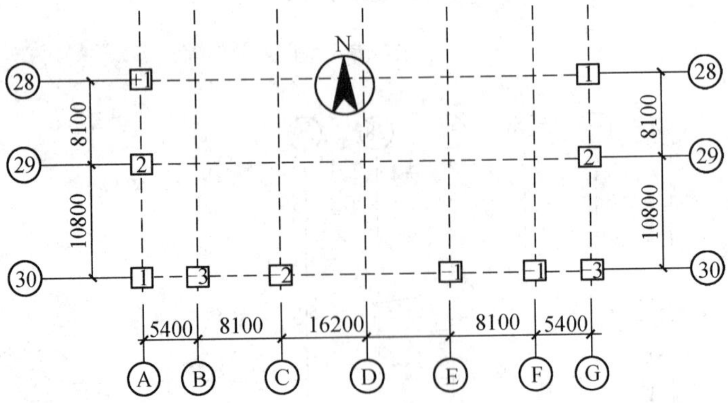

部位	上节钢柱压缩变形量	本节钢柱压缩变形量	累计压缩变形量	部位	上节钢柱压缩变形量	本节钢柱压缩变形量	累计压缩变形量
㉘/Ⓐ	0	+1	+3	㉘/Ⓖ	−2	−1	−2
㉙/Ⓐ	−1	−2	−4	㉙/Ⓖ	−1	−2	−5
㉚/Ⓐ	−2	−1	−3	㉚/Ⓖ	−2	−3	−6
㉚/Ⓑ	−2	−3	−6				
㉚/Ⓒ	−1	−2	−6				
㉚/Ⓔ	−2	−1	−5				
㉚/Ⓕ	−3	−1	−3				

说明:

+号代表钢柱高出设计标高,一号代表钢柱低于设计标高

签字栏	建设(监理)单位	施工单位	××钢结构安装公司	
		技术负责人	质检员	施测人
	×××	×××	×××	×××

注:本表由施工单位填写,建设单位、施工单位各保存一份。

第三节　钢结构施工记录

一、《隐蔽工程验收记录》填写范例

隐蔽工程验收记录

<table>
<tr><td>工程名称</td><td>××工程</td><td>资料编号</td><td>×××</td></tr>
<tr><td>隐检项目</td><td>钢结构</td><td>隐检日期</td><td>××年×月×日</td></tr>
<tr><td>隐检部位</td><td colspan="3">二层楼板底梁节点　　③～⑨ 轴线　　7.200m 标高</td></tr>
</table>

隐检依据：施工图号＿结施 9　技术交底记录＿，设计变更/洽商/技术核定单（编号＿/＿）及有关现行国家标准等。

主要材料名称及规格/型号：主梁钢材为 HPB300 GL－210 工字钢 420×200×8×3；次梁钢材为 HPB300 GL－X2　工字钢 300×150×6.5×9

隐检内容：

1. 钢结构用高强度螺栓的产品合格证、检测报告；
2. 采用高强度螺栓公称直径 16mm，螺栓孔直径 17.5mm，位置③轴右 3m 处；
3. 按先紧固后焊接的施工工艺顺序进行，紧固牢固可靠；
4. 主梁与次梁安装的表面高差。GB 50205—2001 规范的允许偏差为 Δ=±2mm。

经检查，实测 5 点，全部符合要求，请求验收

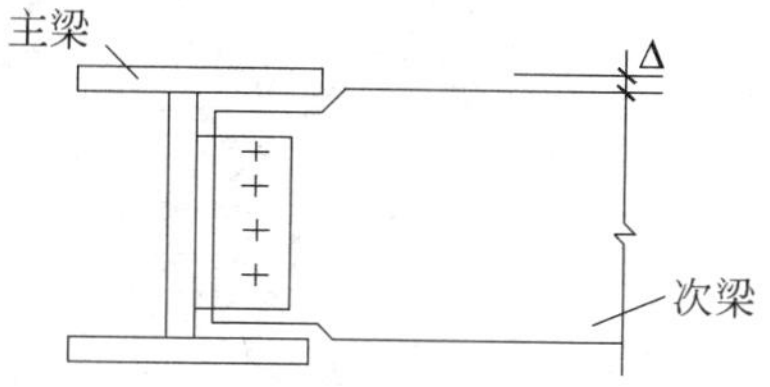

节点图

测点记录值

测点	允许偏差 ±2mm
1#	1.5
2#	1.8
3#	1.2
4#	0.9
5#	1.0

申报人：×××

检查结论：

以上项目均符合设计要求和《钢结构工程质量验收规范》GB 50205—2001 的规定要求

☑同意隐蔽　　□不同意隐蔽，修改后复查

复查结论：

复查人：　　　　复查日期：

<table>
<tr><td rowspan="3">签字栏</td><td rowspan="2">施工单位</td><td rowspan="2">××钢结构专业有限公司</td><td>专业技术负责人</td><td>专业质检员</td><td>专业工长</td></tr>
<tr><td>×××</td><td>×××</td><td>×××</td></tr>
<tr><td>监理（建设）单位</td><td colspan="2">××工程建设监理有限公司</td><td>专业工程师</td><td>×××</td></tr>
</table>

隐蔽工程验收记录

工程名称	××工程	资料编号	×××
隐检项目	钢结构焊缝	隐检日期	××年×月×日
隐检部位	一层钢梁柱角焊缝 ①～⊗/Ⓐ～⊗ 轴线 ×× 标高		

隐检依据：施工图号 结施×× ，设计变更/洽商/技术核定单（编号 / ）及有关现行国家标准等。

主要材料名称及规格/型号： ×××

隐检内容：

焊缝外观质量项目（未焊满、根部收缩、咬边、弧坑裂纹、电弧擦伤、接头不良、表面夹渣、表面气孔等）符合《钢结构工程施工质量验收规范》GB 50205—2001 附录 A 及设计的要求。

焊缝长度尺寸允许偏差均在 2mm 以内，符合要求。

焊缝外观达到外形均匀、成型较好，焊道与焊道、焊道与基体金属间过渡较平滑，焊渣与飞溅物基本清除干净

申报人：×××

检查结论：

经检查，符合设计要求和《钢结构工程施工质量验收规范》GB 50205—2001 的规定

☑同意隐蔽　　□不同意隐蔽，修改后复查

复查结论：

复查人：　　　　复查日期：

<table>
<tr><td rowspan="3">签字栏</td><td rowspan="2">施工单位</td><td rowspan="2">××钢结构专业有限公司</td><td>专业技术负责人</td><td>专业质检员</td><td>专业工长</td></tr>
<tr><td>×××</td><td>×××</td><td>×××</td></tr>
<tr><td>监理（建设）单位</td><td colspan="2">××工程建设监理有限公司</td><td>专业工程师</td><td>×××</td></tr>
</table>

隐蔽工程验收记录

工程名称	××工程	资料编号	×××
隐检项目	紧固件连接	隐检日期	××年×月×日
隐检部位	一层楼板底梁节点	①～⑫/Ⓐ～Ⓗ 轴线	×× 标高

隐检依据：施工图号 结施－3，结施－4 ，设计变更/洽商/技术核定单（编号 / ）及有关现行国家标准等。

主要材料名称及规格/型号： 主梁钢材、次梁钢材、工字钢

隐检内容：

1. 采用高强度螺栓公称直径 16mm，螺栓孔直径 17.5mm，位置③轴右 3m 处；
2. 按先紧固后焊接的施工工艺顺序进行，紧固牢固可靠；
3. 主梁与次梁安装的表面高差符合 GB 50205—2001 规范要求。

隐检内容已做完，请予以检查

申报人：×××

检查结论：

经检查，现场施工情况与隐蔽内容相符，并符合设计要求和《钢结构工程质量验收规范》GB 50205—2001 的规定要求

☑同意隐蔽　　　　□不同意隐蔽，修改后复查

复查结论：

复查人：　　　　　　　　复查日期：

<table>
<tr><td rowspan="3">签字栏</td><td rowspan="2">施工单位</td><td rowspan="2">××钢结构专业有限公司</td><td>专业技术负责人</td><td>专业质检员</td><td>专业工长</td></tr>
<tr><td>×××</td><td>×××</td><td>×××</td></tr>
<tr><td>监理（建设）单位</td><td colspan="2">××工程建设监理有限公司</td><td>专业工程师</td><td>×××</td></tr>
</table>

隐蔽工程验收记录

工程名称	××工程	**资料编号**	×××
隐检项目	地脚螺栓埋设	**隐检日期**	××年×月×日
隐检部位	南段B栋(11区4段)地下一层顶板　Ⓐ～Ⓑ/㉚ **轴线**　−4.610m **标高**		

隐检依据：施工图号 JP-3 **，设计变更/洽商/技术核定单(编号** / **)及有关现行国家标准等。**

主要材料名称及规格/型号： 圆钢 Q235B　ϕ25×680mm

隐检内容：

1. 地脚螺栓直径、长度、数量、轴线、标高；
2. 地脚螺栓丝扣露出长度；
3. 地脚螺栓定位板安装、底部钢筋固定，就位准确；
4. 地脚螺栓丝扣表面清理干净，包裹保护。符合《钢结构工程质量验收规范》GB 50205—2001及设计要求

申报人：×××

检查结论：

符合施工规范和设计要求，同意进行下道工序施工

☑**同意隐蔽**　　☐**不同意隐蔽，修改后复查**

复查结论：

复查人：　　　　**复查日期：**

<table>
<tr><td rowspan="3">签字栏</td><td rowspan="2">施工单位</td><td rowspan="2">××钢结构专业有限公司</td><td>专业技术负责人</td><td>专业质检员</td><td>专业工长</td></tr>
<tr><td>×××</td><td>×××</td><td>×××</td></tr>
<tr><td>监理(建设)单位</td><td colspan="2">××工程建设监理有限公司</td><td>专业工程师</td><td>×××</td></tr>
</table>

隐蔽工程验收记录

<table>
<tr><td colspan="2">工程名称</td><td colspan="2">××工程</td><td>资料编号</td><td>×××</td></tr>
<tr><td colspan="2">隐检项目</td><td colspan="2">核心筒钢柱安装</td><td>隐检日期</td><td>××年×月×日</td></tr>
<tr><td colspan="2">隐检部位</td><td colspan="4">A 栋 T2 节钢柱　Ⓑ～Ⓒ/㉘～㉙ 轴线　＋6.470～＋15.500m 标高</td></tr>
<tr><td colspan="6">隐检依据：施工图号 结 39 改、41 改 ，设计变更/洽商/技术核定单（编号 / ）及有关现行国家标准等。
主要材料名称及规格/型号： Q345B、Q345C　H 型钢柱</td></tr>
<tr><td colspan="6">隐检内容：
1. 钢柱型号、规格、几何尺寸、螺栓孔距符合设计要求；
2. 安装焊接 H 型钢柱（H200×200×10×14）8 根，长度 9.03m；
3. 钢柱轴线、总体垂直度、柱顶标高符合《钢结构工程质量验收规范》GB 50205—2001 及设计要求

申报人：×××</td></tr>
<tr><td colspan="6">检查结论：
符合施工规范和设计要求，同意进行下道工序施工

☑同意隐蔽　□不同意隐蔽，修改后复查</td></tr>
<tr><td colspan="6">复查结论：

复查人：　复查日期：</td></tr>
<tr><td rowspan="3">签字栏</td><td rowspan="2">施工单位</td><td rowspan="2">××钢结构专业有限公司</td><td>专业技术负责人</td><td>专业质检员</td><td>专业工长</td></tr>
<tr><td>×××</td><td>×××</td><td>×××</td></tr>
<tr><td>监理（建设）单位</td><td colspan="2">××工程建设监理有限公司</td><td>专业工程师</td><td>×××</td></tr>
</table>

隐蔽工程验收记录

工程名称	××工程	资料编号	×××
隐检项目	核心筒埋件安装	隐检日期	××年×月×日
隐检部位	A栋F1层Ⓑ～Ⓒ/㉖～㉙轴，标高+5.470m		

隐检依据：施工图号 结37改 ，设计变更/洽商/技术核定单(编号 /)及有关现行国家标准等。

主要材料名称及规格/型号： Q345C、Q235 埋件－20×450×300mm、－10×170×170mm

隐检内容：

1. 安装M-1埋件(－20×450×300mm)4块、压型钢板用埋件(－10×170×170mm)25块；
2. 与核心筒内墙筋固定；
3. 埋件的轴线位置、标高、垂直度符合图纸设计要求，埋设精度符合《钢结构工程质量验收规范》GB 50205—2001要求。

申报人：×××

检查结论：

符合施工规范和设计要求，同意进行下道工序施工

☑同意隐蔽　　☐不同意隐蔽，修改后复查

复查结论：

复查人：　　复查日期：

签字栏					
签字栏	施工单位	××钢结构专业有限公司	专业技术负责人	专业质检员	专业工长
			×××	×××	×××
	监理(建设)单位	××工程建设监理有限公司		专业工程师	×××

隐蔽工程验收记录

<table>
<tr><td>工程名称</td><td>××工程</td><td>资料编号</td><td>×××</td></tr>
<tr><td>隐检项目</td><td>压型钢板铺设</td><td>隐检日期</td><td>××年×月×日</td></tr>
<tr><td>隐检部位</td><td colspan="3">A 栋 F5 层 Ⓐ～Ⓖ/㉔～㉚轴及 A 轴以西、G 轴以东悬挑 ＋22.300m 标高</td></tr>
<tr><td colspan="4">隐检依据：施工图号 结 45 改 ，设计变更/洽商/技术核定单(编号 结变 01－C2－013)及有关现行国家标准等。
主要材料名称及规格/型号： 闭口压型钢板 BD65－0.91mm</td></tr>
<tr><td colspan="4">隐检内容：
1. 压型钢板长度、波矩、波高、外观符合要求；
2. 宽度 555mm，厚度 0.91mm 压型钢板铺设、轴线位置、点焊固定、角钢支撑焊接、洞口尺寸、封边板焊接、搭接长度，错口尺寸符合《钢结构工程质量验收规范》GB 50205—2001 规范及设计要求

申报人：×××</td></tr>
<tr><td colspan="4">检查结论：
符合施工规范和设计要求，同意进行下道工序施工

☑同意隐蔽　　□不同意隐蔽，修改后复查</td></tr>
<tr><td colspan="4">复查结论：

复查人：　　　　复查日期：</td></tr>
</table>

<table>
<tr><td rowspan="3">签字栏</td><td rowspan="2">施工单位</td><td rowspan="2">××钢结构专业有限公司</td><td>专业技术负责人</td><td>专业质检员</td><td>专业工长</td></tr>
<tr><td>×××</td><td>×××</td><td>×××</td></tr>
<tr><td>监理(建设)单位</td><td colspan="2">××工程建设监理有限公司</td><td>专业工程师</td><td>×××</td></tr>
</table>

隐蔽工程验收记录

<table>
<tr><td>工程名称</td><td colspan="2">××工程</td><td>资料编号</td><td colspan="2">×××</td></tr>
<tr><td>隐检项目</td><td colspan="2">栓钉焊接</td><td>隐检日期</td><td colspan="2">××年×月×日</td></tr>
<tr><td>隐检部位</td><td colspan="5">A 栋 F5 层 Ⓐ～Ⓖ/㉔～㉚轴及 A 轴以西、G 轴以东悬挑 ＋22.300m 标高</td></tr>
<tr><td colspan="6">隐检依据：施工图号 结 45 改 ，设计变更/洽商/技术核定单(编号 /)及有关现行国家标准等。
主要材料名称及规格/型号： 栓钉、瓷环 ϕ16×105</td></tr>
<tr><td colspan="6">隐检内容：
1. 栓钉及瓷环外观、尺寸、直径、符合要求，无裂纹、无破损；
2. ϕ16×105 栓钉穿透焊、非穿透焊，焊缝成形符合要求，30°弯曲检验合格。符合《钢结构焊接规范》GB 50661—2011 规范及设计要求

申报人：×××</td></tr>
<tr><td colspan="6">检查结论：
符合施工规范和设计要求，同意进行下道工序施工

☑同意隐蔽　　　　□不同意隐蔽，修改后复查</td></tr>
<tr><td colspan="6">复查结论：

复查人：　　　　　　　　　　复查日期：</td></tr>
<tr><td rowspan="3">签字栏</td><td rowspan="2">施工单位</td><td rowspan="2">××钢结构专业有限公司</td><td>专业技术负责人</td><td>专业质检员</td><td>专业工长</td></tr>
<tr><td>×××</td><td>×××</td><td>×××</td></tr>
<tr><td>监理(建设)单位</td><td colspan="2">××工程建设监理有限公司</td><td>专业工程师</td><td>×××</td></tr>
</table>

隐蔽工程验收记录

<table>
<tr><td>工程名称</td><td>××工程</td><td>资料编号</td><td>×××</td></tr>
<tr><td>隐检项目</td><td>主次梁连接节点、预埋件表面</td><td>隐检日期</td><td>××年×月×日</td></tr>
<tr><td>隐检部位</td><td colspan="3">A 栋 F6 层　Ⓐ～Ⓖ/㉔～㉚轴及 A 轴以西、G 轴以东悬挑　＋26.200m 标高</td></tr>
<tr><td colspan="4">隐检依据：施工图号　结总 1、结总 2　，设计变更/洽商/技术核定单（编号　/　）及有关现行国家标准等。
主要材料名称及规格/型号：　水性无机富锌底漆　门普来 LS－1</td></tr>
<tr><td colspan="4">隐检内容：
1. 油漆的品种、规格、性能等符合现行国家产品标准和设计要求；
2. 施工温度大于 5℃，相对温度小于 85%；
3. 构件表面无焊渣、焊疤、灰尘、油污、水和毛刺等；
4. 构件表面手工除锈、达到 Sa2.5 质量标准要求；
5. 构件表面无误涂、漏涂，涂层无脱皮和返锈；
6. 涂层均匀，无皱皮、流坠、针眼和气泡等；
7. 涂装 2 遍、涂层厚度 100μm，涂层质量符合《钢结构工程质量验收规范》GB 50205—2001 要求

申报人：×××</td></tr>
<tr><td colspan="4">检查结论：
符合施工规范和设计要求，同意进行下道工序施工

☑同意隐蔽　　□不同意隐蔽，修改后复查</td></tr>
<tr><td colspan="4">复查结论：

复查人：　　复查日期：</td></tr>
</table>

<table>
<tr><td rowspan="3">签字栏</td><td rowspan="2">施工单位</td><td rowspan="2">××钢结构专业有限公司</td><td>专业技术负责人</td><td>专业质检员</td><td>专业工长</td></tr>
<tr><td>×××</td><td>×××</td><td>×××</td></tr>
<tr><td>监理（建设）单位</td><td colspan="2">××工程建设监理有限公司</td><td>专业工程师</td><td>×××</td></tr>
</table>

隐蔽工程验收记录

<table>
<tr><td>工程名称</td><td>××工程</td><td>资料编号</td><td colspan="3">×××</td></tr>
<tr><td>隐检项目</td><td>钢结构防火涂料涂装</td><td>隐检日期</td><td colspan="3">××年×月×日</td></tr>
<tr><td>隐检部位</td><td colspan="5">A 栋 F4 层　Ⓐ～Ⓖ/㉔～㉚轴及 A 轴以西、G 轴以东悬挑　+18.400m 标高</td></tr>
<tr><td colspan="6">隐检依据：施工图号　结总 1、结总 2　，设计变更/洽商/技术核定单(编号　/　)及有关现行国家标准等。
主要材料名称及规格/型号：　厚型防火涂料 ZA－9802　　梁 18mm/×××</td></tr>
<tr><td colspan="6">隐检内容：
1. 防火涂料外观检查均匀，稠后流体、无结块；
2. 防火涂料涂装前钢材表面除锈及防锈底漆喷涂符合设计要求和国家现行有关标准的规定；
3. 构件间的间隙用同种材料已添补修平；
4. 施工温度大于 5℃，相对温度小于 90%；
5. 涂料层与钢基层粘接牢固，无误涂，漏涂，涂层闭合无脱层、空鼓、明显凹隐、粉化松散和浮浆等外观缺陷，乳突已剔除；
6. 涂层厚度符合 DBJ 01－616－2004 要求，黏结强度和抗压强度复试合格。涂装质量符合《钢结构工程质量验收规范》GB 50205—2001 及 CECS24：90 的要求
申报人：×××</td></tr>
<tr><td colspan="6">检查结论：
符合施工规范和设计要求，同意进行下道工序施工

☑同意隐蔽　　　☐不同意隐蔽，修改后复查</td></tr>
<tr><td colspan="6">复查结论：

复查人：　　　　　　　复查日期：</td></tr>
<tr><td rowspan="3">签字栏</td><td rowspan="2">施工单位</td><td rowspan="2">××钢结构专业有限公司</td><td>专业技术负责人</td><td>专业质检员</td><td>专业工长</td></tr>
<tr><td>×××</td><td>×××</td><td>×××</td></tr>
<tr><td>监理(建设)单位</td><td colspan="2">××工程建设监理有限公司</td><td>专业工程师</td><td>×××</td></tr>
</table>

二、《隐蔽工程验收记录》填写说明

(1)验收内容。依据施工图纸、有关施工验收规范要求和施工方案、技术交底，检查地脚螺栓规格、位置、埋设方法、紧固情况等；防火涂料涂装基层的涂料遍数及涂层厚度；网架焊接球节点的连接方式、质量情况；网架支座锚栓的位置、支撑垫块的种类及锚栓的紧固情况等。

(2)填写要点。钢结构(网架)工程隐蔽工程验收记录中要注明施工图纸编号、主要材料的型号规格、主要原材料的复试报告编号，并将检查内容描述清楚。

三、《交接检查记录》填写范例

交接检查记录

<table>
<tr><td rowspan="2">工程名称</td><td rowspan="2">××大厦A栋</td><td>资料编号</td><td>×××</td></tr>
<tr><td>检查日期</td><td>××年×月×日</td></tr>
<tr><td>移交单位</td><td>××钢结构安装公司</td><td>见证单位</td><td>××工程建设监理有限公司</td></tr>
<tr><td>交接部位</td><td>Ⓜ～Ⓡ/⑰轴　F03～F11层</td><td>接收单位</td><td>××幕墙公司</td></tr>
<tr><td colspan="4">交接内容：
中庭钢柱钢梁安装焊接完成，钢管柱安装标高，轴线位置，垂直度合格，可以交与幕墙施工。单节柱垂直度偏差不大于10mm，柱整体垂直度不大于35mm。见《钢结构工程施工质量验收规范》GB 50205—2001第84页</td></tr>
<tr><td colspan="4">检查结论：
经移交、接收和见证三方单位共同检查：
钢管柱安装标高，轴线位置、垂直度合格；
符合设计要求和《钢结构工程质量验收规范》GB 50205—2001规定，验收合格，同意移交</td></tr>
<tr><td colspan="4">复查结论（由接收单位填写）：

复查人：　　　　　　　　复查日期：</td></tr>
<tr><td colspan="4">见证单位意见：
以上情况属实，同意交接</td></tr>
<tr><td rowspan="2">签字栏</td><td>移交单位</td><td>接收单位</td><td>见证单位</td></tr>
<tr><td>×××</td><td>×××</td><td>×××</td></tr>
</table>

四、《焊接材料烘焙记录》填写范例

<table>
<tr><td colspan="4">焊接材料烘焙记录</td><td>资料编号</td><td>×××</td></tr>
<tr><td>工程名称</td><td colspan="5">××工程</td></tr>
<tr><td>焊材牌号</td><td>HJ431</td><td>规格(mm)</td><td>δ=8　δ=6</td><td>焊材厂家</td><td>××焊接材料有限公司</td></tr>
<tr><td>钢材材质</td><td>Q345B</td><td>烘焙方法</td><td>电炉烘干法</td><td>烘焙日期</td><td>××年×月×日</td></tr>
</table>

<table>
<tr><td rowspan="3">序号</td><td rowspan="3">施焊部位</td><td rowspan="3">烘焙数量(kg)</td><td colspan="5">烘焙要求</td><td colspan="2">保温要求</td><td rowspan="3">备注</td></tr>
<tr><td rowspan="2">烘干温度(℃)</td><td rowspan="2">烘干时间(h)</td><td colspan="3">实际烘焙</td><td rowspan="2">降至恒温(℃)</td><td rowspan="2">保温时间(h)</td></tr>
<tr><td>烘焙日期</td><td>从时分</td><td>至时分</td></tr>
<tr><td>1</td><td>钢构件柱</td><td>50</td><td>200～240</td><td>1</td><td>11月25日</td><td>6:00</td><td>7:00</td><td>100</td><td>1</td><td></td></tr>
<tr><td>2</td><td>钢构件柱</td><td>50</td><td>200～240</td><td>1</td><td>11月26日</td><td>11:00</td><td>12:00</td><td>100</td><td>1</td><td></td></tr>
<tr><td>3</td><td>钢构件柱</td><td>50</td><td>200～240</td><td>1</td><td>11月27日</td><td>6:00</td><td>7:00</td><td>100</td><td>1</td><td></td></tr>
<tr><td>4</td><td>钢构件柱</td><td>50</td><td>200～240</td><td>1</td><td>11月27日</td><td>11:00</td><td>12:00</td><td>100</td><td>1</td><td></td></tr>
<tr><td>5</td><td>钢构件柱</td><td>50</td><td>200～240</td><td>1</td><td>11月28日</td><td>6:00</td><td>7:00</td><td>100</td><td>1</td><td></td></tr>
<tr><td>6</td><td>钢构件柱</td><td>50</td><td>200～240</td><td>1</td><td>11月28日</td><td>11:00</td><td>12:00</td><td>100</td><td>1</td><td></td></tr>
<tr><td>7</td><td>钢构件柱</td><td>50</td><td>200～240</td><td>1</td><td>11月29日</td><td>6:00</td><td>7:00</td><td>100</td><td>1</td><td></td></tr>
<tr><td>8</td><td>钢构件柱</td><td>50</td><td>200～240</td><td>1</td><td>11月29日</td><td>11:00</td><td>12:00</td><td>100</td><td>1</td><td></td></tr>
<tr><td>9</td><td>钢构件柱</td><td>50</td><td>200～240</td><td>1</td><td>11月30日</td><td>6:00</td><td>7:00</td><td>100</td><td>1</td><td></td></tr>
<tr><td>10</td><td>钢构件柱</td><td>50</td><td>200～240</td><td>1</td><td>11月30日</td><td>11:00</td><td>12:00</td><td>100</td><td>1</td><td></td></tr>
<tr><td>11</td><td>钢构件柱</td><td>50</td><td>200～240</td><td>1</td><td>12月1日</td><td>6:00</td><td>7:00</td><td>100</td><td>1</td><td></td></tr>
<tr><td>12</td><td>钢构件柱</td><td>50</td><td>200～240</td><td>1</td><td>12月1日</td><td>11:00</td><td>12:00</td><td>100</td><td>1</td><td></td></tr>
<tr><td colspan="11">说明：
1. 焊条、焊剂等在使用前，应按产品说明书及有关工艺文件规定的技术要求进行烘干。
2. 焊接材料烘干后应存放在保温箱内，随用随取，焊条由保温箱(筒)取出到施焊的时间不得超过2h，酸性焊条不宜超过4h；烘干温度250～300℃</td></tr>
</table>

<table>
<tr><td>施工单位</td><td colspan="2">××钢结构工程有限公司</td></tr>
<tr><td>专业技术负责人</td><td>专业质检员</td><td>记录人</td></tr>
<tr><td>×××</td><td>×××</td><td>×××</td></tr>
</table>

注：本表由施工单位填写并保存。

五、《焊接材料烘焙记录》填写说明

焊条、焊剂等在使用前，应按产品说明书、工艺要求及有关规范规定进行烘焙，烘焙记录应按表《焊接材料烘焙记录》的要求填写。

1. 表格解析

(1)责任部门。

施工单位项目专业技术负责人、专业质检员、材料员，项目监理机构专业监理工程师等。

(2)提交时限。

焊材使用前填写完成。

2. 相关规定及要求

(1)填写依据。

1)《钢结构工程施工质量验收规范》GB 50205—2001。

2)《钢结构焊接规范》GB 50661—2011。

(2)相关要求。

1)低氢型焊条烘干温度应为350～380℃，保温时间应为1.5～2h，烘干后应缓冷放置于110～120℃的保温箱中存放、待用；使用时应放置于保温筒中；烘干后的低氢型焊条在大气中放置时间超过4h应重新烘干；焊条重复烘干次数不宜超过2次；受潮的焊条不应使用。

2)对于酸性焊条，在焊接规程中没有明确规定。一般对于未受潮的酸性焊条可以不烘焙，但现场施工条件有限，焊条存放容易受潮，对受潮的酸性焊条应进行烘干，烘干温度150℃左右，烘干时间1.5～2h。含有纤维素型焊条(如J 425)的烘干温度应控制在100～120℃。

3)烘焙记录应由现场焊接操作人员进行记录。

六、《构件吊装记录》填写范例

<table>
<tr><td colspan="5">构件吊装记录</td><td colspan="2">资料编号</td><td>×××</td></tr>
<tr><td colspan="2">工程名称</td><td colspan="6">××工程</td></tr>
<tr><td colspan="2">使用部位</td><td colspan="3">一层大厅</td><td colspan="2">吊装日期</td><td>××年×月×日</td></tr>
<tr><td rowspan="2">序号</td><td rowspan="2">构件名称及编号</td><td rowspan="2">安装位置</td><td colspan="4">安装检查</td><td rowspan="2">备注</td></tr>
<tr><td>搁置与搭接尺寸</td><td>接头(点)处理</td><td>固定方法</td><td>标高检查</td></tr>
<tr><td>1</td><td>钢梁 GL2c</td><td>Ⓔ～Ⓕ/④～⑤轴</td><td>合格</td><td>喷沙</td><td>高强度螺栓</td><td>合格</td><td></td></tr>
<tr><td>2</td><td>钢梁 GL2b</td><td>Ⓔ～Ⓗ/④～⑤轴</td><td>合格</td><td>喷沙</td><td>高强度螺栓</td><td>合格</td><td></td></tr>
<tr><td>3</td><td>钢梁 GL2</td><td>Ⓔ～Ⓗ/④～⑤轴</td><td>合格</td><td>喷沙</td><td>高强度螺栓</td><td>合格</td><td></td></tr>
<tr><td>4</td><td>钢梁 GL2a</td><td>Ⓔ～Ⓗ/④～⑤轴</td><td>合格</td><td>喷沙</td><td>高强度螺栓</td><td>合格</td><td></td></tr>
<tr><td></td><td></td><td></td><td></td><td></td><td></td><td></td><td></td></tr>
<tr><td></td><td></td><td></td><td></td><td></td><td></td><td></td><td></td></tr>
<tr><td colspan="8">结论：
合格</td></tr>
<tr><td colspan="3">施工单位</td><td colspan="5">××钢结构工程有限公司</td></tr>
<tr><td colspan="3">专业技术负责人</td><td colspan="3">专业质检员</td><td colspan="2">记录人</td></tr>
<tr><td colspan="3">×××</td><td colspan="3">×××</td><td colspan="2">×××</td></tr>
</table>

注：本表由施工单位填写。

七、《构件吊装记录》填写说明

本表适用于大型预制混凝土构件、钢构件、木构件的吊装。吊装记录内容包括：构件名称、编号及安装部位、节点处理、固定方式、标高偏差、搭接长度等。

1. 表格解析

(1)责任部门。

施工项目经理部工程部、项目监理机构及其相关责任人等。

(2)提交时限。

吊装期间按周或月提交。

2. 相关规定及要求

(1)填写依据。

1)《混凝土结构工程施工规范》GB 50666—2011；

2)《混凝土结构工程施工质量验收规范》GB 50204—2015；

3)《钢结构工程施工规范》GB 50755—2012；

4)《钢结构工程施工质量验收规范》GB 50205—2001；

5)《木结构工程施工质量验收规范》GB 50206—2012；

6)《建筑工程资料管理标准》DB22/JT 127—2014。

(2)相关要求。

1)混凝土构件安装。

①预制构件吊装前，应按设计要求在构件和相应的支承结构上标志中心线、标高等控制尺寸，按标准图或设计文件校核预埋件及连接钢筋等，并做出标志。

②预制构件应按标准图或设计的要求吊装。起吊时绳索与构件水平面的夹角不宜小于45°，否则应采用吊架或经验算确定。

③预制构件安装就位后，应采取保证构件稳定的临时固定措施，并应根据水准点和轴线校正位置。

④装配式结构中的接头和拼缝应符合设计要求；当设计无具体要求时，应符合下列规定：

a. 对承受内力的接头和拼缝应采用混凝土浇筑，其强度等级应比构件混凝土强度等级提高一级。

b. 对不承受内力的接头和拼缝应采用混凝土或砂浆浇筑，其强度等级不应低于C15或M15。

c. 用于接头和拼缝的混凝土或砂浆，宜采取微膨胀措施和快硬措施，在浇筑过程中应振捣密实，并应采取必要的养护措施。

2)钢柱安装应符合下列规定：

①柱脚安装时，锚栓宜使用导入器或护套；

②首节钢柱安装后应及时进行垂直度、标高和轴线位置校正，钢柱的垂直度可采用纬仪或线锤测量；校正合格后钢柱应可靠固定，并应进行柱底二次灌浆，灌浆前应清除柱底板与基础面间杂物；

③首节以上的钢柱定位轴线应从地面控制轴线直接引上，不得从下层柱的轴线引上；钢柱校正垂直度时，应确定钢梁接头焊接的收缩量，并应预留焊缝收缩变形值；

④倾斜钢柱可采用三维坐标测量法进行测校，也可采用柱顶投影点结合标高进行测校，校正合格后宜采用刚性支撑固定。

3)钢梁安装应符合下列规定：

①钢梁宜采用两点起吊；当单根钢梁长度大于21m，采用两点吊装不能满足构件强度和变形要求时，宜设置3～4个吊装点吊装或采用平衡梁吊装，吊点位置应通过计算确定；

②钢梁可采用一机一吊或一机串吊的方式吊装，应位后应立即临时固定连接；

③钢梁面的标高及两端高差可采用水准仪与标尺进行测量，校正完成后应进行永久性连接。

4)支撑安装应符合下列规定：

①交叉支撑宜按从下到上的顺序组合吊装；

②无特殊规定时，支撑构件的校正宜在相邻结构校正固定后进行；

③屈曲约束支撑应按设计文件和产品说明书的要求进行安装。

5)桁架(屋架)安装应在钢柱校正合格后进行，并应符合下列规定：

①钢桁架(屋架)可采用整榀或分段安装；

②钢桁架(屋架)应在起板和吊装过程中防止产生变形；

③单榀钢桁架(屋架)安装时采用缆绳或刚性支撑增加侧向临时约束。

6)钢板剪力墙安装应符合下列规定：

①钢板剪力墙吊装时应采取防止平面外的变形措施；

②钢板剪力墙的安装时间和顺序应符合设计文件要求。

7)关节轴承节点安装应符合下列规定：

①关节轴承节点应采用专门的工装进行吊装和安装；

②轴承点成不宜解体安装，应位后应采取临时固定措施；

③连接销轴与孔装配时应密贴接触，宜采用锥形孔、轴，应采用专用工具顶紧安装；

④安装完毕后应做好成品保护。

8)钢铸件或铸钢节点安装应符合下列规定：

①出厂时应标识清晰的安装基准标记；

②现场焊接应严格按焊接工艺专项方案施焊和检验。

9)由多相构件在地面组拼的重型组合构件吊装时，吊点位置和数量应经计算确定。

10)后安装构件应根据设计文件或吊装工况的要求进行安装，其加工长度宜根据现场实际测量确定；当后安装构件与已完成结构采用焊接连接时，应采取减少焊接变形和焊接残余力措施。

八、《钢结构焊缝外观检查记录》填写范例

钢结构焊缝外观检查记录

<table>
<tr><td colspan="2">工程名称</td><td colspan="3">××工程</td><td colspan="3">构件名称、编号</td><td colspan="6">钢梁 BH 550×250×8×12
编号：GL1～GL4</td><td colspan="3">施工单位</td><td colspan="3">××钢结构工程有限公司</td></tr>
<tr><td rowspan="2">序号</td><td rowspan="2">焊接日期</td><td rowspan="2">焊缝编号</td><td rowspan="2">焊工代号</td><td rowspan="2">焊缝长度(mm)</td><td colspan="2">裂纹</td><td rowspan="2">焊瘤</td><td colspan="2">气孔</td><td colspan="2">夹渣</td><td rowspan="2">电弧擦伤</td><td colspan="2">接头不良</td><td colspan="2">未焊满和根部收缩</td><td colspan="3">咬边</td></tr>
<tr><td>长度</td><td>数量</td><td>直径</td><td>数量</td><td>深度</td><td>长度</td><td>深度</td><td>数量</td><td>深度</td><td>长度</td><td>深度</td><td>连续长度</td><td>两侧总长度</td></tr>
<tr><td>1</td><td>××年×月×日</td><td>a</td><td>××</td><td>250</td><td>无</td><td>无</td><td>无</td><td>无</td><td>无</td><td>无</td><td>无</td><td>无</td><td>无</td><td>无</td><td>无</td><td>无</td><td>无</td><td>无</td><td>无</td></tr>
<tr><td>2</td><td>××年×月×日</td><td>b</td><td>××</td><td>250</td><td>无</td><td>无</td><td>无</td><td>无</td><td>无</td><td>无</td><td>无</td><td>无</td><td>无</td><td>无</td><td>无</td><td>无</td><td>无</td><td>无</td><td>无</td></tr>
<tr><td>3</td><td>××年×月×日</td><td>c</td><td>××</td><td>250</td><td>无</td><td>无</td><td>无</td><td>无</td><td>无</td><td>无</td><td>无</td><td>无</td><td>无</td><td>无</td><td>无</td><td>无</td><td>无</td><td>无</td><td>无</td></tr>
<tr><td>4</td><td>××年×月×日</td><td>d</td><td>××</td><td>250</td><td>无</td><td>无</td><td>无</td><td>无</td><td>无</td><td>无</td><td>无</td><td>无</td><td>无</td><td>无</td><td>无</td><td>无</td><td>无</td><td>无</td><td>无</td></tr>
<tr><td></td><td></td><td></td><td></td><td></td><td></td><td></td><td></td><td></td><td></td><td></td><td></td><td></td><td></td><td></td><td></td><td></td><td></td><td></td><td></td></tr>
<tr><td></td><td></td><td></td><td></td><td></td><td></td><td></td><td></td><td></td><td></td><td></td><td></td><td></td><td></td><td></td><td></td><td></td><td></td><td></td><td></td></tr>
<tr><td></td><td></td><td></td><td></td><td></td><td></td><td></td><td></td><td></td><td></td><td></td><td></td><td></td><td></td><td></td><td></td><td></td><td></td><td></td><td></td></tr>
<tr><td></td><td></td><td></td><td></td><td></td><td></td><td></td><td></td><td></td><td></td><td></td><td></td><td></td><td></td><td></td><td></td><td></td><td></td><td></td><td></td></tr>
<tr><td></td><td></td><td></td><td></td><td></td><td></td><td></td><td></td><td></td><td></td><td></td><td></td><td></td><td></td><td></td><td></td><td></td><td></td><td></td><td></td></tr>
<tr><td colspan="2">检查结论</td><td colspan="18">钢梁所检项目符合《钢结构工程施工质量验收规范》GB 50205—2001 的要求</td></tr>
<tr><td colspan="2">施工单位</td><td colspan="5">项目技术负责人：×××
记录人：×××
××年×月×日</td><td>监理（建设）单位</td><td colspan="6">监理工程师（建设单位代表）：×××
××年×月×日</td><td colspan="2">其他单位</td><td colspan="4">代表：×××
××年×月×日</td></tr>
</table>

九、《钢结构焊缝尺寸检查记录》填写范例

钢结构焊缝尺寸检查记录

<table>
<tr><td colspan="3">工程名称</td><td colspan="2">××大厦</td><td>构件名称、编号</td><td>钢梁　GL2</td><td>施工单位</td><td colspan="2">××钢结构工程有限公司</td></tr>
<tr><td rowspan="2">序号</td><td rowspan="2">焊缝编号</td><td rowspan="2">焊工代号</td><td rowspan="2">焊缝等级</td><td colspan="3">焊缝焊脚尺寸(mm)</td><td colspan="3">焊缝余高和错边(mm)</td></tr>
<tr><td>一般全焊缝的角接与对接组合焊缝</td><td>需经疲劳验算的全焊透角接与对接组合焊缝</td><td>角焊缝及部分焊透的角接与对接组合焊缝</td><td>对接焊接余高</td><td>对接焊缝错边</td><td>角焊缝余高</td></tr>
<tr><td>1</td><td>01</td><td>××</td><td>Ⅱ级</td><td></td><td></td><td>8.0</td><td></td><td></td><td>6.5</td></tr>
<tr><td>2</td><td>02</td><td>××</td><td>Ⅱ级</td><td></td><td></td><td>8.3</td><td></td><td></td><td>7.0</td></tr>
<tr><td>3</td><td>03</td><td>××</td><td>Ⅱ级</td><td></td><td></td><td>8.2</td><td></td><td></td><td>6.8</td></tr>
<tr><td>4</td><td>04</td><td>××</td><td>Ⅱ级</td><td></td><td></td><td>8.3</td><td></td><td></td><td>7.0</td></tr>
<tr><td></td><td></td><td></td><td></td><td></td><td></td><td></td><td></td><td></td><td></td></tr>
<tr><td></td><td></td><td></td><td></td><td></td><td></td><td></td><td></td><td></td><td></td></tr>
<tr><td colspan="2">检查结论</td><td colspan="8">焊脚尺寸、角焊缝余高的检测值在允许偏差范围内，符合《钢结构工程施工质量验收规范》GB 50205—2001 的要求</td></tr>
<tr><td colspan="2">施工单位</td><td colspan="3">项目技术负责人：×××
记录人：×××
××年×月×日</td><td>监理（建设）单位</td><td colspan="2">监理工程师（建设单位代表）：×××
××年×月×日</td><td>其他单位</td><td>代表：×××
××年×月×日</td></tr>
</table>

十、《高强度大六角头螺栓施工检查记录》填写范例

大六角头高强度螺栓施工检查记录

工程名称			××大厦				连接构件名称			钢梁					施工单位		××钢结构工程有限公司				
抽查节点					连接摩擦面质量	螺栓穿孔质量	连接接头外观质量			施拧扭矩值(N·m)				大六角头终拧质量				扭矩扳手质量		初、终拧标记	
部位	数量	螺栓					穿入方向	螺栓露长(mm)	垫圈方向	扭矩系数复试平均值 K	初拧	复拧	终拧	小锤逐只敲击质量检查	松扣、回扣检查			定期标定记录	班前班后检查记录	初拧	终拧
		等级	规格	数量(套)											检查扭矩值	偏差值(%)	检查结果				
GL1		10.9s	M22×75	8	符合要求	符合要求	正确	4	正确	0.131	0.29	0.46	0.58	合格	合格	0.7	合格	齐全	齐全	正确	正确
GL2		10.9s	M22×75	8	符合要求	符合要求	正确	4	正确	0.126	0.28	0.45	0.56	合格	合格	0.6	合格	齐全	齐全	正确	正确
GL3		10.9s	M22×75	8	符合要求	符合要求	正确	4	正确	0.140	0.30	0.48	0.60	合格	合格	0.8	合格	齐全	齐全	正确	正确
检查结论	经检查，符合《钢结构工程施工质量验收规范》GB 50205—2001 要求																				
施工单位	项目技术负责人：××× 记录人：××× ××年×月×日						监理（建设）单位	监理工程师（建设单位代表）：××× ××年×月×日							其他单位	代表：××× ××年×月×日					

十一、《高强度大六角头螺栓施工检查记录》填写说明

高强度大六角头螺栓连接副的紧固程序和顺序与扭剪型高强度螺栓连接副相同。

1. 扭矩法施工

扭矩法是根据施加在螺母上的紧固扭矩与导入螺栓中的预拉力之间有一定关系的原理，以控制扭矩来控制预拉力的方法。紧固扭矩和预应力的关系可由（式 6-1）表示：

$$M_k = K \cdot d \cdot P \tag{6-1}$$

式中 M_k——施加于螺母的紧固扭矩，（N·m）；

K——扭矩系数；

d——螺栓公称直径，（mm）；

P——预拉力，（kN）。

由此可知，当扭矩系数确定后，由于预拉力可由设计规定，则施加在螺母上的扭矩就很容易计算确定。高强度螺栓紧固后，螺栓在高应力下工作，由于蠕变原因，随时间的变化，预拉力会产生一定的损失，预拉力损失最初一天内发展较快，其后则进行缓慢。为补偿这种损失，保证其预拉力在正常使用阶段不低于设计值，在计算施工扭矩时，将螺栓设计预拉力提高 10%，并以此计算施工扭矩值。

2. 转角法施工

众所周知，螺杆的内力与其弹性伸长量成正比，因此利用螺母旋转角度以控制螺杆弹性伸长量来控制螺栓预拉力是可行的，此方法即为转角法施工。

高强度螺栓转角法施工分初拧和终拧两步进行，初拧的目的是为消除板缝影响，给终拧创造一个大体一致的基础，初拧扭矩一般为终拧扭矩的 50%为宜，原则是板缝密贴为准。转角法施工的工艺顺序如下：

（1）初拧：按规定的初拧扭矩值，从节点或栓群中心顺序向外拧紧螺栓，并采用小锤敲击法检查，防止漏拧；

（2）划线：初拧后对螺栓逐个进行划线；

（3）终拧：用扳手使螺母再旋转一个额定角度，并划线；

（4）检查：检查终拧角度是否达到规定的角度；

（5）标记：对已终拧的螺栓用色笔做出明显的标记，以防漏拧或重拧。

在转角法施工中，确定终拧角度值非常关键，终拧角度值与螺栓直径，连接厚度相关，一般应在试验室利用轴力计进行终拧角度值的测试，见图 6-1。

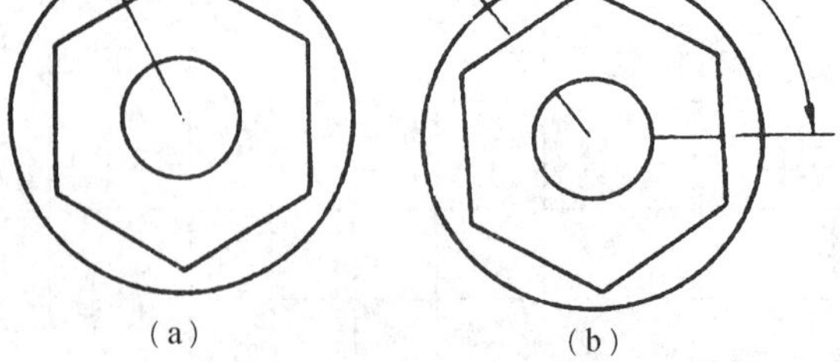

图 6-1 转角施工方法示意图

十二、《扭剪型高强度螺栓施工检查记录》填写范例

扭剪型高强度螺栓施工检查记录

工程名称		××大厦					连接构件名称			钢梁		施工单位		××钢结构工程有限公司				
抽查节点					连接摩擦面质量	螺栓穿孔质量	连接接头外观质量			初拧扭矩(N·m)	螺栓梅花头未在终拧中拧掉数及处理结果(6.3.3条)							
部位	数量	螺栓					螺栓穿入方向	螺栓露长(mm)	垫圈方向		未拧断梅花头螺栓数量(只)	扭矩扳手施拧扭矩值(N·m)		终拧质量检查		初、终拧标记		扳手标定记录
		等级	规格	数量(套)								初拧	终拧	小锤逐只敲检	松扣、回扣检查	初拧	终拧	
GL5		10.9s	M24×75	8	符合要求	符合要求	正确	4	正确	0.29		0.29	0.58	合格	合格	正确	正确	符合要求
GL6		10.9s	M24×75	8	符合要求	符合要求	正确	4	正确	0.28		0.28	0.57	合格	合格	正确	正确	符合要求
GL7		10.9s	M24×75	8	符合要求	符合要求	正确	4	正确	0.29		0.29	0.58	合格	合格	正确	正确	符合要求
检查结论	经检查，符合《钢结构工程施工质量验收规范》GB 50205—2001 的要求																	
施工单位	项目技术负责人：××× 记录人：××× ××年×月×日						监理（建设）单位	监理工程师（建设单位代表）：××× ××年×月×日					其他单位	代表：××× ××年×月×日				

十三、《扭剪型高强度螺栓施工检查记录》填写说明

扭剪型高强度螺栓分初拧和终拧二次紧固，大型节点要增加一次复拧。初拧和终拧应按照一定的紧固顺序进行，原则是从接头刚度较大的部位向约束较小的方向顺序进行，具体为：

(1)一般接头应从接头中心顺序向两端进行，见图 6-2 所示。

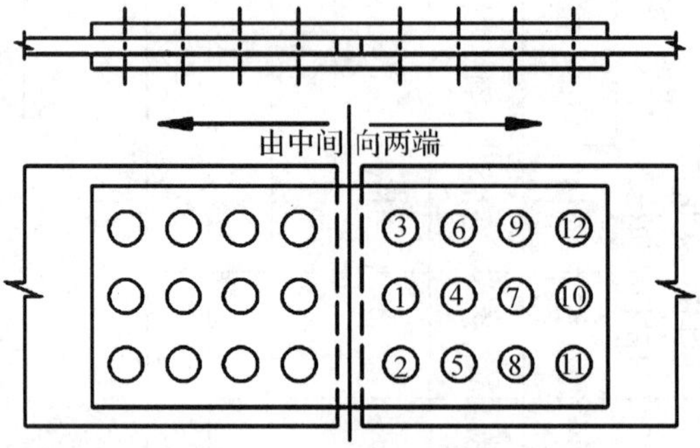

图 6-2　一般接头紧固顺序

(2)箱型接头应按图 6-3 所示 A、B、C、D 的顺序进行。

(3)工字梁接头栓群应按图 6-4 所示①～⑥顺序进行。

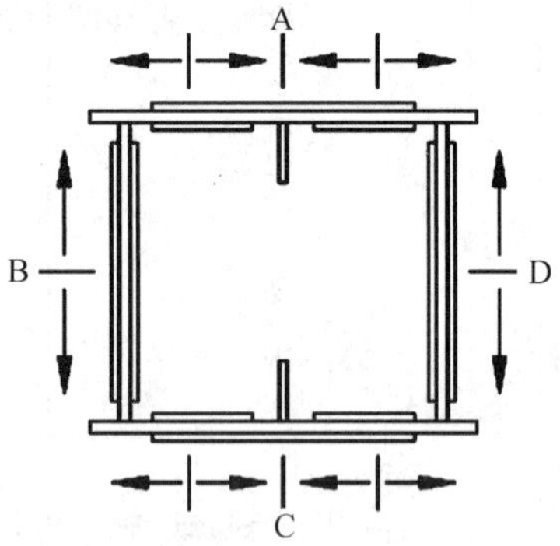

图 6-3　箱型接头紧固顺序

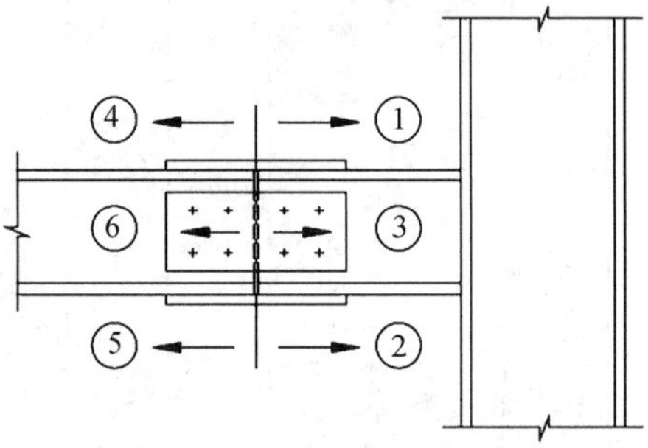

图 6-4　工字梁接头栓群紧固顺序

(4)工字形柱对接螺栓紧固顺序为先翼缘后腹板。

(5)两个接头栓群的拧紧顺序应为先主要构件接头，后次要构件接头。

为了防止损伤高强度螺栓的螺纹引起扭矩系数变化，结构安装时必须先使用冲钉和临时螺栓，待结构安装精度调整达到标准规定后，方准更换螺栓，高强度螺栓应能自由穿入栓孔内，不准强行敲打。如不能自由穿入，应采用铰刀或锉刀修整栓孔，严禁采用火焰切割扩孔。

垫圈有圆角(倒角)的一面应与螺母(螺栓头)接触，螺母有凸台的一面应与垫圈接触，不得装反。终拧时梅花头打滑的螺栓应更换。

对由于构造原因或其他原因，无法使用专用扳手终拧掉梅花头者，应采用扭矩法或转角法进行终拧并作标记。

在整个施工过程中，应保持摩擦面和连接副处于干燥状态，紧固作业完成并检查确认完毕，及时用防锈(防腐)涂料封闭。

十四、《焊接 H 型钢组装检查记录》填写范例

焊接 H 型钢组装检查记录

编号：×××

<table>
<tr><td colspan="2">工程名称</td><td colspan="2">××工程</td><td>施工单位</td><td colspan="2">××钢结构工程公司</td></tr>
<tr><td colspan="2">构件名称及编号</td><td colspan="2">1# 钢柱</td><td>规格尺寸</td><td colspan="2"></td></tr>
<tr><td colspan="2">执行标准</td><td colspan="2">《钢结构工程施工质量验收规范》
GB 50205—2001</td><td>检查日期</td><td colspan="2">××年×月×日</td></tr>
<tr><td>序号</td><td>检查项目</td><td colspan="2">允许偏差(mm)</td><td colspan="2">实测偏差(mm)</td><td>备注</td></tr>
<tr><td rowspan="3">1</td><td rowspan="3">截面高度 h</td><td>h<500</td><td>±2.0</td><td colspan="2"></td><td></td></tr>
<tr><td>500<h
<1000</td><td>±3.0</td><td colspan="2"></td><td></td></tr>
<tr><td>1000<h</td><td>±4.0</td><td colspan="2">+3.2，+2.6，+3.2，−2.6</td><td></td></tr>
<tr><td>2</td><td>截面宽度 b</td><td colspan="2">±3.0</td><td colspan="2">−1.5，+1.2，−0.8，+2.6</td><td></td></tr>
<tr><td>3</td><td>腹板中心偏移 e</td><td colspan="2">2.0</td><td colspan="2">1.3，1.4，1.2，1.5，0.8</td><td></td></tr>
<tr><td>4</td><td>翼缘板垂直度 Δ</td><td colspan="2">b/1000 且≤3.0</td><td colspan="2">0.8，0.9，1.2，2.5，2.6</td><td></td></tr>
<tr><td>5</td><td>弯曲矢高(受拉构件除外)</td><td colspan="2">l/1000 且≤10.0</td><td colspan="2">6.4，6.5，7.2，9.0，8.2</td><td></td></tr>
<tr><td>6</td><td>扭曲</td><td colspan="2">h/250 且≤5.0</td><td colspan="2">4.3，2.3，4.2，3.6，2.5</td><td></td></tr>
<tr><td rowspan="2">7</td><td rowspan="2">腹板局部平面高度 f</td><td>t<14</td><td>3.0</td><td colspan="2"></td><td></td></tr>
<tr><td>t≥14</td><td>2.0</td><td colspan="2">1.5，1.8，0.8，0.7，0.9</td><td></td></tr>
<tr><td></td><td></td><td colspan="2"></td><td colspan="2"></td><td></td></tr>
<tr><td colspan="7">检查结论：
经检查，1# 钢柱组装符合设计要求及《钢结构工程施工质量验收规范》GB 50205—2001 规定</td></tr>
<tr><td>验收意见</td><td colspan="3">建设(监理)单位：
同意验收
专业负责人：×××
××年×月×日</td><td colspan="3">施工单位：
同意验收
项目技术负责人：×××
××年×月×日</td></tr>
</table>

注：本表由施工单位填写，建设单位、施工单位、城建档案馆各保存一份。

十五、《焊接 H 型钢组装检查记录》填写说明

(1)构件组装是将已加工好的零件组装成单体构件或部件，视构件复杂程度而定。一般在组装平台或胎模(模架)上进行，平台及胎模均应牢固并测平，其平面度或高差均应小于等于 1/1000，且不得超过 4.0mm，平台上的焊疤等应清除干净。

(2)所有零件，当有弯曲或扭曲时，均应在组装前进行矫平、矫直，其平、直度应小于等于 1/1000，且无局部死弯。

(3)组装前对零、部件的规格、尺寸及数量等应进行检查确认，合格后方可组装。

(4)组装前，高强度螺栓连接接触面和沿焊缝边缘每边 30～50mm 范围内的铁锈、毛刺、污垢、水分、锌层等应清除干净。

(5)钢板、型钢需要拼接时，应先拼接、对焊、检验、矫正合格后，再按零件尺寸划线、切割，其拼接部位，焊接方法，焊缝要求等由技术部门确定。

一般情况下可按下列规定执行：

1)型钢拼接的最小长度应大于等于2倍截面长边宽或直径，且不小于600mm。

2)焊接H型钢及工字型梁的翼缘板只允许长度拼接，拼接长度应大于2倍板宽，不允许宽度拼接；拼接缝应与腹板拼接缝和加劲板相互错开200mm以上；腹板长度和宽度均允许拼接，拼接缝可为"十"字形或"T"字形，最小宽度应大于等于300mm，最小长度应大于等于600mm。

(6)编制组装工艺，组装顺序应根据结构形式、焊接方法和焊接顺序等因素确定；可以是一次组装，也可以分成多次组装，这样便于焊后对部件尺寸的修正调整，一般情况下，应先拼接后组装，先部件后构件，先内部后外部，先主体后副件，先中间后端部；同时应考虑焊接的可能性，焊接变形最小，且便于矫正；组装时应预留焊接收缩余量。

(7)构件的隐蔽部位应焊接、涂装，并经检查合格后方可封闭，完全密闭的构件内表面可不涂装。

(8)需要在组装平台上放1∶1大样时，不能用直角尺作垂直线，应放线作垂直线，其最小边长不小于1000mm。

(9)凡要求镀锌的构件，应根据镀锌槽的极限外形尺寸(长、宽、高)，以确定组装成构件、部件或零件送镀锌，封闭式部件、构件需要钻镀锌工艺孔。

(10)零、部件镀锌后，进行构件组装时，应采用胎膜(模架)组装，不得在焊道以外打火引弧或点焊固定，亦不得采用加热矫正变形，以免损伤镀锌层。

(11)非镀锌件采用夹具组装时，拆除夹具应用气割切除，不损伤母材，对残留的焊疤等应修磨平整。

(12)构件组装时，应预留焊接收缩余量。

(13)焊接部位组装偏差：

焊接接头的纯边：反面不清根±2.0mm，反面清根不限制；

无垫板接头根部间隙；反面不清根±2.0mm，反面清根±2.0mm；

带垫板接头根部间隙；反面不清根+4.0mm～2.0mm

接头坡口角度：反面不清根±5°，反面清根±5°。

(14)需要刨平顶紧的零件，刨平面表面粗糙度Ra不应大于50μm，应有75%以上的面紧贴，在焊接前用0.3mm的塞尺检查，其塞入面积应小于25%，边缘局部间隙不大于0.8mm。

(15)由于H型钢受力性能好，便于机械化施工，可以直接制成构件或组合成各种截面形式的构件，是组成构件的主要部件，H型钢有轧制和焊接两大类，对非标准的或变截面的H型钢大多是焊接而成，以弥补轧制规格，品种的不足，为此将其独立成节。

(16)翼缘板为长条形钢板，腹板为长条形或梯形钢板，均采用半自动或自动切割，气割边缘可不另行加工，当采用手工气割或剪切时，则需刨边处理。

(17)腹板与翼缘板的连接主焊缝，一般均为角焊缝，当设计有要求时，亦可采用T形接头对接和角接组合全熔透焊缝。

(18)轻型焊接H型钢宜采用组焊机进行，集组装、焊接、矫正于一体，效率高，质量好。

十六、《焊接连接制作组装检查记录》填写范例

焊接连接制作组装检查记录

编号：×××

工程名称	××工程	施工单位	××钢结构工程公司
构件名称及编号	1# 桁架	规格尺寸	
执行标准	《钢结构工程施工质量验收规范》GB 50205—2001	检查日期	××年×月×日

序号	检查项目		允许偏差(mm)	实测偏差(mm)									
1	对口错边		*t*/1000 且≤3.0	2.5	2.6	1.5	2.0	1.8	2.4	2.3	2.6	1.5	
	间隙		±1.0	+0.8	−0.2	+0.6	+0.4	−0.3	−0.4	+0.5	−0.6	0.7	+0.1
2	搭接长度		±5.0	+4.2	+3.8	−2.6	−2.7	+1.6	+2.6	−1.9	−4.2	+1.6	−2.5
	缝隙		1.5	1.2	0.8	0.9	1.0	1.3	0.6	0.5	0.4	0.5	
3	构件组装高度		±2.0	+1.5	+1.6	−1.5	−0.9	−0.7	+0.98	+0.3	+1.4	−0.6	−1.5
	组装垂直度		*b*/100 且≤3.0	0.8	1.2	1.5	0.9	1.1	0.8	0.7	1.2	0.7	
	中心偏移		±2.0	+1.2	+1.1	+0.8	+1.3	−1.4	−1.2	+0.8	−1.5	+0.9	+0.8
4	型钢错位	连接处	1.0	0.5	0.4	0.3	0.4	0.2	0.3	0.1	0.2		
		其他处	2.0	1.6	1.5	1.5	1.3	1.2	1.4	0.8	0.7	1.1	
5	箱型截面	高度	±2.0	+1.2	−0.8	+1.2	−1.1	+0.8	+1.3	+1.2	−0.7	−0.6	+0.4
		宽度	±2.0	+0.8	+0.7	+1.2	−0.8	−0.2	−0.4	−0.6	+0.8	+1.2	
		垂直度	*b*/200 且≤3.0	2.4	1.8	2.3	1.8	1.7	1.8	2.3	2.2	2.4	2.5

检查结论：

经检查，1# 桁架组装符合设计要求及《钢结构工程施工质量验收规范》GB 50205—2001 规定

验收意见	建设（监理）单位： 同意验收 专业负责人：××× ××年×月×日	施工单位： 同意验收 项目技术负责人：××× ××年×月×日

注：本表由施工单位填写，建设单位、施工单位、城建档案馆各保存一份。

十七、《焊接连接制作组装检查记录》填写说明

(1)H 型钢柱、梁及工字形梁的组装,应符合下列要求:

1)H 型钢(含焊接 H 型钢)、工字形截面的翼缘板及腹板矫平直,可采用热矫正或冷矫正,其平面度、直线度的允许偏差值应符合《规范》的有关规定。对于轻型房屋钢结构的腹板的局部平面度允许偏差为 $h/200$(h 为腹板宽度),且不大于 5mm。

2)用划针在翼缘板及腹板上划出基准线及各零、部件的位置线,以及孔位线,均应考虑预留焊接收缩余量。

3)组装零件、部件,并用定位焊固定,检查合格后,方可焊接。

4)待焊接完成后,切除(锯切或气割)两端余量,重新划线,组装两端零件或部件;当有端部铣平要求时,应按相关要求组装。

5)吊车梁及工字形截面梁,当设计要求起拱时,应按设计拱度将腹板边缘加工成抛物线或多边形折线(近似抛弧线),组装成工字形。

吊车梁(一般跨度小于 18m)设计未要求起拱,但制作完后不得下挠,为保证不下挠,应采取相应措施:

梁的高度较小时,可采取先焊接下翼缘两条主角焊缝;

梁的高度较大时,仍可按上述办法预起拱。

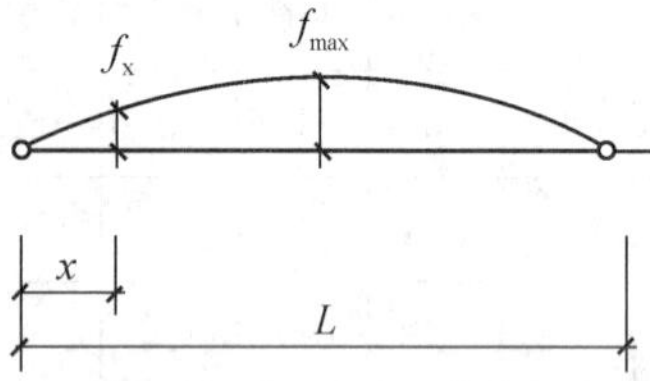

图 6-5 梁起拱计算简图

当按抛物线起拱时,应先确定最大起拱高度(f_{max}),其余各点起拱高度(f_x)见图 6-5,可按(式 6-2)计算:

$$f_x = \frac{4(L-x)x}{L^2} \cdot f_{max} \tag{6-2}$$

式中:f_x——为所求各点起拱高度;

L——为梁的跨度;

x——为所求各点至梁端距离。

(2)箱形截面梁、柱的组装,应符合下列要求:

1)箱形截面系由四块面板(或称两块翼缘板及两块腹板) 及横隔板(横向加筋板)组成;当截面较大且面板相对较薄时,还设置有纵向加筋肋,纵向加筋肋可为扁钢或型钢。

2)为保证组装后的箱形不致变为梯形,对面板的宽度应严格控制,即两块翼缘板及两块腹板的宽度应分别达到一致,因此对面板边缘宜采取刨边处理,其宽度偏差为±1.0mm。

3)横隔板的四周应进行刨边处理,其外形尺寸允许偏差为:高、宽尺寸允许偏差为±0.5mm;对角线尺寸应小于等于 2.0mm。

4)当横隔板上设置人孔加强圈时,应先将人孔加强圈与横隔板焊接、矫正后,再进行横隔板边缘加工。

5)起拱要求与工字形梁相同,吊车梁不得下挠。

6)箱形构件的内部(隐蔽部位)应先组装、焊接、矫正后进行涂装,并经检查合格后方可封闭;完全密闭的构件内部可不涂装。

(3)桁架式结构的组装,应符合下列要求:

1)桁架式结构的组装方法有画线组装、复制组装或胎模组装等方法,这就要求组装平

台、胎模应平整，划线应准确，划线后应认真检查，其几何尺寸应符合设计要求，并预留焊接收缩余量。

2)桁架结构杆件轴线交点错位的允许偏差不应大于 3.0～4.0mm。

3)桁架结构的起拱，应符合设计要求。当设计未要求起拱时，吊车桁架亦不能下挠。一般桁架起拱，有以下几种情况：

①三角形桁架下弦可按三角形或多边形折线起拱，上弦可随意提高，亦可不提高；

②梯形桁架、平行弦桁架，上、下弦应同时起拱，可按三角形起拱或按抛物线公式算出下弦各节点的起拱高度，按多边形折线起拱；

③所有杆件应按起拱后的几何图形计算各杆件的几何长度；

④有孔的节点板，应按起拱后的几何轴线来确定孔的轴线。

(4)焊接钢管结构的组装，应符合下列要求：

1)焊接钢管构件系由若干个管段组成，各管段长度是按钢板的宽度而定，而周长则按管径确定，钢板切割的长宽尺寸允许偏差为±3.0mm。

2)钢板弯曲成管段应符合本指南 9.5.6～9.5.8 条的要求。

3)管段的纵缝应先组对、焊接、矫正，应符合下列要求：纵缝对口错边的允许偏差为 $t/10$（t 为壁厚），且不大于 3.0m；管直径（d）的允许偏差为 $\pm d/500$，且绝对值不大于 3.0mm；管口圆度允许偏差为 $d/500$，且不大于 3.0mm：管口端面对管轴的垂直度为 $d/500$，且不大于 2.0mm。

4)将每个管段两端管口按实际周长分成 4 等份（管径大时可分成 8 等份），并打上冲眼，做标记。

5)将各管段组装成构件，以等分点对等分点，且相邻两管段的纵缝应相互错开 180°或 90°，间隔的管段纵缝应对齐；环缝对口错边量应小于等于 $t/10$，且不大于 3.0mm。

6)焊接环焊缝经检验合格后组装法兰或其他零部件，修整外形应符合设计要求及《规范》的规定。无法兰的管口应增设临时支撑。

(5)零、部件、构件摩擦面处理。

摩擦面处理是指采用摩擦型高强度螺栓连接时，其板叠接触面（摩擦面）的表面处理。摩擦型高强度螺栓连接是利用螺栓紧固时，对连接处板叠产生压紧力，使连接板叠紧贴，从而在板叠各层的接触面之间产生摩擦力，来抵抗滑移以传递外力，在接触面之间不允许产生滑移，这就要求连接接触面应进行加工处理，以提高其抗滑移系数。

1)擦面的处理方法可由设计确定，或设计提出抗滑移系数值，由施工单位进行抗滑移系数试验，以确定合适的处理方法。故《规范》未列入处理方法。一般有下列几种处理方法：喷砂、喷丸、抛丸、喷砂后生赤锈、喷砂后涂环氧富锌漆、砂轮打磨等。必须指出：砂轮打磨这种方法，因受人为因素影响很大，不宜大范围采用，一般用于局部修补或个别板上因环境或施工条件受到限制时局部处理。

2)采用砂轮打磨，其范围应大于 4 倍孔径，不能磨光，应垂直于受力方向打磨，以提高其抗滑移系数。

3)工厂在确定采用何种方法处理摩擦面之前，均应作抗滑移系数试验，其值应符合设计要求后方可施工。出厂时还要按一定批量分别提供 3 套同材质、同处理方法的试件，供安装单位复验，3 套试件抗滑移系数的最低值不得低于设计值。

十八、《单层钢柱组装检查记录》填写范例

单层钢柱组装检查记录

编号：×××

工程名称	××工程	施工单位	××钢结构工程公司
构件名称及编号	2# 钢柱	规格尺寸	
执行标准	《钢结构工程施工质量验收规范》GB 50205—2001	检查日期	××年×月×日

序号	检查项目		允许偏差(mm)	实测偏差(mm)									
1	柱底面到柱端与桁架接的最上一个安装孔距离 l		$\pm l/1500$ 且不超过 ±15.0	+4.2	+9.8	−8.6	−7.2	+9.6	−7.2	+6.8	+8.6	−9.2	+6.5
2	柱底面到牛腿支承面的距离 l_1		$l_1/2000$ 且不超过 ±8.0	−4.2	−5.6	+2.8	+1.5	−3.96	−4.8	−3.5	+4.2	+2.5	
3	牛腿面的翘曲		2.0	1.2	1.5	0.8	0.7	1.4	1.4	1.3	1.6		
4	柱身弯曲矢高		$H/1200$ 且≤12.0	10.0	11.3	9.8	7.2	4.2	3.5	9.8	7.6	8.3	9.5
5	柱身扭曲	牛腿处	3.0	2.4	1.3	2.3	0.8	1.0	1.3	1.5	0.7	1.6	
		其他处	8.0	4.3	4.5	5.4	5.6	4.2	2.6	4.8	5.6	3.2	4.0
6	柱截面几何尺寸	连接处	±3.0	+2.5	−1.8	+2.0	+1.8	−1.6	+1.2	+2.5	−2.0	+1.8	
		非连接处	±4.0	+1.8	−3.0	+3.2	+2.8	−2.7	+2.6	−3.5	+3.6	−2.8	+2.7
7	翼缘板对腹板垂直度	连接处	1.5	1.3	0.8	0.7	1.2	1.0	0.7	1.2			
		其他处	$b/100$ 且≤5.0	4.2	4.3	3.6	4.5	2.5	2.8	1.8	1.4	1.9	
8	柱脚底板平面度		5.0	3.2	2.5	4.0	3.5	2.8	2.6	1.6	2.0	4.2	
9	柱脚螺栓孔中心对柱轴线的距离		3.0	1.6	1.8	0.7	1.2	0.4	0.8	2.4	2.3		

检查结论：

经检查，2# 钢柱组装符合设计要求及《钢结构工程施工质量验收规范》GB 50205—2001 规定

验收意见	建设(监理)单位： 同意验收 专业负责人：××× ××年×月×日	施工单位： 同意验收 项目技术负责人：××× ××年×月×日

注：本表由施工单位填写，建设单位、施工单位、城建档案馆各保存一份。

十九、《焊接实腹钢梁组装检查记录》填写范例

焊接实腹钢梁组装检查记录

编号：×××

工程名称	××工程	施工单位	××钢结构工程公司
构件名称及编号	$1^{\#}$ 钢架	规格尺寸	
执行标准	《钢结构工程施工质量验收规范》GB 50205—2001	检查日期	××年×月×日

序号	检查项目		允许偏差(mm)		实测偏差(mm)									
1	梁长度 l	端部有凸缘支座板	0～5.0		4.2	3.6	4.5	2.8	207	4.2	3.7	4.5		
		其他形式	±1/2500 且不超过±10.0											
2	端部高度 h	h≤2000	±2.0											
		h>2000	±3.0		+1.8	−1.2	+2.5	+2.0	+1.9	−0.8	−1.2	+1.2	+2.4	−0.9
3	拱度	设计要求起拱	±1/1500											
		设计未要求起拱	+10.0～−5.0		+8.0	−4.0	+6.5	+3.2	+2.7	+3.6	−4.2	−0.8	+2.7	
4	侧弯矢高		l/200 且≤10.0		6.4	5.8	4.2	5.8	4.2	5.6	5.4	7.2	5.2	3.6
5	扭曲		h/250 且≤10.0		4.2	3.6	4.5	3.6	3.2	4.0	2.8			
6	腹板局部平面度		t≤14	5.0										
			t>14	4.0	3.2	2.8	3.6	2.4	2.5	0.8	1.2	1.4	3.2	
7	翼缘板对腹板垂直度		b/250 且≤3.0		2.4	0.4	2.6	1.8	1.4	2.4	1.6	2.5	0.7	2.3
8	吊车梁上翼缘与轨道接触面平面度		1.0		0.3	0.3	0.4	0.5	0.6	0.4	0.8	0.9	0.4	
9	箱形截面对角线差		5.0		3.2	1.8	2.6	2.4	1.2	1.4	0.7	2.0		
10	箱形截面两腹板至翼缘板中心线距离		连接处	1.0	0.8	0.4	0.4	0.5	0.3	0.6	0.6	0.7	0.9	0.8
			其他处	1.5	0.7	0.9	1.0	0.8	1.2	1.4	0.6	0.9	1.0	
11	梁端板的平面度(只允许凹进)		h/500 且≤2.0		1.2	1.3	1.2	0.8	1.2	1.4	0.7			
12	梁端板与腹板的垂直度		h/500 且≤2.0		1.3	0.8	0.7	0.8	0.4	0.3	0.5	1.2	0.6	1.3

检查结论：

经检查，$1^{\#}$ 钢架组装符合设计要求及《钢结构工程施工质量验收规范》GB 50205—2001 规定

验收意见	建设(监理)单位： 同意验收 专业负责人：××× ××年×月×日	施工单位： 同意验收 项目技术负责人：××× ××年×月×日

注：本表由施工单位填写，建设单位、施工单位、城建档案馆各保存一份。

二十、《钢结构防腐涂料涂层厚度检查记录》填写范例

钢结构防腐涂料涂层厚度检查记录

工程名称		××工程				施工单位		××钢结构工程有限公司				构件名称		钢梁				干漆膜厚度(mm)				125
序号	构件编号	干漆膜厚度检测值(每一个构件测5处,每处测三个相距50mm测点的平均值)(mm)																				备注
		第一测处				第二测处				第三测处				第四测处				第五测处				
		每测点值			平均值	每测点值			平均值	每测点值			平均值	每测点值			平均值	每测点值			平均值	
1	GL1	110	115	115	113	120	115	120	118	110	110	115	112	115	120	120	118	110	105	110	108	
2	GL2	110	120	115	115	115	115	120	117	120	120	110	117	105	105	110	107	120	115	120	118	
3	GL3	120	120	115	118	115	115	110	113	120	110	110	113	115	115	110	113	110	115	110	112	
检查结论	经检查,钢梁防腐涂料涂层厚度符合《钢结构工程施工质量验收规范》GB 50205—2001的要求																					
施工单位	项目技术负责人:××× 记录人:××× ××年×月×日					监理(建设)单位	监理工程师(建设单位代表):××× ××年×月×日							其他单位	代表:××× ××年×月×日							

二十一、《钢结构防火涂料涂层厚度检查记录》填写范例

钢结构防火涂料涂层厚度检查记录

<table>
<tr><td colspan="2">工程名称</td><td colspan="5">××工程</td><td colspan="2">施工单位</td><td colspan="4">××钢结构工程有限公司</td></tr>
<tr><td colspan="2">耐火等级(h)</td><td colspan="2">0.5～3</td><td colspan="3">涂层厚度(mm)</td><td colspan="2">20</td><td colspan="3">涂层遍数</td><td>3</td></tr>
<tr><td>序号</td><td>构件编号</td><td colspan="10">检　测　值(mm)</td><td>平均值</td></tr>
<tr><td>1</td><td>GL1</td><td>20.2</td><td>20.3</td><td>20.4</td><td></td><td></td><td></td><td></td><td></td><td></td><td></td><td>20.3</td></tr>
<tr><td>2</td><td>GL2</td><td>20.1</td><td>20.0</td><td>19.8</td><td></td><td></td><td></td><td></td><td></td><td></td><td></td><td>20.0</td></tr>
<tr><td>3</td><td>GL3</td><td>20.2</td><td>20.4</td><td>20.2</td><td></td><td></td><td></td><td></td><td></td><td></td><td></td><td>20.3</td></tr>
<tr><td>4</td><td>GZ1</td><td>20.2</td><td>20.3</td><td>20.4</td><td></td><td></td><td></td><td></td><td></td><td></td><td></td><td>20.3</td></tr>
<tr><td>5</td><td>GZ2</td><td>19.8</td><td>20.3</td><td>20.2</td><td></td><td></td><td></td><td></td><td></td><td></td><td></td><td>20.1</td></tr>
<tr><td>6</td><td>GZ3</td><td>20.1</td><td>20.3</td><td>20.4</td><td></td><td></td><td></td><td></td><td></td><td></td><td></td><td>20.3</td></tr>
<tr><td></td><td></td><td></td><td></td><td></td><td></td><td></td><td></td><td></td><td></td><td></td><td></td><td></td></tr>
<tr><td></td><td></td><td></td><td></td><td></td><td></td><td></td><td></td><td></td><td></td><td></td><td></td><td></td></tr>
<tr><td></td><td></td><td></td><td></td><td></td><td></td><td></td><td></td><td></td><td></td><td></td><td></td><td></td></tr>
<tr><td></td><td></td><td></td><td></td><td></td><td></td><td></td><td></td><td></td><td></td><td></td><td></td><td></td></tr>
<tr><td></td><td></td><td></td><td></td><td></td><td></td><td></td><td></td><td></td><td></td><td></td><td></td><td></td></tr>
<tr><td></td><td></td><td></td><td></td><td></td><td></td><td></td><td></td><td></td><td></td><td></td><td></td><td></td></tr>
<tr><td></td><td></td><td></td><td></td><td></td><td></td><td></td><td></td><td></td><td></td><td></td><td></td><td></td></tr>
<tr><td>检查结论</td><td colspan="12">经检查，防火涂料涂层厚度符合设计要求</td></tr>
<tr><td>施工单位</td><td colspan="3">项目技术负责人：
×××
记录人：×××

××年×月×日</td><td>监理（建设）单位</td><td colspan="4">监理工程师：×××
（建设单位代表）

××年×月×日</td><td>其他单位</td><td colspan="3">代表：

××年×月×日</td></tr>
</table>

二十二、《钢结构防火涂料涂层厚度检查记录》填写说明

薄涂型防火涂料涂层表面裂纹宽度不应大于0.5mm，涂层厚度应符合有关耐火极限的设计要求；厚涂型防火涂料涂层表面裂纹宽度不应大于1mm，其涂层厚度应有80%以上的面积符合耐火极限的设计要求，且最薄处厚度不应低于设计要求的85%。防火涂料涂层厚度测定方法如下：

(1)测针(厚度测量仪)。测针由针杆和可滑动的圆盘组成，圆盘始终保持与针杆垂直，并在其上装有固定装置，圆盘直径不大于30mm，以保证完全接触被测试件的表面。如果厚度测量仪不易插入被插材料中，也可使用其他适宜的方法测试。

测试时，将测厚探针垂直插入防火涂层直至钢基材表面上，记录标尺读数(见图6-6)。

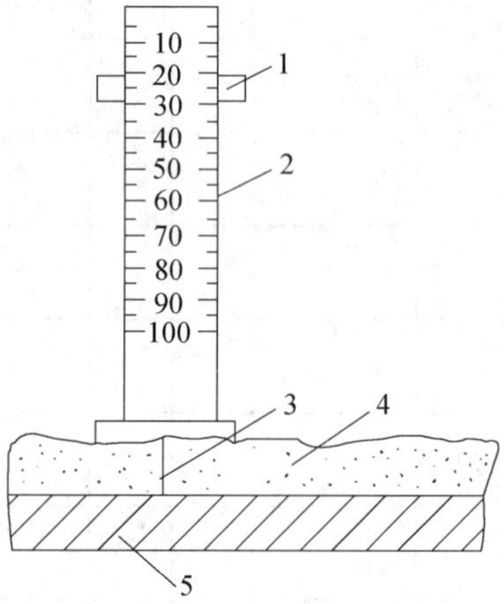

图6-6 测厚度示意图

1—标尺；2—刻度；3—测针；4—防火涂层；5—钢基材

(2)测点选定。

1)楼板和防火墙的防火涂层厚度测定，可选两相邻纵、横轴线相交中的面积为一个单元，在其对角线上，按每米长度选一点进行测试。

2)全钢框架结构的梁和柱的防火层厚度测定，在构件长度内每隔3m取一截面。

3)桁架结构的上弦和下弦每隔3m取一截面检测，其他腹杆每根取一截面检测。

(3)测量结果：对于楼板和墙面，在所选择的面积中，至少测出5个点；对于梁和柱在所选择的位置中，分别测出6个和8个点。分别计算出它们的平均值，精确到0.5mm。

第七章

钢结构工程施工试验记录及检测报告资料（C6）

本章内容包括下列资料：

- 焊缝质量检验报告及检验记录
- 后置埋件拉拔试验报告
- 高强螺栓抗滑移系数检测报告
- 钢结构焊接工艺评定报告
- 网架节点承载力试验报告
- 钢结构涂料厚度检测报告

第一节 焊缝质量检验报告及检验记录

一、《超声波探伤报告》填写范例

超声波探伤报告		资料编号	×××
		试验编号	×××
		委托编号	×××
工程名称及施工部位	×××大厦 二层柱、梁		
委托单位	××项目部	试验委托人	×××
构件名称	钢柱/钢梁	检测部位	梁柱对接焊缝
材 质	Q345B	板厚(mm)	10、12、14
仪器型号	UFD—308	试 块	RB—1
耦合剂	CMC	表面补偿	4Db
表面状况	打磨	执行处理	GB/T 11345
探头型号	5P10×10 70°	探伤日期	××年×月×日

探伤结果及说明：

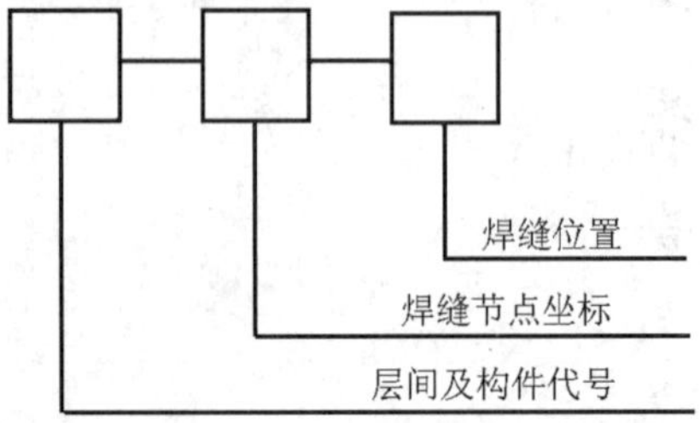

1. S-南；N-北
2. 11GL-10K-N即1段第一层，轴线坐标为10/K点上钢柱北侧梁——柱安装节点焊缝

钢结构现场安装焊缝，经超声波检测未发现超标缺陷，符合《焊缝无损检测 超声检测 技术、检测等级和评定》GB/T 11345—2013 规定的 B-Ⅱ级验收要求

焊缝评定合格

批 准	×××	审 核	×××	试 验	×××
试验单位	××中心试验室(单位章)				
报告日期	××年×月×日				

注：本表由检测机构提供。

二、《超声波探伤记录》填写范例

超声波探伤记录								资料编号		×××
工程名称	×××大厦							报告编号		×××
施工单位	××项目部							检测单位		×××
焊缝编号（两侧）	板厚（mm）	折射角（度）	回波高度	X（mm）	D（mm）	Z（mm）	L（mm）	级别	评定结果	备注
11GL—1K—N	10	70	—	—	—	—	—	I	合格	
11GL—1J2—S	10	70	—	—	—	—	—	I	合格	
N	10	70	—	—	—	—	—	I	合格	
11GL—1J1—S	10	70	—	—	—	—	—	I	合格	
11GL—1H2—N	10	70	—	—	—	—	—	I	合格	
11GL—1H1—S	10	70	—	—	—	—	—	I	合格	
N	10	70	—	—	—	—	—	I	合格	
11GL—1H—S	10	70	—	—	—	—	—	I	合格	
N	12	70	—	—	—	—	—	I	合格	
11GL—1G—S	12	70	—	—	—	—	—	I	合格	
11GL—4K—N	10	70	—	—	—	—	—	I	合格	
11GL—4J2—S	10	70	—	—	—	—	—	I	合格	
N	10	70	—	—	—	—	—	I	合格	
11GL—4J1—S	10	70	—	—	—	—	—	I	合格	
N	14	70	—	—	—	—	—	I	合格	
11GL—4J—S	14	70	—	—	—	—	—	I	合格	
N	14	70	—	—	—	—	—	I	合格	
11GL—4H2—S	14	70	—	—	—	—	—	I	合格	
N	10	70	—	—	—	—	—	I	合格	
11GL—5K—N	10	70	—	—	—	—	—	I	合格	
11GL—5J2—S	10	70	—	—	—	—	—		合格	
N	10	70	—	—	—	—	—		合格	
批　准		审　核			检　测			检测单位名称（公章）		
×××		×××			×××					
报告日期		××年×月×日								

××建设工程质量检测中心

注：本表由检测机构提供。

三、《超声波探伤记录》填写说明

1. 表格解析

(1)责任部门。

有资质检测单位提供,试验员收集。

(2)提交时限。

焊接完成24h后进行,钢结构分部工程验收前提交。

(3)资料归档。

一式三份,由施工单位填写,施工单位、建设单位归档保存,监理单位过程保存。

2. 相关规定及要求

(1)规范名称。

1)《焊缝无损检测 超声检测 技术、检测等级和评定》GB/T 11345—2013。

2)《钢结构焊接规范》GB 50661—2011。

3)《钢筋结构超声波探伤及质量分级》JG/T 203—2007。

4)《钢结构工程施工质量验收规范》GB 50205—2001。

(2)相关要求。

依据《钢结构工程施工质量验收规范》GB 50205—2001规范要求,设计要求全焊头的一、二级焊缝应做缺陷检验,由有相应资质等级检测单位出具超声波。

钢结构工程质量验收采用常规无损检测方法进行。常规无损检测方法超声波检测主要检测金属焊缝接头和钢板内部缺陷。

1)焊接球节点网架焊缝、螺栓球节点网架焊缝及圆管T、K、Y形节点相贯线焊缝,其内部缺陷分级及探伤方法分别符合国家现行标准《钢筋结构超声波探伤及质量分级法》JG/T 203—2007、《钢结构焊接规范》GB 50661—2011的规定。

2)最大反射波幅位于Ⅰ区的缺陷,根据缺陷指示长度按表7-1的规定予以评级。

表7-1 缺陷的等级分类

检验等级 板厚mm 评定等级	A	B	C
	8～50	8～300	8～300
Ⅰ	$\frac{2}{3}\delta$;最小12	$\frac{1}{3}\delta$;最小10,最大30	$\frac{1}{3}\delta$;最小10,最大20
Ⅱ	$\frac{3}{4}\delta$;最小12	$\frac{2}{3}\delta$;最小12,最大50	$\frac{1}{2}\delta$;最小10,最大30
Ⅲ	$<\delta$;最小20	$\frac{3}{4}\delta$;最小16,最大75	$\frac{2}{3}\delta$;最小12,最大50
Ⅳ	超过三级者		

注:1. δ为坡口加工侧母材板厚,母材板厚不同时,以较薄侧板厚为准。

2. 管座角焊缝δ为焊缝截面中心线高度。

3)最大反射波幅不超过评定线的缺陷，均评为Ⅰ级。

4)最大反射波幅超过评定线的缺陷，检验者判定为裂纹等危害性缺陷时，无论其波幅和尺寸如何，均评定为Ⅳ级。

5)反射波幅位于Ⅰ区的非裂纹性缺陷，均评为Ⅰ级。

6)反射波幅位于Ⅱ区的缺陷，无论其指示长度如何，均评定为Ⅳ级。

7)不合格的缺陷，应予返修，返修区域修补后，返修部位及补焊受影响的区域，应按原探伤条件进行复验，复探部位的缺陷亦应按相关标准评定。

四、《钢构件射线探伤报告》填写范例

钢构件射线探伤报告				资料编号	×××
				试验编号	××－×××
				委托编号	××－×××
工程名称	×××大厦				
委托单位	××建设工程有限公司			试验委托人	×××
检测单位	××检测中心			检测部位	球体环缝
构件名称	球体			构件编号	×××
材质	HPB 235	焊缝型式	V 型坡口	板厚(mm)	8、6
仪器型号	XY-2515	增感方式	铝箔	象质计型号	10/16
胶片型号	××	象质指数	13#、14#、15#	黑度	$D_{min}\geqslant1.2$ $D_{max}\leqslant3.5$
评定标准	GB 3323-2005	焊缝全长(mm)	4000	探伤比例与长度	25% 1354mm

探伤结果：

按容规(1981.5)第四章第 40 条(容器的焊缝探伤)之要求进行射线检测，并按《金属熔化焊接接头射线照相》GB 3323—2005 的规定执行，检测合格

底片编号	黑度	灵敏度	主要缺陷	评级	示意图：
01			无	Ⅰ	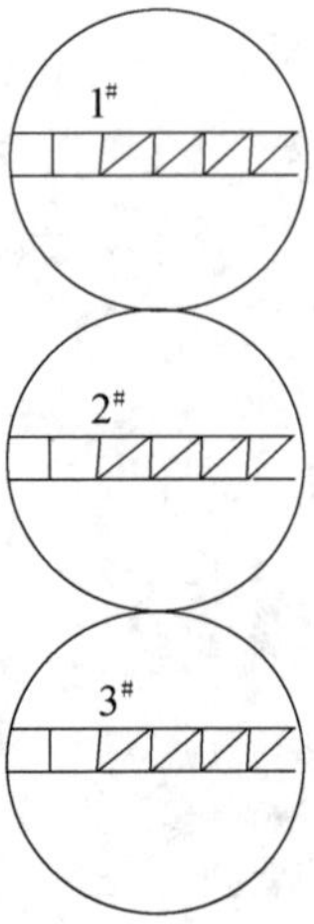
02			无	Ⅱ	
03			无	Ⅱ	
04			无	Ⅲ	
05			无	Ⅱ	
06			无	Ⅲ	
07			无	Ⅱ	
08			无	Ⅱ	
09			无	Ⅲ	
010			无	Ⅰ	
011			无	Ⅱ	备注：
012			无	Ⅱ	
批　　准	×××	审　　核	×××	试　　验	×××
试验单位	×××				
报告日期	×××				

注：本表由检测机构提供。

五、《钢构件射线探伤报告》填写说明

1. 表格解析

(1)责任部门。

有资质检测单位提供，试验员收集。

(2)提交时限。

焊接完成 24h 后进行，钢结构分部工程验收前提交。

(3)资料归档。

一式三份，由施工单位填写，施工单位、建设单位归档保存，监理单位过程保存。

2. 相关规定及要求

(1)规范名称。

1)《钢熔化焊对接接头射线照相和质量分级》GB/T 3323—2005。

2)《钢结构工程施工质量验收规范》GB 50205—2001。

(2)相关要求。

1)依据《钢结构工程施工质量验收规范》GB 50205—2001 规范要求，设计要求全焊头的一、二级焊缝应做缺陷检验，由有相应资质等级检测单位出具射线探伤检验报告。

2)钢结构工程质量验收采用常规无损检测方法进行。常规无损检测方法射线检验主要检测金属焊缝接头内部缺陷。

3)超声波探伤不能对缺陷作出判断时，应采用射线探伤，其内部缺陷分级及探伤方法应符合现行国家标准《焊缝无损检测 超声检测 技术、检测等级和评定》GB 11345—2013 或《钢熔化焊对接接头射线照相和质量分级》GB/T 3323—2005 的规定。

4)根据缺陷的性质和数量，焊接接头质量分为四个等级。

Ⅰ级焊接接头：应无裂纹、未熔合和未焊透和条形缺陷。

Ⅱ级焊接接头：应无裂纹、未熔合和未焊透。

Ⅲ级焊接接头：应无裂纹、未熔合以及双面焊和加垫板的单面焊中的未焊透。

Ⅳ级焊接接头：焊接接头中缺陷超过Ⅲ级者。

六、《磁粉探伤报告》填写范例

磁粉探伤报告

共1页　第1页

<table>
<tr><td>工程名称</td><td colspan="4">××工程</td><td>委托编号</td><td>检08×××</td></tr>
<tr><td>委托单位</td><td colspan="4">××建筑工程公司</td><td>检验日期</td><td>××年×月×日</td></tr>
<tr><td>见证单位</td><td colspan="4">××建设监理咨询公司</td><td>见证人</td><td>×××</td></tr>
<tr><td>检验依据</td><td colspan="6">《无损检测　磁粉检测　第1部分：总则》GB/T 15822.1—2005</td></tr>
<tr><td>检验仪器</td><td colspan="6">仪器名称：多功能磁粉探伤仪　　检定证书编号：×××</td></tr>
<tr><td rowspan="2">检验条件</td><td>母材材质</td><td>Q235</td><td>试块/试片</td><td>A型试片</td><td>检验地点</td><td>检测中心</td></tr>
<tr><td>磁粉种类</td><td>非荧光磁粉</td><td>施加方法</td><td>湿粉法</td><td>磁化方法</td><td>磁轭化</td></tr>
</table>

金属表面磁粉探伤检验结果					
样品编号	型号规格	磁粉探伤结果	样品编号	型号规格	磁粉探伤结果
J××××	Φ50mm	未发现裂纹	J××××	Φ50mm	未发现裂纹
J××××	Φ50mm	未发现裂纹	J××××	Φ50mm	未发现裂纹
J××××	Φ50mm	未发现裂纹	J××××	Φ50mm	未发现裂纹
J××××	Φ50mm	未发现裂纹	J××××	Φ50mm	未发现裂纹
J××××	Φ50mm	未发现裂纹	J××××	Φ50mm	未发现裂纹
J××××	Φ50mm	未发现裂纹			
J××××	Φ50mm	未发现裂纹			
J××××	Φ50mm	未发现裂纹			
J××××	Φ50mm	未发现裂纹			
J××××	Φ50mm	未发现裂纹			
检验结论	该构件经磁粉探伤未发现裂纹				

批准：×××　　　审核：×××　　　校核：×××　　　检验：×××

第二节　后置埋件拉拔试验报告

一、《后置埋件拉拔试验报告》填写范例

<table>
<tr><td colspan="3" rowspan="2">后置埋件拉拔试验报告</td><td>试验编号</td><td>JC××LB0039</td></tr>
<tr><td>委托编号</td><td>×××53658</td></tr>
<tr><td>工程名称及部位</td><td colspan="2">×××大厦　外墙东立面</td><td>试样名称</td><td>膨胀螺栓 M8</td></tr>
<tr><td>委托单位</td><td colspan="2">××幕墙装饰公司</td><td>产　地</td><td>××市</td></tr>
<tr><td>委托人</td><td colspan="2">×××</td><td>混凝土强度等级</td><td>—</td></tr>
<tr><td>检验项目</td><td colspan="2">拉拔力</td><td>锚固深度</td><td>—</td></tr>
<tr><td>依据标准</td><td colspan="2">—</td><td>委托日期</td><td>××年×月×日</td></tr>
<tr><td>检验设备</td><td colspan="2">SHJ-40</td><td>试验日期</td><td>××年×月×日</td></tr>
<tr><td colspan="5">试 验 结 果</td></tr>
<tr><td>试件编号</td><td>设计荷载(kN)</td><td>实际拉拔力(kN)</td><td>锚固端状态</td><td>备注(部位)</td></tr>
<tr><td>1</td><td>8.00</td><td>11.1</td><td>拔出</td><td>—</td></tr>
<tr><td>2</td><td>8.00</td><td>14.3</td><td>拔出</td><td>—</td></tr>
<tr><td>3</td><td>8.00</td><td>14.5</td><td>拔出</td><td>—</td></tr>
<tr><td></td><td></td><td></td><td></td><td></td></tr>
<tr><td></td><td></td><td></td><td></td><td></td></tr>
<tr><td></td><td></td><td></td><td></td><td></td></tr>
<tr><td colspan="5">结论：
现场实际拉拔力超过设计荷载、符合设计要求</td></tr>
<tr><td>负　责　人</td><td colspan="2">审　　核</td><td colspan="2">试　　验</td></tr>
<tr><td>×××</td><td colspan="2">×××</td><td colspan="2">×××</td></tr>
<tr><td>试验单位</td><td colspan="4">××大厦检测试验有限公司</td></tr>
<tr><td>报告日期</td><td colspan="4">××年×月×日</td></tr>
</table>

二、《后置埋件拉拔试验报告》填写说明

1. 表格解析

(1)责任部门。

有资质检测单位提供,试验员收集。

(2)提交时限。

饰面板安装检验批验收前1d提交。

(3)资料归档。

本表一式三份,由施工单位填写,施工单位、建设单位归档保存,监理单位过程保存。

2. 相关规定及要求

(1)规范名称。

《建筑装饰装修工程施工质量验收规范》GB 50210—2001。

(2)相关要求。

依据《建筑装饰装修工程施工质量验收规范》GB 50210—2001规定,后置埋件的现场拉拔强度必须符合设计要求,有现场拉拔强度检测报告。

1)组批原则及取样。

①取样批量:同品种、同规格、同强度等级、基本相同部位的后置埋件组成一个检验批。

②试样数量:

a. 对于非加固工程按每检验批后置埋件总数的1%计算,且不少于3根。

b. 对于加固工程现场破坏性检验的抽样,按每检验批后置埋件总数的1‰,且不少于5件进行检验。若后置埋件为植筋,且数量不超过100件时,可取3件进行检验。仲裁性检验的取样数量应加倍。

c. 对于加固工程现场非破损检验的抽样,应符合下列规定:

(a)锚栓锚固:对重要结构构件,按表7-2规定的抽样数量,对该检验批的锚栓进行随机抽样,对一般结构构件,可按对重要结构构件抽样数量的50%,且不少于5件进行随机抽样。

表7-2 重要结构构件锚栓锚固质量非破损检验抽样表

检验批的锚栓总数	≤100	500	1000	2500	≥5000
按检验批锚栓总数计算的最小抽样量	20%,且不少于5件	10%	7%	4%	3%

(b)植筋锚固:对重要结构构件,按检验批植筋总数的3%,且不少于5件进行随机抽样。对一般结构构件,按检验批植筋总数的1%,且不少于3件进行随机抽样。

③取样方法:破坏性检验宜尽量选在受力较小的次要连接部位且易修复和易补充的部位。非破损检验可采用随机抽样办法取样。

2)技术要求。

①非破损检验的评定，应根据所抽取的锚固试样在持荷期间的宏观状态，按下列规定进行：

a. 当试样在持荷期间锚固件无裂纹或其他局部损坏迹象出现，且施荷装置的荷载示值在2min内无下降或下降幅度不超过5%的检验荷载时，应评定其锚固质量合格。

b. 当一个检验批所抽取的试样全数合格时，应评定该批为合格批。

c. 当一个检验批所抽取的试样中仅有5%或5%以下不合格(不足一根，按一根计)时，应另抽3根试样进行破坏性检验。若检验结果全数合格，应评定该批仍为合格批。

d. 当一个检验批所抽取的试样中不止5%(不足一根，按一根计)不合格时，应评定该批为不合格批，且不得重做任何检验。

②破坏性检验结果的评定，应按下列规定进行：

a. 当检验结果符合下列要求时，其锚固质量评定为合格：

$$N_{u,m} \geqslant [\gamma_u] N_t \quad (7\text{-}1)$$

且

$$N_{u,min} \geqslant 0.85 N_{u,m} \quad (7\text{-}2)$$

式中：$N_{u,m}$——受检验锚固件极限抗拉拔力实测平均值；

$N_{u,min}$——受检验锚固件极限抗拉拔力实测最小值；

N_t——受检验锚固件连接的轴向受拉承载力设计值；

$[\gamma_u]$——破坏性检验安全系数，按表7-3取用。

表7-3 检验用安全系数$[\gamma_u]$

锚固件种类	破坏类型	
	钢材破坏	非钢材破坏
植筋	≥1.45	—
锚栓	≥1.65	≥3.5

b. 当$N_{u,m} < [\gamma_u] N_t$，或$N_{u,min} < 0.85 N_{u,m}$时，应评该锚固质量不合格。

第三节　高强螺栓抗滑移系数检测报告

一、《高强螺栓抗滑移系数检测报告》填写范例

高强螺栓抗滑移系数检测报告

<table>
<tr><td>工程名称</td><td colspan="3">××大厦</td><td colspan="2">委托编号</td><td>××－××</td></tr>
<tr><td>委托单位</td><td colspan="3">××钢结构安装公司</td><td colspan="2">检验日期</td><td>××年×月×日</td></tr>
<tr><td>见证单位</td><td colspan="3">×××</td><td colspan="2">见证人</td><td>×××</td></tr>
<tr><td>样品名称</td><td colspan="3">扭剪型高强度螺栓连接
摩擦面抗滑移系数试件</td><td colspan="2">检验项目</td><td>抗滑移系数</td></tr>
<tr><td>检验依据</td><td colspan="6">《钢结构高强度螺栓连接技术规程》JGJ 82—2011、
《钢结构工程施工质量验收规范》GB 50205—2001</td></tr>
<tr><td>检验仪器名称</td><td colspan="3">WE－1000 万能式验机</td><td colspan="2">检定证书编号</td><td>××－××</td></tr>
<tr><td colspan="7">高强度螺栓连接副连接摩擦面抗滑移系数检验结果</td></tr>
<tr><td>型号规格</td><td>样品编号</td><td>螺栓平均预拉力(kN)</td><td>摩擦面数(面)</td><td>单侧螺栓数量(个)</td><td>实测滑移荷载(kN)</td><td>抗滑移系数</td></tr>
<tr><td rowspan="3">M24×100</td><td>1</td><td>244</td><td>2</td><td>2</td><td>508.4</td><td>0.52</td></tr>
<tr><td>2</td><td>245</td><td>2</td><td>2</td><td>519.3</td><td>0.53</td></tr>
<tr><td>3</td><td>245</td><td>2</td><td>2</td><td>518.9</td><td>0.53</td></tr>
<tr><td>检验结论</td><td colspan="6">依据《钢结构高强度螺栓连接技术规程》JGJ 82—2011,《钢结构工程施工质量验收规范》GB 50205—2001 标准,符合设计要求</td></tr>
<tr><td>备　注</td><td colspan="6"></td></tr>
<tr><td>试验:
×××</td><td colspan="2">校核:
×××</td><td colspan="2">审核:
×××</td><td colspan="2">检测单位:
(盖章)
负责人:×××
××年×月×日</td></tr>
</table>

二、《高强螺栓抗滑移系数检测报告》填写说明

1. 表格解析

(1)责任部门。

有资质检测单位提供，试验员收集。

(2)提交时限。

正式使用前提交，高强螺栓连接检验批验收前 1d 提交。

(3)资料归档。

本表一式三份，由施工单位填写，施工单位、建设单位归档保存，监理单位过程保存。

2. 相关规定及要求

(1)规范名称。

《钢结构工程施工质量验收规范》GB 50205—2001。

(2)相关要求。

钢结构的连接采用高强度螺栓连接时，应对连接而进行喷砂、喷丸等方法的技术处理，使其连接面的抗滑移系数达到设计规定的数值，经过技术处理的摩擦面是否达到设计规定的抗滑移系数值，因此制造厂和安装单位应分别以钢结构制造批为单位进行抗滑移系数试验，并按规定实行有见证取样送检，由有资质的检测单位出具试验报告。

1)组批原则及取样。

制造批可按分部(子分部)工程划分规定的工程量每 2000t 为一批，不足 2000t 的可视为一批。

选用两种及两种以上表面处理工艺时，每种处理工艺应单独检验每批三组试件。

2)样品的制作。

抗滑移系数试验应采用双摩擦面的二栓拼接的拉力试件(图 7-1)。

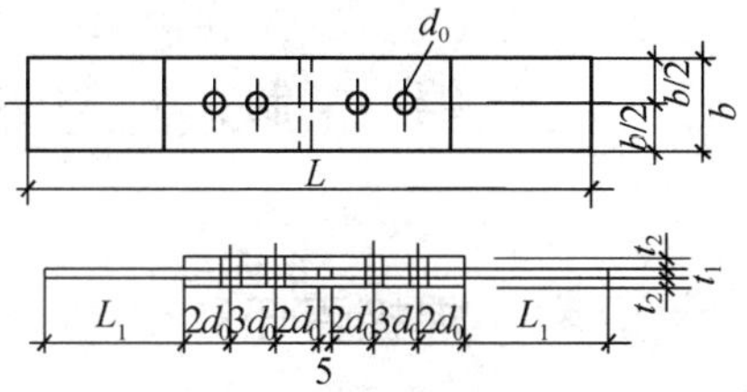

图 7-1 抗滑移系数拼接试件的形式和尺寸

抗滑移系数试验用的试件应由制造厂加工，试件与所代表的钢结构构件应为同一材质、同批制作、采用同一摩擦面处理工艺和具有相同的表面状态，并应用同批同一性能等级的高强度螺栓连接副，在同一环境条件不存放。

试件钢板的厚度 t_1、t_2 应根据钢结构工程中有代表性的板材厚度来确定，同时应考虑在摩擦面滑移之前，试件钢板的净截面始终处于弹性状态；宽度 b 可参照表 7-4 规定取值，L_1 应根据试验机夹具的要求确定。

表 7-4 试件板的宽度(mm)

螺栓直径 d	16	20	22	24	27	30
板宽 b	100	100	105	110	120	120

试件板面应平整，无油污，孔和板的边缘无飞边、毛刺。

第四节　钢结构焊接工艺评定报告

一、《钢结构焊接工艺评定报告》填写范例

建筑钢结构焊接工艺评定报告

资料编号：JHP××-23

编　　制：×××

焊接责任：×××

技术人员：×××

批　　准：×××

单　　位：××钢结构工程有限公司

日　　期：××年×月×日

焊接工艺评定报告目录

序号	报 告 名 称	报告编号	页 数
1	首页		1
2	目录		1
3	焊接工艺评定报告	JHP××-23	1
4	焊接工艺评定指导书	HZ××-23	1
5	焊接工艺评定记录表	HZ××-23	1
6	焊接工艺评定检验结果表		1
7	超声波探伤报告	×××	2（略）
8	试验报告单	×××	2（略）
9	试验材料材质单	×××	1（略）

焊接工艺评定报告

工程(产品)名称	××大厦		评定报告编号	JHP××-23			
委托单位	××公司制造厂		工艺指导书编号	HZ××-23			
项目负责人	×××		依据标准	《钢结构焊接规范》GB 50666—2011			
试样焊接单位	××公司		施焊日期	××年×月×日			
焊工	×××	资格代号	××××	级别	—		
母材钢号	Q345C	规格	—70	供货状态	热轧	生产厂	××

化学分析和力学性能

	C(%)	Mn(%)	Si(%)	S(%)	P(%)	σ_s(MPa)	σ_b(MPa)	δ_5(%)	A_{kv}(J)	180°弯曲试验
标准	≤0.20	1.00～1.60	≤0.55	≤0.035	≤0.035	≥275	470～630	≥22	≥34	$d=3a$
合格证	0.13	1.45	0.33	0.005	0.015	375	550	28	178、199、182	合格
复验										

碳当量	0.37	公式	$CE\%=C+\frac{Mn}{6}+\frac{Cr+Mo+V}{5}+\frac{Cu+Ni}{15}(\%)$

焊接材料	生产厂	牌号	类型	直径(mm)	烘干温度(℃×h)	备注
焊条	—	—	—	—	—	—
焊丝	××焊接材料厂	H08MnA	—	ϕ4.0	—	—
焊剂或气体	××焊接材料厂	HJ 431	熔炼型	—	350℃×2h	—

焊接方法	埋弧自动焊	焊接位置	平焊	接头形式	板对接
焊接工艺参数	见焊接工艺指导书	清根工艺	碳弧气刨清根、磨光机打磨		
焊接设备型号	MZ—1000	电源及极性	直流、反接		
预热温度(℃)	100	层间温度(℃)	150	后热温度(℃)及时间(min)	—
焊后热处理	/				

评定结论：

本评定按《钢结构焊接规范》GB 50661—2011规定，根据工程情况编制工艺评定指导书、焊接试件、制取并检验试样、测定性能，确认试验记录正确，评定结果为：合格。焊接条件及工艺参数适用范围按本评定指导书规定执行

评　定	×××	××年×月×日	评定单位： 合格 （签章） ××年×月×日
审　核	×××	××年×月×日	
技术负责	×××	××年×月×日	

焊接工艺评定指导书

工程名称	××大厦	指导书编号	HZ××-23

母材钢号	Q345C	规格	—70	供货状态	/	生产厂	××

焊接材料	生产厂	牌号	类型	烘干温度(℃×h)	备注
焊条	—	—	—	—	—
焊丝	××焊接材料有限公司	H08MnA	ϕ4.0	—	—
焊剂或气体	××焊接材料有限公司	HJ 431	熔炼型	300～350℃×2h	—

焊接方法	埋弧自动焊	焊接位置	平焊
焊接设备型号	MZ—100	电源及极性	直流、反接

预热温度(℃)	100～120	层间温度(℃)	150±15	后热温度(℃)及时间(min)	—

接头及坡口尺寸图

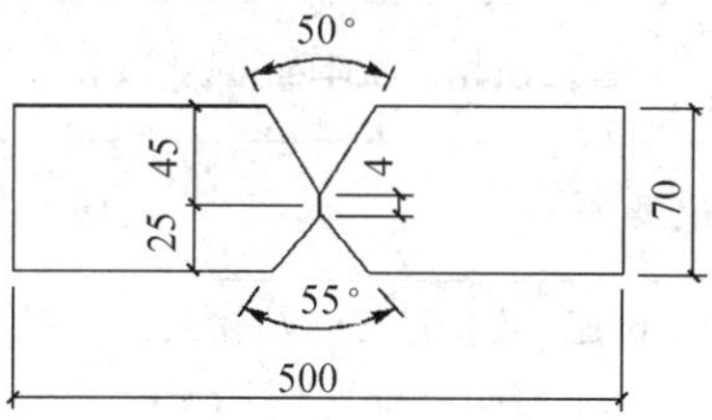

焊接顺序图

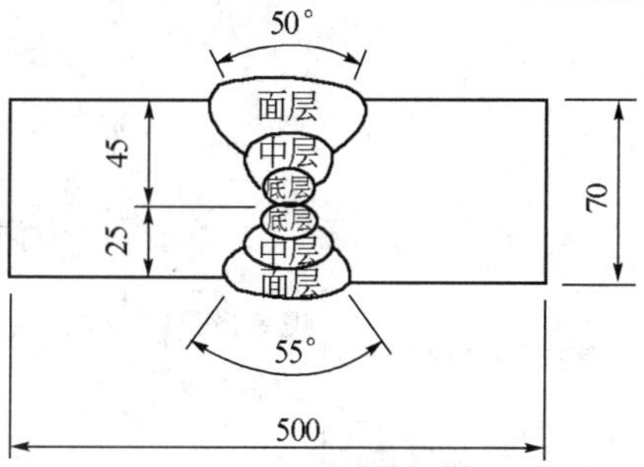

焊接工艺参数

道次	焊接方法	焊条或焊剂 牌号	焊条或焊剂 直径(mm)	焊剂或保护气	保护气体流量(1/min)	电流(A)	电压(V)	焊接速度(cm/min)	热输入(kJ/cm)	备注
底层	埋弧自动焊	H08MnA	ϕ4.0	HJ431	—	500～550	31～33	30～34	27～36	—
中层	埋弧自动焊	H08MnA	ϕ4.0	HJ431	—	550～600	32～36	33～36	29～39	—
面层	埋弧自动焊	H08MnA	ϕ4.0	HJ431	—	550～600	32～36	24～26	40～54	—

技术措施

焊前清理	除锈、打磨	层间清理	清渣、除飞溅、磨光
背面清根	碳弧气刨清根		
其他：	—		

编制	×××	日期	××年×月×日	审核	×××	日期	××年×月×日

焊接工艺评定记录表

工程名称	××大厦			指导书编号	HZ××-23
焊接方法	埋弧自动焊	焊接位置	平焊	设备型号	MZ—1000
电源及极性	直流、反接	母材钢号	Q345C	类别	Ⅱ
生产厂	××	母材规格	—70	供货状态	热轧

接头尺寸及施焊道次顺序

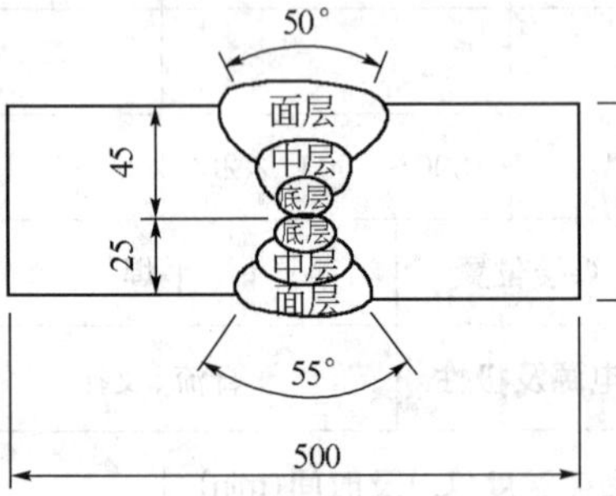

焊接材料				
焊条	牌号	—	类型	—
	生产厂	—	批号	—
	烘干温度(℃)	—	时间(min)	—
焊丝	牌号	H08MnA	规格(mm)	ϕ4.0
	生产厂	××	批号	9091481
焊剂或气体	牌号	HJ431	规格(目)	8～40
	生产厂	××焊接材料有限公司		
	烘干温度(℃)	350	时间(min)	120

施焊工艺参数记录

	首次	焊接方法	焊条(焊丝)直径(mm)	保护气体流量(1/min)	电流(A)	电压(V)	焊接速度(cm/min)	热输入(kJ/cm)	备注
焊接工艺参数	底层	埋弧自动焊	ϕ4.0	—	520	33	33	31	—
	中层	埋弧自动焊	ϕ4.0	—	580	34	35	34	—
	面层	埋弧自动焊	ϕ4.0	—	600	35	35	50	—

施焊环境	室内	环境温度(℃)	27	相对湿度	52%		
预热温度(℃)	100	层间温度(℃)	150	后热温度(℃)	—	时间(min)	—
后热处理	—						

技术措施				
技术措施	焊前清理	除锈打磨	层间清理	清渣、除飞溅、磨光
	背面清根	碳弧刨清根		
	其他	—		

焊工姓名	×××	资格代号	×××-×	级别	—	施焊日期	××年×月×日
记录	×××	日期	××年×月×日	审核	×××	日期	××年×月×日

焊接工艺评定检验结果表

非破坏检验				
试验项目	合格标准	评定结果	报告编号	备　注
外观				
X光	—	—	—	—
超声波	Ⅰ级	合格	HP—023	—
磁粉	—	—	—	—

拉伸试验	报告编号		××		弯曲试验		报告编号		××
试样编号	σ_s (MPa)	σ_b (MPa)	断口位置	评定结果	试样编号	试验类型	弯心直径 D(mm)	弯曲角度	评定结果
23		480	拉断，母材	合格	23	侧弯	30	180°	侧弯合格
23		485	拉断，母材	合格	23	侧弯	30	180°	侧弯合格
					23	侧弯	30	180°	侧弯合格
					23	侧弯	30	180°	侧弯合格
					23	侧弯	30	180°	侧弯合格
					23	侧弯	30	180°	侧弯合格
					23	侧弯	30	180°	侧弯合格
					23	侧弯	30	180°	侧弯合格

冲击试验	报告编号	××		宏观金相	报告编号	—
试样编号	缺口位置	试验温度(℃)	冲击功 A_{kv}(J)	评定结果：—		
23区—1	热影响区	0	110			
23区—2	热影响区	0	130			
23区—3	热影响区	0	140	硬度试验	报告编号	—
23心—1	焊缝区	0	58	评定结果：—		
23心—2	焊缝区	0	68			
23心—3	焊缝区	0	70			

其他检验：

—

检验	×××、×××	日期	××年×月×日	审核	×××	日期	××年×月×日

二、《钢结构焊接工艺评定报告》填写说明

1. 表格解析

(1)责任部门。

有资质检测单位提供，试验员收集。

(2)提交时限。

正式焊接施工前完成，第一次钢结构焊接工程检验批验收前提交。

(3)资料归档。

本表一式三份，由施工单位填写，施工单位、建设单位归档保存，监理单位过程保存。

2. 相关规定及要求

(1)规范名称。

《钢结构焊接规范》GB 50661—2011。

(2)相关要求。

1)为了保证工程焊接质量，凡符合以下情况之一者，应在构件加工制作和结构安装施工焊接前进行焊接工艺评定，并根据焊接工艺评定的结果制定相应的施工焊接工艺。

①国内首次应用于钢结构工程的钢材(包括钢材牌号与标准相符，但微合金强化元素的类别不同和供应状态不同，或国外钢号国内生产)。

②国内首次应用于钢结构工程的焊接材料。

③设计规定的钢材类别、焊接材料、焊接方法、接头形式、焊接位置、焊后热处理制度以及施工单位所采用焊接工艺参数、预热后热措施等各种参数的组合条件为施工企业首次使用。

2)钢结构焊接工艺评定应由具有国家技术质量监督部门认证资质的检测单位进行检测并提供。焊接工艺评定应由结构制作、安装企业根据所承担钢结构的设计节点形式、钢材类型、规格、采用的焊接方法、焊接位置等，制定焊接工艺评定方案，拟定相应的焊接工艺评定指导书，按《钢结构焊接规范》GB 50661—2011 规定的施焊试件、切取试样。

3)焊接工艺评定的施焊参数，包括热输入、预热、后热制度等应根据被焊材料的焊接性制订。

4)焊接工艺评定所用设备、仪表的性能应与实际工程施工焊接相一致并处于正常工作状态。焊接工艺评定所用的钢材、焊钉、焊接材料必须与实际工程所用材料一致并符合相应标准要求，具有生产厂出具的质量证明文件。

5)焊接工艺评定试件应由该工程施工企业中技能熟练的焊接人员施焊。

6)焊接工艺评定检验完成后，应由检测评定单位根据检测结果提出焊接工艺评定报告，连同焊接工艺评定指导书、焊接评定记录表、评定试样检验结果(包括超声波探伤报告、焊接件力学性能试验报告、钢材出厂质量证明、焊接材料出厂质量证明、低倍组织检验报告)一起报质量监督验收部门和有关单位审查备案。

第五节 网架节点承载力试验报告

一、《网架节点承载力试验报告》填写范例

网架节点承载力试验报告

委托日期：××年×月×日　　试验编号：××—××

发出日期：××年×月×日　　建设单位：××集团开发有限公司

委托单位：××钢结构工程有限公司　　工程名称：××工程

主要使用部位：××　　牌号、质量等级：××

产地或厂名：××有限公司　　钢材名称、规格：Q235

进场数量(t)：××　　出厂合格证：×××

送 样 人：×××　　监理工程师：×××

试件编号	网架种类	规格		试验拉(压力)(kN)	破坏形态	设计承载力(kN)
		螺栓(钢管)直径	螺栓(焊接)球直径(mm)			
××	螺栓球网架	M30(10.9s)	240	638	未发现明显破坏痕迹	600
××	螺栓球网架	M30(10.9s)	240	652	未发现明显破坏痕迹	600
××	螺栓球网架	M30(10.9s)	240	642	未发现明显破坏痕迹	600
××	螺栓球网架	M30(10.9s)	240	630	未发现明显破坏痕迹	600
××	螺栓球网架	M30(10.9s)	240	651	未发现明显破坏痕迹	600
××	螺栓球网架	M30(10.9s)	240	657	未发现明显破坏痕迹	600

结论：

依据《钢网架螺栓球节点》JG/T 10—2009，以上所检项目符合标准要求，评定合格

试验单位：××建设工程质量检测中心(单位章)　负责人：×××　审核人：×××　试验人：×××

单位工程技术负责人意见：

该试样所检项目符合《钢网架螺栓球节点》JG/T 10—2009 要求

签章：×××

二、《网架节点承载力试验报告》填写说明

1. 表格解析

(1)提交时限。

正式施工前按设计指定规格完成。

(2)责任部门。

有资质检测单位提供,试验员收集。

(3)资料归档。

本表一式三份,由施工单位填写,施工单位、建设单位归档保存,监理单位过程保存。

2. 相关规定及要求

(1)规范名称。

1)《钢结构工程施工质量验收规范》GB 50205—2001。

2)《钢网架螺栓球节点》JG/T 10—2009。

3)《钢网架焊接空心球节点》JG/T 11—2009。

4)《钢网架螺栓球节点用高强度螺栓》GB/T 16939—1997。

(2)相关要求。

1)检测范围。

《钢结构工程施工质量验收规范》GB 50205—2001 规定对建筑结构安全等级为一级,跨度 40m 及以上的公共建筑钢网架结构,且设计有要求时,应对焊接球节点和螺栓球节点进行节点承载力试验。

2)检测项目。

①焊接球节点应按设计制定规格的球及其匹配的钢管焊接成试件,进行轴心拉、压承载力试验。

②螺栓球节点应按设计指定规格的球最大螺栓孔螺纹进行抗拉强度保证荷载试验。

3)取样。

每项试验每批随机取 3 个试件进行试验。

4)技术要求。

①焊接球节点单项受拉、受压承载力试验破坏荷载值应大于或等于 1.6 倍设计承载力。

②螺栓球节点抗拉强度保证荷载试验当达到螺栓的设计承载力时,螺孔、螺纹及封板完好无损为合格。

第六节　钢结构涂料厚度检测报告

一、《钢结构涂料厚度检测报告》填写范例

京市质监认字 006 号

(1998) 量认 (京) 字 (R0110) 号

No. ××-2829

检 验 报 告

受检单位　××建材有限公司

产品名称　室内超薄型钢结构防火涂料

检验类型　型式认可发证检验

国家固定灭火系统和耐火构件质量监督检验中心

国家固定灭火系统和耐火构件质量监督检验中心

检 验 报 告

No. ××-2829

产品名称	室内超薄型钢结构防火涂料
型号规格	NCB(GXC-601)
商　　标	七环
委托单位	公安部消防产品合格评定中心
生产单位	××防火材料有限责任公司
受检单位	××建材有限公司
抽样者	×××、×××
抽样地点	库房
抽样基数	1t
抽样日期	××年×月×日
送样者	×××
送样日期	××年×月×日
样品数量	60kg
样品编号	××-2829
检验类别	型式认可发证检验
检验依据	《钢结构防火涂料》GB 14907—2002
样品等级	空白
检验项目	全项
检验日期	××年×月×日至××年×月×日
检验地点	本中心内
检验结论	××防火材料有限责任公司送检的NCB(GXC-601)室内超薄型钢结构防火涂料(涂层厚度:2.19mm;耐火极限:大于120min),经按《钢结构防火涂料》GB 14907—2002检验,合格 (检验业务专用章) **签发日期:**××年×月×日
备注	

批准:×××　　**审核:**×××　　**编制:**×××

共4页　第1页

检验结果汇总

No. ××-2829

序号	检验项目名称	标准要求及标准条款号	实测结果	本项结论	备注
1	在容器中的状态	经搅拌后呈均匀细腻状态，无结块(5.2.1)	经搅拌后呈均匀细腻状态，无结块	合格	
2	干燥时间，表干	≤8h(5.2.1)	3h	合格	
3	外观与颜色	涂层干燥后，外观与颜色同样品相比应无明显差别(5.2.1)	涂层干燥后，同样品相比无明显差别	合格	
4	初期干燥抗裂性	不应出现裂纹(5.2.1)	无裂纹	合格	
5	黏结强度	≥0.20MPa(5.2.1)	0.71MPa	合格	
6	耐水性	≥24h(5.2.1)	浸泡24h，涂层无起层、发泡、脱落	合格	
7	耐冷热循环性	≥15次(5.2.1)	15次循环后，涂层无开裂、剥落、起沟	合格	
8	耐火性能	涂层厚度为(2.00±0.20)mm时，耐火极限不应小于1.0h。(5.2.1) 耐火极限判定： 失去承载能力——钢梁的最大挠度达到 $L_0/20$（L_0 为钢梁跨度，mm）(6.5.6)	实测涂料层厚度为2.19mm，钢梁跨度5100mm。耐火试验进行120min，钢梁的最大挠度为239mm，未失去承载能力。 耐火极限大于2.0h	合格	涂料层含有防锈漆

照　片　页

No. ××-2829

（图略）

共4页　第3页

样 品 描 述

No. ××-2829

送检单位	××建材有限公司		
通讯地址	××市××区××路××号		
邮政编码	××××××	联系电话	×××××××

（图略）

（本页以下空白）

二、《钢结构涂料厚度检测报告》填写说明

1. 表格解析

(1)责任部门。

有资质检测单位提供，试验员收集。

(2)提交时限。

钢结构涂料涂装检验批验收前提交。

(3)资料归档。

本表一式三份，由施工单位填写，施工单位、建设单位归档保存，监理单位过程保存。

2. 相关规定及要求

(1)规范名称。

1)《钢结构工程施工质量验收规范》GB 50205—2001。

2)《钢结构防水涂料应用技术规范》CECS 24：90。

(2)相关要求。

钢结构工程所使用的防腐、防火涂料应作涂层厚度检验，其中防火涂层厚度应由有相应资质的检测单位出具的检测报告。

1)防腐涂料、涂装遍数、涂层厚度均应符合设计要求。当设计对涂层厚度无要求时，涂层干漆膜总厚度：室外应为 150μm，其允许偏差为 −25μm。每遍涂层干漆膜厚度的允许偏差为 −5μm。检查数量：按构件数抽查 10%，且同类构件不应少于 3 件。

2)薄涂型防火涂料的涂层厚度应符合有关耐火极限的设计要求。厚涂型防火涂料涂层的厚度，80%及以上面积应符合有关耐火极限的设计要求，且最薄处厚度不应低于设计要求的 85%。检查数量：按同类构件数抽查 10%，且均不应少于 3 件。

3)楼板和防火墙的防火涂层厚度测定，可先两相邻纵、横轴线相交中的面积为一个单元，在其对角线上，按每米长度选一点进行测试。

4)全钢框架结构的梁和柱的防火涂层厚度测定，在构件长度内每隔 3m 取一截面。

5)桁架结构，上弦和下弦按 2)款的规定每隔 3m 取一截面检测，其他腹杆每根取一截面检测。

第八章

钢结构工程施工质量验收资料（C7）

本章内容包括下列资料：

- 钢结构工程检验批质量验收记录表
- 防腐涂料涂装分项工程质量验收记录表
- 钢结构子分部工程质量验收记录表

第一节 钢结构工程检验批质量验收记录表

一、《钢结构焊接检验批质量验收记录》填写范例

钢结构焊接检验批质量验收记录

02030101 001

<table>
<tr><td colspan="3">单位(子单位)工程名称</td><td colspan="2">××大厦</td><td>分部(子分部)工程名称</td><td>主体结构/钢结构</td><td>分项工程名称</td><td>钢结构焊接</td></tr>
<tr><td colspan="3">施工单位</td><td colspan="2">××建筑有限公司</td><td>项目负责人</td><td>×××</td><td>检验批容量</td><td>50 件</td></tr>
<tr><td colspan="3">分包单位</td><td colspan="2">—</td><td>分包单位项目负责人</td><td>—</td><td>检验批部位</td><td>宴会大厅</td></tr>
<tr><td colspan="3">施工依据</td><td colspan="3">《钢结构工程施工规范》GB 50755—2012</td><td>验收依据</td><td colspan="2">《钢结构工程施工质量验收规范》GB 50205—2001</td></tr>
<tr><td colspan="3">验收项目</td><td>设计要求及规范规定</td><td>最小/实际抽样数量</td><td colspan="3">检查记录</td><td>检查结果</td></tr>
<tr><td rowspan="8">主控项目</td><td>1</td><td>焊接材料品种、规格</td><td>第 4.3.1 条</td><td>—</td><td colspan="3">质量证明文件齐全,试验合格,报告编号××××</td><td>√</td></tr>
<tr><td>2</td><td>焊接材料复验</td><td>第 4.3.2 条</td><td>—</td><td colspan="3">见证复验,报告编号×××</td><td>√</td></tr>
<tr><td>3</td><td>材料匹配</td><td>第 5.2.1 条</td><td>—</td><td colspan="3">质量证明文件齐全,记录齐全</td><td>√</td></tr>
<tr><td>4</td><td>焊工证书</td><td>第 5.2.2 条</td><td>—</td><td colspan="3">文件符合规定,资料齐全</td><td>√</td></tr>
<tr><td>5</td><td>焊接工艺评定</td><td>第 5.2.3 条</td><td>—</td><td colspan="3">文件符合规定,资料齐全</td><td>√</td></tr>
<tr><td>6</td><td>内部缺陷</td><td>第 5.2.4 条</td><td>—</td><td colspan="3">文件符合规定,资料齐全</td><td>√</td></tr>
<tr><td>7</td><td>组合焊缝尺寸</td><td>第 5.2.5 条</td><td>20/20</td><td colspan="3">抽查 20 处,合格 20 处</td><td>√</td></tr>
<tr><td>8</td><td>焊缝表面缺陷</td><td>第 5.2.6 条</td><td>5/5</td><td colspan="3">抽查 5 处,合格 5 处</td><td>√</td></tr>
<tr><td rowspan="6">一般项目</td><td>1</td><td>焊接材料外观质量</td><td>第 4.3.4 条</td><td>10/10</td><td colspan="3">抽查 10 包,合格 10 包</td><td>100%</td></tr>
<tr><td>2</td><td>预热和后热处理</td><td>第 5.2.7 条</td><td>—</td><td colspan="3">—</td><td></td></tr>
<tr><td>3</td><td>焊缝外观质量</td><td>第 5.2.8 条</td><td>5/5</td><td colspan="3">抽查 5 处,合格 5 处</td><td>100%</td></tr>
<tr><td>4</td><td>焊缝尺寸偏差</td><td>第 5.2.9 条</td><td>5/5</td><td colspan="3">抽查 5 处,合格 5 处</td><td>100%</td></tr>
<tr><td>5</td><td>凹形角焊缝</td><td>第 5.2.10 条</td><td>10/10</td><td colspan="3">抽查 10 处,合格 10 处</td><td>100%</td></tr>
<tr><td>6</td><td>焊缝感观</td><td>第 5.2.11 条</td><td>5/5</td><td colspan="3">抽查 5 处,合格 5 处</td><td>100%</td></tr>
<tr><td colspan="3">施工单位检查结果</td><td colspan="6">符合要求
专业工长:×××
项目专业质量检查员:×××
××年×月×日</td></tr>
<tr><td colspan="3">监理单位验收结论</td><td colspan="6">合格
专业监理工程师:×××
××年×月×日</td></tr>
</table>

二、《钢结构焊接检验批质量验收记录》填写说明

1. 填写依据

(1)《钢结构工程施工质量验收规范》GB 50205—2001。

(2)《建筑工程施工质量验收统一标准》GB 50300—2013。

2. 规范摘要

以下内容摘自《钢结构工程施工质量验收规范》GB 50205—2001。

(1)检验批划分原则。

钢结构焊接工程可按相应的钢结构制作或安装工程检验批的划分原则划分为一个或若干个检验批。

(2)验收要求。

1)焊接材料。

主控项目

①焊接材料的品种、规格、性能等应符合现行国家产品标准和设计要求。

检查数量:全数检查。

检验方法:检查焊接材料的质量合格证明文件、中文标志及检验报告等。

②重要钢结构采用的焊接材料应进行抽样复验,复验结果应符合现行国家产品标准和设计要求。

检查数量:全数检查。

检验方法:检查复验报告。

一般项目

焊条外观不应有药皮脱落、焊芯生锈等缺陷;焊剂不应受潮结块。

检查数量:按量抽查 1%,且不应少于 10 包。

检验方法:观察检查。

2)钢构件焊接工程。

主控项目

①焊条、焊丝、焊剂、电渣焊熔嘴等焊接材料与母材的匹配应符合设计要求及国家现行行业标准《建筑钢结构焊接技术规程》JGJ 81 的规定。焊条、焊剂、药芯焊丝、熔嘴等在使用前,应按其产品说明书及焊接工艺文件的规定进行烘焙和存放。

检查数量:全数检查。

检验方法:检查质量证明书和烘焙记录。

②焊工必须经考试合格并取得合格证书。持证焊工必须在其考试合格项目及其认可范围内施焊。

检查数量:全数检查。

检验方法:检查焊工合格证及其认可范围、有效期。

③施工单位对其首次采用的钢材、焊接材料、焊接方法、焊后热处理等,应进行焊接工艺评定,并应根据评定报告确定焊接工艺。

检查数量:全数检查。

检验方法：检查焊接工艺评定报告。

④设计要求全焊透的一、二级焊缝应采用超声波探伤进行内部缺陷的检验，超声波探伤不能对缺陷作出判断时，应采用射线探伤，其内部缺陷分级及探伤方法应符合现行国家标准《焊缝无损检测　超声检测　技术、检测等级和评定》GB 11345—2013 或《金属熔化焊接接头射线照相》GB/T 3323—2005 的规定。焊接球节点网架焊缝、螺栓球节点网架焊缝及圆管 T、K、Y 形节点相贯线焊缝，其内部缺陷分级及探伤方法应分别符合国家现行标准《钢结构超声波探伤及质量分级法》JG/T 203—2007、《钢结构焊接规范》GB 50661—2011 的规定。一级、二级焊缝的质量等级及缺陷分级应符合表 8-1 的规定。

检查数量：全数检查。

检验方法：检查超声波或射线探伤记录。

表 8-1　一、二级焊缝质量等级及缺陷分级

焊缝质量等级		一级	二级
内部缺陷超声波探伤	评定等级	Ⅱ	Ⅲ
	检验等级	B 级	B 级
	探伤比例	100%	20%
内部缺陷射线探伤	评定等级	Ⅱ	Ⅲ
	检验等级	AB 级	AB 级
	探伤比例	100%	20%

注：探伤比例的计数方法应按以下原则确定：

①工厂制作焊缝，应按每条焊缝计算百分比，且探伤长度不应小于 200mm，当焊缝长度不足 200mm 时，应对整条焊缝进行探伤；

②对现场安装焊缝，应按同一类型、同一施焊条件的焊缝条数计算百分比，探伤长度应不小于 200mm，并应不少于 1 条焊缝。

⑤ T 形接头、十字接头、角接接头等要求熔透的对接和角对接组合焊缝，其焊脚尺寸不应小于 $t/4$[图 8-1(a)、(b)、(c)]；设计有疲劳验算要求的吊车梁或类似构件的腹板与上翼缘连接焊缝的焊脚尺寸为 $t/2$[图 8-1(d)]，且不应大于 10mm。焊脚尺寸的允许偏差为 0～4mm。

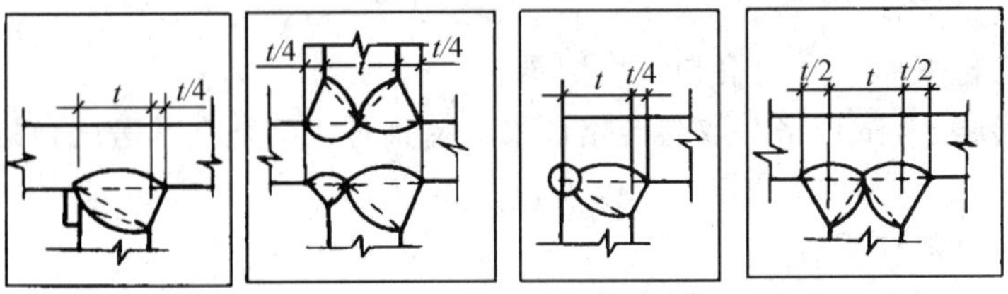

(a)　(b)　(c)　(d)

图 8-1　焊脚尺寸

检查数量：资料全数检查；同类焊缝抽查 10%，且不应少于 3 条。

检验方法：观察检查，用焊缝量规抽查测量。

⑥焊缝表面不得有裂纹、焊瘤等缺陷。一级、二级焊缝不得有表面气孔、夹渣、弧坑裂纹、电弧擦伤等缺陷。且一级焊缝不得有咬边、未焊满、根部收缩等缺陷。

检查数量：每批同类构件抽查10%，且不应少于3件；被抽查构件中，每一类型焊缝按条数抽查5%，且不应少于1条；每条检查1处，总抽查数不应少于10处。

检验方法：观察检查或使用放大镜、焊缝量规和钢尺检查，当存在疑义时，采用渗透或磁粉探伤检查。

一般项目

①对于需要进行焊前预热或焊后热处理的焊缝，其预热温度或后热温度应符合国家现行有关标准的规定或通过工艺试验确定。预热区在焊道两侧，每侧宽度均应大于焊件厚度的1.5倍以上，且不应小于100mm；后热处理应在焊后立即进行，保温时间应根据板厚按每25mm板厚1h确定。

检查数量：全数检查。

检验方法：检查预、后热施工记录和工艺试验报告。

②二级、三级焊缝外观质量标准应符合《钢结构工程施工质量验收规范》GB 50205—2001附录A中表A.0.1的规定。三级对接焊缝应按二级焊缝标准进行外观质量检验。

检查数量：每批同类构件抽查10%，且不应少于3件；被抽查构件中，每一类型焊缝按条数抽查5%，且不应少于1条；每条检查1处，总抽查数不应少于10处。

检验方法：观察检查或使用放大镜、焊缝量规和钢尺检查。

③焊缝尺寸允许偏差应符合《钢结构工程施工质量验收规范》GB 50205—2001附录A中表A.0.2的规定。

检查数量：每批同类构件抽查10%，且不应少于3件；被抽查构件中，每种焊缝按条数各抽查5%，但不应少于1条；每条检查1处，总抽查数不应少于10处。

检验方法：用焊缝量规检查。

④焊成凹形的角焊缝，焊缝金属与母材间应平缓过渡；加工成凹形的角焊缝，不得在其表面留下切痕。

检查数量：每批同类构件抽查10%，且不应少于3件。

检验方法：观察检查。

⑤ 焊缝感观应达到：外形均匀、成型较好，焊道与焊道、焊道与基本金属间过渡较平滑，焊渣和飞溅物基本清除干净。

检查数量：每批同类构件抽查10%，且不应少于3件；被抽查构件中，每种焊缝按数量各抽查5%，总抽查处不应少于5处。

检验方法：观察检查。

【说明】

《建筑钢结构焊接技术规程》（JGJ 81）已被《钢结构焊接规范》GB 50661—2011取代。焊条、焊丝、焊剂、电渣焊熔嘴等焊接材料与母材的匹配应符合设计要求及国家现行标准《钢结构焊接规范》GB 50661—2011的规定。

三、《焊钉(栓钉)焊接工程检验批质量验收记录》填写范例

焊钉(栓钉)焊接工程检验批质量验收记录

02030102 001

<table>
<tr><td>单位(子单位)工程名称</td><td colspan="3">××大厦</td><td>分部(子分部)工程名称</td><td>主体结构/钢结构</td><td>分项工程名称</td><td>钢结构焊接</td></tr>
<tr><td>施工单位</td><td colspan="3">××建筑有限公司</td><td>项目负责人</td><td>×××</td><td>检验批容量</td><td>50件</td></tr>
<tr><td>分包单位</td><td colspan="3">—</td><td>分包单位项目负责人</td><td>—</td><td>检验批部位</td><td>宴会大厅</td></tr>
<tr><td>施工依据</td><td colspan="4">《钢结构工程施工规范》GB 50755—2012</td><td>验收依据</td><td colspan="2">《钢结构工程施工质量验收规范》GB 50205—2001</td></tr>
<tr><td colspan="3">验 收 项 目</td><td>设计要求及规范规定</td><td>最小/实际抽样数量</td><td colspan="2">检 查 记 录</td><td>检查结果</td></tr>
<tr><td rowspan="4">主控项目</td><td>1</td><td>焊接材料品种规格</td><td>第4.3.1条</td><td>—</td><td colspan="2">质量证明文件齐全,检验合格,报告编号××××</td><td>√</td></tr>
<tr><td>2</td><td>焊接材料复验</td><td>第4.3.2条</td><td>—</td><td colspan="2">质量证明文件齐全,检验合格,报告编号××××</td><td>√</td></tr>
<tr><td>3</td><td>焊接工艺评定</td><td>第5.3.1条</td><td>—</td><td colspan="2">文件符合规定,资料齐全</td><td>√</td></tr>
<tr><td>4</td><td>焊后弯曲试验</td><td>第5.3.2条</td><td>10/10</td><td colspan="2">抽查10件,合格10件</td><td>√</td></tr>
<tr><td rowspan="2">一般项目</td><td>1</td><td>焊钉和瓷环尺寸</td><td>第4.3.3条</td><td>10/10</td><td colspan="2">抽查10套,合格10套</td><td>100%</td></tr>
<tr><td>2</td><td>焊缝外观质量</td><td>第5.3.3条</td><td>10/10</td><td colspan="2">抽查10处,合格10处</td><td>100%</td></tr>
<tr><td>施工单位检查结果</td><td colspan="7">符合要求
专业工长:×××
项目专业质量检查员:×××
××年×月×日</td></tr>
<tr><td>监理单位验收结论</td><td colspan="7">合格
专业监理工程师:×××
××年×月×日</td></tr>
</table>

四、《焊钉(栓钉)焊接工程检验批质量验收记录》填写说明

1. 填写依据

(1)《钢结构工程施工质量验收规范》GB 50205—2001。

(2)《建筑工程施工质量验收统一标准》GB 50300—2013。

2. 规范摘要

以下内容摘自《钢结构工程施工质量验收规范》GB 50205—2001。

(1)检验批划分原则。

钢结构焊接工程可按相应的钢结构制作或安装工程检验批的划分原则划分为一个或若干个检验批。

(2)验收要求。

1)焊接材料。

主控项目

①焊接材料的品种、规格、性能等应符合现行国家产品标准和设计要求。

检查数量:全数检查。

检验方法:检查焊接材料的质量合格证明文件、中文标志及检验报告等。

②重要钢结构采用的焊接材料应进行抽样复验,复验结果应符合现行国家产品标准和设计要求。

检查数量:全数检查。

检验方法:检查复验报告。

一般项目

焊钉及焊接瓷环的规格、尺寸及偏差应符合现行国家标准《电弧螺柱焊用圆柱头焊钉》GB/T 10433—2002 中的规定。

检查数量:按量抽查 1%,且不应少于 10 套。

检验方法:用钢尺和游标卡尺量测。

2)焊钉(栓钉)焊接工程。

主控项目

①施工单位对其采用的焊钉和钢材焊接应进行焊接工艺评定,其结果应符合设计要求和国家现行有关标准的规定。瓷环应按其产品说明书进行烘焙。

检查数量:全数检查。

检验方法:检查焊接工艺评定报告和烘焙记录。

②焊钉焊接后应进行弯曲试验检查,其焊缝和热影响区不应有肉眼可见的裂纹。

检查数量:每批同类构件抽查 10%,且不应少于 10 件;被抽查构件中,每件检查焊钉数量的 1%,但不应少于 1 个。

检验方法:焊钉弯曲 30°后用角尺检查和观察检查。

一般项目

焊钉根部焊脚应均匀,焊脚立面的局部未熔合或不足 360°的焊脚应进行修补。

检查数量:按总焊钉数量抽查 1%,且不应少于 10 个。

检验方法:观察检查。

五、《紧固件连接检验批质量验收记录》填写范例

紧固件连接检验批质量验收记录

02030201 001

<table>
<tr><td>单位(子单位)工程名称</td><td>××大厦</td><td>分部(子分部)工程名称</td><td>主体结构/钢结构</td><td>分项工程名称</td><td colspan="2">紧固件连接</td></tr>
<tr><td>施工单位</td><td>××建筑有限公司</td><td>项目负责人</td><td>×××</td><td>检验批容量</td><td colspan="2">50处</td></tr>
<tr><td>分包单位</td><td>—</td><td>分包单位项目负责人</td><td>—</td><td>检验批部位</td><td colspan="2">宴会大厅</td></tr>
<tr><td>施工依据</td><td colspan="2">《钢结构工程施工规范》GB 50755—2012</td><td>验收依据</td><td colspan="3">《钢结构工程施工质量验收规范》GB 50205—2001</td></tr>
</table>

<table>
<tr><td colspan="3">验 收 项 目</td><td>设计要求及规范规定</td><td>最小/实际抽样数量</td><td>检 查 记 录</td><td>检查结果</td></tr>
<tr><td rowspan="5">主控项目</td><td>1</td><td>成品进场</td><td>第4.4.1条</td><td>—</td><td>质量证明文件齐全</td><td>√</td></tr>
<tr><td>2</td><td>螺栓实物复验</td><td>第6.2.1条</td><td>—</td><td>实物复验报告编号××××</td><td>√</td></tr>
<tr><td>3</td><td>匹配及间距</td><td>第6.2.2条</td><td>5/5</td><td>抽查5处,合格5处</td><td>√</td></tr>
<tr><td></td><td></td><td></td><td></td><td></td><td></td></tr>
<tr><td></td><td></td><td></td><td></td><td></td><td></td></tr>
<tr><td rowspan="5">一般项目</td><td>1</td><td>螺栓紧固</td><td>第6.2.3条</td><td>5/5</td><td>抽查5处,合格5处</td><td>100%</td></tr>
<tr><td>2</td><td>外观质量</td><td>第6.2.4条</td><td>5/5</td><td>抽查5处,合格5处</td><td>100%</td></tr>
<tr><td></td><td></td><td></td><td></td><td></td><td></td></tr>
<tr><td></td><td></td><td></td><td></td><td></td><td></td></tr>
<tr><td></td><td></td><td></td><td></td><td></td><td></td></tr>
<tr><td>施工单位检查结果</td><td colspan="6">符合要求
专业工长:×××
项目专业质量检查员:×××
××年×月×日</td></tr>
<tr><td>监理单位验收结论</td><td colspan="6">合格
专业监理工程师:×××
××年×月×日</td></tr>
</table>

六、《紧固件连接检验批质量验收记录》填写说明

1. 填写依据

(1)《钢结构工程施工质量验收规范》GB 50205—2001。

(2)《建筑工程施工质量验收统一标准》GB 50300—2013。

2. 规范摘要

以下内容摘自《钢结构工程施工质量验收规范》GB 50205—2001。

(1)检验批划分原则。

紧固件连接工程可按相应的钢结构制作或安装工程检验批的划分原则划分为一个或若干个检验批。

(2)验收要求。

1)连接用紧固标准件。

主控项目

钢结构连接用高强度大六角头螺栓连接副、扭剪型高强度螺栓连接副、钢网架用高强度螺栓、普通螺栓、铆钉、自攻钉、拉铆钉、射钉、锚栓(机械型和化学试剂型)、地脚锚栓等紧固标准件及螺母、垫圈等标准配件，其品种、规格、性能等应符合现行国家产品标准和设计要求。高强度大六角头螺栓连接副和扭剪型高强度螺栓连接副出厂时应分别随箱带有扭矩系数和紧固轴力(预拉力)的检验报告。

检查数量：全数检查。

检验方法：检查产品的质量合格证明文件、中文标志及检验报告等。

2)普通紧固件连接。

主控项目

①普通螺栓作为永久性连接螺栓时，当设计有要求或对其质量有疑义时，应进行螺栓实物最小拉力载荷复验，试验方法见《钢结构工程施工质量验收规范》GB 50205—2001 附录 B，其结果应符合现行国家标准《紧固件机械性能　螺栓、螺钉和螺柱》GB 3098.1—2010 的规定。

检查数量：每一规格螺栓抽查 8 个。

检验方法：检查螺栓实物复验报告。

②连接薄钢板采用的自攻钉、拉铆钉、射钉等其规格尺寸应与被连接钢板相匹配，其间距、边距等应符合设计要求。

检查数量：按连接节点数抽查 1%，且不应少于 3 个。

检验方法：观察和尺量检查。

一般项目

①永久性普通螺栓紧固应牢固、可靠，外露丝扣不应少于 2 扣。

检查数量：按连接节点数抽查 10%，且不应少于 3 个。

检验方法；观察和用小锤敲击检查。

②自攻螺钉、钢拉铆钉、射钉等与连接钢板应紧固密贴，外观排列整齐。

检查数量：按连接节点数抽查 10%，且不应少于 3 个。

检验方法：观察或用小锤敲击检查。

七、《高强度螺栓连接检验批质量验收记录》填写范例

高强度螺栓连接检验批质量验收记录

02030202 001

单位(子单位)工程名称	××大厦	分部(子分部)工程名称	主体结构/钢结构	分项工程名称	紧固件连接
施工单位	××建筑有限公司	项目负责人	×××	检验批容量	500处
分包单位	—	分包单位项目负责人	—	检验批部位	宴会大厅
施工依据	《钢结构工程施工规范》GB 50755—2012		验收依据	《钢结构工程施工质量验收规范》GB 50205—2001	

验收项目			设计要求及规范规定	最小/实际抽样数量	检查记录	检查结果
主控项目	1	成品进场	第4.4.1条	全/	有产品的质量合格证明文件、中文标志及检验报告	√
	2	扭矩系数或预拉力复验	第4.2.2条或第4.4.3条	全/	质量证明文件齐全，检验合格，报告编号××××	√
	3	抗滑移系数试验	第6.3.1条	全/	检验合格，报告编号××××	√
	4	终拧扭矩	第6.3.2条或第6.3.3条	50/50	抽查50处，合格50处	√
一般项目	1	成品进场检验	第4.4.4条	3/3	抽查3箱，合格3箱	100%
	2	表面硬度试验	第4.4.5条	8/8	抽查8处，合格8处	100%
	3	施拧顺序和初拧、复拧扭矩	第6.3.4条	全/500	施拧顺序和扭矩符合设计要求和施工技术方案	√
	4	连接外观质量	第6.3.5条	25/25	抽查25处，合格25处	100%
	5	摩擦面外观	第6.3.6条	全/500	共500处，全部检查，合格500处	100%
	6	扩孔	第6.3.7条	全/500	共500处，全部检查，合格500处	100%
施工单位检查结果	符合要求 专业工长：××× 项目专业质量检查员：××× ××年×月×日					
监理单位验收结论	合格 专业监理工程师：××× ××年×月×日					

八、《高强度螺栓连接检验批质量验收记录》填写说明

1. 填写依据

(1)《铝合金结构工程施工质量验收规范》GB 50576—2010。

(2)《建筑工程施工质量验收统一标准》GB 50300—2013。

2. 规范摘要

以下内容摘自《铝合金结构工程施工质量验收规范》GB 50576—2010。

主控项目

(1)钢结构制作和安装单位应按《铝合金结构工程施工质量验收规范》GB 50576—2010 附录 B 的规定分别进行高强度螺栓连接摩擦面的抗滑移系数试验和复验，现场处理的构件摩擦面应单独进行摩擦面抗滑移系数试验，其结果应符合设计要求。

检查数量：见《铝合金结构工程施工质量验收规范》GB 50576—2010 附录 B。

检验方法：检查摩擦面抗滑移系数试验报告和复验报告。

(2)高强度大六角头螺栓连接副终拧完成 1h 后、48h 内应进行终拧扭矩检查，检查结果应符合《铝合金结构工程施工质量验收规范》GB 50576—2010 附录 B 的规定。

检查数量：按节点数抽查 10%，且不应少于 10 个；每个被抽查节点按螺栓数抽查 10%，且不应少于 2 个。

检验方法：见《铝合金结构工程施工质量验收规范》GB 50576—2010 附录 B。

(3)扭剪型高强度螺栓连接副终拧后，除因构造原因无法使用专用扳手终拧掉梅花头者外，未在终拧中拧掉梅花头的螺栓数不应大于该节点螺栓数的 5%。对所有梅花头未拧掉的扭剪型高强度螺栓连接副应采用扭矩法或转角法进行终拧并作标记，且按本规范第②条的规定进行终拧扭矩检查。

检查数量：按节点数抽查 10%，但不应少于 10 个节点，被抽查节点中梅花头未拧掉的扭剪型高强度螺栓连接副全数进行终拧扭矩检查。

检验方法：观察检查及《铝合金结构工程施工质量验收规范》GB 50576—2010 附录 B。

一般项目

(1)高强度螺栓连接副的施拧顺序和初拧、复拧扭矩应符合设计要求和国家现行行业标准《钢结构高强度螺栓连接的设计施工及验收规程》JGJ 82 的规定。

检查数量：全数检查资料。

检验方法：检查扭矩扳手标定记录和螺栓施工记录。

(2)高强度螺栓连接副终拧后，螺栓丝扣外露应为 2～3 扣，其中允许有 10%的螺栓丝扣外露 1 扣或 4 扣。

检查数量：按节点数抽查 5%，且不应少于 10 个。

检验方法：观察检查。

(3)高强度螺栓连接摩擦面应保持干燥、整洁，不应有飞边、毛刺、焊接飞溅物、焊疤、氧化铁皮、污垢等，除设计要求外摩擦面不应涂漆。

检查数量：全数检查。

检验方法：观察检查。

(4)高强度螺栓应自由穿入螺栓孔。高强度螺栓孔不应采用气割扩孔，扩孔数量应征得设计同意，扩孔后的孔径不应超过 1.2d(d 为螺栓直径)。

检查数量：被扩螺栓孔全数检查。

检验方法：观察检查及用卡尺检查。

(5)螺栓球节点网架总拼完成后，高强度螺栓与球节点应紧固连接，高强度螺栓拧入螺栓球内的螺纹长度不应小于 1.0d(d 为螺栓直径)，连接处不应出现有间隙、松动等未拧紧情况。

检查数量：按节点数抽查 5%，且不应少于 10 个。

检验方法：普通扳手及尺量检查

【说明】

《钢结构高强度螺栓连接的设计施工及验收规程》JGJ 82 更新名称为《钢结构高强度螺栓连接技术规程》JGJ 82—2011。

九、《钢零部件加工检验批质量验收记录》填写范例

钢零部件加工检验批质量验收记录

02030301 001

单位(子单位)工程名称	××大厦	分部(子分部)工程名称	主体结构/钢结构	分项工程名称	钢零部件加工
施工单位	××建筑有限公司	项目负责人	×××	检验批容量	120 件
分包单位	—	分包单位项目负责人	—	检验批部位	宴会大厅
施工依据	《钢结构工程施工规范》GB 50755—2012		验收依据	《钢结构工程施工质量验收规范》GB 50205—2001	

验收项目			设计要求及规范规定	最小/实际抽样数量	检查记录	检查结果
主控项目	1	材料品种、规格	第 4.2.1 条	—	质量证明文件齐全，检验合格，报告编号××××	√
	2	钢材复验	第 4.2.2 条	—	检验合格，报告编号××××	√
	3	切面质量	第 7.2.1 条	全/120	共 120 处，全部检查，合格 120 处	√
	4	矫正和成型	第 7.3.1 条或第 7.3.2 条	—	文件符合规定，资料齐全	√
	5	边缘加工	第 7.4.1 条	—	文件符合规定，资料齐全	√
	6	制孔	第 7.6.1 条	12/12	抽查 12 处，合格 12 处	√
一般项目	1	材料规格尺寸	第 4.2.3 条和第 4.2.4 条	全/120	共 120 处，全部检查，合格 120 处	100%
	2	钢材表面质量	第 4.2.5 条	12/15	抽查 15 处，合格 15 处	100%
	3	切割精度	第 7.2.2 条和第 7.2.3 条	全/12	抽查 12 处，合格 12 处	100%
	4	矫正质量	第 7.3.3 条、第 7.3.4 条和第 7.3.5 条	12/12	抽查 12 处，合格 12 处	100%
	5	边缘加工精度	第 7.4.2 条	12/12	抽查 12 处，合格 12 处	100%
	6	制孔精度	第 7.6.2 条和第 7.6.3 条	12/12	抽查 12 处，合格 12 处	100%
施工单位检查结果	符合要求 专业工长：××× 项目专业质量检查员：××× ××年×月×日					
监理单位验收结论	合格 专业监理工程师：××× ××年×月×日					

十、《钢零部件加工检验批质量验收记录》填写说明

1. 填写依据

(1)《钢结构工程施工质量验收规范》GB 50205—2001。

(2)《建筑工程施工质量验收统一标准》GB 50300—2013。

2. 规范摘要

以下内容摘自《钢结构工程施工质量验收规范》GB 50205—2001。

(1)检验批划分原则。

钢零件及钢部件加工工程，可按相应的钢结构制作工程或钢结构安装工程检验批的划分原则划分为一个或若干个检验批。

(2)验收要求。

1)钢材。

主控项目

①钢材、钢铸件的品种、规格、性能等应符合现行国家产品标准和设计要求。进口钢材产品的质量应符合设计和合同规定标准的要求。

检查数量：全数检查。

检验方法：检查质量合格证明文件、中文标志及检验报告等。

②对属于下列情况之一的钢材，应进行抽样复验，其复验结果应符合现行国家产品标准和设计要求。

a. 国外进口钢材；

b. 钢材混批；

c. 板厚大于或等于 40mm，且设计有 Z 向性能要求的厚板；

d. 建筑结构安全等级为一级，大跨度钢结构中主要受力构件所采用的钢材；

e. 设计有复验要求的钢材；

f. 对质量有疑义的钢材。

检查数量：全数检查。检验方法：检查复验报告。

一般项目

①钢板厚度及允许偏差应符合其产品标准的要求。

检查数量：每一品种、规格的钢板抽查 5 处。

检验方法：用游标卡尺量测。

②型钢的规格尺寸及允许偏差应符合其产品标准的要求。

检查数量：每一品种、规格的型钢抽查 5 处。

检验方法：用钢尺和游标卡尺量测。

③钢材的表面外观质量除应符合国家现有关标准的规定外，尚应符合下列规定：

a. 当钢材的表面有锈蚀、麻点或划痕等缺陷时，其深度不得大于该钢材厚度负允许偏差值的 1/2；

b. 钢材表面的锈蚀等级应符合现有国家标准《涂覆涂料前钢材表面处理　表面清洁度的目视评定　第一部分：未涂覆过的钢材表面和全面清除原有涂层后的钢材表面的锈

蚀等级和处理等级》GB/T 8923.1—2011 规定的 C 级及 C 级以上；

c. 钢材端边或断口处不应有分层、夹渣等缺陷。

检查数量：全数检查。

检验方法：观察检查。

2）切割。

主控项目

钢材切割面或剪切面应无裂纹、夹渣、分层和大于 1mm 的缺棱。

检查数量：全数检查。

检验方法：观察或用放大镜及百分尺检查，有疑义时作渗透、磁粉或超声波探伤检查。

一般项目

①气割的允许偏差应符合表 8-2 的规定。

检查数量：按切割面数抽查 10%，且不应少于 3 个。

检验方法：观察检查或用钢尺、塞尺检查。

表 8-2 气割的允许偏差(mm)

项 目	允许偏差
零件宽度、长度	±3.0
切割面平面度	0.05t，且不应大于 2.0
割纹深度	0.3
局部缺口深度	1.0

注：t 为切割面厚度。

②机械剪切的允许偏差应符合表 8-3 的规定。

检查数量：按切割面数抽查 10%，且不应少于 3 个。

检验方法：观察检查或用钢尺、塞尺检查。

表 8-3 机械剪切的允许偏差(mm)

项 目	允许偏差
零件宽度、长度	±3.0
边缘缺棱	1.0
型钢端部垂直度	2.0

3）矫正和成型。

主控项目

①碳素结构钢在环境温度低于−16℃、低合金结构钢在环境温度低于−12℃时，不应进行冷矫正和冷弯曲。碳素结构钢和低合金结构钢在加热矫正时，加热温度不应超过 900℃。低合金结构钢在加热矫正后应自然冷却。

检查数量：全数检查。

检验方法：检查制作工艺报告和施工记录。

②当零件采用热加工成型时，加热温度应控制在 900～1000℃；碳素结构钢和低合金结构钢在温度分别下降到 700℃和 800℃之前，应结束加工；低合金结构钢应自然冷却。

检查数量：全数检查。

检验方法：检查制作工艺报告和施工记录。

一般项目

①矫正后的钢材表面，不应有明显的凹面或损伤，划痕深度不得大于 0.5mm，且不应大于该钢材厚度负允许偏差的 1/2。

检查数量：全数检查。

检验方法：观察检查和实测检查。

②冷矫正和冷弯曲的最小曲率半径和最大弯曲矢高应符合《钢结构工程施工质量验收规范》GB 50205—2001 表 7.3.4(略)的规定。

检查数量：按冷矫正和冷弯曲的件数抽查 10%，且不应少于 3 个。

检验方法：观察检查和实测检查。

③钢材矫正后的允许偏差，应符合《钢结构工程施工质量验收规范》GB 50205—2001 表 7.3.5(略)的规定。

检查数量：按矫正件数抽查 10%，且不应少于 3 件。

检验方法：观察检查和实测检查。

4)边缘加工验收要求。

主控项目

气割或机械剪切的零件，需要进行边缘加工时，其刨削量不应小于 2.0mm。

检查数量：全数检查。

检验方法：检查工艺报告和施工记录。

一般项目

边缘加工允许偏差应符合表 8-4 的规定。

检查数量：按加工面数抽查 10%，且不应少于 3 件。

检验方法：观察检查和实测检查。

表 8-4　边缘加工的允许偏差(mm)

项　目	允 许 偏 差
零件宽度、长度	±1.0
加工边直线度	$l/3000$，且不应大于 2.0
相邻两边夹角	±6′
加工面垂直度	$0.025t$，且不应大于 0.5
加工面表面粗糙度	$\overset{50}{\bigtriangledown}$

5)制孔。

主控项目

A、B 级螺栓孔(Ⅰ类孔)应具有 H12 的精度，孔壁表面粗糙度 R_a 不应大于 12.5μm。

其孔径的允许偏差应符合表 8-5 的规定。C 级螺栓孔（Ⅱ类孔），孔壁表面粗糙度 Ra 不应大于 25μm，其允许偏差应符合表 8-6 的规定。

检查数量：按钢构件数量抽查 10%，且不应少于 3 件。

检验方法：用游标卡尺或孔径量规检查。

表 8-5　A、B 级螺栓孔径的允许偏差(mm)

序号	螺栓公称直径、螺栓孔直径	螺栓公称直径、允许偏差	螺栓孔直径、允许偏差
1	10～18	0.00 −0.18	+0.18 0.00
2	18～30	0.00 −0.21	+0.21 0.00
3	30～50	0.00 −0.25	+0.25 0.00

表 8-6　C 级螺栓孔的允许偏差(mm)

项　　目	允 许 偏 差
直径	+1.0 0.0
圆度	2.0
垂直度	0.03t，且不应大于 2.0

一般项目

①螺栓孔孔距的允许偏差应符合表 8-7 的规定。

检查数量：按钢构件数量抽查 10%，且不应少于 3 件。

检验方法：用钢尺检查。

表 8-7　螺栓孔孔距允许偏差

螺栓孔孔距范围	≤500	501～1200	1201～3000	>3000
同一组内任一两孔间距离	±1.0	±1.5	—	—
相邻两组的端孔间距离	±1.5	±2.0	±2.5	±3.0

注：1. 在节点中连接板与一根杆件相连的所有螺栓孔为一组；

2. 对接接头在拼接板一侧的螺栓孔为一组；

3. 在两相邻节点或接头间的螺栓孔为一组，但不包括上述两款所规定的螺栓孔。

4. 受弯构件翼缘上的连接螺栓孔，每米长度范围内的螺栓孔为一组。

②螺栓孔孔距的允许偏差超过表 8-7 规定的允许偏差时，应采用与母材材质相匹配的焊条补焊后重新制孔。

检查数量：全数检查。

检验方法：观察检查。

十一、《钢构件组装检验批质量验收记录》填写范例

钢构件组装检验批质量验收记录

02030401 001

单位(子单位)工程名称	××大厦		分部(子分部)工程名称	主体结构/钢结构	分项工程名称	钢构件组装及预拼装
施工单位	××建筑有限公司		项目负责人	×××	检验批容量	150件
分包单位	—		分包单位项目负责人	—	检验批部位	宴会大厅
施工依据	《钢结构工程施工规范》GB 50755—2012			验收依据	《钢结构工程施工质量验收规范》GB 50205—2001	

验收项目			设计要求及规范规定	最小/实际抽样数量	检查记录	检查结果
主控项目	1	吊装梁(桁架)	第8.3.1条	—	—	
	2	端部铣平精度	第8.4.1条	15/15	抽查15处,合格15处	√
	3	外形尺寸	第8.5.1条	全/150	共150件,全部检查,合格150件	√
一般项目	1	焊接H型钢接缝	第8.2.1条	全/150	共150件,全部检查,合格150件	100%
	2	焊接H型钢精度	第8.2.2条	15/15	抽查15件,合格15件	100%
	3	焊接组装精度	第8.3.2条	15/15	抽查15件,合格15件	100%
	4	顶紧接触面	第8.3.3条	15/15	抽查15处,合格15处	100%
	5	轴线交点错位	第8.3.4条	15/15	抽查15处,合格15处	100%
	6	焊缝坡口精度	第8.4.2条	15/15	抽查15处,合格15处	100%
	7	铣平面保护	第8.4.3条	全/150	共150处,全部检查,合格150处	100%
	8	外形尺寸	第8.5.2条	15/15	抽查15处,合格15处	100%
施工单位检查结果	符合要求 专业工长:××× 项目专业质量检查员:××× ××年×月×日					
监理单位验收结论	合格 专业监理工程师:××× ××年×月×日					

十二、《钢构件组装检验批质量验收记录》填写说明

1. 填写依据

(1)《钢结构工程施工质量验收规范》GB 50205—2001。

(2)《建筑工程施工质量验收统一标准》GB 50300—2013。

2. 规范摘要

以下内容摘自《钢结构工程施工质量验收规范》GB 50205—2001。

(1)检验批划分原则。

钢构件组装工程可按钢结构制作工程检验批的划分原则划分为一个或若干个检验批。

(2)验收要求。

1)焊接 H 型钢。

一般项目

①焊接 H 型钢的翼缘板拼接缝和腹板拼接缝的间距不应小于 200mm。翼缘板拼接长度不应小于 2 倍板宽;腹板拼接宽度不应小于 300mm,长度不应小于 600mm。

检查数量:全数检查。

检验法:观察和用钢尺检查。

②焊接 H 型钢的允许偏差应符合《钢结构工程施工质量验收规范》GB 50205—2001 附录 C 中表 C. 0. 1 的规定。

检查数量:按钢构件数抽查 10%,宜不应少于 3 件。

2)组装。

主控项目

吊车梁和吊车桁架不应下挠。

检查数量:全数检查。

检验方法:构件直立,在两端支承后,用水准仪和钢尺检查。

一般项目

①焊接连接组装的允许偏差应符合《钢结构工程施工质量验收规范》GB 50205—2001 附录 4 中表 4. 0. 2 的规定。

检查数量:按构件数抽查 10%,且不应少于 3 个。

检验方法:用钢尺检验。

②顶紧接触面应有 75%以上的面积紧贴。

检查数量:按接触面的数量抽查 10%,且不应少于 10 个。

检验方法:用 0. 3mm 塞尺检查,其塞入面积应小于 25%,边缘间隙不应大于 0. 8mm。

③桁架结构杆件轴线交点错位的允许偏差不得大于 3. 0mm。

检查数量:按构件数抽查 10%,且不应少于 3 个,每个抽查构件按节点数抽查 10%,且不应少于 3 个节点。

检验方法:尺量检查。

3)端部铣平及安装焊缝坡口。

主控项目

端部铣平的允许偏差应符合表 8-8 的规定。

检查数量:按铣平面数量抽查 10%,且不应少于 3 个。

检验方法:用钢尺、角尺、塞尺等检查。

表 8-8 端部铣平的允许偏差(mm)

项目	允许偏差
两端铣平时构件长度	±2.0
两端铣平时零件长度	±0.5
铣平面的平面度	0.3
铣平面对轴线的垂直度	L/1500

一般项目

①安装焊缝坡口的允许偏差应符合表 8-9 的规定。

检查数量:按坡口数量抽查 10%,且不应少于 3 条。

检验方法:用焊缝量规检查。

表 8-9 安装焊缝坡口的允许偏差

项目	允许偏差
坡口角度	±5°
钝边	±1.0mm

②外露铣平面应防锈保护。

检查数量:全数检查。

检验方法:观察检查。

4)钢构件外形尺寸。

主控项目

钢构件外形尺寸主控项目的允许偏差应符合表 8-10 的规定。

检查数量:全数检查。

检验方法:用钢尺检查。

表 8-10 钢构件外形尺寸主控项目的允许偏差(mm)

项目	允许偏差
单层柱、梁、桁架受力支托(支承面)表面至第一个安装孔距离	±1.0
多节柱铣平面至第一个安装孔距离	±1.0
实腹梁两端最外侧安装孔距离	±3.0
构件连接处的截面几何尺寸	±3.0
柱、梁连接处的腹板中心线偏移	2.0
受压构件(杆件)弯曲矢高	L/1000,且不应大于 10.0

一般项目

钢构件外形尺寸一般项目的允许偏差应符合《钢结构工程施工质量验收规范》GB 50205—2001 附录 C 中表 C.0.3~表 C.0.9 的规定。

检查数量:按构件数量抽查 10%,且不应少于 3 件。

检验方法:见《钢结构工程施工质量验收规范》GB 50205—2001 附录 4 中 C.0.3~表 C.0.9。

十三、《钢构件预拼装检验批质量验收记录》填写范例

钢构件预拼装检验批质量验收记录

02030402 001

单位(子单位)工程名称	××大厦	分部(子分部)工程名称	主体结构/钢结构	分项工程名称	钢构件组装及预拼装
施工单位	××建筑有限公司	项目负责人	×××	检验批容量	30件
分包单位	—	分包单位项目负责人	—	检验批部位	宴会大厅
施工依据	《钢结构工程施工规范》GB 50755—2012		验收依据	《钢结构工程施工质量验收规范》GB 50205—2001	

验收项目			设计要求及规范规定	最小/实际抽样数量	检查记录	检查结果
主控项目	1	多层板叠螺栓孔	第9.2.1条	全/30	共30处，全部检查，合格30处	√
一般项目	1	预拼装精度	第9.2.2条	全/30	共30处，全部检查，合格30处	100%

施工单位检查结果	符合要求 专业工长：××× 项目专业质量检查员：××× ××年×月×日
监理单位验收结论	合格 专业监理工程师：××× ××年×月×日

十四、《钢构件预拼装检验批质量验收记录》填写说明

1. 填写依据

(1)《钢结构工程施工质量验收规范》GB 50205—2001。

(2)《建筑工程施工质量验收统一标准》GB 50300—2013。

2. 规范摘要

以下内容摘自《钢结构工程施工质量验收规范》GB 50205—2001。

(1)检验批划分原则。

钢构件预拼装工程可按钢结构制作工程检验批的划分原则划分为一个或若干个检验批。

(2)预拼装验收要求。

主控项目

1)高强度螺栓和普通螺栓连接的多层板叠,应采用试孔器进行检查,并应符合下列规定:

①当采用比孔公称直径小 1.0mm 的试孔器检查时,每组孔的通过率不应小于 85%;

②当采用比螺栓公称直径大 0.3mm 的试孔器检查时,通过率应为 100%。

检查数量:按预拼装单元全数检查。

检验方法:采用试孔器检查。

一般项目

2)预拼装的允许偏差应符合《钢结构工程施工质量验收规范》GB 50205—2001 附录 D 的规定。

检查数量:按预拼装单元全数检查。

检验方法:见《钢结构工程施工质量验收规范》GB 50205—2001 附录 D。

十五、《单层钢结构安装检验批质量验收记录》填写范例

单层钢结构安装检验批质量验收记录

02030501 001

<table>
<tr><td>单位(子单位)工程名称</td><td colspan="2">××大厦</td><td colspan="2">分部(子分部)工程名称</td><td>主体结构/钢结构</td><td>分项工程名称</td><td colspan="2">单层钢结构安装</td></tr>
<tr><td>施工单位</td><td colspan="2">××建筑有限公司</td><td colspan="2">项目负责人</td><td>×××</td><td>检验批容量</td><td colspan="2">53 件</td></tr>
<tr><td>分包单位</td><td colspan="2">—</td><td colspan="2">分包单位项目负责人</td><td>—</td><td>检验批部位</td><td colspan="2">宴会大厅</td></tr>
<tr><td>施工依据</td><td colspan="4">《钢结构工程施工规范》GB 50755—2012</td><td>验收依据</td><td colspan="3">《钢结构工程施工质量验收规范》GB 50205—2001</td></tr>
<tr><td colspan="3">验收项目</td><td>设计要求及规范规定</td><td>最小/实际抽样数量</td><td colspan="3">检查记录</td><td>检查结果</td></tr>
<tr><td rowspan="5">主控项目</td><td>1</td><td>基础验收</td><td>第 10.2.1 条
第 10.2.2 条
第 10.2.3 条
第 10.2.4 条</td><td>6/6</td><td colspan="3">抽查 6 处,合格 6 处</td><td>√</td></tr>
<tr><td>2</td><td>构件验收</td><td>第 10.3.1 条</td><td>6/6</td><td colspan="3">抽查 6 处,合格 6 处</td><td>√</td></tr>
<tr><td>3</td><td>顶紧接触面</td><td>第 10.3.2 条</td><td>6/6</td><td colspan="3">抽查 6 处,合格 6 处</td><td>√</td></tr>
<tr><td>4</td><td>垂直度和侧弯曲</td><td>第 10.3.3 条</td><td>6/6</td><td colspan="3">抽查 6 处,合格 6 处</td><td>√</td></tr>
<tr><td>5</td><td>主体结构尺寸</td><td>第 10.3.4 条</td><td>全/4</td><td colspan="3">4 个立面全数检查,全部合格</td><td>√</td></tr>
<tr><td rowspan="9">一般项目</td><td>1</td><td>地脚螺栓精度</td><td>第 10.2.5 条</td><td>6/6</td><td colspan="3">抽查 6 处,合格 6 处</td><td>100%</td></tr>
<tr><td>2</td><td>标记</td><td>第 10.3.5 条</td><td>6/6</td><td colspan="3">抽查 6 处,合格 6 处</td><td>100%</td></tr>
<tr><td>3</td><td>桁架、梁安装精度</td><td>第 10.3.6 条</td><td>6/6</td><td colspan="3">抽查 6 处,合格 6 处</td><td>100%</td></tr>
<tr><td>4</td><td>钢柱安装精度</td><td>第 10.3.7 条</td><td>6/6</td><td colspan="3">抽查 6 处,合格 6 处</td><td>100%</td></tr>
<tr><td>5</td><td>吊车梁安装精度</td><td>第 10.3.8 条</td><td>—</td><td colspan="3">—</td><td>—</td></tr>
<tr><td>6</td><td>檩条等安装精度</td><td>第 10.3.9 条</td><td>6/6</td><td colspan="3">抽查 6 处,合格 6 处</td><td>100%</td></tr>
<tr><td>7</td><td>平台等安装精度</td><td>第 10.3.10 条</td><td>—</td><td colspan="3">—</td><td>—</td></tr>
<tr><td>8</td><td>现场组对精度</td><td>第 10.3.11 条</td><td>6/6</td><td colspan="3">抽查 6 处,合格 6 处</td><td>100%</td></tr>
<tr><td>9</td><td>结构表面</td><td>第 10.3.12 条</td><td>6/6</td><td colspan="3">抽查 6 处,合格 6 处</td><td>100%</td></tr>
<tr><td colspan="3">施工单位检查结果</td><td colspan="6">符合要求
专业工长:×××
项目专业质量检查员:×××
××年×月×日</td></tr>
<tr><td colspan="3">监理单位验收结论</td><td colspan="6">合格
专业监理工程师:×××
××年×月×日</td></tr>
</table>

十六、《单层钢结构安装检验批质量验收记录》填写说明

1. 填写依据

(1)《钢结构工程施工质量验收规范》GB 50205—2001。

(2)《建筑工程施工质量验收统一标准》GB 50300—2013。

2. 规范摘要

以下内容摘自《钢结构工程施工质量验收规范》GB 50205—2001。

(1)检验批划分原则。

单层钢结构安装工程可按变形缝或空间刚度单元等划分成一个或若干个检验批。地下钢结构可按不同地下层划分检验批。

(2)验收要求。

1)基础和支承面

主控项目

①建筑物的定位轴线、基础轴线和标高、地脚螺栓的规格及其紧固应符合设计要求。

检查数量:按柱基数抽查10%,且不应少于3个。

检验方法:用经纬仪、水准仪、全站仪、和钢尺现场实测。

②基础顶面直接作为柱的支承面和基础顶面预埋钢板或支座作为柱的支承面时,其支承面地脚螺栓(锚栓)位置的允许偏差应符合表8-11的规定。

表 8-11 支承面、地脚螺栓(锚栓)位置的允许偏差(mm)

项　　目	允许偏差	
支承面	标高	±3
	水平度	1/1000
地脚螺栓(锚栓)	螺栓中心偏移	5.0
预留孔中心偏移		10.0

检查数量:按柱基数抽查10%,且不应少于3个。

检验方法:用经纬仪、水准仪、全站仪、水平尺和钢尺实测。

③采用座浆垫板时,座浆垫板的允许偏差应符合表8-12的规定。

表 8-12 座浆垫板的允许偏差(mm)

项　　目	允许偏差
顶面标高	0.0,−3.0
水平度	l/1000
位置	20.0

检查数量:资料全数检查。按柱基数抽查10%,且不应少于3个。

检验方法:用水准仪、全站仪、水平尺和钢义现场实测。

④采用杯口基础时，杯口尺寸的允许偏差应符合表 8-13 的规定。

表 8-13　杯口尺寸的允许偏差(mm)

项　　目	允 许 偏 差
底面标高	0.0，-5.0
杯口深度 H	±5.0
杯口垂直度	H/1000，且不应大于 10.0
位置	10.0

检查数量：按基础数抽查 10%，且不应少于 4 处。检验方法：观察及尺量检查。

一般项目

地脚螺栓(锚栓)尺寸的偏差应符合表 8-14 的规定。

表 8-14　地脚螺栓(锚栓)尺寸的允许偏差(mm)

项　　目	允 许 偏 差
螺栓(锚栓)露出长度	+30.0 0.0
螺纹长度	+30.0 0.0

地脚螺栓(锚栓)的螺纹应受到保护。

检查数量：按柱基数抽查 10%，且不应少于 3 个。

检验方法：用钢尺现场实测。

3)安装和校正。

主控项目

①钢构件应符合设计要求和 GB 50205—2001 的规定。运输、堆放和吊装等造成的钢构件变形及涂层脱落，应进行矫正和修补。

检查数量：按构件数抽查 10%，且不应少于 3 个。

检验方法：用拉线、钢尺现场实测或观察。

②设计要求顶紧的节点，接触面不应少于 70% 紧贴，且边缘最大间隙不应大于 0.8mm。

检查数量：按节点数抽查 10%，且不应少于 3 个。

检验方法：用钢尺及 0.3mm 和 0.8mm 厚的塞尺现场实测。

③钢屋(托)架、桁架、梁及受压杆件的垂直度和侧向弯曲矢高的允许偏差应符合表 8-15 的规定。

检查数量：按同类构件数抽查 10%，且不应少于 3 个。

检验方法：用吊线、拉线、经纬仪和钢尺现场实测。

表 8-15 钢屋(托)架、桁架、梁及受压杆件垂直度和侧向弯曲矢高的允许偏差(mm)

项 目	允许偏差		图 例
跨中的垂直度	$h/250$,且不应大于 15.0		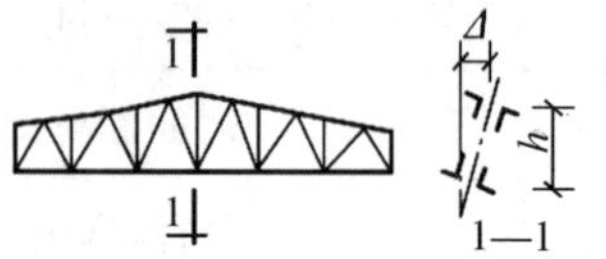
侧向弯曲矢高 f	$l\leqslant 30\mathrm{m}$	$l/1000$,且不应大于 10.0	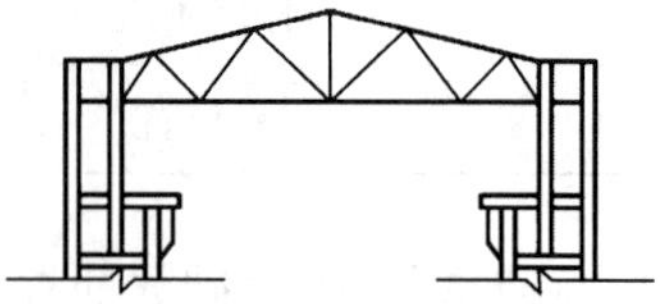
	$30\mathrm{m}<l\leqslant 60\mathrm{m}$	$l/1000$,且不应大于 30.0	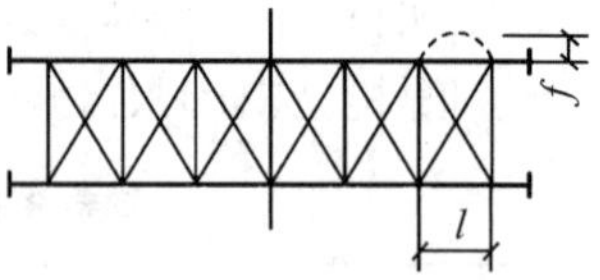
	$l>60\mathrm{m}$	$l/1000$,且不应大于 50.0	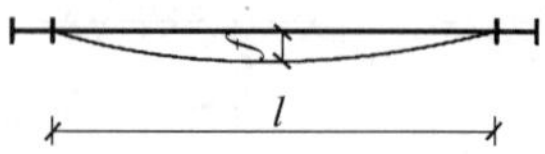

④单层钢结构主体结构的整体垂直度和整体平面弯曲的允许偏差应符合表 8-16 的规定。

表 8-16 整体垂直度和整体平面弯曲的允许偏差(mm)

项 目	允许偏差	图 例
主体结构的整体垂直度	$H/1000$,且不应大于 25.0	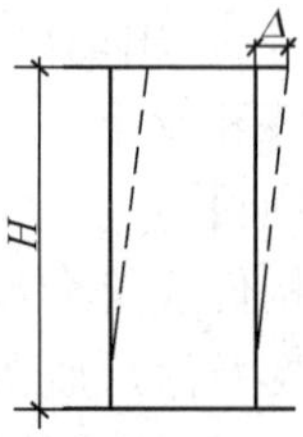
主体结构的整体平面弯曲	$L/1500$,且不应大于 25.0	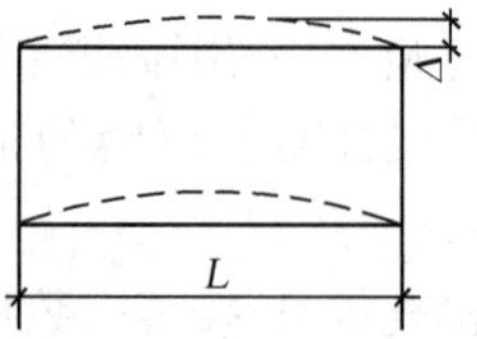

检查数量:对主要立面全部检查。对每个所检查的立面,除两列角柱外,尚应至少选取一列中间柱。

检验方法:采用经纬仪、全站仪等测量。

⑤钢柱等主要构件的中心线及标高基准点等标记应齐全。

检查数量：按同类构件数抽查 10%，且不应少于 3 件。

检验方法：观察检查。

⑥当钢桁架（或梁）安装在混凝土柱上时，其支座中心对定位轴线的偏差不应大于 10mm；当采用大型混凝土屋面板时，钢桁架（或梁）间距的偏差不应大于 10mm。

检查数量：按同类构件数抽查 10%，且不应少于 3 榀。

检验方法：用拉线和钢尺现场实测。

⑦钢柱安装的允许偏差应符合《钢结构工程施工质量验收规范》GB 50205—2001 附录 E 中表 E.0.1 的规定。

检查数量：按钢柱数抽查 10%，且不应少于 3 件。

检验方法：见《钢结构工程施工质量验收规范》GB 50205—2001 附录 E 中表 E.0.1。

⑧钢吊车梁或直接承受动力荷载的类似构件，其安装的允许偏差应符合《钢结构工程施工质量验收规范》GB 50205—2001 附录 E 中表 E.0.2 的规定。

检查数量：按钢吊车梁数抽查 10%，且不应少于 3 榀。

检验方法：见《钢结构工程施工质量验收规范》GB 50205—2001 附录 E 中表 E.0.2。

⑨檩条、墙架等次要构件安装的允许偏差应符合《钢结构工程施工质量验收规范》GB 50205—2001 附录 E 中表 E.0.3 的规定。

检查数量：按同类构件数抽查 10%，且不应少于 3 件。

检验方法：见《钢结构工程施工质量验收规范》GB 50205—2001 附录 E 中表 E.0.3。

⑩钢平台、钢梯、栏杆安装应符合现行国家标准《固定式钢梯及平台安全要求　第 1 部分：钢直梯》GB 4053.1—2009、《固定钢梯及平台安全要求　第 2 部分：钢斜梯》GB 4053.2—2009、《固定式钢梯及平台安全要求　第 3 部分：工业防护栏杆及钢平台》GB 4053.3—2009 的规定。钢平台、钢梯和防护栏杆安装的允许偏差应符合《钢结构工程施工质量验收规范》GB 50205—2001 附录 E 中表 E.0.4 的规定。

检查数量：按钢平台总数抽查 10%，栏杆、钢梯按总长度各抽查 10%，但钢平台不应少于 1 个，栏杆不应少于 5m，钢梯不应少于 1 跑。

检验方法：见《钢结构工程施工质量验收规范》GB 50205—2001 附录 E 中表 E.0.4。

⑪现场焊缝组对间隙的允许偏差应符合表 8-17 的规定。

表 8-17　现场焊缝组对间隙的允许偏差（mm）

项　　目	允 许 偏 差
无垫板间隙	+3.0 0.0
有垫板间隙	+3.0 −2.0

检查数量：按同类节点数抽查 10%，且不应少于 3 个。

检验方法：尺量检查。

⑫钢结构表面应干净，结构主要表面不应有疤痕、泥沙等污垢。

检查数量：按同类构件数抽查 10%，且不应少于 3 件。

检验方法：观察检查。

十七、《多层及高层钢结构检验批质量验收记录》填写范例

多层及高层钢结构检验批质量验收记录

02030601 001

<table>
<tr><td>单位(子单位)工程名称</td><td colspan="2">××大厦</td><td>分部(子分部)工程名称</td><td>主体结构/钢结构</td><td>分项工程名称</td><td colspan="2">多层及高层钢结构安装</td></tr>
<tr><td>施工单位</td><td colspan="2">××建筑有限公司</td><td>项目负责人</td><td>×××</td><td>检验批容量</td><td colspan="2">53 件</td></tr>
<tr><td>分包单位</td><td colspan="2">—</td><td>分包单位项目负责人</td><td>—</td><td>检验批部位</td><td colspan="2">文物展览厅</td></tr>
<tr><td>施工依据</td><td colspan="3">《钢结构工程施工规范》GB 50755—2012</td><td>验收依据</td><td colspan="3">《钢结构工程施工质量验收规范》GB 50205—2001</td></tr>
<tr><td colspan="3">验收项目</td><td>设计要求及规范规定</td><td>最小/实际抽样数量</td><td colspan="2">检查记录</td><td>检查结果</td></tr>
<tr><td rowspan="6">主控项目</td><td>1</td><td>基础验收</td><td>第 11.2.1 条
第 11.2.2 条
第 11.2.3 条
第 11.2.4 条</td><td>3/5</td><td colspan="2">抽查 5 处,合格 5 处</td><td>√</td></tr>
<tr><td>2</td><td>构件验收</td><td>第 11.3.1 条</td><td>6/6</td><td colspan="2">抽查 6 处,合格 30 处</td><td>√</td></tr>
<tr><td>3</td><td>钢柱安装精度</td><td>第 11.3.2 条</td><td>/25</td><td colspan="2">计 25 件立柱,全数符合要求</td><td>√</td></tr>
<tr><td>4</td><td>顶紧接触面</td><td>第 11.3.3 条</td><td>3/3</td><td colspan="2">抽查 3 处,合格 3 处</td><td>√</td></tr>
<tr><td>5</td><td>垂直度和侧弯曲</td><td>第 11.3.4 条</td><td>6/6</td><td colspan="2">抽查 6 处,合格 6 处</td><td>√</td></tr>
<tr><td>6</td><td>主体结构尺寸</td><td>第 11.3.5 条</td><td>全/16</td><td colspan="2">检查 16 处,合格 16 处</td><td>√</td></tr>
<tr><td rowspan="9">一般项目</td><td>1</td><td>地脚螺栓精度</td><td>第 11.2.5 条</td><td>3/3</td><td colspan="2">抽查 3 处,合格 3 处</td><td>100%</td></tr>
<tr><td>2</td><td>标记</td><td>第 11.3.7 条</td><td>6/6</td><td colspan="2">抽查 6 处,合格 6 处</td><td>100%</td></tr>
<tr><td>3</td><td>构件安装精度</td><td>第 1.3.8 条
第 11.3.10 条</td><td>6/6</td><td colspan="2">抽查 6 处,合格 6 处</td><td>100%</td></tr>
<tr><td>4</td><td>主体结构高度</td><td>第 11.3.9 条</td><td>4/4</td><td colspan="2">抽查 4 处,合格 4 处</td><td>100%</td></tr>
<tr><td>5</td><td>吊车梁安装精度</td><td>第 11.3.11 条</td><td>—</td><td colspan="2">—</td><td>—</td></tr>
<tr><td>6</td><td>檩条等安装精度</td><td>第 11.3.12 条</td><td>6/6</td><td colspan="2">抽查 6 处,合格 6 处</td><td>100%</td></tr>
<tr><td>7</td><td>平台等安装精度</td><td>第 11.3.13 条</td><td>—</td><td colspan="2">—</td><td>—</td></tr>
<tr><td>8</td><td>现场组对精度</td><td>第 11.3.14 条</td><td>6/6</td><td colspan="2">抽查 6 处,合格 6 处</td><td>100%</td></tr>
<tr><td>9</td><td>结构表面</td><td>第 11.3.6 条</td><td>6/6</td><td colspan="2">抽查 6 处,合格 6 处</td><td>100%</td></tr>
<tr><td>施工单位检查结果</td><td colspan="7">符合要求
专业工长:×××
项目专业质量检查员:×××
××年×月×日</td></tr>
<tr><td>监理单位验收结论</td><td colspan="7">合格
专业监理工程师:×××
××年×月×日</td></tr>
</table>

十八、《多层及高层钢结构检验批质量验收记录》填写说明

1.填写依据

(1)《钢结构工程施工质量验收规范》GB 50205—2001。

(2)《建筑工程施工质量验收统一标准》GB 50300—2013。

2.规范摘要

以下内容摘自《钢结构工程施工质量验收规范》GB 50205—2001。

(1)检验批划分原则。

多层及高层钢结构安装工程可按楼层或施工段等划分为一个或若干个检验批。地下钢结构可按不同地下层划分检验批。

(2)验收要求。

1)基础和支承面。

主控项目

①建筑物的定位轴线、基础上柱的定位轴线和标高、地脚螺栓(锚栓)的规格和位置、地脚螺栓(锚栓)紧固应符合设计要求。当设计无要求时,应符合表 8-18 的规定。

检查数量:按柱基数抽查 10%,且不应少于 3 个。

检验方法:采用经纬仪、水准仪、全站仪和钢尺实测。

表 8-18 建筑物定位轴线、基础上柱的定位轴线和标高、地脚螺栓(锚栓)的允许偏差(mm)

项　目	允许偏差	图　例
建筑物定位轴线	$L/20000$,且不应大于 3.0	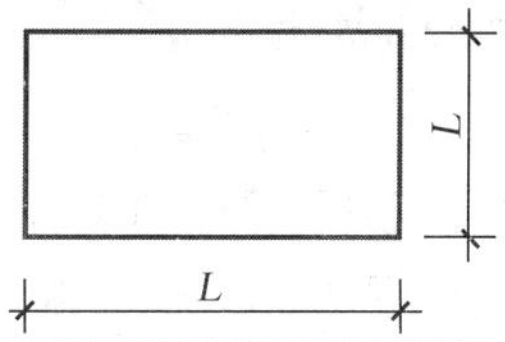
基础上柱的定位轴线	1.0	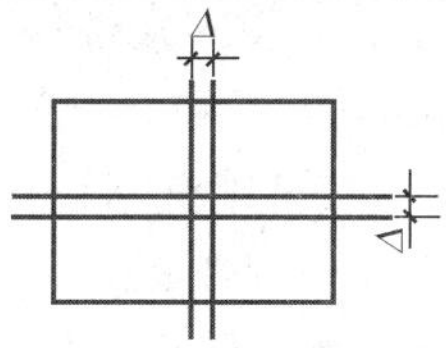
基础上柱底标高	±2.0	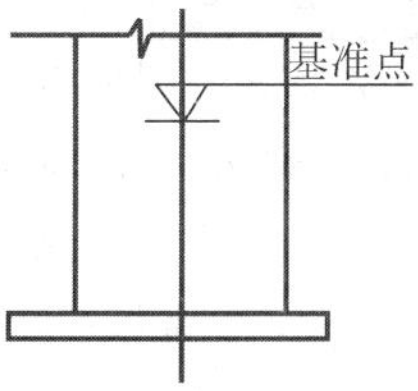
地脚螺栓(锚栓)位移	2.0	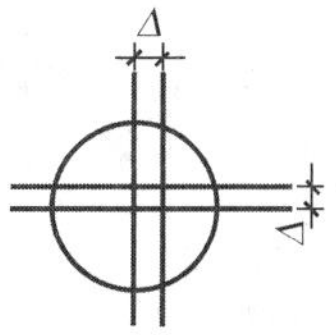

②多层建筑以基础顶面直接作为柱的支承面，或以基础顶面预埋钢板或支座作为柱的支承面时，其支承面、地脚螺栓（锚栓）位置的允许偏差应符合《钢结构工程施工质量验收规范》GB 50205—2001 表 10.2.2 的规定。

检查数量：按柱基数抽查 10%，且不应少于 3 个。

检验方法：用经纬仪、水准仪、全站仪、水平尺和钢尺实测。

③多层建筑采用座浆垫板时，座浆垫板的允许偏差应符合《钢结构工程施工质量验收规范》GB 50205—2001 表 10.2.3 的规定。

检查数量：资料全数检查。按柱基数抽查 10%，且不应少于 3 个。

检验方法：用水准仪、全站仪、水平尺和钢尺实测。

④当采用杯口基础时，杯口尺寸的允许偏差应符合 GB 50205—2001 表 10.2.4 的规定。

检查数量：按基础数抽查 10%，且不应少于 4 处。

检验方法：观察及尺量检查。

一般项目

地脚螺栓（锚栓）尺寸的允许偏差应符合《钢结构工程施工质量验收规范》GB 50205—2001 第 10.2.5 条的规定。地脚螺栓（锚栓）的螺纹应受保护。

检查数量：按柱基数抽查 10%，且不应少于 3 个。

检验方法：用钢尺现场实测。

2）安装和校正。

主控项目

①钢构件应符合设计要求和规范。运输、堆放和吊装等造成的钢构件变形及涂层脱落，应进行矫正和修补。

检查数量：按构件数检查 10%，且不应少于 3 个。

检验方法：用拉线、钢尺现场实测或观察。

②柱子安装的允许偏差应符合表 8-19 的规定。检查数量：标准柱全部检查；非标准柱抽查 10%，且不应少于 3 根。

检验方法：用全站仪或激光经纬仪和钢尺实测。

③设计要求顶紧的节点，接触面不应少于 70%紧贴，且边缘最大间隙不应大于 0.8mm。

检查数量：按节点数抽查 10%，且不应少于 3 个。

检验方法：用钢尺及 0.3mm 和 0.8mm 厚的塞尺现场实测。

④钢主梁、次梁及受压杆件的垂直度和侧向弯曲矢高的允许偏差应符合 GB 50205—2001 表 10.3.3 中有关钢屋（托）架允许偏差的规定。

检查数量：按同类构件数抽查 10%，且不应少于 3 个。

检验方法：用吊线、拉线、经纬仪和钢尺现场实测。

⑤多层及高层钢结构主体结构的整体垂直度和整体平面弯曲的允许偏差应符合表 8-20 的规定。

检查数量：对主要立面全部检查。对每个所检查的立面，除两列角柱外，尚应至少选取一列中间柱。

表 8-19 柱子安装的允许偏差(mm)

项　目	允 许 偏 差	图　例
底层柱柱底轴线对定位轴线偏移	3.0	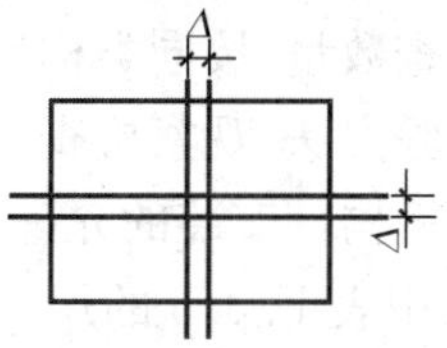
柱子定位轴线	1.0	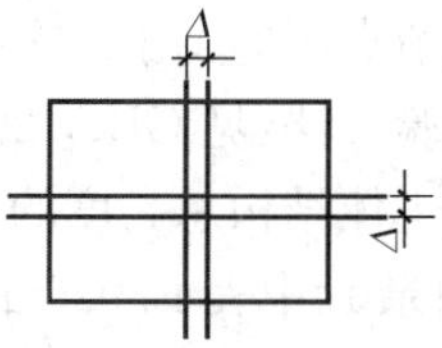
单节柱的垂直度	h/1000，且不应大于 10.0	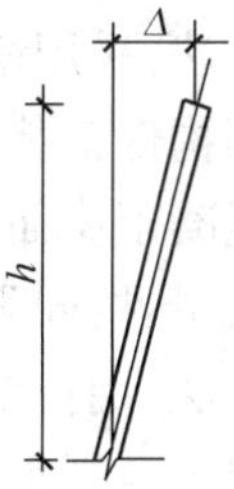

表 8-20 整体垂直度和整体平面弯曲的允许偏差(mm)

项　目	允 许 偏 差	图　例
主体结构的整体垂直度	(H/2500+10.0)，且不应大于 50.0	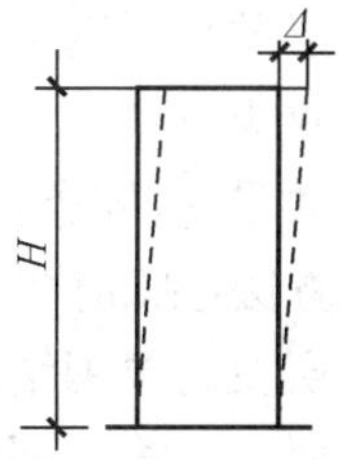
主体结构的整体平面弯曲	L/1500，且不应大于 25.0	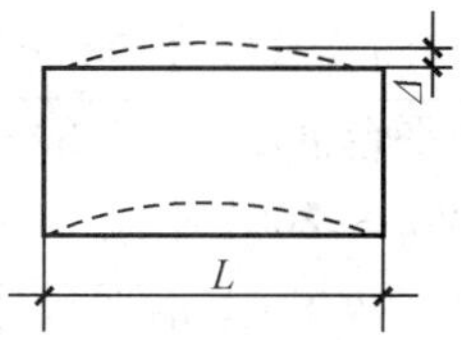

检验方法：对于整体垂直度，可采用激光经纬仪、全站仪测量，也可根据各节柱的垂直度允许偏差累计(代数和)计算。对于整体平面弯曲，可按产生的允许偏差累计(代数和)计算。

一般项目

①钢结构表面应干净，结构主要表面不应有疤痕、泥沙等污垢。

检查数量：按同类构件数抽查10%，且不应少于3件。

检验方法：观察检查。

②钢柱等主要构件的中心线及标高基准点等标记应齐全。

检查数量：按同类构件数抽查10%，且不应少于3件。

检验方法：观察检查。

③钢构件安装的允许偏差应符合《钢结构工程施工质量验收规范》GB 50205—2001附录E中表E.0.5的规定。

检查数量：按同类构件或节点数抽查10%。其中柱和梁各不应少于3件，主梁与次梁连接节点不应少于3个，支承压型金属板的钢梁长度不应少于5m。

检验方法：见GB 50205—2001附录E中表E.0.5。

④主体结构总高度的允许偏差应符合《钢结构工程施工质量验收规范》GB 50205—2001附录E中表E.0.6的规定。

检查数量：按标准柱列数抽查10%，且不应少于4列。

检验方法：采用全站仪、水准仪和钢尺实测。

⑤当钢构件安装在混凝土柱上时，其支座中心对定位轴线的偏差不应大于10mm；当采用大型混凝土屋面板时，钢梁（或桁架）间距的偏差不应大于10mm。

检查数量：按同类构件数抽查10%，且不应少于3榀。

检验方法：用拉线和钢尺现场实测。

⑥多层及高层钢结构中钢吊车梁或直接承受动力荷载的类似构件，其安装的允许偏差应符合《钢结构工程施工质量验收规范》GB 50205—2001附录E.0.2的规定。

检查数量：按钢吊车梁数抽查10%，且不应少于3榀。

检验方法：见《钢结构工程施工质量验收规范》GB 50205—2001附录表E.0.2。

⑦多层及高层钢结构中檩条、墙架等次要构件安装的允许偏差应符合《钢结构工程施工质量验收规范》GB 50205—2001附录E.0.3的规定。

检查数量：按同类构件数抽查10%，且不应少于3件。

检验方法：见《钢结构工程施工质量验收规范》GB 50205—2001附录E中表E.0.3。

⑧多层及高层钢结构中钢平台、钢梯、栏杆安装应符合现行国家标准《固定式钢梯及平台安全要求 第1部分：钢直梯》GB 4053.1—2009、《固定钢梯及平台安全要求 第2部分：钢斜梯》GB 4053.2—2009、《固定式钢梯及平台安全要求 第3部分：工业防护栏杆及钢平台》GB 4053.3—2009的规定。钢平台、钢梯和防护栏杆安装的允许偏差应符合GB 50205—2001附录6中表6.0.4的规定。

检查数量：按钢平台总数抽查10%，栏杆、钢梯按总长度各抽查10%，但钢平台不应少于1个，栏杆不应少于5m，钢梯不应少于1跑。

检验方法：见GB 50205—2001附录E中表E.0.4。

⑨多层及高层钢结构中现场焊缝组对间隙的允许偏差应符合《钢结构工程施工质量验收规范》GB 50205—2001表10.3.11的规定。

检查数量：按同类节点数抽查10%，且不应少于3个。

检验方法：尺量检查。

十九、《钢网架制作检验批质量验收记录》填写范例

钢网架制作检验批质量验收记录

02030701 001

<table>
<tr><td>单位(子单位)工程名称</td><td colspan="2">××大厦</td><td>分部(子分部)工程名称</td><td>主体结构/钢结构</td><td>分项工程名称</td><td>钢管结构安装</td></tr>
<tr><td>施工单位</td><td colspan="2">××建筑有限公司</td><td>项目负责人</td><td>×××</td><td>检验批容量</td><td>200 件</td></tr>
<tr><td>分包单位</td><td colspan="2">—</td><td>分包单位项目负责人</td><td>—</td><td>检验批部位</td><td>宴会大厅</td></tr>
<tr><td>施工依据</td><td colspan="3">《钢结构工程施工规范》GB 50755—2012</td><td>验收依据</td><td colspan="2">《钢结构工程施工质量验收规范》GB 50205—2001</td></tr>
<tr><td colspan="3">验收项目</td><td>设计要求及规范规定</td><td>最小/实际抽样数量</td><td>检查记录</td><td>检查结果</td></tr>
<tr><td rowspan="5">主控项目</td><td>1</td><td>材料品种、规格</td><td>第 4.5.1 条
第 4.6.1 条
第 4.7.1 条</td><td>—</td><td>质量证明文件齐全，检验合格，报告编号××××</td><td>√</td></tr>
<tr><td>2</td><td>螺栓球加工</td><td>第 7.5.1 条
第 4.6.2 条</td><td>20/20</td><td>抽查 20 处，合格 20 处</td><td>√</td></tr>
<tr><td>3</td><td>焊接球加工</td><td>第 7.5.2 条
第 4.5.2 条</td><td>20/20</td><td>抽查 20 处，合格 20 处</td><td>√</td></tr>
<tr><td>4</td><td>封板、锥头套筒</td><td>第 4.7.2 条</td><td>10/10</td><td>抽查 10 处，合格 10 处</td><td>√</td></tr>
<tr><td>5</td><td>制孔</td><td>第 7.6.1 条</td><td>20/20</td><td>抽查 20 处，合格 20 处</td><td>√</td></tr>
<tr><td rowspan="4">一般项目</td><td>1</td><td>材料规格尺寸</td><td>第 4.2.3 条
第 4.2.4 条</td><td>5/5</td><td>抽查 5 处，合格 5 处</td><td>100%</td></tr>
<tr><td>2</td><td>螺栓球加工精度</td><td>第 7.5.3 条
第 4.6.3 条
第 4.6.4 条</td><td>20/20</td><td>抽查 20 处，合格 20 处</td><td>100%</td></tr>
<tr><td>3</td><td>焊接球加工精度</td><td>第 7.5.4 条
第 4.5.3 条
第 4.5.4 条</td><td>20/20</td><td>抽查 20 处，合格 20 处</td><td>100%</td></tr>
<tr><td>4</td><td>管件加工精度</td><td>第 7.5.5 条</td><td>20/20</td><td>抽查 20 处，合格 20 处</td><td>100%</td></tr>
<tr><td colspan="2">施工单位检查结果</td><td colspan="5">符合要求
专业工长：×××
项目专业质量检查员：×××
××年×月×日</td></tr>
<tr><td colspan="2">监理单位验收结论</td><td colspan="5">合格
专业监理工程师：×××
××年×月×日</td></tr>
</table>

二十、《钢网架制作检验批质量验收记录》填写说明

1. 填写依据

(1)《钢结构工程施工质量验收规范》GB 50205—2001。

(2)《建筑工程施工质量验收统一标准》GB 50300—2013。

2. 规范摘要

以下内容摘自《钢结构工程施工质量验收规范》GB 50205—2001。

(1)检验批划分原则。

钢网架结构安装工程可按变形缝、施工段或空间刚度单元划分成一个或若干检验批。

(2)验收要求。

1)钢材。

一般项目

①钢板厚度及允许偏差应符合其产品标准的要求。

检查数量:每一品种、规格的钢板抽查5处。

检验方法:用游标卡尺量测。

②型钢的规格尺寸及允许偏差应符合其产品标准的要求。

检查数量:每一品种、规格的型钢抽查5处。

检验方法:用钢尺和游标卡尺量测。

2)焊接球。

主控项目

①焊接球及制造焊接球所采用的原材料,其品种、规格、性能等应符合现行国家产品标准和设计要求。

检查数量:全数检查。

检验方法:检查产品的质量合格证明文件、中文标志及检验报告等。

②焊接球焊缝应进行无损检验,其质量应符合设计要求,当设计无要求时应符合本规范中规定的二级质量标准。

检查数量:每一规格按数量抽查5%,且不应少于3个。

检验方法:超声波探伤或检查检验报告。

一般项目

①焊接球直径、圆度、壁厚减薄量等尺寸及允许偏差应符合本规范的规定。

检查数量:每一规格按数量抽查5%,且不应少于3个。

检验方法:用卡尺和测厚仪检查。

②焊接球表面应无明显波纹及局部凹凸不平不大于1.5mm。

检查数量:每一规格按数量抽查5%,且不应少于3个。

检验方法:用弧形套模、卡尺和观察检查。

3)螺栓球。

主控项目

①螺栓球及制造螺栓球节点所采用的原材料,其品种、规格、性能等应符合现行国家

产品标志和设计要求。

检查数量:全数检查。

检验方法:检查产品的质量合格证明文件、中文标志及检验报告等。

②螺栓球不得不过烧、裂纹及褶皱。

检查数量:每种规格抽查5%,且不应少于5只。

检验方法:用10倍放大镜观察和表面探伤。

一般项目

①螺栓球螺纹尺寸应符合现行国家标准《普通螺纹　基本尺寸》GB/T 196—2003中粗牙螺纹的规定,螺纹公差必须符合现行国家标准《普通螺纹　公差》GB/T 197—2003中6H级精度的规定。

检查数量:每种规格抽查5%,且不应少于5只。

检验方法:用标准螺纹规。

②螺栓球直径、圆度、相邻两螺栓孔中心线夹角等尺寸及允许偏差应符合本规范的规定。

检查数量:每种规格抽查5%,且不应少于3只。

检验方法:用卡尺和分度头仪检查。

4)封板、锥头和套筒。

主控项目

①封板、锥头和套筒及制造封板、锥头和套筒所采用的原材料,其品种、规格、性能等应符合现行国家产品标准和设计要求。

检查数量:全数检查。

检验方法:检查产品的质量合格证明文件、中文标志及检验报告等。

②封板、锥头、套筒外观不得有裂纹、过烧及氧化皮。

检查数量:每种规格抽查5%,且不应少于10只。

检验方法:用放大镜观察检查和表面探伤。

5)管、球加工。

主控项目

①螺栓球成型后,不应有裂纹、褶皱、过烧。

检查数量:每种规格抽查10%,且不应少于5个。

检验方法:10倍放大镜观察检查或表面探伤。

②钢板压成半圆球后,表面不应有裂纹、褶皱;焊接球其对接坡口应采用机械加工,对接焊缝表面应打磨平整。

检查数量:每种规格抽查10%,且不应少于5个。

检验方法:10倍放大镜观察检查或表面探伤。

一般项目

①螺栓球加工的允许偏差应符合表8-21的规定。

检查数量:每种规格抽查10%,且不应少于5个。

检验方法:见表8-21。

②焊接球加工的允许偏差应符合表 8-22 的规定。

检查数量：每种规格抽查 10%，且不应少于 5 个。

检验方法：见表 8-22。

③钢网架(桁架)用钢管杆件加工的允许偏差应符合表 8-23 的规定。

表 8-21 螺栓球加工的允许偏差(mm)

项目		允许偏差	检验方法
圆度	$d \leq 120$	1.5	用卡尺和游标卡尺检查
	$d > 120$	2.5	
同一轴线上两铣平面平行度	$d \leq 120$	0.2	用百分表 V 形块检查
	$d > 120$	0.3	
铣平面距球中心距离		±0.2	用游标卡尺检查
相邻两螺栓孔中心线夹角		±30′	用分度头检查
两铣平面与螺栓孔轴线垂直度		$0.005r$	用百分表检查
球毛坯直径	$d \leq 120$	+2.0 −1.0	用卡尺和游标卡尺检查
	$d > 120$	+3.0 −1.5	

表 8-22 焊接球加工的允许偏差(mm)

项目	允许偏差	检验方法
直径	$\pm 0.005d$ ±2.5	用卡尺和游标卡尺检查
圆度	2.5	用卡尺和游标卡尺检查
壁厚减薄量	$0.13t$，且不应大于 1.5	用卡尺和测厚仪检查
两半球对口错边	1.0	用套模和游标卡尺检查

表 8-23 钢网架(桁架)用钢管杆件加工的允许偏差(mm)

项目	允许偏差	检验方法
长度	±1.0	用钢尺和百分表检查
端面对管轴的垂直度	$0.005r$	用百分表 V 形块检查
管口曲线	1.0	用套模和游标卡尺检查

6)制孔。

主控项目

A、B级螺栓孔(Ⅰ类孔)应具有H12的精度,孔壁表面粗糙度 Ra 不应大于12.5μm。其孔径的允许偏差应符合表8-24的规定。C级螺栓孔(Ⅱ类孔),孔壁表面粗糙度 Ra 不应大于25μm,其允许偏差应符合表8-25的规定。

检查数量:按钢构件数量抽查10%,且不应少于3件。

检验方法:用游标卡尺或孔径量规检查。

表8-24 A、B级螺栓孔径的允许偏差(mm)

序号	螺栓公称直径、螺栓孔直径	螺栓公称直径、允许偏差	螺栓孔直径、允许偏差
1	10～18	0.00 −0.18	+0.18 0.00
2	18～30	0.00 −0.21	+0.21 0.00
3	30～50	0.00 −0.25	+0.25 0.00

表8-25 C级螺栓孔的允许偏差(mm)

项　目	允许偏差
直径	+1.0 0.0
圆度	2.0
垂直度	0.03t,且不应大于2.0

二十一、《钢网架安装检验批质量验收记录》填写范例

钢网架安装检验批质量验收记录

02030702 001

<table>
<tr><td colspan="3">单位(子单位)工程名称</td><td colspan="2">××大厦</td><td>分部(子分部)工程名称</td><td>主体结构/钢结构</td><td>分项工程名称</td><td>钢管结构安装</td></tr>
<tr><td colspan="3">施工单位</td><td colspan="2">××建筑有限公司</td><td>项目负责人</td><td>×××</td><td>检验批容量</td><td>200 件</td></tr>
<tr><td colspan="3">分包单位</td><td colspan="2">—</td><td>分包单位项目负责人</td><td>—</td><td>检验批部位</td><td>宴会大厅</td></tr>
<tr><td colspan="3">施工依据</td><td colspan="3">《钢结构工程施工规范》GB 50755—2012</td><td>验收依据</td><td colspan="2">《钢结构工程施工质量验收规范》GB 50205—2001</td></tr>
<tr><td colspan="3">验收项目</td><td>设计要求及规范规定</td><td>最小/实际抽样数量</td><td colspan="3">检查记录</td><td>检查结果</td></tr>
<tr><td rowspan="6">主控项目</td><td>1</td><td>基础验收</td><td>第 12.2.1 条
第 12.2.2 条</td><td>—</td><td colspan="3">质量证明文件齐全，检验合格，报告编号××××</td><td>√</td></tr>
<tr><td>2</td><td>支座</td><td>第 12.2.3 条
第 12.2.4 条</td><td>20/20</td><td colspan="3">抽查 20 处，合格 20 处</td><td>√</td></tr>
<tr><td>3</td><td>橡胶垫</td><td>第 4.10.1 条</td><td>20/20</td><td colspan="3">抽查 20 处，合格 20 处</td><td>√</td></tr>
<tr><td>4</td><td>拼装精度</td><td>第 12.3.1 条
第 12.3.2 条</td><td>10/10</td><td colspan="3">抽查 10 处，合格 10 处</td><td>√</td></tr>
<tr><td>5</td><td>节点承载力试验</td><td>第 12.3.3 条</td><td>—</td><td colspan="3">经试验检测合格，试验报告编号××××</td><td>√</td></tr>
<tr><td>6</td><td>结构挠度</td><td>第 12.3.4 条</td><td>10/10</td><td colspan="3">抽查 10 处，合格 10 处</td><td>√</td></tr>
<tr><td rowspan="4">一般项目</td><td>1</td><td>锚栓精度</td><td>第 12.2.5 条</td><td>10/10</td><td colspan="3">抽查 10 处，合格 10 处</td><td>100%</td></tr>
<tr><td>2</td><td>结构表面</td><td>第 12.3.5 条</td><td>10/10</td><td colspan="3">抽查 10 处，合格 10 处</td><td>100%</td></tr>
<tr><td>3</td><td>安装精度</td><td>第 12.3.6 条</td><td>200/200</td><td colspan="3">共 200 处，全部检查，合格 200 处</td><td>100%</td></tr>
<tr><td>4</td><td>高强度螺栓紧固</td><td>第 6.3.8 条</td><td>—</td><td colspan="3">—</td><td>—</td></tr>
<tr><td colspan="3">施工单位检查结果</td><td colspan="6">符合要求
专业工长：×××
项目专业质量检查员：×××
××年×月×日</td></tr>
<tr><td colspan="3">监理单位验收结论</td><td colspan="6">合格
专业监理工程师：×××
××年×月×日</td></tr>
</table>

二十二、《钢网架安装检验批质量验收记录》填写说明

1. 填写依据

(1)《钢结构工程施工质量验收规范》GB 50205—2001。

(2)《建筑工程施工质量验收统一标准》GB 50300—2013。

2. 规范摘要

以下内容摘自《钢结构工程施工质量验收规范》GB 50205—2001。

(1)检验批划分原则。

钢网架结构安装工程可按变形缝、施工段或空间刚度单元划分成一个或若干检验批。

(2)验收要求。

1)钢结构用橡胶垫的品种、规格、性能等应符合现行国家产品标准和设计要求。

检查数量：全数检查。

检验方法：检查产品的质量合格证明文件、中文标志及检验报告等。

2)螺栓球节点网架总拼完成后，高强度螺栓与球节点应紧固连接，高强度螺栓拧入螺栓球内的螺纹长度不应小于 1.0d(d 为螺栓直径)，连接处不应出现有间隙、松动等未拧紧情况。

检查数量：按节点数抽查 5%，且不应少于 10 个。

检验方法：普通扳手及尺量检查。

3)支承面顶板和支承垫块。

主控项目

①钢网架结构支座定位轴线的位置、支座锚栓的规格应符合设计要求。

检查数量：按支座数抽查 10%，且不应少于 4 处。

检验方法：用经纬仪和钢尺实测。

②支承面顶板的位置、标高、水平度以及支座锚栓位置的允许偏差应符合表 8-26 的规定。

表 8-26 支承面顶板、支座锚栓位置的允许偏差(mm)

项目		允许偏差
支承面顶板	位置	15.0
	顶面标高	0 −3.0
	顶面水平度	l/1000
支座锚栓	中心偏移	±5.0

检查数量：按支座数抽查 10%，且不应少于 4 处。

检验方法：用经纬仪、水准仪、水平尺和钢尺实测。

③支承垫块的种类、规格、摆放位置和朝向，必须符合设计要求和国家现行有关标准的规定。橡胶垫块与刚性垫块之间或不同类型刚性垫块之间不得互换使用。

检查数量:按支座数抽查 10%,且不应少于 4 处。

检验方法:观察和用钢尺实测。

④网架支座锚栓的紧固应符合设计要求。

检查数量:按支座数抽查 10%,且不应少于 4 处。

检验方法:观察检查。

一般项目

支座锚栓尺寸的允许偏差应符合表 8-27 的规定。支座锚栓的螺纹应受到保护。

检查数量:按支座数抽查 10%,且不应少于 4 处。

检验方法:用钢尺实测。

4)总装与安装。

①小拼单元的允许偏差应符合表 8-27 的规定。

表 8-27 小拼单元的允许偏差(mm)

<table>
<tr><th colspan="3">项 目</th><th>允许偏差</th></tr>
<tr><td colspan="3">节点中心偏移</td><td>2.0</td></tr>
<tr><td colspan="3">焊接球节点与钢管中心的偏移</td><td>1.0</td></tr>
<tr><td colspan="3">杆件轴线的弯曲矢高</td><td>L_1/1000,且不应大于 5.0</td></tr>
<tr><td rowspan="3">锥体型小拼单元</td><td colspan="2">弦杆长度</td><td>±2.0</td></tr>
<tr><td colspan="2">锥体高度</td><td>±2.0</td></tr>
<tr><td colspan="2">上弦杆对角线长度</td><td>±3.0</td></tr>
<tr><td rowspan="5">平行桁架型小拼单元</td><td rowspan="2">跨长</td><td>≤24m</td><td>+3.0
−7.0</td></tr>
<tr><td>>24m</td><td>+5.0
−10.0</td></tr>
<tr><td colspan="2">跨中高度</td><td>±3.0</td></tr>
<tr><td rowspan="2">跨中拱度</td><td>设计要求起拱</td><td>±L/5000</td></tr>
<tr><td>设计未要求起拱</td><td>+10.0</td></tr>
</table>

注:1. L 为杆件长度;

2. L_2 为跨长。

检查数量:按单元数抽查 5%,且不应少于 5 个。

检验方法:用钢尺和拉线等辅助量具实测。

②中拼单元的允许偏差应符合表 8-28 的规定。

检查数量:全数检查。

检验方法:用钢尺和辅助量具实测。

表 8-28　中拼单元的允许偏差(mm)

项　　目	允 许 偏 差	
单元长度≤20m，拼接长度	单跨	±10.0
	多跨连续	±5.0
单元长度>20m，拼接长度	单跨	±20.0
	多跨连续	±10.0

③对建筑结构安全等级为一级，跨度 40m 及以上的公共建筑钢网架结构，且设计有要求时，应按下列项目进行节点承载力试验，其结果应符合以下规定：

a. 焊接球节点应按设计指定规格的球及其匹配的钢管焊接成试件，进行轴心拉、压承载力试验，其试验破坏荷载值大于或等于 1.6 倍设计承载力为合格。

b. 螺栓球节点应按设计指定规格的球最大螺栓孔螺纹进行抗拉强度保证荷载试验，当达到螺栓的设计承载力时，螺孔、螺纹及封板仍完好无损为合格。

检查数量：每项试验做 3 个试件。

检验方法：在万能试验机上进行检验，检查试验报告。

④钢网架结构总拼完成后及屋面工程完成后应分别测量其挠度值，且所测的挠度值不应超过相应设计值的 1.15 倍。

检查数量：跨度 24m 及以下钢网架结构测量下弦中央一点；跨度 24m 以上钢网架结构测量下弦中央一点及各向下弦跨度的四等分点。

检验方法：用钢尺和水准仪实测。

一般项目

①钢网架结构安装完成后，其节点及杆件表面应干净，不应有明显的疤痕、泥沙和污垢。螺栓球节点应将所有接缝用油腻子填嵌严密，并应将多余螺孔封口。

检查数量：按节点及杆件数抽查 5%，且不应少于 10 个节点。

检验方法：观察检查。

②钢网架结构安装完成后，其安装的允许偏差应符合表 8-29 的规定。

检查数量：全数检查。

检验方法：见表 8-29。

表 8-29　钢网架结构安装的允许偏差(mm)

项　　目	允 许 偏 差	检 验 方 法
纵向、横向长度	$L/2000$，且不应大于 30.0 $L/2000$，且不应小于−30.0	用钢尺实测
支座中心偏移	$L/3000$，且不应大于 30.0	用钢尺和经纬仪实测
周边支承网架相邻支座高差	$L_1/400$，且不应大于 15.0	用钢尺和水准仪实测
支座最大高差	30.0	
多点支承网架相邻支座高差	$L_1/800$，且不应大于 30.0	

注：1. L 为纵向、横向长度；

2. L_1 为相邻支座间距。

二十三、《压型金属板检验批质量验收记录》填写范例

压型金属板检验批质量验收记录

02030901 001

<table>
<tr><td>单位(子单位)
工程名称</td><td colspan="2">××大厦</td><td>分部(子分部)
工程名称</td><td>主体结构/
钢结构</td><td>分项工程名称</td><td colspan="2">压型金属板
工程</td></tr>
<tr><td>施工单位</td><td colspan="2">××建筑有限公司</td><td>项目负责人</td><td>×××</td><td>检验批容量</td><td colspan="2">150 件</td></tr>
<tr><td>分包单位</td><td colspan="2">—</td><td>分包单位
项目负责人</td><td>—</td><td>检验批部位</td><td colspan="2">宴会大厅</td></tr>
<tr><td>施工依据</td><td colspan="3">《钢结构工程施工规范》
GB 50755—2012</td><td>验收依据</td><td colspan="3">《钢结构工程施工质量验收规范》
GB 50205—2001</td></tr>
<tr><td colspan="3">验收项目</td><td>设计要求及
规范规定</td><td>最小/实际
抽样数量</td><td colspan="2">检查记录</td><td>检查
结果</td></tr>
<tr><td rowspan="6">主控项目</td><td>1</td><td>压型金属板及其原材料</td><td>第 4.8.1 条
第 4.8.2 条</td><td>—</td><td colspan="2">质量证明文件齐全,检验合格,报告编号××××</td><td>√</td></tr>
<tr><td>2</td><td>基板裂纹、涂层缺陷</td><td>第 13.2.1 条
第 13.2.2 条</td><td>10/10</td><td colspan="2">抽查 10 处,合格 10 处</td><td>√</td></tr>
<tr><td>3</td><td>现场安装</td><td>第 13.3.1 条</td><td>全/150</td><td colspan="2">共 150 处,全部检查,合格 150 处</td><td>√</td></tr>
<tr><td>4</td><td>搭接</td><td>第 13.3.2 条</td><td>15/15</td><td colspan="2">抽查 15 处,合格 15 处</td><td>√</td></tr>
<tr><td>5</td><td>端部锚固</td><td>第 13.3.3 条</td><td>15/15</td><td colspan="2">抽查 15 处,合格 15 处</td><td>√</td></tr>
<tr><td></td><td></td><td></td><td></td><td colspan="2"></td><td></td></tr>
<tr><td rowspan="5">一般项目</td><td>1</td><td>压型金属板精度</td><td>第 4.8.3 条</td><td>8/10</td><td colspan="2">抽查 10 处,合格 10 处</td><td>100%</td></tr>
<tr><td>2</td><td>轧制精度</td><td>第 13.2.3 条
第 13.2.5 条</td><td>10/10</td><td colspan="2">抽查 10 处,合格 10 处</td><td>100%</td></tr>
<tr><td>3</td><td>表面质量</td><td>第 13.2.4 条</td><td>10/10</td><td colspan="2">抽查 10 处,合格 10 处</td><td>100%</td></tr>
<tr><td>4</td><td>安装质量</td><td>第 13.3.4 条</td><td>15/15</td><td colspan="2">抽查 15 处,合格 15 处</td><td>100%</td></tr>
<tr><td>5</td><td>安装精度</td><td>第 13.3.5 条</td><td>15/15</td><td colspan="2">抽查 15 处,合格 15 处</td><td>100%</td></tr>
<tr><td>施工单位
检查结果</td><td colspan="7">符合要求
专业工长:×××
项目专业质量检查员:×××
××年×月×日</td></tr>
<tr><td>监理单位
验收结论</td><td colspan="7">合格
专业监理工程师:×××
××年×月×日</td></tr>
</table>

二十四、《压型金属板检验批质量验收记录》填写说明

1.填写依据

(1)《钢结构工程施工质量验收规范》GB 50205—2001。

(2)《建筑工程施工质量验收统一标准》GB 50300—2013。

2.规范摘要

以下内容摘自《钢结构工程施工质量验收规范》GB 50205—2001。

(1)检验批划分原则。

压型金属板的制作和安装工程可按变形缝、楼层、施工段或屋面、墙面、楼面等划分为一个或若干个检验批。

(2)验收要求。

1)金属压型板。

主控项目

①金属压型板及制造金属压型板所采用的原材料，其品种、规格、性能等应符合现行国家产品标准和设计要求。

检查数量：全数检查。

检验方法：检查产品的质量合格证明文件、中文标志及检验报告等。

②压型金属泛水板、包角板和零配件的品种、规格以及防水密封材料的性能应符合现行国家产品标准和设计要求。

检查数量：全数检查。

检验方法：检查产品的质量合格证明文件、中文标志及检验报告等。

一般项目

压型金属板的规格尺寸及允许偏差、表面质量、涂层质量等应符合设计要求和GB 50205—2001 的规定。

检查数量：每种规格抽查 5%，且不应少于 3 件。

检验方法：观察和用 10 倍放大镜检查及尺量。

2) 压型金属制作。

主控项目

①压型金属板成型后，其基板不应有裂纹。

检查数量：按计件数抽查 5%，且不应少于 10 件。

检验方法：观察和用 10 倍放大镜检查。

②有涂层、镀层压型金属板成型后，涂、镀层不应有肉眼可见的裂纹、剥落和擦痕等缺陷。

检查数量：按计件数抽查 5%，且不应少于 10 件。

检验方法：观察检查。

一般项目

①压型金属板的尺寸允许偏差应符合表 8-30 的规定。

检查数量：按计件数抽查 5%，且不应少于 10 件。

检验方法：用拉线和钢尺检查。

表 8-30 压型金属板的尺寸允许偏差(mm)

<table>
<tr><th colspan="3">项　目</th><th>允许偏差</th></tr>
<tr><td colspan="3">波距</td><td>±2.0</td></tr>
<tr><td rowspan="2">波高</td><td rowspan="2">压型钢板</td><td>截面高度≤70</td><td>±1.5</td></tr>
<tr><td>截面高度>70</td><td>±2.0</td></tr>
<tr><td>侧向弯曲</td><td>在测量长度 l_1 的范围内</td><td colspan="2">20.0</td></tr>
</table>

注：l_1 为测量长度，指板长扣除两端各 0.5m 后的实际长度(小于 10m)或扣除后任选的 10m 长度。

②压型金属板成型后，表面应干净，不应有明显凹凸和皱褶。

检查数量：按计件数抽查 5%，且不应少于 10 件。

检验方法：观察检查。

③压型金属板施工现场制作的允许偏差应符合表 8-31 的规定。

检查数量：按计件数抽查 5%，且不应少于 10 件。

检验方法：用钢尺、角尺检查。

表 8-31 压型金属板施工现场制作的允许偏差(mm)

<table>
<tr><th colspan="2">项　目</th><th>允许偏差</th></tr>
<tr><td rowspan="2">压型金属板的覆盖宽度</td><td>截面高度≤70</td><td>+10.0，−2.0</td></tr>
<tr><td>截面高度>70</td><td>+6.0，−2.0</td></tr>
<tr><td colspan="2">板长</td><td>±9.0</td></tr>
<tr><td colspan="2">横向剪切偏差</td><td>6.0</td></tr>
<tr><td rowspan="3">泛水板、包角板尺寸</td><td>板长</td><td>±6.0</td></tr>
<tr><td>折弯面宽度</td><td>±3.0</td></tr>
<tr><td>折弯面夹角</td><td>2°</td></tr>
</table>

3)压型金属板安装。

主控项目

①压型金属板、泛水板和包角板等应固定可靠、牢固，防腐涂料涂刷和密封材料敷设应完好，连接件数量、间距应符合设计要求和国家现行有关标准规定。

检查数量：全数检查。

检验方法：观察检查及尺量。

②压型金属板应在支承构件上可靠搭接，搭接长度应符合设计要求，且不应小于表

8-32所规定的数值。

检查数量：按搭接部位总长度抽查10%，且不应少于10m。

表8-32 压型金属板在支承构件上的搭接长度(mm)

项目		搭接长度
截面高度>70		375
截面高度≤70	屋面坡度<1/10	250
	屋面坡度≥1/10	200
墙面		120

检验方法：观察和用钢尺检查。

③组合楼板中压型钢板与主体结构(梁)的锚固支承长度应符合设计要求，且不应小于50mm，端部锚固件连接应可靠，设置位置应符合设计要求。

检查数量：沿连接纵向长度抽查10%，且不应少于10m。

检验方法：观察和用钢尺检查。

一般项目

①压型金属板安装应平整、顺直，板面不应有施工残留物污物。檐口和墙面下端应呈直线，不应有未经处理的错钻孔洞。

检查数量：按面积抽查10%，且不应少于$10m^2$。

检验方法：观察检查。

②压型金属板安装的允许偏差应符合表8-33的规定。

检查数量：檐口与屋脊的平行度：按长度抽查10%，且不应少于10m。其他项目：每20m长度应抽查1处，不应少于2处。

检验方法：用拉线、吊线和钢尺检查。

表8-33 压型金属板安装的允许偏差(mm)

项目		允许偏差
屋面	檐口与屋脊的平行度	12.0
	压型金属板波纹线对屋脊的垂直度	L/800，且不应大于25.0
	檐口相邻两块压型金属板端部错位	6.0
	压型金属板卷边板件最大波浪高	4.0
墙面	墙板波纹线的垂直度	H/800，且不应大于25.0
	墙板包角板的垂直度	H/800，且不应大于25.0
	相邻两块压型金属板的下端错位	6.0

注：1. L为屋面半坡或单坡长度；

2. H为墙面高度。

二十五、《防腐涂料涂装检验批质量验收记录》填写范例

防腐涂料涂装检验批质量验收记录

02031001　001

<table>
<tr><td>单位(子单位)工程名称</td><td>××大厦</td><td>分部(子分部)工程名称</td><td>主体结构/钢结构</td><td>分项工程名称</td><td>防腐涂料涂装</td></tr>
<tr><td>施工单位</td><td>××建筑有限公司</td><td>项目负责人</td><td>×××</td><td>检验批容量</td><td>150 件</td></tr>
<tr><td>分包单位</td><td>—</td><td>分包单位项目负责人</td><td>—</td><td>检验批部位</td><td>宴会大厅</td></tr>
<tr><td>施工依据</td><td colspan="2">《钢结构工程施工规范》GB 50755—2012</td><td>验收依据</td><td colspan="2">《钢结构工程施工质量验收规范》GB 50205—2001</td></tr>
</table>

<table>
<tr><td colspan="3">验收项目</td><td>设计要求及规范规定</td><td>最小/实际抽样数量</td><td>检查记录</td><td>检查结果</td></tr>
<tr><td rowspan="4">主控项目</td><td>1</td><td>涂料性能</td><td>第 4.9.1 条</td><td>—</td><td>质量证明文件齐全，检验合格，报告编号××××</td><td>√</td></tr>
<tr><td>2</td><td>涂装基层验收</td><td>第 14.2.1 条</td><td>15/15</td><td>抽查 15 处，合格 15 处</td><td>√</td></tr>
<tr><td>3</td><td>涂层厚度</td><td>第 14.2.2 条</td><td>15/15</td><td>抽查 15 处，合格 15 处</td><td>√</td></tr>
<tr><td></td><td></td><td></td><td></td><td></td><td></td></tr>
<tr><td rowspan="5">一般项目</td><td>1</td><td>涂料质量</td><td>第 4.9.3 条</td><td>3/全</td><td>涂料型号、名称、颜色及有效期均满足设计要求，并符合规范要求</td><td>√</td></tr>
<tr><td>2</td><td>表面质量</td><td>第 14.2.3 条</td><td>全/150</td><td>共 150 处，全部检查，合格 150 处</td><td>100%</td></tr>
<tr><td>3</td><td>附着力测试</td><td>第 14.2.4 条</td><td>3/3</td><td>抽查 3 处，合格 3 处</td><td>100%</td></tr>
<tr><td>4</td><td>标志</td><td>第 14.2.5 条</td><td>全/15</td><td>共计 15 处，合格 15 处</td><td>100%</td></tr>
<tr><td></td><td></td><td></td><td></td><td></td><td></td></tr>
<tr><td colspan="2">施工单位检查结果</td><td colspan="5">符合要求
专业工长：×××
项目专业质量检查员：×××
××年×月×日</td></tr>
<tr><td colspan="2">监理单位验收结论</td><td colspan="5">合格
专业监理工程师：×××
××年×月×日</td></tr>
</table>

二十六、《防腐涂料涂装检验批质量验收记录》填写说明

1. 填写依据

(1)《钢结构工程施工质量验收规范》GB 50205—2001。

(2)《建筑工程施工质量验收统一标准》GB 50300—2013。

2. 规范摘要

以下内容摘自《钢结构工程施工质量验收规范》GB 50205—2001。

(1)检验批划分原则。

钢结构涂装工程可按钢结构制作或钢结构安装工程检验批的划分原则划分成一个或若干个检验批。

(2)验收要求。

1)涂装材料。

主控项目

钢结构防腐涂料、稀释剂和固化剂等材料的品种、规格、性能等符合现行国家产品标准和设计要求。

检查数量:全数检查。

检验方法:检查产品的质量合格证明文件、中文标志及检验报告等。

一般项目

防腐涂料和防火涂料的型号、名称、颜色及有效期应与其质量证明文件相符。开启后,不应存在结皮、结块、凝胶等现象。

检查数量:每种规格抽查 5%,且不应少于 3 桶。

检验方法:观察检查。

2)钢结构防腐涂料涂装。

主控项目

①涂装前钢材表面除锈应符合设计要求和国家现行有关标准的规定。处理后的钢材表面不应有焊渣、焊疤、灰尘、油污、水和毛刺等。当设计无要求时,钢材表面除锈等级应符合表 8-34 的规定。

表 8-34 各种底漆或防锈漆要求最低的除锈等级

涂 料 品 种	除锈等级
油性酚醛、醇酸等底漆或防锈漆	St2
高氯化聚乙烯、氯化橡胶、氯磺化聚乙烯、环氧树脂、聚氨酯等底漆或防锈漆	Sa2
无机富锌、有机硅、过氯乙烯等底漆	Sa2 $\frac{1}{2}$

检查数量:按构件数抽查 10%,且同类构件不应少于 3 件。

检验方法:用铲刀检查和用现行国家标准《涂覆涂料前钢材表面处理　表面清洁度的

目视评定 第一部分:未涂覆过的钢材表面和全面清除原有涂层后的钢材表面的锈蚀等级和处理等级》GB/T 8923.1—2011规定的图片对照观察检查。

②涂料、涂装遍数、涂层厚度均应符合设计要求。当设计对涂层厚度无要求时,涂层干漆膜总厚度:室外应为150μm,室内应为125μm,其允许偏差为−25μm。每遍涂层干漆膜厚度的允许偏差为−5μm。

检查数量:按构件数抽查10%,且同类构件不应少于3件。

检验方法:用干漆膜测厚仪检查。每个构件检测5处,每处的数值为3个相距50mm测点涂层干漆膜厚度的平均值。

一般项目

①构件表面不应误涂、漏涂,涂层不应脱皮和返锈等。涂层应均匀、无明显皱皮、流坠、针眼和气泡等。

检查数量:全数检查。

检验方法:观察检查。

②当钢结构处在有腐蚀介质环境或外露且设计有要求时,应进行涂层附着力测试,在检测处范围内,当涂层完整程度达到70%以上时,涂层附着力达到合格质量标准的要求。

检查数量:按构件数抽查1%,且不应少于3件,每件测3处。

检验方法:按照现行国家标准《漆膜附着力测定法》GB 1720—1979或《色漆和清漆 漆膜的划格试验》GB/T 9286—1998执行。

③涂装完成后,构件的标志、标记和编号应清晰完整。

检查数量:全数检查。

检验方法:观察检查。

二十七、《防火涂料涂装检验批质量验收记录》填写范例

防火涂料涂装检验批质量验收记录

02031101 001

单位(子单位)工程名称	××大厦	分部(子分部)工程名称	主体结构/钢结构	分项工程名称	防火涂料涂装
施工单位	××建筑有限公司	项目负责人	×××	检验批容量	150件
分包单位	—	分包单位项目负责人	—	检验批部位	宴会大厅
施工依据	《钢结构工程施工规范》GB 50755—2012		验收依据	《钢结构工程施工质量验收规范》GB 50205—2001	

验收项目			设计要求及规范规定	最小/实际抽样数量	检查记录	检查结果
主控项目	1	涂料性能	第4.9.2条	—	质量证明文件齐全，检验合格，报告编号××××	√
	2	涂装基层验收	第14.3.1条	15/15	抽查15处，合格15处	√
	3	强度试验	第14.3.2条	—	检验合格，报告编号×××	√
	4	涂层厚度	第14.3.3条	15/15	抽查15处，合格15处	√
	5	表面裂纹	第14.3.4条	15/15	抽查15处，合格15处	√
一般项目	1	产品质量	第4.9.3条	6/6	抽查6桶，合格6桶	100%
	2	基层表面	第14.3.5条	全/150	共150处，全部检查，合格150处	100%
	3	涂层表面质量	第14.3.6条	全/150	共150处，全部检查，合格150处	100%

施工单位检查结果	符合要求 专业工长：××× 项目专业质量检查员：××× ××年×月×日
监理单位验收结论	合格 专业监理工程师：××× ××年×月×日

二十八、《防火涂料涂装检验批质量验收记录》填写说明

1. 填写依据

(1)《钢结构工程施工质量验收规范》GB 50205—2001。

(2)《建筑工程施工质量验收统一标准》GB 50300—2013。

2. 规范摘要

以下内容摘自《钢结构工程施工质量验收规范》GB 50205—2001。

(1)检验批划分原则。

钢结构涂装工程可按钢结构制作或钢结构安装工程检验批的划分原则划分成一个或若干个检验批。

(2)验收要求。

1)涂装材料。

主控项目

钢结构防火涂料的品种和技术性能应符合设计要求,并应经过具有资质的检测机构检测符合国家现行有关标准的规定。

检查数量:全数检查。

检验方法:检查产品的质量合格证明文件、中文标志及检验报告等。

一般项目

防腐涂料和防火涂料的型号、名称、颜色及有效期应与其质量证明文件相符。开启后,不应存在结皮、结块、凝胶等现象。

检查数量:每种规格抽查 5%,且不应少于 3 桶。

检验方法:观察检查。

2)钢结构防火涂料涂装。

主控项目

①防火涂料涂装前钢材表面除锈及防锈底漆涂装应符合设计要求和国家现行有关标准的规定。

检查数量:按构件数抽查 10%,且同类构件不应少于 3 件。

检验方法:表面除锈用铲刀检查和用现行国家标准《涂覆涂料前钢材表面处理　表面清洁度的目视评定　第一部分:未涂覆过的钢材表面和全面清除原有涂层后的钢材表面的锈蚀等级和处理等级》GB/T 8923.1—2011 规定的图片对照观察检查。底漆涂装用干漆膜测厚仪检查,每个构件检测 5 处,每处的数值为 3 个相距 50mm 测点涂层干漆膜厚度的平均值。

②钢结构防火涂料的黏结强度、抗压强度应符合国家现行标准《钢结构防火涂料应用技术规程》CECS 24：90 的规定。检验方法应符合现行国家标准《建筑构件耐火试验方法　第一部分　通用要求》GB 9978.1—2008 的规定。

检查数量:每使用 100t 或不足 100t 薄涂型防火涂料应抽检一次黏结强度;每使用 500t 或不足 500t 厚涂型防火涂料应抽检一次粘结强度和抗压强度。

检验方法:检查复检报告。

③薄涂型防火涂料的涂层厚度应符合有关耐火极限的设计要求。厚涂型防火涂料涂层的厚度，80％及以上面积应符合有关耐火极限的设计要求，且最薄处厚度不应低于设计要求的85％。

检查数量：按同类构件数抽查10％，且均不应少于3件。

检验方法：用涂层厚度测量仪、测针和钢尺检查。测量方法应符合国家现行标准《钢结构防火涂料应用技术规程》CECS 24：90的规定及GB 50205—2001中附录F。

④薄涂型防火涂料涂层表面裂纹宽度不应大于0.5mm；厚涂型防火涂料涂层表面裂纹宽度不应大于1mm。

检查数量：按同类构件数抽查10％，且均不应少于3件。

检验方法：观察和用尺量检查。

一般项目

①防火涂料涂装基层不应有油污、灰尘和泥砂等污垢。

检查数量：全数检查。

检验方法：观察检查。

②防火涂料不应有误涂、漏涂，涂层应闭合无脱层、空鼓、明显凹陷、粉化松散和浮浆等外观缺陷，乳突已剔除。

检查数量：全数检查。

检验方法：观察检查。

第二节 防腐涂料涂装分项工程质量验收记录表

防腐涂料涂装 分项工程质量验收记录

编号：×××

<table>
<tr><td>单位(子单位)工程名称</td><td colspan="3">××办公楼工程</td><td>分部(子分部)工程名称</td><td colspan="3">主体结构(钢结构)</td></tr>
<tr><td>分项工程工程量</td><td colspan="3">××个</td><td>检验批数量</td><td colspan="3">23</td></tr>
<tr><td>施工单位</td><td colspan="3">××建设集团有限公司</td><td>项目负责人</td><td>×××</td><td>项目技术负责人</td><td>×××</td></tr>
<tr><td>分包单位</td><td colspan="3">—</td><td>分包单位项目负责人</td><td>—</td><td>分包内容</td><td>—</td></tr>
<tr><td>序号</td><td>检验批名称</td><td>检验批容量</td><td>部位/区段</td><td>施工单位检查结果</td><td colspan="3">监理单位验收结论</td></tr>
<tr><td>1</td><td>防腐涂料涂装</td><td>××个</td><td>F4层主次梁、柱连接节点、预埋件(A～G/24～30)轴及A轴以西、G轴以东、30轴以南</td><td>符合要求</td><td colspan="3">合格</td></tr>
<tr><td>2</td><td>防腐涂料涂装</td><td>××个</td><td>F5层主次梁、柱连接节点、预埋件(A～G/24～30)轴及A轴以西、G轴以东、30轴以南</td><td>符合要求</td><td colspan="3">合格</td></tr>
<tr><td>3</td><td></td><td></td><td></td><td></td><td colspan="3"></td></tr>
<tr><td>4</td><td></td><td></td><td></td><td></td><td colspan="3"></td></tr>
<tr><td>5</td><td></td><td></td><td></td><td></td><td colspan="3"></td></tr>
<tr><td>6</td><td colspan="7">(如下内容编者省略，请根据工程实际填写)</td></tr>
<tr><td>7</td><td></td><td></td><td></td><td></td><td colspan="3"></td></tr>
<tr><td>8</td><td></td><td></td><td></td><td></td><td colspan="3"></td></tr>
<tr><td>9</td><td></td><td></td><td></td><td></td><td colspan="3"></td></tr>
<tr><td>10</td><td></td><td></td><td></td><td></td><td colspan="3"></td></tr>
<tr><td>11</td><td></td><td></td><td></td><td></td><td colspan="3"></td></tr>
<tr><td>12</td><td></td><td></td><td></td><td></td><td colspan="3"></td></tr>
<tr><td>13</td><td></td><td></td><td></td><td></td><td colspan="3"></td></tr>
<tr><td>14</td><td></td><td></td><td></td><td></td><td colspan="3"></td></tr>
<tr><td>15</td><td></td><td></td><td></td><td></td><td colspan="3"></td></tr>
<tr><td colspan="8">说明：
检验批质量验收记录资料齐全完整。</td></tr>
<tr><td>施工单位检查结果</td><td colspan="7">符合要求
项目专业技术负责人：×××
201×年×月×日</td></tr>
<tr><td>监理单位验收结论</td><td colspan="7">合格
专业监理工程师：×××
201×年×月×日</td></tr>
</table>

第三节 钢结构子分部工程质量验收记录表

钢结构子分部工程质量验收记录

编号:×××

<table>
<tr><td>单位(子单位)
工程名称</td><td colspan="4">××办公楼工程</td><td>分项工程
数量</td><td>804</td></tr>
<tr><td>施工单位</td><td colspan="2">××建设集团
有限公司</td><td>项目负责人</td><td>×××</td><td>技术(质量)
负责人</td><td>×××</td></tr>
<tr><td>分包单位</td><td colspan="2">—</td><td>分包单位
负责人</td><td>—</td><td>分包内容</td><td>—</td></tr>
<tr><td>序号</td><td>分项工程名称</td><td>检验批数量</td><td colspan="2">施工单位检查结果</td><td colspan="2">监理单位验收结论</td></tr>
<tr><td>1</td><td>零部件加工</td><td>61</td><td colspan="2">符合要求</td><td colspan="2">合格</td></tr>
<tr><td>2</td><td>钢结构制作焊接</td><td>62</td><td colspan="2">符合要求</td><td colspan="2">合格</td></tr>
<tr><td>3</td><td>钢构件制作与焊接</td><td>162</td><td colspan="2">符合要求</td><td colspan="2">合格</td></tr>
<tr><td>4</td><td>钢构件组装</td><td>62</td><td colspan="2">符合要求</td><td colspan="2">合格</td></tr>
<tr><td>5</td><td>钢结构安装</td><td>93</td><td colspan="2">符合要求</td><td colspan="2">合格</td></tr>
<tr><td>6</td><td>钢结构安装焊接</td><td>93</td><td colspan="2">符合要求</td><td colspan="2">合格</td></tr>
<tr><td>7</td><td>高强螺栓连接</td><td>88</td><td colspan="2">符合要求</td><td colspan="2">合格</td></tr>
<tr><td>8</td><td>焊钉(栓钉)焊接</td><td>93</td><td colspan="2">符合要求</td><td colspan="2">合格</td></tr>
<tr><td>9</td><td>压型金属板</td><td>25</td><td colspan="2">符合要求</td><td colspan="2">合格</td></tr>
<tr><td>10</td><td>防腐涂料涂装</td><td>24</td><td colspan="2">符合要求</td><td colspan="2">合格</td></tr>
<tr><td>11</td><td>防火涂料涂装</td><td>41</td><td colspan="2">符合要求</td><td colspan="2">合格</td></tr>
<tr><td colspan="3">质量控制资料</td><td colspan="2">符合要求</td><td colspan="2">合格</td></tr>
<tr><td colspan="3">结构实体检验报告</td><td colspan="4">符合要求</td></tr>
<tr><td colspan="3">观感质量检验结果</td><td colspan="4">好</td></tr>
<tr><td>综合
验收
结论</td><td colspan="6">钢结构子分部工程资料齐全有效，合格。</td></tr>
<tr><td colspan="2">施工单位
项目负责人:×××
201×年×月×日</td><td colspan="3">设计单位
项目负责人:×××
201×年×月×日</td><td colspan="2">监理单位
总监理工程师:×××
201×年×月×日</td></tr>
</table>

第九章

钢结构工程资料组卷与归档（实例）范本

本章内容包括下列资料：

- 第 1 卷 C1 施工管理资料
- 第 2 卷 C2 施工技术资料
- 第 3 卷 C3 施工进度与造价资料
- 第 4 卷 C4 施工物资资料(1)
- 第 5 卷 C4 施工物资资料(2)
- 第 6 卷 C4 施工物资资料(3)
- 第 7 卷 C5 施工记录(1)
- 第 8 卷 C5 施工记录(2)
- 第 9 卷 C5 施工记录(3)
- 第 10 卷 C5 施工记录(4)
- 第 11 卷 C6 施工试验记录及检测报告资料(1)
- 第 12 卷 C6 施工试验记录及检测报告资料(2)
- 第 13 卷 C7 施工质量验收记录(1)
- 第 14 卷 C7 施工质量验收记录(2)

第一节　第1卷C1施工管理资料

一、案卷封面、卷内目录实例

1. 案卷封面实例

工　程　资　料

工程名称： ××工程

案卷题名： 建筑与结构——钢结构工程

C1施工管理资料　施工现场质量管理检查记录　建筑企业资质证书
专业人员岗位证书　见证记录　施工日志

编制单位： ××钢结构安装公司

技术主管： ×××

编制日期： 自　2013　年　5　月　22　日起至　2015　年　10　月　23　日　止

保管期限：　　　　　　**密级：**

保存档号：

共　　册　　　第　　册

2.卷内目录实例

工程资料卷内目录						
工程名称	××办公楼工程		资料类别	C1 施工管理资料		
序号	案卷内容题名	原编字号	编制单位	编制日期	页次	备注
1	施工现场质量管理检查记录	—	××钢结构安装公司	2014.06.15	1	—
2	质量检验报验制度	—	××钢结构安装公司	2014.06.16	2～3	—
3	原材料及施工检验制度	—	××钢结构安装公司	2014.06.20	4～6	—
4	质量责任制度	—	××钢结构安装公司	2014.06.20	7～9	—
5	建筑企业资质证书××钢结构安装公司	B10340 1010508	××钢结构安装公司	2013.12.21	10	—
6	企业法人营业执照××钢结构安装公司	110105123	××钢结构安装公司	2013.08.12	11～12	—
7	项目经理、质检员、验线员试验员等各专业人员上岗证书	—	××钢结构安装公司	2013.05.22～2014.04.10	13～18	—
8	有见证取样和送检见证人备案书	—	××钢结构安装公司	2014.06.22	19～20	—
9	有见证试验送检计划	—	××钢结构安装公司	2014.06.22	21～23	—
10	钢材进场见证取样记录	—	××钢结构安装公司	2014.06.27～2014.11.07	24～40	—
11	高强度螺栓连接副(预拉力)进场见证取样记录	—	××钢结构安装公司	2014.07.27～2014.11.10	41～52	—
12	焊接材料进场见证取样记录	—	××钢结构安装公司	2014.07.27～2014.08.22	53～57	—
13	防腐、防火涂料进场见证取样记录	—	××钢结构安装公司	2015.02.01～2015.09.14	58～66	—
14	高强度螺栓抗滑移见证取样记录	—	××钢结构安装公司	2014.07.29～2014.11.15	67～74	—
15	有见证取样试验汇总表	—	××钢结构安装公司	2015.09.20	75	—
16	钢结构施工日志	—	××钢结构安装公司	2014.06.15～2015.10.23	76～405	—

二、施工现场质量管理检查记录实例

（可参考本书相应实例，本处实例略。）

三、有见证取样和送检见证人备案书实例

（可参考本书相应实例，本处实例略。）

四、钢材进场见证取样记录目录及实例

1. 钢结构进场见证取样目录

见证记录目录						
工程名称	××办公楼工程		资料类别	钢材进场见证取样记录		
序号	案卷内容题名	原编字号	编制单位	编制日期	页次	备注
1	槽钢 Q345C 进场见证取样	××-××	××监理公司	2014.06.27	2	50—02
2	钢板 Q345C 进场见证取样	××-××	××监理公司	2014.07.08	5	50—05
3	钢板 Q345C 进场见证取样	××-××	××监理公司	2014.07.10	6	50—06
4	钢板 Q345C 进场见证取样	××-××	××监理公司	2014.07.19	7	50—07
5	H 型钢 Q345B 进场见证取样	××-××	××监理公司	2014.08.06	8	50—08
6	钢板 Q345C 进场见证取样	××-××	××监理公司	2014.08.25	9	50—09
7	H 型钢 Q345B 进场见证取样	××-××	××监理公司	2014.08.24	11	50—11
8	钢板 Q345C 进场见证取样	××-××	××监理公司	2014.09.01	12	50—12
9	H 型钢 Q345B 进场见证取样	××-××	××监理公司	2014.09.09	13	50—13
10	钢板 Q345B 进场见证取样	××-××	××监理公司	2014.10.17	15	50—15
11	钢板 Q345B 进场见证取样	××-××	××监理公司	2014.11.07	16	50—16

注：本表适用于 C1 施工管理资料中见证记录编目。

2. 钢结构进场见证取样记录实例

（可参考本书相应实例，本处实例略。）

五、高强度螺栓连接副进场见证取样记录目录及实例

1. 高强度螺栓连接副进场见证取样记录目录

<table>
<tr><td colspan="6">见证记录目录</td></tr>
<tr><td colspan="2">工程名称</td><td colspan="2">××办公楼工程</td><td>资料类别</td><td>高强度螺栓连接副见证取样记录</td></tr>
<tr><td>序号</td><td>内容摘要(施工部位)</td><td>见证单位</td><td>日期</td><td>页次</td><td>备注
(试件编号)</td></tr>
<tr><td>1</td><td>扭剪型高强度螺栓连接副现场见证取样</td><td>××监理公司</td><td>2014.07.27</td><td>1</td><td>2014-××
2014-××</td></tr>
<tr><td>2</td><td>扭剪型高强度螺栓连接副现场见证取样</td><td>××监理公司</td><td>2014.07.28</td><td>2</td><td>2014-××
2014-××</td></tr>
<tr><td>3</td><td>扭剪型高强度螺栓连接副现场见证取样</td><td>××监理公司</td><td>2014.07.29</td><td>3</td><td>2014-××
2014-××</td></tr>
<tr><td>4</td><td>扭剪型高强度螺栓连接副现场见证取样</td><td>××监理公司</td><td>2014.08.20</td><td>4</td><td>2014-××
2014-××</td></tr>
<tr><td>5</td><td>扭剪型高强度螺栓连接副现场见证取样</td><td>××监理公司</td><td>2014.08.21</td><td>5</td><td>2014-××
2014-××</td></tr>
<tr><td>6</td><td>扭剪型高强度螺栓连接副现场见证取样</td><td>××监理公司</td><td>2014.09.09</td><td>6</td><td>2014-××
2014-××</td></tr>
<tr><td>7</td><td>扭剪型高强度螺栓连接副现场见证取样</td><td>××监理公司</td><td>2014.10.20</td><td>7</td><td>2014-××
2014-××</td></tr>
<tr><td>8</td><td>扭剪型高强度螺栓连接副现场见证取样</td><td>××监理公司</td><td>2014.10.22</td><td>8</td><td>2014-××
2014-××</td></tr>
<tr><td>9</td><td>扭剪型高强度螺栓连接副现场见证取样</td><td>××监理公司</td><td>2014.10.23</td><td>9</td><td>2014-××
2014-××</td></tr>
<tr><td>10</td><td>扭剪型高强度螺栓连接副现场见证取样</td><td>××监理公司</td><td>2014.11.03</td><td>10</td><td>2014-××
2014-××</td></tr>
<tr><td>11</td><td>扭剪型高强度螺栓连接副现场见证取样</td><td>××监理公司</td><td>2014.11.10</td><td>11</td><td>2014-××
2014-××</td></tr>
<tr><td></td><td></td><td></td><td></td><td></td><td></td></tr>
<tr><td></td><td></td><td></td><td></td><td></td><td></td></tr>
<tr><td></td><td></td><td></td><td></td><td></td><td></td></tr>
<tr><td></td><td></td><td></td><td></td><td></td><td></td></tr>
</table>

注:本表适用于C1施工管理资料中见证记录编目。

2. 高强度螺栓进场见证取样记录实例

（可参考本书相应实例，本处实例略。）

六、焊接材料进场见证取样记录目录及实例

1. 焊接材料进场见证取样记录目录

见证记录目录						
工程名称	××办公楼工程		资料类别	焊接材料进场见证取样记录		
序号	案卷内容题名	原编字号	编制单位	编制日期	页次	备注
1	焊丝 JW－3 H08MnA 进场见证取样	××-××	××监理公司	2014.07.27	1	50-焊-01
2	焊丝 JM－56 ER50－6 进场见证取样	××-××	××监理公司	2014.07.27	2	50-焊-02
3	焊丝 JW－8M 进场见证取样	××-××	××监理公司	2014.09.02	3	50-焊-03
4	焊丝 KFX－71T 进场见证取样	××-××	××监理公司	2014.08.22	4	50-焊-04

注：本表适用于 C1 施工管理资料中见证记录编目。

2. 焊接材料进场见证取样记录实例

（可参考本书相应实例，本处实例略。）

七、防腐、防火涂料现场见证取样记录目录及实例

1. 防腐、防火涂料现场见证取样记录目录

见证记录目录					
工程名称	××办公楼工程		资料类别	防腐、防火材料进场见证取样记录	
序号	内容摘要(施工部位)	见证单位	日期	页次	备注(试件编号)
1	环氧云铁中间漆进场见证取样	××监理公司	2015.02.01	1	50-FH-001
2	厚型钢结构防火涂料进场见证取样	××监理公司	2015.02.20	2	50-FH-002
3	室内厚型钢结构防火涂料进场见证取样	××监理公司	2015.03.22	3	50-FH-003
4	室内厚型钢结构防火涂料进场见证取样	××监理公司	2015.03.20	4	50-FH-004
5	室内厚型钢结构防火涂料进场见证取样	××监理公司	2015.03.30	5	50-FH-005
6	厚型钢结构防火涂料进场见证取样	××监理公司	2015.06.15	6	50-FH-006
7	室内薄型钢结构防火涂料进场见证取样	××监理公司	2015.08.13	7	50-FH-007
8	室内薄型钢结构防火涂料进场见证取样	××监理公司	2015.09.14	8	50-FH-007

注：本表适用于C1施工管理资料中见证记录编目。

2. 防腐、防火涂料现场见证取样记录实例

（可参考本书相应实例，本处实例略。）

八、高强度螺栓抗滑移见证取样记录目录及实例

1. 高强度螺栓抗滑移见证取样记录目录

见证记录目录					
工程名称	××办公楼工程		资料类别	高强度螺栓抗滑移见证取样记录	
序号	内容摘要(施工部位)	见证单位	日期	页次	备注(试件编号)
1	B1 层—F1 层钢梁、柱安装(螺栓 M24×60、钢板 Q345C 连接)抗滑移见证取样记录	××监理公司	2014.07.29	1	JC2014 HY0203
2	F1 层—F2 层钢梁、柱安装(螺栓 M24×75、钢板 Q345C 连接)抗滑移见证取样记录	××监理公司	2014.07.29	2	JC2014 HY0214
3	F1 层—F22 层钢梁、柱安装(螺栓 M24×100、钢板 Q345B 连接)抗滑移见证取样记录	××监理公司	2014.08.30	3	JC2014 HY0295
4	F1 层—F22 层钢梁、柱安装(螺栓 M24×100、钢板 Q345B 连接)抗滑移见证取样记录	××监理公司	2014.09.09	4	JC2014 HY0324
5	F1 层—F22 层钢梁、柱安装(螺栓 M24×100、钢板 Q345B 连接)抗滑移见证取样记录	××监理公司	2014.09.15	5	JC2014 HY0336
6	F1 层—F22 层钢梁、柱安装(螺栓 M24×80、钢板 Q345C 连接)抗滑移见证取样记录	××监理公司	2014.10.15	6	JC2014 HY0337
7	F1 层—F22 层钢梁、柱安装(螺栓 M24×60、钢板 Q345C 连接)抗滑移见证取样记录	××监理公司	2014.11.15	7	JC2014 HY0356

注:本表适用于 C1 施工管理资料中见证记录编目。

2. 高强度螺栓抗滑移见证取样记录实例

(可参考本书相应实例,本处实例略。)

九、备案表

(表略。)

第二节　第 2 卷 C2 施工技术资料

一、案卷封面、卷内目录实例

1. 案卷封面

工　程　资　料

工程名称：××工程

案卷题名：建筑与结构——钢结构工程

C2 施工技术资料　钢结构制作、安装专项方案、各项技术交底、图纸会审、设计变更、洽商记录

编制单位：××钢结构安装公司

技术主管：×××

编制日期：自 2014 年 3 月 9 日起至 2015 年 8 月 3 日 止

保管期限：　　　　密级：

保存档号：

共　　册　　　　第　　册

2.卷内目录实例

工程资料卷内目录						
工程名称	××办公楼工程		资料类别	C2 施工技术资料		
序号	案卷内容题名	原编字号	编制单位	编制日期	页次	备注
1	钢结构制作、安装专项方案	—	××钢结构安装公司	2014.06.06～2015.08.03	1～212	—
2	钢结构制作、安装专项方案技术交底	—	××钢结构安装公司	2014.06.08～2015.08.03	213～242	—
3	钢结构制作、安装分项工程施工技术交底	—	××钢结构安装公司	2014.06.20～2015.04.14	243～306	—
4	图纸会审记录	—	××钢结构安装公司	2014.03.09～2014.11.03	307～343	指钢结构专业
5	设计变更通知单	—	××钢结构安装公司	2014.06.08～2014.12.08	344～390	—
6	工程洽商记录	—	××钢结构安装公司	2014.07.21～2015.07.28	391～420	—

二、钢结构制作、安装专项施工方案目录及实例

1. 钢结构制作、安装专项施工方案目录

通用分目录

工程名称	××办公楼工程		资料类别	钢结构制作、安装专项方案	
序号	内容摘要(施工部位)	见证单位	日期	页次	备注(试件编号)
1	钢结构制作专项方案	××监理公司	2014.06.06	1～26	缺进度计划表
2	钢结构制作焊接工艺评定方案	××监理公司	2014.06.10	27～42	—
3	地脚螺栓埋设专项方案	××监理公司	2014.06.15	43～50	—
4	钢结构检验与试验计划	××监理公司	2014.06.16	51～58	—
5	钢结构安装专项施工方案	××监理公司	2014.07.08	59～159	—
6	焊工考试专项方案	××监理公司	2014.07.10	160～168	—
7	钢结构安装焊接工艺评定方案	××监理公司	2014.07.12	169～176	—
8	栓钉焊接施工方案	××监理公司	2014.07.23	177～190	—
9	钢结构防火喷涂施工方案	××监理公司	2015.03.20	191～201	—
10	防腐喷涂施工方案	××监理公司	2015.08.03	202～212	—

注：本表适用于C2施工技术类，施工组织设计、施工方案、设计变更、洽商记录、技术交底等编目。

2. 钢结构制作、安装专项施工方案实例

（可参考本书相应实例，本处实例略。）

三、钢结构制作、安装专项施工方案交底目录

通用分目录					
工程名称	××办公楼工程		资料类别	钢结构制作、安装专项方案技术交底记录	
序号	内容摘要(施工部位)	见证单位	日期	页次	备注(试件编号)
1	钢结构制作专项方案	××监理公司	2014.06.08	1～5	—
2	钢结构制作焊接工艺评定方案	××监理公司	2014.06.12	6～9	—
3	地脚螺栓埋设专项方案	××监理公司	2014.06.18	10～12	—
4	钢结构检验与试验计划	××监理公司	2014.06.21	13～15	—
5	钢结构安装专项施工方案	××监理公司	2014.07.10	16～18	—
6	钢结构安装焊接工艺评定方案技术交底	××监理公司	2014.07.14	19～22	—
7	栓钉焊接施工方案技术交底	××监理公司	2014.07.25	23～25	—
8	钢结构防火喷涂施工方案技术交底	××监理公司	2015.03.25	26～28	—
9	氟碳喷涂施工方案技术交底	××监理公司	2015.08.03	29～30	—

注：本表适用于C2施工技术类，施工组织设计、施工方案、设计变更、洽商记录、技术交底或其他等专项分目录不适合的施工资料编目。

四、钢结构制作、安装分项工程技术交底目录及实例

1. 钢结构分项工程技术交底目录

<table>
<tr><th colspan="6">通用分目录</th></tr>
<tr><td colspan="2">工程名称</td><td>××办公楼工程</td><td>资料类别</td><td colspan="2">钢结构制作、安装分项工程技术交底</td></tr>
<tr><td>序号</td><td>内容摘要(施工部位)</td><td>见证单位</td><td>日期</td><td>页次</td><td>备注
(试件编号)</td></tr>
<tr><td>1</td><td>钢结构制作分项技术交底</td><td>××钢结构公司</td><td>2014.06.20</td><td>1～5</td><td>—</td></tr>
<tr><td>2</td><td>钢结构零、部件加工分项工程技术交底</td><td>××钢结构公司</td><td>2014.06.25</td><td>6～8</td><td>—</td></tr>
<tr><td>3</td><td>钢结构制作焊接工程分项技术交底</td><td>××钢结构公司</td><td>2014.06.27</td><td>9～12</td><td>可参考</td></tr>
<tr><td>4</td><td>钢结构制作紧固件连接工程技术交底</td><td>××钢结构公司</td><td>2014.06.30</td><td>13～15</td><td>—</td></tr>
<tr><td>5</td><td>钢构件组装工程技术交底</td><td>××钢结构公司</td><td>2014.07.02</td><td>16～18</td><td>—</td></tr>
<tr><td>6</td><td>地脚螺栓埋设技术交底</td><td>××钢结构公司</td><td>2014.07.11</td><td>19～22</td><td>—</td></tr>
<tr><td>7</td><td>钢结构吊装技术交底</td><td>××钢结构公司</td><td>2014.07.15</td><td>23～26</td><td>—</td></tr>
<tr><td>8</td><td>钢结构安装焊接工程技术交底</td><td>××钢结构公司</td><td>2014.07.20</td><td>27～30</td><td>—</td></tr>
<tr><td>9</td><td>钢结构安装高强度螺栓连接工程技术交底</td><td>××钢结构公司</td><td>2014.07.21</td><td>31～34</td><td>—</td></tr>
<tr><td>10</td><td>压型钢板安装技术交底</td><td>××钢结构公司</td><td>2014.09.05</td><td>35～36</td><td>—</td></tr>
<tr><td>11</td><td>钢结构安装栓钉焊接工程技术交底</td><td>××钢结构公司</td><td>2014.09.06</td><td>37～40</td><td>—</td></tr>
<tr><td>12</td><td>钢柱—钢梁腹板焊接技术交底</td><td>××钢结构公司</td><td>2014.09.23</td><td>41～44</td><td>—</td></tr>
<tr><td>13</td><td>钢结构制作与安装冬季施工技术交底</td><td>××钢结构公司</td><td>2014.11.14</td><td>45～48</td><td>—</td></tr>
<tr><td>14</td><td>大于 30mm 厚板梁焊接技术交底</td><td>××钢结构公司</td><td>2015.03.02</td><td>49～51</td><td>—</td></tr>
<tr><td>15</td><td>钢结构表面除锈、补漆施工技术交底</td><td>××钢结构公司</td><td>2015.03.20</td><td>52～54</td><td>—</td></tr>
<tr><td>16</td><td>钢结构防火喷涂施工技术交底</td><td>××钢结构公司</td><td>2015.03.23</td><td>55～57</td><td>—</td></tr>
<tr><td>17</td><td>主体连廊及屋盖周边结构变形监测技术交底</td><td>××钢结构公司</td><td>2015.04.14</td><td>58～64</td><td>—</td></tr>
</table>

注：本表适用于 C2 施工技术类，施工组织设计、施工方案、设计变更、洽商记录、技术交底或其他等专项分目录不适合的施工资料编目。

2. 钢结构制作、安装分项工程技术交底实例

（可参考本书相应实例，本处实例略。）

五、钢结构工程图纸会审目录及实例

1. 钢结构工程图纸会审目录

通用分目录					
工程名称	××办公楼工程	资料类别	图纸会审记录		
序号	内容摘要	编制单位	日期	页次	备注
1	关于结GJ-5、4、12、10、25、26、30、32、34、36、25、23、39、9、21、结104、106、109、结总2图纸会审问题答复	××钢结构安装公司	2014.03.09	1～4	—
2	200mm厚楼板需改为120mm厚，增加钢梁详细部位	××钢结构安装公司	2014.04.11	5～6	—
3	关于结37改-结82改、结37改-结79改、JP-9、10、7、10、1、3、结41改、结42改、结41改-结81改、图纸会审问题修改意见	××钢结构安装公司	2014.05.22	7～8	—
4	关于结51改-结55改、结59改、结37改-结82改图纸会审问题	××钢结构安装公司	2014.06.27	9～12	—
5	关于结37改-结50改-结37改-结54改-结39改-结82改-结54改-结41改-结44改-结54改-结109改-结JD-018图纸会审问题修改意见	××钢结构安装公司	2014.07.28	13～14	—
6	关于GJ总-1、GJ-1-3、58、16-21、25、26图纸会审问题修改	××钢结构安装公司	2014.07.28	15～16	—
7	2014年7月18日版结构图GJ-14、20、22、16会审提出问题的回复图	××钢结构安装公司	2014.08.19	17～18	—
8	关于结39改-结50改图纸会审问题	××钢结构安装公司	2014.08.31	19～21	—
9	关于结37改-结38改图纸会审问题	××钢结构安装公司	2014.09.12	22～23	—
10	关于结54改-结62改、结61改-结77改、结37改-结80改图纸会审问题记录	××钢结构安装公司	2014.09.19	24～26	—
11	2014年9月15日版结构图会审	××钢结构安装公司	2014.09.21	27～28	—
12	2014年9月15日版结构图会审	××钢结构安装公司	2014.10.13	29～30	—
13	2014年9月27日版中庭结构图会审	××钢结构安装公司	2014.10.13	31～33	—
14	2014年9月22日版结构02-C2-006、008、011图纸会审记录	××钢结构安装公司	2014.11.03	34～36	—
15	关于结39改-结82改图纸会审记录	××钢结构安装公司	2014.11.03	37	—
…	…				

注：本表适用于施组、施工方案、设计变更、洽商记录、技术交底、监理旁站记录、工作联系单以及其他专项分目录不适合的施工资料编目。

2. 钢结构工程图纸会审实例

（可参考本书相应实例，本处实例略。）

六、钢结构工程设计变更通知单目录

通用分目录					
工程名称	××办公楼工程	资料类别	设计变更通知单		
序号	内容摘要	编制单位	日期	页次	备注
1	结 12、13、20、21、30、31 改图中部分部位增加剖面	××钢结构安装公司	2014.06.08	1～5	—
2	结 39、41、42 改部分轴线钢梁开洞	××钢结构安装公司	2014.07.20	6～8	—
3	结 37 改一结 80 改钢梁上栓钉修改	××钢结构安装公司	2014.07.21	9～12	—
4	图号 GJ20－GJ1、4、9、13、18、19、26、20－25 中部分尺寸修改	××钢结构安装公司	2014.07.30	13～16	—
5	根据幕墙设计对建筑的要求，结构楼板及钢梁等作相应修改	××钢结构安装公司	2014.08.04	17～20	—
6	结 38 改、结 40 改中 G5 梁连接方式更变	××钢结构安装公司	2014.08.31	21～23	—
7	结 43 改一结 80 改中三层、四层以上钢结构局部变更	××钢结构安装公司	2014.09.03	24～25	—
8	结 30 改、结 37 改一结 80 改为配合幕墙施工钢梁上部增加钢埋件	××钢结构安装公司	2014.09.13	26～27	—
9	结构变更单 01－C2－041 中，A、G 轴混凝土中增加钢梁	××钢结构安装公司	2014.09.22	28	—
10	九层 26－28/E 增加 B3 梁	××钢结构安装公司	2014.09.23	29	—
11	结 51 改一结 84 改 900 高度钢梁开 1000×400 洞口；结 37 改一结 42 增加 B7 梁	××钢结构安装公司	2014.09.30	30～32	—
12	一、二层洞口修改	××钢结构安装公司	2014.11.02	33	—
13	五、七、九层钢梁修改，六、八、十层部分钢梁取消	××钢结构安装公司	2014.11.09	34～35	—
14	根据 02－C2－004 建筑设计变更通知单，确定首层、二层顶边沿局部相应外挑修改尺寸	××钢结构安装公司	2014.11.14	36	—
15	根据 02－C2－013 结构设计变更通知单及 9 月 15 日版结构图纸，确定三层到二十二层顶洞口尺寸	××钢结构安装公司	2014.11.23	37～39	—
16	大雨罩、内吊桥、HJ3 修改	××钢结构安装公司	2014.11.23	40	—
17	A 座 F9 层顶板局部修改、F8 层局部修改	××钢结构安装公司	2014.11.25	41	—
18	部分钢斜撑取消、F8 层局部顶板取消、增加钢梁	××钢结构安装公司	2014.11.28	42～43	—
19	根据 8 月 31 日版、9 月 15 日版结构图纸，确定三层到二十二层顶洞口尺寸	××钢结构安装公司	2014.11.29	44	—
20	钢结变 02－04－C2－016 附图、A 节点大样 6－6 剖埋件移位详图修改	××钢结构安装公司	2014.12.08	45～47	—

注：本表适用于施组、施工方案、设计变更、洽商记录、技术交底、监理旁站记录、工作联系单以及其他专项分目录不适合的施工资料编目。

七、钢结构工程洽谈记录目录及实例

1. 钢结构工程洽谈记录目录

通用分目录					
工程名称	××办公楼工程	资料类别	工程洽商记录		
序号	内容摘要	编制单位	日期	页次	备注
1	关于柱脚灌浆料明确要求	××钢结构安装公司	2014.07.21	1	—
2	关于热轧 H 型钢材质 C 级变更为 B 级	××钢结构安装公司	2014.07.27	2	—
3	关于箱形钢柱脚增开放水孔	××钢结构安装公司	2014.08.03	3	—
4	关于 02－006 设计变更	××钢结构安装公司	2014.11.01	4	—
5	关于平板顶钢梁上压型钢板支撑角钢	××钢结构安装公司	2014.11.09	5	—
6	关于 28/E－F 轴线洞口修改需要增加埋板的事宜	××钢结构安装公司	2014.11.11	6～7	—
7	关于增加 B7 钢梁需要增加埋板的事宜	××钢结构安装公司	2014.11.11	8～9	—
8	关于修改反梁的事宜	××钢结构安装公司	2014.11.23	10	—
9	关于确定 02－02－013 结构设计变更单中洞口尺寸的事宜	××钢结构安装公司	2014.12.01	11～12	—
10	关于压型钢板材质说明的事宜	××钢结构安装公司	2014.12.08	13	—
11	关于首层至十七层顶平面开洞需增加 B7 钢梁的事宜	××钢结构安装公司	2014.12.09	14～15	—
12	关于 F8 层顶平面增加 SG6、SB4 钢梁需要增加埋板的事宜	××钢结构安装公司	2014.12.15	16～17	—
13	关于 F8－F22 层顶 SG10、SG16 钢梁增加角钢的事宜	××钢结构安装公司	2014.12.20	18～19	—
14	关于 F16－F23 层顶 SG9 钢梁修改及 E13、E18 钢柱增加牛腿的事宜	××钢结构安装公司	2015.02.28	20～24	—
15	关于二十层顶板平面开洞需增加 B7 钢梁的事宜	××钢结构安装公司	2015.04.28	25	—
16	关于 HJ3 支座大样确定的事宜	××钢结构安装公司	2015.06.06	26	—
17	关于 F13 层顶屋面支座与主楼剪力墙连接节点确认的事宜	××钢结构安装公司	2015.06.22	27	—
18	关于 F9 层顶钢柱、钢梁与 G23 钢梁连接节点确认的事宜	××钢结构安装公司	2015.07.21	28	—
19	关于 F9 层顶 G9 钢梁与 G12 箱形钢梁连接节点确认的事宜	××钢结构安装公司	2015.07.27	29	—
20	关于海棠角处新补充钢梁连接节点确认的事宜	××钢结构安装公司	2015.07.28	30	—

注：本表适用于施组、施工方案、设计变更、洽商记录、技术交底、监理旁站记录、工作联系单以及其他专项分目录不适合的施工资料编目。

2. 钢结构工程洽谈记录实例

（可参考本书相应实例，本处实例略。）

八、备考表

（表略。）

第三节 第 3 卷 C3 施工进度与造价资料

一、案卷封面、卷内目录实例

1. 案卷封面实例

工 程 资 料

工程名称： ××工程

案卷题名： 建筑与结构——钢结构工程

C3 施工进度与造价资料　　工程开工、复工、进度计划报审表等

编制单位： ××钢结构安装公司（印章：××钢结构安装公司）

技术主管： ×××

编制日期： 自 2014 年 6 月 2 日起至 2015 年 7 月 15 日 止

保管期限：　　　　**密级：**

保存档号：

共　　册　　　第　　册

2.卷内目录实例

工程资料卷内目录

工程名称	××办公楼工程			资料类别	C3 进度造价资料		
序号	文件材料题名		原编字号	编制单位	编制日期	页次	备注
1	（　）月人、机、料动态表			××建设集团有限公司	2014.06.02～2015.07.15	1～21	—
2	工程变更费用报审表			××建设集团有限公司	2014.10.12	21～131	—

二、人、机、料动态表实例

（可参考本书相应实例，本处实例略。）

三、工程变更报审表实例

（可参考本书相应实例，本处实例略。）

四、备考表

（表略。）

第四节　第 4 卷 C4 施工物资资料(1)

一、案卷封面、卷内目录实例

1. 案卷封面实例

工 程 资 料

工程名称： ××工程

案卷题名： 建筑与结构——钢结构工程

C4 施工物资资料(1)　无收缩高强度灌浆料、钢构件(零部件)产品合格证、进场检验报告

编制单位： ××钢结构安装公司

技术主管： ×××

编制日期： 自 2014 年 7 月 21 日起至 2015 年 8 月 26 日 止

保管期限：　　　　密级：

保存档号：

共　　册　　　　第　　册

2.卷内目录实例

工程资料卷内目录

工程名称	××办公楼工程		资料类别	C4 施工物资资料(1)		
序号	案卷内容题名	原编字号	编制单位	编制日期	页次	备注
1	无收缩高强度灌浆料产品合格证检验报告	—	××钢结构安装公司	2014.07.21～2014.08.30	1～6	—
2	无收缩高强度灌浆料进场检验记录	—	××钢结构安装公司	2014.07.21～2014.08.30	7～12	—
3	钢构件(零部件)出厂合格证	—	××钢结构安装公司	2014.05.15～2015.08.26	13～326	—
4	钢构件(零部件)进场检验记录	—	××钢结构安装公司	2014.05.15～2015.08.26	327～405	—

二、无收缩高强灌浆料合格证、检验报告目录及实例

1. 无收缩高强灌浆料合格证、检验报告目录

(钢结构工程)产品质量证明目录									
工程名称	××办公楼工程			资料类别	灌浆料产品合格证检验报告				
序号	物资(资料)名称	厂名	品种规格、型号	产品质量证明编号	数量(t)	进场日期	使用部位	页次	备注
1	U型无收缩高强度灌浆料产品合格证检验报告	××特种材料厂	UGM	1100202	1	2014.07.21	钢柱脚注浆	1	—
2	U型无收缩高强度灌浆料产品合格证检验报告	××特种材料厂	UGM	1100203	4	2014.08.15	钢柱脚注浆	2	—
3	U型无收缩高强度灌浆料产品合格证检验报告	××特种材料厂	UGM	1100206	4.5	2014.08.22	钢柱脚注浆	3	—
4	U型无收缩高强度灌浆料产品合格证检验报告	××特种材料厂	UGM	1100213	4	2014.08.26	钢柱脚注浆	4	—
5	U型无收缩高强度灌浆料产品合格证检验报告	××特种材料厂	UGM	1100266	4.5	2014.08.30	钢柱脚注浆	5	—

注：本表适用于C4施工物资资料中产品合格证、检验报告编目。

2. 无收缩高强灌浆料检验报告实例

（可参考本书相应实例，本处实例略。）

三、无收缩高强灌浆进场检验记录目录及实例

1. 无收缩高强灌浆进场检验记录目录

<table>
<tr><th colspan="8">物资进场检验记录目录</th></tr>
<tr><td colspan="2">工程名称</td><td colspan="3">××办公楼工程</td><td>资料类别</td><td colspan="2">灌浆料进场检验记录</td></tr>
<tr><td>序号</td><td>物资名称</td><td>品种
规格、型号</td><td>检验结论</td><td>检验日期</td><td>检验单位</td><td>页次</td><td>备注</td></tr>
<tr><td>1</td><td>U型无收缩高强度灌浆料进场检验记录</td><td>UGM</td><td>无结块、品种、数量正确</td><td>2014.07.21</td><td>××钢结构安装公司</td><td>1</td><td>有材质证明</td></tr>
<tr><td>2</td><td>U型无收缩高强度灌浆料进场检验记录</td><td>UGM</td><td>无结块、品种、数量正确</td><td>2014.08.15</td><td>××钢结构安装公司</td><td>2</td><td>有材质证明</td></tr>
<tr><td>3</td><td>U型无收缩高强度灌浆料进场检验记录</td><td>UGM</td><td>无结块、品种、数量正确</td><td>2014.08.22</td><td>××钢结构安装公司</td><td>3</td><td>有材质证明</td></tr>
<tr><td>4</td><td>U型无收缩高强度灌浆料进场检验记录</td><td>UGM</td><td>无结块、品种、数量正确</td><td>2014.08.26</td><td>××钢结构安装公司</td><td>4</td><td>有材质证明</td></tr>
<tr><td>5</td><td>U型无收缩高强度灌浆料进场检验记录</td><td>UGM</td><td>无结块、品种、数量正确</td><td>2014.08.30</td><td>××钢结构安装公司</td><td>5</td><td>有材质证明</td></tr>
<tr><td></td><td></td><td></td><td></td><td></td><td></td><td></td><td></td></tr>
<tr><td></td><td></td><td></td><td></td><td></td><td></td><td></td><td></td></tr>
<tr><td></td><td></td><td></td><td></td><td></td><td></td><td></td><td></td></tr>
<tr><td></td><td></td><td></td><td></td><td></td><td></td><td></td><td></td></tr>
<tr><td></td><td></td><td></td><td></td><td></td><td></td><td></td><td></td></tr>
<tr><td></td><td></td><td></td><td></td><td></td><td></td><td></td><td></td></tr>
</table>

注：本表适用于C4施工物资资料，材料、构配件（设备）进场检验记录编目。

2. 无收缩高强灌浆进场检验记录实例

（可参考本书相应实例，本处实例略。）

四、钢构件出厂质量证明目录及实例

1. 钢构件出厂质量证明目录

（钢结构工程）产品质量证明目录

工程名称		××办公楼工程			资料类别		钢构件出厂合格证		
序号	物资（资料）名称	厂名	品种规格、型号	产品质量证明编号	数量（件）	进场日期	使用部位	页次	备注
1	地脚螺栓出厂合格证	××金属构厂	ϕ16×600mm ϕ25×680mm	N0-001	248 1064	2014.05.15	核心筒柱脚 框架柱柱脚	1	—
2	预埋件出厂合格证	××金属构厂	—	N0-002	2600	2014.06.20	核心筒柱脚 框架柱柱脚	2	—
3	角钢、边模出厂合格证	××金属构厂	80×6、70×6 120×350×1.5 120×400×3.4	N0-003	600、1000 1900、576	2014.06.22	钢梁、柱	3～4	型号太多录入不全
4	角钢、边模、支撑出厂合格证	××金属构厂	150×120×1.5 120×350×1.5 120×50×3.4	N0-004	100、450 300、1000	2014.06.23	钢梁、柱	5～7	型号太多录入不全
5	钢柱出厂合格证	××钢构件厂	AZ-B28、B29 AZ-C28、C29	N0-005	4根	2014.07.06	核心筒钢柱	8	—
…	…								

注：本表适用于C4类施工物资资料，产品合格证、检验记录编目。

2. 钢构件出厂质量证明实例

（可参考本书相应实例，本处实例略。）

五、钢构件进场检验记录目录及实例

1. 钢构件进场检验记录目录

物资进场检验记录目录							
工程名称		××办公楼工程		资料类别	钢构件进场检验记录		
序号	物资名称	品种 规格、型号	检验结论	检验日期	检验单位	页次	备注
1	地脚螺栓进场检验	ϕ16×600mm ϕ25×680mm	几何尺寸、外观、孔径符合要求	2014.05.15	××钢结构安装公司	1	—
2	预埋件进场检验	—	几何尺寸、外观、孔径符合要求	2014.06.20	××钢结构安装公司	2	—
3	角钢、边模进场检验	8×6、70×6 120×350×1.5 120×400×3.4	几何尺寸、外观、孔径符合要求	2014.06.22	××钢结构安装公司	3～8	型号多只录入主要型号
4	角钢、边模、支撑进场检验	150×120×1.5 120×350×1.5 120×50×3.4	几何尺寸、外观、孔径符合要求	2014.06.23	××钢结构安装公司	9	—
5	钢柱进场检验	AZ-B23、B29 AZ-C28、C29	几何尺寸、外观、孔径符合要求	2014.07.06	××钢结构安装公司	10	—
…	…						

注：本表适用于C4施工物资资料，材料、构配件（设备）进场检验记录编目。

2. 钢构件进场检验记录实例

（可参考本书相应实例，本处实例略。）

六、备考表

（表略。）

第五节　第 5 卷 C4 施工物资资料(2)

一、案卷封面、卷内目录实例

1. 案卷封面实例

工　程　资　料

工程名称：××工程

案卷题名：建筑与结构——钢结构工程

C4 施工物资资料(2)　钢材、压型钢板、高强度螺栓、焊接材料产品合格证、进场检验、复验报告

编制单位：××钢结构安装公司

技术主管：×××

编制日期：自　2014　年　6　月　17　日起至　2015　年　1　月 19 日　止

保管期限：　　密级：

保存档号：

共　　册　　第　　册

2.卷内目录实例

工程资料卷内目录

工程名称	××办公楼工程		资料类别	C4 施工物资资料(2)		
序号	案卷内容题名	原编字号	编制单位	编制日期	页次	备注
1	钢材产品质量证明书	—	××钢铁厂	2014.06.17～2014.11.06	1～50	—
2	钢材进场检验记录	××-××	××钢结构安装公司	2014.06.17～2014.11.06	51～72	—
3	钢材复验报告	××-××	××质量检测中心	2014.06.22～2014.11.07	73～118	报告可选代表编号
4	压型钢板及配件产品出厂合格证、质量保证书	—	××承压板厂	2014.09.08～2015.01.19	119～145	—
5	压型钢板、配件进场检验	××-××	××钢结构安装公司	2014.09.08～2015.01.19	146～159	—
6	压型钢板强度、元素含量复验报告	××-××	××质量检测中心	2014.09.10	160～163	—
7	高强度螺栓连接副产品合格证、检测报告	—	××高强紧固件厂	2014.07.27～2014.11.10	164～249	—
8	高强度螺栓连接副进场检验记录	××-××	××钢结构安装公司	2014.07.27～2014.11.10	250～260	—
9	高强度螺栓连接副预拉力复验报告	××-××	××质量检测中心	2014.07.29～2014.11.12	261～289	—
10	焊接材料合格证、检验报告	—	××焊条焊剂厂	2014.06.17～2014.11.29	290～331	—
11	焊接材料进场检验记录	××-××	××钢结构安装公司	2014.06.17～2014.11.29	332～369	—
12	焊接材料复验报告	××-××	××质量检测中心	2014.07.28～2014.09.02	370～378	—

二、钢材产品质量证明目录及实例

1. 钢材产品质量证明目录

<table>
<tr><th colspan="10">（钢结构工程）产品质量证明目录</th></tr>
<tr><td colspan="2">工程名称</td><td colspan="4">××办公楼工程</td><td>资料类别</td><td colspan="3">钢材产品质量证明书</td></tr>
<tr><td>序号</td><td>物资(资料)名称</td><td>厂名</td><td>品种规格、型号</td><td>产品质量证明编号</td><td>数量(t)</td><td>进场日期</td><td>使用部位</td><td>页次</td><td>备注</td></tr>
<tr><td>1</td><td>钢板 Q345B 产品质量证明书</td><td>××钢厂</td><td>8mm</td><td>××-××</td><td>8.517</td><td>2014.06.17</td><td>B1 层地脚螺栓定位板</td><td>1</td><td>—</td></tr>
<tr><td>2</td><td>钢板 Q345B 产品质量证明书</td><td>××钢厂</td><td>8mm</td><td>××-××</td><td>8.658</td><td>2014.06.17</td><td>B1 层地脚螺栓定位板</td><td>2</td><td>—</td></tr>
<tr><td>3</td><td>槽钢 Q235B 产品质量证明书</td><td>××钢厂</td><td>180×70×9mm</td><td>××-××</td><td>21.597</td><td>2014.06.17</td><td>B1 ～ F5 钢柱、零部件</td><td>3</td><td>—</td></tr>
<tr><td>4</td><td>热轧圆钢 Q235 质量证明书</td><td>××钢厂</td><td>ϕ16mm</td><td>××-××</td><td>0.948</td><td>2014.06.17</td><td>B1 层地脚螺栓</td><td>4</td><td>—</td></tr>
<tr><td>5</td><td>碳素结构钢 Q235 质量证明书</td><td>××钢厂</td><td>ϕ25mm</td><td>××-××</td><td>2.786</td><td>2014.07.18</td><td>B1 层地脚螺栓</td><td>5</td><td>—</td></tr>
<tr><td>6</td><td>钢板 Q345C 产品质量证明书</td><td>××钢厂</td><td>39mm</td><td>××-××</td><td>456.09</td><td>2014.06.18</td><td>B1～F22 层钢梁柱、零部件</td><td>6</td><td>—</td></tr>
<tr><td>…</td><td>…</td><td></td><td></td><td></td><td></td><td></td><td></td><td></td><td></td></tr>
<tr><td></td><td></td><td></td><td></td><td></td><td></td><td></td><td></td><td></td><td></td></tr>
<tr><td></td><td></td><td></td><td></td><td></td><td></td><td></td><td></td><td></td><td></td></tr>
<tr><td></td><td></td><td></td><td></td><td></td><td></td><td></td><td></td><td></td><td></td></tr>
<tr><td></td><td></td><td></td><td></td><td></td><td></td><td></td><td></td><td></td><td></td></tr>
</table>

2. 钢材产品质量证明实例

（可参考本书相应实例，本处实例略。）

三、钢材进场检验记录目录及实例

1. 钢材进场检验记录目录

物资进场检验记录目录

工程名称		××办公楼工程		资料类别	钢材进场检验记录		
序号	物资名称	品种 规格、型号	检验结论	检验日期	检验单位	页次	备注
1	钢板 Q345B、槽钢 Q235B、圆钢 Q235 进场检验	8mm 180×70×9mm $\phi16\phi25$	无划痕、夹渣规格、数量正确	2014.06.17	××钢结构安装公司	1	—
2	钢板 Q345C 进场检验	10mm、12mm 14mm、30mm	无划痕、夹渣规格、数量正确	2014.06.18	××钢结构安装公司	2	—
3	钢板 Q345C 进场检验	16mm、20mm 25mm、14mm	无划痕、夹渣规格、数量正确	2014.07.08	××钢结构安装公司	3	—
4	钢板 Q345C 进场检验	25mm、20mm 25mm、36mm	无划痕、夹渣规格、数量正确	2014.07.10	××钢结构安装公司	4	—
5	H 型钢 Q345B 进场检验	440×300×11×18mm	无划痕、夹渣规格、数量正确	2014.07.12	××钢结构安装公司	5	—
6	H 型钢 Q235B 钢板 Q345C 进场检验	440×300×11×18mm、20mm	无划痕、夹渣规格、数量正确	2014.07.18	××钢结构安装公司	6	—
…	…						

注：本表适用于 C4 施工物资资料，材料、构配件（设备）进场检验记录编目。

2. 钢材进场检验记录实例

（可参考本书相应实例，本处实例略。）

四、钢材复验报告目录及实例

1. 钢材复验报告目录

材料复验报告目录										
工程名称		××办公楼工程				资料类别		钢材复验报告		
序号	材料名称	厂名	品种规格、型号	代表数量(t)	试件编号	试验日期	试验结果	使用部位	页次	备注
1	槽钢 Q235B	××钢厂	180×70×9(mm)	21.597	××-××	2014.06.22	合格	B2～F5 钢柱、零部件	1～7	—
2	钢板 Q345C	××钢厂	30mm	456.09	××-××	2014.06.22	合格	B1～F22 层钢梁柱、零部件	8～15	—
3	热轧圆钢 HPB235	××钢厂	ϕ16mm	0.948	××-××	2014.06.22	合格	B1 层地脚螺栓	15～18	—
4	碳素结构钢 Q235	××钢厂	ϕ25mm	2.786	××-××	2014.06.22	合格	B1 层地脚螺栓	19～32	—
5	钢板 Q345C	××钢厂	25mm	43.24	××-××	2014.07.8	合格	B1～F5 层钢梁、核心筒柱	33～36	—
6	钢板 Q345C	××钢厂	36mm	86.30	××-××	2014.07.10	合格	B1～F5 层钢梁、核心筒柱	37～39	—
7	钢板 Q345C	××钢厂	20mm	112.44	××-××	2014.07.19	合格	B1～F5 层钢梁、核心筒柱	40～42	—
8	H 型钢 Q345B	××钢厂	350×175×7×11(mm)	156.46	××-××	2014.08.6	合格	F1～F22 层钢梁、零部件	43～45	—
…	…									

2. 钢材复验报告实例

（可参考本书相应实例，本处实例略。）

五、压型钢板及配件产品合格证目录及实例

1. 压型钢板及配件产品合格证目录

(钢结构工程)产品质量证明目录									
工程名称		××办公楼工程		资料类别		压型钢板及配件产品出厂合格证、质量保证书			
序号	物资(资料)名称	厂名	品种规格、型号	产品质量证明编号	数量(m^2)	进场日期	使用部位	页次	备注
1	压型钢板、配件合格证质量保证书	××钢承板公司	BD65-0.951mm	××-××	123657	2014.09.08	F1层	1~2	—
2	压型钢板、配件合格证质量保证书	××钢承板公司	BD65-0.951mm	××-××	1205.11	2014.09.27	F2层	3~4	—
3	压型钢板、配件合格证质量保证书	××钢承板公司	BD65-0.951mm	××-××	1641.46	2014.10.02	F3层	5~6	—
…	…								

注:本表适用于C4施工物资资料,产品合格证、检验报告编目。

2. 压型钢板及配件产品合格证实例

(可参考本书相应实例,本处实例略。)

六、压型钢板及配件进场检验记录目录

物资进场检验记录目录							
工程名称	××办公楼工程			资料类别	压型钢板、配件进场检验记录		
序号	物资名称	品种规格、型号	检验结论	检验日期	检验单位	页次	备注
1	压型钢板、配件进场检验	BD65-0.951mm	规格、型号数量、正确	2014.09.08	××钢结构安装公司	1	—
2	压型钢板、配件进场检验	BD65-0.951mm	规格、型号数量、正确	2014.09.27	××钢结构安装公司	2	—
3	压型钢板、配件进场检验	BD65-0.951mm	规格、型号数量、正确	2014.10.02	××钢结构安装公司	3	—
4	压型钢板、配件进场检验	BD65-0.951mm	规格、型号数量、正确	2014.10.24	××钢结构安装公司	4	—
5	压型钢板、配件进场检验	BD65-0.951mm	规格、型号数量、正确	2014.11.28	××钢结构安装公司	5	—
6	压型钢板、配件进场检验	BD65-0.951mm	规格、型号数量、正确	2015.01.19	××钢结构安装公司	6	—

注：本表适用于C4施工物资资料，材料、构配件（设备）进场检验记录编目。

七、压型钢板复验报告实例

（可参考本书相应实例，本处实例略。）

八、高强度螺栓连接副产品合格证、检验报告目录及实例

1. 高强度螺栓连接副产品合格证、检验报告目录

(钢结构工程)产品质量证明目录									
工程名称	××办公楼工程			资料类别	高强度螺栓连接副产品合格证、检测报告				
序号	物资(资料)名称	厂名	品种规格、型号	产品质量证明编号	数量(套)	进场日期	使用部位	页次	备注
1	扭剪型高强度螺栓连接副产品合格证、检测报告	××高强紧固件公司	M20×50 M20×60	××-××	3000 3000	2014.07.27	B1-F1-F5	1～5	—
2	扭剪型高强度螺栓连接副产品合格证、检测报告	××高强紧固件公司	M20×60	××-××	1000	2014.07.28	B1-F1-F5	6～10	—
3	扭剪型高强度螺栓连接副产品合格证、检测报告	××高强紧固件公司	M24×60	××-××	2000	2014.07.29	B1-F1-F5	11～15	—
4	扭剪型高强度螺栓连接副产品合格证、检测报告	××高强紧固件公司	M24×75	××-××	2000	2014.07.29	B1-F1-F5	16～20	—
5	扭剪型高强度螺栓连接副产品合格证、检测报告	××高强紧固件公司	M24×100	××-××	2800	2014.07.29	B1-F1-F10	21～25	—
…	…								

注:本表适用于C4施工物资资料,产品合格证、检验报告编目。

2. 高强度螺栓连接副产品合格证、检验报告实例

(可参考本书相应实例,本处实例略。)

九、高强度螺栓连接副进场检验记录目录及实例

1. 高强度螺栓连接副进场检验记录目录

物资进场检验记录目录							
工程名称		××办公楼工程		资料类别	高强度螺栓连接副进场检验记录		
序号	物资名称	品种 规格、型号	检验结论	检验日期	检验单位	页次	备注
1	扭剪型高强度螺栓连接副进场检验	M20×50 M20×60	规格、螺纹、数量符合要求	2014.07.27	××钢结构安装公司	1	—
2	扭剪型高强度螺栓连接副进场检验	M20×60	规格、螺纹、数量符合要求	2014.07.28	××钢结构安装公司	2	—
3	扭剪型高强度螺栓连接副进场检验	M24×60 M24×75 M24×100	规格、螺纹、数量符合要求	2014.07.29	××钢结构安装公司	3	—
…	…						

注：本表适用于C4施工物资资料，材料、构配件（设备）进场检验记录编目。

2. 高强度螺栓连接副进场检验记录实例

（可参考本书相应实例，本处实例略。）

十、高强度螺栓连接副复验报告目录及实例

1. 高强度螺栓连接副复验报告目录

材料复验报告目录										
工程名称		××办公楼工程			资料类别		高强度螺栓连接副预拉力复验			
序号	材料名称	厂名	品种规格、型号	代表数量(套)	试件编号	试验日期	试验结果	使用部位	页次	备注
1	扭剪型高强度螺栓连接副复验	××高强紧固件公司	M20×50 M20×60	3000 3000	××-××	2014.07.29	符合性能等级要求	B1~F1~F5	1~3	—
2	扭剪型高强度螺栓连接副复验	××高强紧固件公司	M20×60	1000	××-××	2014.07.30	符合性能等级要求	B1~F1~F5	4~5	—
3	扭剪型高强度螺栓连接副复验	××高强紧固件公司	M24×60 M24×75 M24×100	2000 2000 2800	××-××	2014.08.01	符合性能等级要求	B1~F1~F22	6~9	—
4	扭剪型高强度螺栓连接副复验	××高强紧固件公司	M24×60 M24×70	3000 2000	××-××	2014.08.20	符合性能等级要求	F6~F10	10~12	—
5	扭剪型高强度螺栓连接副复验	××高强紧固件公司	M24×85 M24×60 M24×70	1000 2000 2000	××-××	2014.08.21	符合性能等级要求	F6~F12	13~16	—
6	扭剪型高强度螺栓连接副复验	××高强紧固件公司	M24×100	1600	××-××	2014.09.09	符合性能等级要求	F6~F22	17~19	—
…	…									

注:本表适用于C4施工物资资料,材料进场复验报告编目。

2. 高强度螺栓连接副复验报告实例

(可参考本书相应实例,本处实例略。)

十一、焊接材料产品合格证、检验报告目录及实例

1. 焊接材料产品合格证目录

(钢结构工程)产品质量证明目录									
工程名称		××办公楼工程		资料类别		钢结构焊接材料合格证、材质证明			
序号	物资(资料)名称	厂名	品种规格、型号	产品质量证明编号	数量	进场日期	使用部位	页次	备注
1	焊丝 SH331 质量证明书	××焊条焊剂厂	ϕ1.6mm	××-××	5t	2014.06.17	B1-F1-F22 钢梁、柱零部件	1	—
2	工业二氧化碳检验报告	××气体制品厂	40L/(瓶)	××-××	15 瓶	2014.06.19	B1-F1-F22 钢梁、柱零部件	2	—
3	焊剂 HJ431 质量证明书	××焊剂厂	H08MnA 8-36	××-××	8t	2014.06.24	B1-F1-F22 钢梁、柱零部件	3	—
4	焊丝 KFX-71T 质量证明书	××焊条焊剂厂	ϕ1.2mm	××-××	2t	2014.07.12	B1-F1-F22 钢梁、柱零部件	4	—
5	工业二氧化碳检验报告	××气体制品厂	40L/(瓶)	××-××	10 瓶	2014.07.13	B1-F1-F22 钢梁、柱零部件	5	—
…	…								

注:本表适用于 C4 施工物资资料,产品合格证、检验报告编目。

2. 焊接材料复验报告目录

材料复验报告目录

工程名称		××办公楼工程			资料类别		焊接材料复验报告			
序号	材料名称	厂名	品种规格、型号	代表数量	试件编号	试验日期	试验结果	使用部位	页次	备注
1	焊丝 JW-3 H08MnA	××焊条焊剂厂	ϕ4.0mm	4.6t	××-××	2014.07.28	合格	F1～F22 钢梁、柱零部件	1～2	—
2	焊丝 JM-56 ER50-6	××金属工业厂	ϕ1.2mm	1t	××-××	2014.07.27	合格	F1～F22 钢梁、柱零部件	3～4	—
3	焊丝 KFX-71T	××焊条焊剂厂	ϕ1.2mm	3.5t	××-××	2014.08.22	合格	F1～F22 钢梁、柱零部件	5～6	—
4	焊丝 JW-8M	××焊条焊剂厂	ϕ1.6mm	5t	××-××	2014.09.02	合格	F1～F22 钢梁、柱零部件	7～8	—
…	…									

注：本表适用于 C4 施工物资资料，材料进场复验报告编目。

3. 焊接材料产品合格证实例

（可参考本书相应实例，本处实例略。）

十二、焊接材料进场检验记录目录

物资进场检验记录目录

工程名称		××办公楼工程		资料类别	钢结构焊接材料进场检验记录		
序号	物资名称	品种 规格、型号	检验结论	检验日期	检验单位	页次	备注
1	焊丝 SH331 进场检验	ϕ1.6mm	品种、数量正确	2014.06.17	××钢结构安装公司	1	—
2	工业二氧化碳进场检验	40L(瓶)	品种、数量正确	2014.06.19	××钢结构安装公司	2	—
3	焊剂 HJ431 进场检验	H08MnA 8-36	品种、数量正确	2014.06.24	××钢结构安装公司	3	—
4	焊丝 KFX-71T 进场检验	ϕ1.2mm	品种、数量正确	2014.07.12	××钢结构安装公司	4	—
5	工业二氧化碳进场检验	40L(瓶)	品种、数量正确	2014.07.13	××钢结构安装公司	5	—
…	…						

注：本表适用于C4施工物资资料，材料、构配件（设备）进场检验记录编目。

十三、焊接材料复验报告实例

（可参考本书相应实例，本处实例略。）

十四、备考表

（表略。）

第六节　第 6 卷 C4 施工物资资料(3)

一、案卷封面、卷内目录实例

1. 案卷封面实例

工 程 资 料

工程名称： ××工程

案卷题名： 建筑与结构——钢结构工程

C4 施工物资资料(3)　焊钉(栓钉)、瓷环、防火、防腐材料产品合格证、进场检验、复验报告

编制单位： ××钢结构安装公司

（印章：××钢结构安装公司）

技术主管： ×××

编制日期： 自 2014 年 6 月 18 日起至 2015 年 9 月 20 日 止

保管期限：　　　　**密级：**

保存档号：

共　　册　　　第　　册

2.卷内目录实例

工程资料卷内目录

工程名称	××办公楼工程		资料类别	C4 施工物资资料(3)		
序号	案卷内容题名	原编字号	编制单位	编制日期	页次	备注
1	焊钉(栓钉)、瓷环产品合格证、质量保证书	—	××钢构公司	2014.06.18～2014.09.25	1～66	—
2	焊钉(栓钉)、瓷环进场检验记录	××-××	××钢结构安装公司	2014.06.18～2014.09.25	67～80	—
3	防腐、防火涂料产品合格证、检验报告	—	××涂料厂	2015.02.01～2015.09.20	81～112	—
4	防腐、防火涂料进场检验	××-××	××钢结构安装公司	2015.02.01～2015.09.20	113～139	—
5	防腐、防火涂料复验报告	××-××	××质量检测中心	2015.02.01～2015.09.14	140～154	—

二、焊钉、瓷环产品合格证、检验报告目录及实例

1. 焊钉、瓷环产品合格证、检验报告目录

(钢结构工程)产品质量证明目录									
工程名称	××办公楼工程			资料类别		焊钉(栓钉)、瓷环产品合格证、质量保证书			
序号	物资(资料)名称	厂名	品种规格、型号	产品质量证明编号	数量(枚)	进场日期	使用部位	页次	备注
1	圆柱头焊钉产品合格证、质量保证书	××钢构加工厂	ϕ16×105	××-××	8000	2014.06.18	B1～F1层柱梁	1～2	—
2	陶瓷护圈产品合格证、质量保证书	××钢构加工厂	ϕ16	××-××	10000	2014.06.18	B1～F1层柱梁	3～4	—
3	圆柱并没有焊钉产品合格证、质量保证书	××钢构加工厂	ϕ16×110	××-××	5768	2014.06.18	B1～F1层柱梁	5～6	—
4	陶瓷护圆产品合格证、质量保证书	××钢构加工厂	ϕ16	××-××	6000	2014.06.18	B1～F10层柱梁	7～8	—
5	圆柱头焊钉产品合格证、质量保证书	××钢构加工厂	ϕ16×105	××-××	3000	2014.07.10	B1～F10层柱梁	9～10	—
…	…								

注：本表适用于C4施工物资资料，产品合格证、检验报告编目。

2. 焊钉、瓷环产品合格证、检验报告实例

(可参考本书相应实例，本处实例略。)

三、焊钉、瓷环进场检验记录目录及实例

1. 焊钉、瓷环进场检验记录目录

物资进场检验记录目录							
工程名称	××办公楼工程			资料类别	焊钉(栓钉)、瓷环进场检验记录		
序号	物资名称	品种规格、型号	检验结论	检验日期	检验单位	页次	备注
1	圆柱头焊钉、陶瓷护圈进场检验	ϕ16×105 ϕ16×110 ϕ16	品种、数量正确	2014.06.18	××钢结构安装公司	1	—
2	圆柱头焊钉、陶瓷护圈进场检验	ϕ16×105 ϕ19×80 ϕ16ϕ19	品种、数量正确	2014.07.10	××钢结构安装公司	2	—
3	圆柱头焊钉、陶瓷护圈进场检验	ϕ16×180 ϕ16	品种、数量正确	2014.07.20	××钢结构安装公司	3	—
4	圆柱头焊钉、陶瓷护圈进场检验	ϕ16×180 ϕ16	品种、数量正确	2014.08.10	××钢结构安装公司	4	—
5	圆柱头焊钉、陶瓷护圈进场检验	ϕ19×110 ϕ19	品种、数量正确	2014.08.15	××钢结构安装公司	5	—
…	…						

注：本表适用于 C4 施工物资资料，材料、构配件(设备)进场检验记录编目。

2. 焊钉、瓷环进场检验记录实例

（可参考本书相应实例，本处实例略。）

四、防腐、防火涂料产品合格证、检验报告目录及实例

1. 防腐、防火涂料产品合格证、检验报告目录

(钢结构工程)产品质量证明目录									
工程名称	××办公楼工程			资料类别	防腐、防火涂料产品合格证明、检测报告				
序号	物资(资料)名称	厂名	品种规格、型号	产品质量证明编号	数量(t)	进场日期	使用部位	页次	备注
1	无机富锌底漆产品出厂合格证	××油漆厂	LS-1	××-××	1.0	2015.02.01	B1-F1-F10钢构件	1	—
2	环氧富锌底漆产品出厂合格证	××油漆厂	ZB-06-2	××-××	1.0	2015.02.01	B1-F1-F10钢构件	2	—
3	环氧云铁中间漆产品合格证	××油漆厂	ZB-06-3	××-××	1.0	2015.02.01	B1-F1-F10钢构件	3	—
4	环氧封闭漆产品出厂合格证	××油漆厂	ZB-06-29	××-××	1.0	2015.02.05	B1-F1-F10钢构件	4	—
5	氟碳面漆产品出厂合格证	××油漆厂	06-E-018	××-××	1.0	2015.02.05	B1-F1-F10钢构件	5	—
6	厚型钢结构防火涂料产品出厂合格证	××涂料厂	06-E-019	××-××	1.0	2015.02.20	B1-F1-F10钢构件	6	—
…	…								

注:本表适用于C4施工物资资料,产品合格证、检验报告编目。

2. 产品出厂合格证实例

(可参考本书相应实例,本处实例略。)

五、防腐、防火涂料进场检验记录目录及实例

1. 防腐、防火涂料进场检验记录目录

<table>
<tr><th colspan="8">物资进场检验记录目录</th></tr>
<tr><td colspan="2">工程名称</td><td colspan="2">××办公楼工程</td><td>资料类别</td><td colspan="3">焊钉(栓钉)、瓷环进场检验记录</td></tr>
<tr><td>序号</td><td>物资名称</td><td>品种
规格、型号</td><td>检验结论</td><td>检验日期</td><td>检验单位</td><td>页次</td><td>备注</td></tr>
<tr><td>1</td><td>无机富锌底漆、环氧富锌底漆、环氧云铁中间漆进场检验记录</td><td>LS-1
ZB-10-2
ZB-10-3</td><td>品种、数量正确</td><td>2015.02.01</td><td>××钢构公司</td><td>1</td><td>—</td></tr>
<tr><td>2</td><td>环氧封闭漆、氟碳面漆进场检验记录</td><td>ZB-10-29
ZB-10-1</td><td>品种、数量正确</td><td>2015.02.05</td><td>××钢构公司</td><td>2</td><td>—</td></tr>
<tr><td>3</td><td>厚型钢结构防火涂料进场检验记录</td><td>NA-(ZA9802)</td><td>品种、数量正确</td><td>2015.02.20</td><td>××钢构公司</td><td>3</td><td>—</td></tr>
<tr><td>4</td><td>室内厚型钢结构防火涂料进场检验记录</td><td>NH(UH-H10)</td><td>品种、数量正确</td><td>2015.03.22</td><td>××钢构公司</td><td>4</td><td>—</td></tr>
<tr><td>5</td><td>厚型钢结构防火涂料、室内厚型钢结构防火涂料进场检验记录</td><td>NA-(ZA9802)
NH(UH-H10)</td><td>品种、数量正确</td><td>2015.03.30</td><td>××钢构公司</td><td>5</td><td>—</td></tr>
<tr><td>6</td><td>室内厚型钢结构防火涂料进场检验记录</td><td>NH(UN-10)</td><td>品种、数量正确</td><td>2015.04.06</td><td>××钢构公司</td><td>6</td><td>—</td></tr>
<tr><td>…</td><td>…</td><td></td><td></td><td></td><td></td><td></td><td></td></tr>
<tr><td></td><td></td><td></td><td></td><td></td><td></td><td></td><td></td></tr>
<tr><td></td><td></td><td></td><td></td><td></td><td></td><td></td><td></td></tr>
</table>

注：本表适用于C4施工物资资料，材料、构配件(设备)进场检验记录编目。

2. 防腐、防火涂料进场检验记录实例

（可参考本书相应实例，本处实例略。）

六、防腐、防火材料复验报告目录及实例

1. 防腐、防火材料复验报告目录

材料复验报告目录										
工程名称		××办公楼工程			资料类别		防腐、防火涂料复验			
序号	材料名称	厂名	品种规格、型号	代表数量	试件编号	试验日期	试验结果	使用部位	页次	备注
1	环氧云铁中间漆	××油漆厂	ZB-10-3	2.5t	××-××	2015.02.01	符合技术指标要求	B1～F1～F10 钢构件	1～3	—
2	厚型钢结构防火涂料	××涂料厂	NA-(AZ9802)	12.936t	××-××	2015.02.20	符合技术指标要求	B1～F1～F10 钢构件	4～5	—
3	室内厚型钢结构防火涂料	××防火材料厂	NH(UN-H10)	500kg	××-××	2015.03.22	符合技术指标要求	B1～F1～F10 钢构件	6～7	—
…	…									

注：本表适用于 C4 施工物资资料，材料进场复验报告编目。

2. 防腐、防火材料复验报告实例

（可参考本书相应实例，本处实例略。）

七、备考表

（表略。）

第七节　第 7 卷 C5 施工记录(1)

一、案卷封面、卷内目录实例

1. 案卷封面实例

工 程 资 料

工程名称：××工程

案卷题名：建筑与结构——钢结构工程

C5 施工记录(1)　楼层平面放线、标高抄测、地脚螺栓埋设、钢柱垂直度、钢梁安装偏差测量记录等记录

编制单位：××钢结构安装公司

技术主管：×××

编制日期：自 2014 年 6 月 25 日起至 2015 年 4 月 28 日 止

保管期限：　　　　密级：

保存档号：

共　　册　　　第　　册

2. 卷内目录实例

工程资料卷内目录						
工程名称	××办公楼工程		资料类别	C1 施工管理资料		
序号	案卷内容题名	原编字号	编制单位	编制日期	页次	备注
1	B1 层平面放线测量记录	—	××建筑公司	2014. 06. 25	1～10	—
2	B1 层标高抄测记录	—	××建筑公司	2014. 06. 25	11～20	—
3	地脚螺栓安装偏差测量记录及平面示意图	—	××建筑公司	2014. 07. 15～2014. 08. 05	21～35	—
4	核心筒钢柱安装垂直度、标高偏差测量记录及示意图	—	××建筑公司	2014. 07. 21～2015. 01. 27	36～72	—
5	核心筒埋件位置偏差、测量记录	—	××建筑公司	2014. 08. 31～2015. 02. 28	73～162	—
6	外框架钢柱安装垂直度、标高偏差测量记录及示意图	—	××建筑公司	2014. 08. 07～2015. 04. 27	163～250	—
7	外框架钢梁安装偏差测量记录	—	××建筑公司	2014. 08. 12～2014. 11. 10	251～322	—
8	整体钢柱(焊接后)垂直偏差施工测量成果及示意图	—	××建筑公司	2015. 04. 28	323～368	—
9	整体钢柱(焊接后)侧面弯曲矢高偏差施工测量成果及示意图	—	××建筑公司	2015. 04. 28	367～371	—

二、平面放线测量记录实例

(可参考本书相应实例，本处实例略。)

三、标高抄测记录实例

(可参考本书相应实例，本处实例略。)

四、地脚螺栓安装偏差测量记录目录及实例

1. 地脚螺栓安装偏差测量记录目录

施工测量记录目录					
工程名称	××办公楼工程		资料类别	地脚螺栓安装偏差测量记录	
序号	内容摘要	施测单位	施测日期	页次	备注
1	地下一层地脚螺栓定位板安装(Ⓐ～Ⓓ轴/㉗～㉚轴，标高－4.610m)测量偏差记录	××钢结构安装公司	2014.07.15	1～2	—
2	地下一层地脚螺栓定位板安装(Ⓐ～Ⓓ轴/㉔～㉖轴，标高－4.610m)测量偏差记录	××钢结构安装公司	2014.07.19	3～5	—
3	地下一层地脚螺栓定位板安装(Ⓐ～Ⓑ轴/㉚轴，标高－4.610m)测量偏差记录	××钢结构安装公司	2014.07.22	6～8	—
4	地下一层地脚螺栓定位板安装(Ⓔ～Ⓖ轴/㉖～㉚轴，标高－4.610m)测量偏差记录	××钢结构安装公司	2014.07.22	9～11	—
5	地下一层地脚螺栓定位板安装(Ⓔ～Ⓖ轴/㉔～㉕轴，标高－4.610m)测量偏差记录	××钢结构安装公司	2014.07.25	12～13	—
6	地下一层地脚螺栓定位板安装(Ⓐ轴/㉗轴，标高－4.610m)测量偏差记录	××钢结构安装公司	2014.08.05	14～15	—

注：本表适用于C5施工记录编目。

2. 地脚螺栓安装偏差测量记录实例

（可参考本书相应实例，本处实例略。）

五、核心筒钢柱安装垂直度、标高偏差测量记录目录及实例

1. 核心筒钢柱安装垂直度、标高偏差测量记录目录

施工测量记录目录					
工程名称	××办公楼工程		资料类别	核心筒钢柱安装垂直度、标高偏差测量记录	
序号	内容摘要	施测单位	施测日期	页次	备注
1	核心筒Ⓑ～Ⓒ/㉘～㉙轴T1节钢柱安装垂直度、标高偏差测量记录	××钢结构安装公司	2014.07.21	1～7	—
2	核心筒Ⓔ～Ⓕ/㉖～㉙轴T1节钢柱安装垂直度、标高偏差测量记录	××钢结构安装公司	2014.07.29	8～15	—
3	核心筒Ⓑ～Ⓒ/㉘～㉙轴T2节钢柱安装垂直度、标高偏差测量记录	××钢结构安装公司	2014.08.07	16～23	—
4	核心筒Ⓔ～Ⓕ/㉖～㉙轴T2节钢柱安装垂直度、标高偏差测量记录	××钢结构安装公司	2014.08.09	24～30	—
5	核心筒Ⓑ～Ⓒ/㉘～㉙轴T3节钢柱安装垂直度、标高偏差测量记录	××钢结构安装公司	2014.09.22	31～34	—
6	核心筒Ⓔ～Ⓕ/㉘～㉙轴T3节钢柱安装垂直度、标高偏差测量记录	××钢结构安装公司	2014.09.23	35～37	—
…	…				

注：本表适用于C5施工记录编目。

2. 核心筒钢柱安装垂直度、标高偏差测量记录实例

（可参考本书相应实例，本处实例略。）

六、核心筒埋件安装偏差测量记录目录及实例

1. 核心筒埋件安装偏差测量记录目录

施工测量记录目录					
工程名称	××办公楼工程		资料类别	核心筒埋件位置、测量记录	
序号	内容摘要	施测单位	施测日期	页次	备注
1	核心筒 F1 层Ⓑ～Ⓒ/㉘～㉙轴，标高＋5.470m 埋件安装位置测量记录	××钢结构安装公司	2014.08.31	1～17	—
2	核心筒 F1 层Ⓔ～Ⓕ/㉖～㉙轴，标高＋5.470m 埋件安装位置测量记录	××钢结构安装公司	2014.09.05	17～33	—
3	核心筒 F2 层Ⓑ～Ⓒ/㉘～㉙轴，标高＋10.000m 埋件安装位置测量记录	××钢结构安装公司	2014.09.09	34～46	—
4	核心筒 F2 层Ⓔ～Ⓕ/㉘～㉙轴，标高＋10.000m 埋件安装位置测量记录	××钢结构安装公司	2014.09.12	47～58	—
5	核心筒 F2 层Ⓔ～Ⓕ/㉖～㉘轴，标高＋10.000m 埋件安装位置测量记录	××钢结构安装公司	2014.09.14	59～74	—
6	核心筒 F3 层Ⓑ～Ⓒ/㉘～㉙轴，标高＋14.500m 埋件安装位置测量记录	××钢结构安装公司	2014.09.15	75～90	—
…	…				

注：本表适用于 C5 施工记录编目。

2. 核心筒埋件安装偏差测量记录实例

（可参考本书相应实例，本处实例略。）

七、外框架钢柱安装垂直度、标高偏差测量记录目录及实例

1. 外框架钢柱安装垂直度、标高偏差测量记录目录

施工测量记录目录					
工程名称	××办公楼工程	资料类别	外框架钢柱安装垂直度、标高偏差测量成果记录		
序号	内容摘要	施测单位	施测日期	页次	备注
1	外框架T1节钢柱(Ⓐ～Ⓓ/㉘～㉚、Ⓕ～Ⓖ/㉔～㉚轴)垂直度、标高偏差测量	××钢结构安装公司	2014.08.07	1～14	—
2	外框架T1节钢柱(Ⓐ～Ⓓ/①/㉔～㉗、Ⓔ/㉔～㉚轴)垂直度、标高偏差测量	××钢结构安装公司	2014.09.17	15～28	—
3	外框架T2节钢柱(Ⓐ～Ⓒ/①/㉔～㉗、Ⓔ～Ⓖ/㉔～㉗轴)垂直度、标高偏差测量	××钢结构安装公司	2014.09.23	29～48	—
4	外框架T2节钢柱(Ⓐ～Ⓖ/①/㉔～㉗、Ⓔ～Ⓖ/㉔～㉗轴)垂直度、标高偏差测量	××钢结构安装公司	2014.09.25	49～61	—
5	外框架T2节钢柱(Ⓐ～Ⓖ/㉘～㉚轴)垂直度、标高偏差测量	××钢结构安装公司	2014.10.13	62～73	—
6	外框架T3节钢柱(Ⓐ～Ⓒ/①/㉔～㉚轴)垂直度、标高偏差测量	××钢结构安装公司	2014.10.22	74～88	—
…	…				

注:本表适用于C5施工记录编目。

2. 外框架钢柱安装垂直度测量记录实例

(可参考本书相应实例,本处实例略。)

3. 外框架钢柱安装标高偏差测量记录实例

(可参考本书相应实例,本处实例略。)

八、外框架钢梁安装偏差测量记录目录及实例

1. 外框架钢梁安装偏差测量记录目录

施工测量记录目录					
工程名称	××办公楼工程	资料类别	外框架钢梁安装偏差测量记录		
序号	内容摘要	施测单位	施测日期	页次	备注
1	F1层(Ⓐ～Ⓔ/①/㉔～㉚、Ⓔ～Ⓕ/㉔～㉖、Ⓕ～Ⓖ/㉔～㉗轴，标高＋5.470m)钢梁安装偏差测量记录	××钢结构安装公司	2014.08.12	1～14	—
2	F1层(Ⓑ～Ⓒ/㉗～㉘、Ⓕ～Ⓖ/㉗～㉚轴，标高＋5.470m)钢梁安装偏差测量记录	××钢结构安装公司	2014.09.04	15～29	—
3	F2层(Ⓐ～Ⓖ/㉔～㉚轴，标高＋10.00m)钢梁安装偏差测量记录	××钢结构安装公司	2014.09.09	30～41	—
4	F3层(Ⓐ～Ⓖ/㉔～㉚轴以及A轴以西、G轴以东、30轴以南悬挑，标高＋14.500m)钢梁安装偏差测量记录	××钢结构安装公司	2014.09.15	42～54	—
5	F4层(Ⓐ～Ⓖ/㉔～㉚轴以及A轴以西、G轴以东、30轴以南悬挑，标高＋18.400m)钢梁安装偏差测量记录	××钢结构安装公司	2014.10.28	55～63	—
6	F5层(Ⓐ～Ⓖ/㉔～㉚轴以及A轴以西、G轴以东、30轴以南悬挑，标高＋22.300m)钢梁安装偏差测量记录	××钢结构安装公司	2014.11.10	64～72	—

注：本表适用于C5施工记录编目。

2. 外框架钢梁安装偏差测量记录实例

（可参考本书相应实例，本处实例略。）

九、整体（焊接后）垂直度、平面弯曲度实例

（可参考本书相应实例，本处实例略。）

十、钢柱（梁）顶标高压缩变形记录实例

（可参考本书相应实例，本处实例略。）

十一、备考表

（表略。）

第八节　第 8 卷 C5 施工记录(2)

一、案卷封面、卷内目录实例

1. 案卷封面实例

工 程 资 料

工程名称： ××工程

案卷题名： 建筑与结构——钢结构工程

C5 施工记录(2)　地脚螺栓埋设隐蔽验收记录、钢柱、钢梁、吊装记录

编制单位： ××钢结构安装公司

技术主管： ×××

编制日期： 自　2014　年　7　月　10　日起至　2015　年　4　月 23 日　止

保管期限：　　　　**密级：**

保存档号：

共　　册　　　　第　　册

2. 卷内目录实例

工程资料卷内目录

工程名称	××办公楼工程		资料类别	C5 施工记录(1)		
序号	案卷内容题名	原编字号	编制单位	编制日期	页次	备注
1	地脚螺栓埋设隐检记录	××—××	××钢结构安装公司	2014.07.10～2014.07.15	1～7	—
2	核心筒钢柱吊装记录	××—××	××钢结构安装公司	2014.07.20～2015.01.27	8～75	—
3	外框架钢柱吊装记录	××—××	××钢结构安装公司	2014.07.25～2015.04.20	76～225	—
4	外框架钢梁、隅撑吊装记录	××—××	××钢结构安装公司	2014.07.27～2015.04.23	226～377	—

二、地脚螺栓埋设隐蔽工程检查记录目录及实例

1. 地脚螺栓埋设隐蔽工程检查记录目录

施工记录目录					
工程名称	××办公楼工程	资料类别	地脚螺栓埋设隐蔽工程检查记录		
序号	施工部位(内容摘要)	编制单位	日期	页次	备注
1	地下一层地脚螺栓埋设(Ⓐ～Ⓓ轴/㉗～㉙轴,标高－4.610m)隐蔽检查	××钢结构安装公司	2014.07.10	1	—
2	地下一层地脚螺栓埋设(Ⓐ～Ⓓ轴/①/㉔～㉖轴,标高－4.610m)隐蔽检查	××钢结构安装公司	2014.07.11	2	—
3	地下一层地脚螺栓埋设(Ⓐ～Ⓑ轴/㉚轴,标高－4.610m)隐蔽检查	××钢结构安装公司	2014.07.12	3	—
4	地下一层地脚螺栓埋设(Ⓔ～Ⓖ轴/㉗～㉙轴,标高－4.610m)隐蔽检查	××钢结构安装公司	2014.07.13	4	—
5	地下一层地脚螺栓埋设(Ⓔ～Ⓖ轴/①/㉔～㉖轴,标高－4.610m)隐蔽检查	××钢结构安装公司	2014.07.14	5	—
6	地下一层地脚螺栓埋设(Ⓔ～Ⓖ轴/㉚轴,标高－4.610m)隐蔽检查	××钢结构安装公司	2014.07.15	6	—

注:本表适用于C5施工记录编目。

2. 地脚螺栓埋设隐蔽工程检查记录实例

(可参考本书相应实例,本处实例略。)

三、核心筒钢柱吊装记录目录及实例

1. 核心筒钢柱吊装记录目录

施工记录目录					
工程名称	××办公楼工程	资料类别	核心筒钢柱吊装记录		
序号	施工部位(内容摘要)	编制单位	日期	页次	备注
1	核心筒Ⓑ～Ⓒ/㉘～㉙轴 T1 节钢柱吊装	××钢结构安装公司	2014.07.20～2014.07.21	1～2	—
2	核心筒Ⓔ～Ⓕ/㉖～㉙轴 T1 节钢柱吊装	××钢结构安装公司	2014.07.22～2014.07.27	3～4	—
3	核心筒Ⓑ～Ⓒ/㉘～㉙轴 T2 节钢柱吊装	××钢结构安装公司	2014.07.28～2014.08.07	5～6	—
4	核心筒Ⓔ～Ⓕ/㉖～㉙轴 T2 节钢柱吊装	××钢结构安装公司	2014.08.08～2014.08.09	7～8	—
5	核心筒Ⓑ～Ⓒ/㉘～㉙轴 T3 节钢柱吊装	××钢结构安装公司	2014.08.10～2014.09.19	9～10	—
6	核心筒Ⓔ～Ⓕ/㉖～㉙轴 T3 节钢柱吊装	××钢结构安装公司	2014.09.20～2014.09.23	11～12	—
…	…				

注:本表适用于 C5 施工记录编目。

2. 核心筒钢柱吊装记录实例

（可参考本书相应实例，本处实例略。）

四、备考表

（表略。）

第九节　第9卷C5施工记录(3)

一、案卷封面、卷内目录实例

1. 案卷封面实例

工　程　资　料

工程名称：××工程

案卷题名：建筑与结构——钢结构工程

C5施工记录(3)　核心筒钢柱、外框架钢柱、钢梁安装高强度螺栓连接焊接、压型钢板焊接、防腐、防火隐检、防火涂装施工厚度检查

编制单位：××钢结构安装公司（印章：××钢结构安装公司）

技术主管：×××

编制日期：自 2014 年 7 月 21 日起至 2015 年 10 月 21 日止

保管期限：　　　　密级：

保存档号：

共　　册　　　　第　　册

2. 卷内目录实例

工程资料卷内目录

工程名称	××办公楼工程		资料类别	C5 施工记录(2)		
序号	案卷内容题名	原编字号	编制单位	编制日期	页次	备注
1	核心筒钢柱安装、高强度螺栓连接	××－××	××钢结构安装公司	2014.07.21～2015.01.28	1～36	—
2	核心筒埋件安装隐蔽验收记录	××－××	××钢结构安装公司	2014.08.31～2015.02.28	37～99	—
3	外框架钢柱安装、焊接隐蔽验收记录	××－××	××钢结构安装公司	2014.08.07～2015.04.20	100～138	—
4	外框架钢梁高强度螺栓连接、焊接隐蔽验收记录	××－××	××钢结构安装公司	2014.10.18～2015.04.25	139～163	—
5	压型钢板铺设、栓钉焊接隐蔽验收记录	××－××	××钢结构安装公司	2014.10.20～2015.04.30	164～189	—
6	主次梁节点、预埋件支撑节点防腐处理工程隐蔽验收记录	××－××	××钢结构安装公司	2015.03.24～2015.10.17	190～214	—
7	钢构件防火涂装工程隐蔽验收记录	××－××	××钢结构安装公司	2015.04.20～2015.10.21	215～256	—
8	钢构件防火涂装工程施工厚度检查记录	××－××	××钢结构安装公司	2015.04.20～2015.10.21	257～407	—

二、钢柱安装、高强度螺栓焊接隐蔽工程检查记录目录及实例

1. 钢柱安装、高强度螺栓焊接隐蔽工程检查记录目录

施工记录目录					
工程名称	××办公楼工程	资料类别	钢柱安装、高强度螺栓连接焊接隐蔽工程验收记录		
序号	施工部位(内容摘要)	编制单位	编制日期	页次	备注
1	T1节钢柱高强度螺栓连接、焊接Ⓑ~Ⓒ/㉘~㉙轴,标高−4.540m~+6.470m隐蔽检查	××钢结构安装公司	2014.07.21	1	—
2	T1节钢柱高强度螺栓连接、焊接Ⓔ~Ⓕ/㉖~㉙轴,标高−4.540m~+6.470m隐蔽检查	××钢结构安装公司	2014.07.29	2	—
3	T2节钢柱高强度螺栓连接、焊接Ⓑ~Ⓒ/㉘~㉙轴,标高+6.470m~+15.500m隐蔽检查	××钢结构安装公司	2014.08.08	3	—
4	T2节钢柱高强度螺栓连接、焊接Ⓔ~Ⓕ/㉖~㉙轴,标高+6.470m~+15.500m隐蔽检查	××钢结构安装公司	2014.08.09	4	—
5	T3节钢柱高强度螺栓连接、焊接Ⓑ~Ⓒ/㉘~㉙轴,标高+15.500m~+23.300m隐蔽检查	××钢结构安装公司	2014.09.22	5	—
6	T3节钢柱高强度螺栓连接、焊接Ⓔ~Ⓕ/㉖~㉙轴,标高+15.500m~+23.300m隐蔽检查	××钢结构安装公司	2014.09.24	6	—
…	…				

注:本表适用于C5施工记录编目。

2. 钢柱安装、高强度螺栓焊接隐蔽工程检查记录实例

(可参考本书相应实例,本处实例略。)

三、核心筒埋件安装隐蔽工程检查记录目录及实例

1. 核心筒埋件安装隐蔽工程检查记录目录

施工记录目录					
工程名称	××办公楼工程		资料类别	核心筒埋件安装隐蔽工程检查记录	
序号	施工部位(内容摘要)	编制单位	编制日期	页次	备注
1	核心筒 F1 层Ⓑ～Ⓒ/㉘～㉙轴，标高＋5.470m 埋件安装隐蔽工程检查	××钢结构安装公司	2014.08.31	1	—
2	核心筒 F1 层Ⓔ～Ⓕ/㉖～㉙轴，标高＋5.470m 埋件安装隐蔽工程检查	××钢结构安装公司	2014.09.05	2	—
3	核心筒 F2 层Ⓑ～Ⓒ/㉘～㉙轴，标高＋10.000m 埋件安装隐蔽工程检查	××钢结构安装公司	2014.09.09	3	—
4	核心筒 F2 层Ⓔ～Ⓕ/㉘～㉙轴，标高＋10.000m 埋件安装隐蔽工程检查	××钢结构安装公司	2014.09.12	4	—
5	核心筒 F2 层Ⓑ～Ⓒ/㉖～㉙轴，标高＋10.000m 埋件安装隐蔽工程检查	××钢结构安装公司	2014.09.14	5	—
6	核心筒 F3 层Ⓑ～Ⓒ/㉘～㉙轴，标高＋14.500m 埋件安装隐蔽工程检查	××钢结构安装公司	2014.09.15	6	—
7	核心筒 F3 层Ⓑ～Ⓒ/㉘～㉙轴，标高＋14.500m 埋件安装隐蔽工程检查	××钢结构安装公司	2014.09.19	7	—
8	核心筒 F3 层Ⓑ～Ⓒ/㉖～㉙轴，标高＋14.500m 埋件安装隐蔽工程检查	××钢结构安装公司	2014.09.20	8	—
…	…				

注：本表适用于 C5 施工记录编目。

2. 核心筒埋件安装隐蔽工程检查记录实例

（可参考本书相应实例，本处实例略。）

四、钢梁高强度螺栓连接、焊接隐蔽工程检验记录

施工记录目录					
工程名称	××办公楼工程	资料类别	钢梁高强度螺栓连接、焊接隐蔽工程检验记录		
序号	施工部位(内容摘要)	编制单位	编制日期	页次	备注
1	F1层钢梁高强度螺栓连接、焊接(Ⓐ～Ⓑ/①/㉔～㉚、Ⓑ～Ⓓ/①/㉔～㉚、Ⓓ～Ⓔ/㉔～㉚、Ⓔ～Ⓕ/㉔～㉖、Ⓕ～Ⓖ/㉔～㉗轴,标高＋5.470m)隐蔽检查	××钢结构安装公司	2014.10.18	1	—
2	F1层钢梁高强度螺栓连接、焊接(Ⓑ～Ⓒ/㉗～㉘、Ⓕ～Ⓖ/㉗～㉚轴,标高＋5.470m)隐蔽检查	××钢结构安装公司	2014.11.01	2	—
3	F2层钢梁高强度螺栓连接、焊接(Ⓐ～Ⓖ/㉔～㉚轴,标高＋10.000m)隐蔽检查	××钢结构安装公司	2014.11.05	3	—
4	F3层钢梁高强度螺栓连接、焊接(Ⓐ～Ⓖ/㉔～㉚轴及A轴以西、G轴以东、30轴以南悬挑,标高＋14.500m)隐蔽检查	××钢结构安装公司	2014.11.22	4	—
5	F4层钢梁高强度螺栓连接、焊接(Ⓐ～Ⓖ/㉔～㉚轴及A轴以西、G轴以东、30轴以南悬挑,标高＋18.400m)隐蔽检查	××钢结构安装公司	2014.12.29	5	—
…	…				

注:本表适用于C5施工记录编目。

五、压型钢板铺设、栓钉焊接隐蔽工程检查记录目录及实例

1. 压型钢板铺设、栓钉焊接隐蔽工程检查记录目录

<table>
<tr><th colspan="6">施工记录目录</th></tr>
<tr><td>工程名称</td><td>××办公楼工程</td><td>资料类别</td><td colspan="3">压型钢板铺设、栓钉焊接隐蔽工程检查记录</td></tr>
<tr><td>序号</td><td>施工部位(内容摘要)</td><td>编制单位</td><td>编制日期</td><td>页次</td><td>备注</td></tr>
<tr><td>1</td><td>F1 层压型钢板铺设、栓钉焊接(Ⓐ～Ⓑ/①/㉔～㉚、Ⓑ～Ⓓ/①/㉔～㉚、Ⓓ～Ⓔ/㉔～㉚、Ⓔ～Ⓕ/㉔～㉖、Ⓕ～Ⓖ/㉔～㉗轴，标高＋5.470m)隐蔽检查</td><td>××钢结构安装公司</td><td>2014.10.20</td><td>1</td><td>—</td></tr>
<tr><td>2</td><td>F1 层压型钢板铺设、栓钉焊接(Ⓑ～Ⓒ/㉗～㉘、Ⓕ～Ⓖ/㉗～㉚轴，标高＋5.470m)隐蔽检查</td><td>××钢结构安装公司</td><td>2014.11.03</td><td>2</td><td>—</td></tr>
<tr><td>3</td><td>F2 层压型钢板铺设、栓钉焊接(Ⓐ～Ⓖ/㉔～㉚轴，标高＋10.000m)隐蔽检查</td><td>××钢结构安装公司</td><td>2014.11.07</td><td>3</td><td>—</td></tr>
<tr><td>4</td><td>F3 层压型钢板铺设、栓钉焊接(Ⓐ～Ⓒ/①/㉔～㉚轴及 A 轴以西、G 轴以东、30 轴以南悬挑，标高＋14.500m)隐蔽检查</td><td>××钢结构安装公司</td><td>2014.12.03</td><td>4</td><td>—</td></tr>
<tr><td>5</td><td>F3 层压型钢板铺设、栓钉焊接(Ⓕ～Ⓖ/㉔～㉚轴及 G 轴以东、30 轴以南悬挑，标高＋14.500m)隐蔽检查</td><td>××钢结构安装公司</td><td>2014.12.05</td><td>5</td><td>—</td></tr>
<tr><td>6</td><td>F4 层压型钢板铺设、栓钉焊接(Ⓐ～Ⓖ/㉔～㉚轴及 A 轴以西、G 轴以东、30 轴以南悬挑，标高＋18.400m)隐蔽检查</td><td>××钢结构安装公司</td><td>2015.01.08</td><td>6</td><td>—</td></tr>
<tr><td>…</td><td>…</td><td></td><td></td><td></td><td></td></tr>
<tr><td></td><td></td><td></td><td></td><td></td><td></td></tr>
<tr><td></td><td></td><td></td><td></td><td></td><td></td></tr>
<tr><td></td><td></td><td></td><td></td><td></td><td></td></tr>
</table>

注：本表适用于 C5 施工记录编目。

2. 压型钢板铺设、栓钉焊接隐蔽工程检查记录实例
（可参考本书相应实例，本处实例略。）

六、节点防腐处理隐蔽工程检查记录目录及实例

1. 节点防腐处理隐蔽工程检查记录目录

<table>
<tr><td colspan="6">施工记录目录</td></tr>
<tr><td>工程名称</td><td>××办公楼工程</td><td>资料类别</td><td colspan="3">主次梁、柱连接节点、预埋件防腐处理隐蔽工程检查记录</td></tr>
<tr><td>序号</td><td>施工部位(内容摘要)</td><td>编制单位</td><td>编制日期</td><td>页次</td><td>备注</td></tr>
<tr><td>1</td><td>F4 层主次梁、柱连接节点、预埋件(Ⓐ～Ⓖ/㉔～㉚轴及 A 轴以西、G 轴以东、30 轴以南悬挑,标高＋18.400m)防腐处理隐蔽检查</td><td>××钢结构安装公司</td><td>2015.03.24</td><td>1</td><td>—</td></tr>
<tr><td>2</td><td>F5 层主次梁、柱连接节点、预埋件(Ⓐ～Ⓖ/㉔～㉚轴及 A 轴以西、G 轴以东、30 轴以南悬挑,标高＋22.300m)防腐处理隐蔽检查</td><td>××钢结构安装公司</td><td>2015.03.26</td><td>2</td><td>—</td></tr>
<tr><td>3</td><td>F6 层主次梁、柱连接节点、预埋件(Ⓐ～Ⓖ/㉔～㉚轴及 A 轴以西、G 轴以东、30 轴以南悬挑,标高＋26.200m)防腐处理隐蔽检查</td><td>××钢结构安装公司</td><td>2015.04.03</td><td>3</td><td>—</td></tr>
<tr><td>4</td><td>F7 层主次梁、柱连接节点、预埋件(Ⓐ～Ⓖ/㉔～㉚轴及 A 轴以西、G 轴以东、30 轴以南悬挑,标高＋30.100m)防腐处理隐蔽检查</td><td>××钢结构安装公司</td><td>2015.04.20</td><td>4</td><td>—</td></tr>
<tr><td>5</td><td>F8 层主次梁、柱连接节点、预埋件(Ⓐ～Ⓖ/㉔～㉚轴及 A 轴以西、G 轴以东、30 轴以南悬挑,标高＋24.000m)防腐处理隐蔽检查</td><td>××钢结构安装公司</td><td>2015.04.25</td><td>5</td><td>—</td></tr>
<tr><td>…</td><td>…</td><td></td><td></td><td></td><td></td></tr>
<tr><td></td><td></td><td></td><td></td><td></td><td></td></tr>
<tr><td></td><td></td><td></td><td></td><td></td><td></td></tr>
<tr><td></td><td></td><td></td><td></td><td></td><td></td></tr>
</table>

注:本表适用于 C5 施工记录编目。

2. 节点防腐处理隐蔽工程检查记录实例

(可参考本书相应实例,本处实例略。)

七、钢构件防火涂装隐蔽工程检查记录目录及实例

1. 钢构件防火涂装隐蔽工程检查记录目录

施工记录目录					
工程名称	××办公楼工程	资料类别	钢构件防火涂装隐蔽工程检查记录		
序号	施工部位(内容摘要)	编制单位	编制日期	页次	备注
1	F5层钢构件防火涂装(Ⓐ～Ⓖ/㉔～㉚轴及A轴以西、G轴以东、30轴以南悬挑,标高+18.400m)隐蔽检查	××钢结构安装公司	2015.04.20	1	—
2	F6层钢构件防火涂装(Ⓐ～Ⓖ/㉔～㉚轴及A轴以西、G轴以东、30轴以南悬挑,标高+26.200m)隐蔽检查	××钢结构安装公司	2015.04.24	2	—
3	F4层钢构件防火涂装(Ⓐ～Ⓖ/㉔～㉚轴及A轴以西、G轴以东、30轴以南悬挑,标高+18.400m)隐蔽检查	××钢结构安装公司	2015.05.11	3	—
4	F7层钢构件防火涂装(Ⓐ～Ⓖ/㉔～㉚轴及A轴以西、G轴以东、30轴以南悬挑,标高+30.100m)隐蔽检查	××钢结构安装公司	2015.05.11	4	—
5	F8层钢构件防火涂装(Ⓐ～Ⓖ/㉔～㉚轴及A轴以西、G轴以东、30轴以南悬挑,标高+34.100m)隐蔽检查	××钢结构安装公司	2015.05.11	5	—
…	…				

注:本表适用于C5施工记录编目。

2. 钢构件防火涂装隐蔽工程检查记录实例

(可参考本书相应实例,本处实例略。)

八、钢构件防火涂装施工厚度检查记录目录及实例

1. 钢构件防火涂装施工厚度检查记录目录

施工记录目录					
工程名称	××办公楼工程	资料类别	钢构件防火涂装施工厚度检查记录		
序号	施工部位(内容摘要)	编制单位	编制日期	页次	备注
1	F5层钢构件防火涂装(Ⓐ～Ⓖ/㉔～㉚轴及A轴以西、G轴以东、30轴以南悬挑,标高+22.300m)隐蔽检查	××钢结构安装公司	2015.04.20	1～4	—
2	F6层钢构件防火涂装(Ⓐ～Ⓖ/㉔～㉚轴及A轴以西、G轴以东、30轴以南悬挑,标高+26.200m)隐蔽检查	××钢结构安装公司	2015.04.24	5～8	—
3	F4层钢构件防火涂装(Ⓐ～Ⓖ/㉔～㉚轴及A轴以西、G轴以东、30轴以南悬挑,标高+18.400m)隐蔽检查	××钢结构安装公司	2015.05.11	9～12	—
4	F7层钢构件防火涂装(Ⓐ～Ⓖ/㉔～㉚轴及A轴以西、G轴以东、30轴以南悬挑,标高+30.100m)隐蔽检查	××钢结构安装公司	2015.05.11	13～15	—
5	F8层钢构件防火涂装(Ⓐ～Ⓖ/㉔～㉚轴及A轴以西、G轴以东、30轴以南悬挑,标高+34.100m)隐蔽检查	××钢结构安装公司	2015.05.11	16～19	—
…	…				

注:本表适用于C5施工记录编目。

2. 钢构件防火涂装施工厚度检查记录实例

(可参考本书相应实例,本处实例略。)

九、备考表

(表略。)

第十节　第10卷C5施工记录(4)

一、案卷封面、卷内目录实例

1. 案卷封面实例

工 程 资 料

工程名称：××工程

案卷题名：建筑与结构——钢结构工程

C5施工记录(4)　焊材烘焙记录、钢柱、钢梁、埋件安装现场焊接、压型钢板铺设现场焊接检查记录、交接检查记录

编制单位：××钢结构安装公司

技术主管：×××

编制日期：自 2014 年 7 月 21 日起至 2015 年 10 月 23 日 止

保管期限：　　　　密级：

保存档号：

共　　册　　　　第　　册

2. 卷内目录实例

工程资料卷内目录

工程名称	××办公楼工程		资料类别	C5 施工记录(3)		
序号	案卷内容题名	原编字号	编制单位	编制日期	页次	备注
1	焊接材料烘焙记录	××—××	××钢结构安装公司	2014.07.21～2015.04.18	1～97	—
2	核心筒钢柱安装现场焊接施工检查记录	××—××	××钢结构安装公司	2014.07.21～2015.01.28	97～132	—
3	核心筒埋件安装现场焊接施工检查记录	××—××	××钢结构安装公司	2014.08.31～2015.02.28	133～189	—
4	外框架钢柱安装、现场焊接施工检查记录	××—××	××钢结构安装公司	2014.08.07～2015.04.22	190～265	—
5	外框架钢梁、隅撑安装现场焊接检查记录	××—××	××钢结构安装公司	2014.10.18～2015.04.25	266～344	—
6	压型钢板铺设、现场焊接施工检查记录	××—××	××钢结构安装公司	2014.10.20～2015.04.30	345～415	—
7	交接检查记录	××—××	××钢结构安装公司	2015.03.20～2015.10.23	416～418	—

二、焊接材料烘焙记录目录及实例

1. 焊接材料烘焙记录目录

施工记录目录					
工程名称	××办公楼工程	资料类别	焊接材料烘焙记录		
序号	施工部位(内容摘要)	编制单位	编制日期	页次	备注
1	陶瓷护圈(瓷环)ϕ16 现场烘焙	××钢结构安装公司	2014.07.21～2014.07.22	1	—
2	陶瓷护圈(瓷环)ϕ19 现场烘焙	××钢结构安装公司	2014.07.21～2014.07.22	2	—
3	陶瓷护圈(瓷环)ϕ16 现场烘焙	××钢结构安装公司	2014.07.20～2014.07.25	3～4	—
4	焊剂 HJ431 H08MnA8-36 现场烘焙	××钢结构安装公司	2014.07.24～2014.07.28	5～6	—
5	焊丝 JM-56 ER50-6ϕ1.2mm 现场烘焙	××钢结构安装公司	2014.07.25～2014.07.28	7～8	—
6	焊丝 JW-3 H08MnAϕ4.0mm 现场烘焙	××钢结构安装公司	2014.07.25～2014.08.06	9～10	—
7	电焊条 THJ506ϕ4.0mm 现场烘焙	××钢结构安装公司	2014.07.28～2014.08.06	11～12	—
…	…				

注:本表适用于 C5 施工记录编目。

2. 焊接材料烘焙记录实例

(可参考本书相应实例,本处实例略。)

三、钢构件安装现场焊接施工检查记录及实例

1. 钢构件安装现场焊接施工检查记录

施工记录目录					
工程名称	××办公楼工程	资料类别	核心筒钢柱安装现场焊接施工检查记录		
序号	施工部位(内容摘要)	编制单位	编制日期	页次	备注
1	核心筒 T1 节钢柱安装(Ⓑ~Ⓒ/㉘~㉙轴,标高－4.540m~+6.470m)现场焊接检查	××钢结构安装公司	2014.07.21	1	—
2	核心筒 T1 节钢柱安装(Ⓔ~Ⓕ/㉖~㉙轴,标高－4.540m~+6.470m)现场焊接检查	××钢结构安装公司	2014.07.29	2	—
3	核心筒 T2 节钢柱安装(Ⓑ~Ⓒ/㉘~㉙轴,标高－6.470m~+15.500m)现场焊接检查	××钢结构安装公司	2014.08.07	3	—
4	核心筒 T2 节钢柱安装(Ⓔ~Ⓕ/㉖~㉙轴,标高－6.470m~+15.500m)现场焊接检查	××钢结构安装公司	2014.08.09	4	—
5	核心筒 T3 节钢柱安装(Ⓑ~Ⓒ/㉘~㉙轴,标高－15.500m~+23.300m)现场焊接检查	××钢结构安装公司	2014.09.22	5	—
6	核心筒 T3 节钢柱安装(Ⓔ~Ⓕ/㉘~㉙轴,标高－15.500m~+23.300m)现场焊接检查	××钢结构安装公司	2014.09.24	6	—
…	…				

注:本表适用于 C5 施工记录编目。

2. 钢构件安装现场焊接施工检查实例

(可参考本书相应实例,本处实例略。)

四、交接检查记录实例

(可参考本书相应实例,本处实例略。)

五、备考表

(表略。)

第十一节　第 11 卷 C6 施工试验记录及检测报告资料(1)

一、案卷封面、卷内目录实例

1. 案卷封面实例

工　程　资　料

工程名称：××工程

案卷题名：建筑与结构——钢结构工程

C6 施工试验记录及检测报告资料(1)　焊接工艺评定、高强度螺栓抗滑移系数复验报告、核心筒钢柱安装焊缝超声波探伤报告及记录

编制单位：××钢结构安装公司

(印章：××钢结构安装公司)

技术主管：×××

编制日期：自 2014 年 3 月 28 日起至 2015 年 1 月 28 日止

保管期限：　　　　密级：

保存档号：

共　　册　　　　第　　册

2. 卷内目录实例

工程资料卷内目录						
工程名称	××办公楼工程		资料类别	C6 施工试验记录及检测报告资料(1)		
序号	案卷内容题名	原编字号	编制单位	编制日期	页次	备注
1	钢结构焊接工艺评定记录	××-××	××试验室	2014.03.28～2014.09.15	1～66	—
2	高强度螺栓抗滑移系数复验报告	××-××	××检测中心	2014.07.29～2014.11.15	67～88	—
3	核心筒钢柱安装焊缝超声波探伤报告及记录	××-××	××试验室	2014.07.20～2015.01.28	89～209	—

二、钢结构焊接工艺评定记录实例

(可参考本书相应实例,本处实例略。)

三、高强度螺栓抗滑移系数复验报告目录及实例

1. 高强度螺栓抗滑移系数复验报告目录

（钢结构工程）检验报告目录								
工程名称	××办公楼工程		资料类别		高强度螺栓抗滑移系数试验报告			
序号	检验代表部位	检验类型	试验编号	结论	试验日期	检测单位	页次	备注
1	B1层～F1层钢梁、柱安装（螺栓M24×60、钢板345C连接）	抗滑移	××-××	符合设计要求	2014.07.29	××检测中心	1～3	—
2	F1层～F2层钢梁、柱安装（螺栓M24×75、钢板345C连接）	抗滑移	××-××	符合设计要求	2014.07.29	××检测中心	4～6	—
3	F1层～F22层钢梁、柱安装（螺栓M24×100、钢板345B连接）	抗滑移	××-××	符合设计要求	2014.08.30	××检测中心	7～9	—
4	F1层～F22层钢梁、柱安装（螺栓M24×100、钢板345C连接）	抗滑移	××-××	符合设计要求	2014.09.09	××检测中心	10～12	—
5	F1层～F22层钢梁、柱安装（螺栓M24×100、钢板345C连接）	抗滑移	××-××	符合设计要求	2014.09.15	××检测中心	13～15	—
6	F1层～F22层钢梁、柱安装（螺栓M24×80、钢板345C连接）	抗滑移	××-××	符合设计要求	2014.10.15	××检测中心	16～18	—
7	F1层～F22层钢梁、柱安装（螺栓M24×60、钢板345C连接）	抗滑移	××-××	符合设计要求	2014.11.15	××检测中心	19～21	—

注：本表适用于专项检测报告编目（如复合地基、桩基承载力检测、后置埋件拉拔试验检测、室内环境检测、节能保温检验等。）

2. 高强度螺栓抗滑移系数复验报告实例

（可参考本书相应实例，本处实例略。）

四、钢柱安装焊接超声波探伤报告目录及实例

1. 钢柱安装焊接超声波探伤报告目录

施工试验报告目录							
工程名称	××办公楼工程			资料类别	核心筒钢柱超声波探伤报告及记录		
序号	施工部位（内容摘要）	试验编号	试验结论	试验日期	检测单位	页次	备注
1	钢柱、钢梁探伤部位说明	—	—	2014.07.20	××检测中心	1～2	—
2	核心筒T1节箱形钢柱（Ⓑ～Ⓒ/㉘～㉙轴）焊缝探伤检测	××-××	合格	2014.07.21	××检测中心	3～6	—
3	核心筒T1节箱形钢柱（Ⓔ～Ⓕ/㉖～㉙轴）焊缝探伤检测	××-××	合格	2014.07.29	××检测中心	7～10	—
4	核心筒T2节箱形钢柱（Ⓑ～Ⓒ/㉘～㉙轴）焊缝探伤检测	××-××	合格	2014.08.07	××检测中心	11～13	—
5	核心筒T2节箱形钢柱（Ⓔ～Ⓕ/㉖～㉙轴）焊缝探伤检测	××-××	合格	2014.08.09	××检测中心	14～16	—
…	…						

注：本表适用于C6施工试验记录及检测报告资料，钢构探伤、防火厚度及其他专项检测报告编目。

2. 钢柱安装焊接超声波探伤报告实例

（可参考本书相应实例，本处实例略。）

五、备考表

（表略。）

第十二节　第 12 卷 C6 施工试验记录及检测报告资料(2)

一、案卷封面、卷内目录实例

1. 案卷封面实例

工 程 资 料

工程名称： ××工程

案卷题名： 建筑与结构——钢结构工程

C6 施工试验记录及检测报告资料(2)　外框架钢柱、钢梁安装焊缝超声波探伤报告、钢构件防火涂层厚度抽检报告

编制单位： ××钢结构安装公司

（印章：××钢结构安装公司）

技术主管： ×××

编制日期： 自 2014 年 8 月 7 日起至 2015 年 10 月 21 日 止

保管期限：　　　　**密级：**

保存档号：

共　　册　　第　　册

2. 卷内目录实例

工程资料卷内目录

工程名称	××办公楼工程		资料类别	C6施工试验记录及检测报告资料(2)		
序号	案卷内容题名	原编字号	编制单位	编制日期	页次	备注
1	外框架钢柱、钢梁安装焊缝超声波探伤报告及记录	××－××	××试验室	2014.08.07～2015.04.28	1～302	—
2	钢构件防火涂层厚度抽检报告	××－××	××检测中心	2015.04.20～2015.10.21	303～388	—

二、钢柱、钢梁安装焊缝超声波探伤报告目录

施工试验报告目录							
工程名称	××办公楼工程			资料类别	外框架钢柱、钢梁安装焊缝超声波探伤检测报告及记录		
序号	施工部位（内容摘要）	试验编号	试验结论	试验日期	检测单位	页次	备注
1	钢柱、钢梁探伤部位说明	—	—	—	—	1	—
2	外框架T1节箱形钢柱安装（Ⓐ～Ⓓ/㉘～㉚、Ⓕ～Ⓖ/㉔～㉚轴）焊缝探伤检测报告	××-××	合格	2014.08.07	××检测中心	2～6	—
3	外框架T1节箱形钢柱安装（Ⓐ～Ⓓ/①/㉔～㉗、Ⓔ/㉔～㉚轴）焊缝探伤检测报告	××-××	合格	2014.08.17	××检测中心	7～10	—
4	外框架T2节箱形钢柱安装（Ⓐ～Ⓒ/①/㉔～㉗、Ⓔ～Ⓖ/㉔～㉗轴）焊缝探伤检测报告	××-××	合格	2014.09.26	××检测中心	11～15	—
5	外框架T2节箱形钢柱安装（Ⓐ～Ⓒ/①/㉔～㉗、Ⓔ～Ⓖ/㉔～㉗轴）焊缝探伤检测报告	××-××	合格	2014.09.25	××检测中心	16～20	—
6	外框架T2节箱形钢柱安装（Ⓐ～Ⓖ/㉘～㉚轴）焊缝探伤检测报告	××-××	合格	2014.10.14	××检测中心	21～25	—
7	外框架F1层钢梁、隅撑安装（Ⓐ～Ⓑ/①/㉔～㉚、Ⓑ～Ⓓ/①/㉔～㉚、Ⓓ～Ⓔ/㉔～㉚、Ⓔ～Ⓕ/㉔～㉖、Ⓕ～Ⓖ/㉔～㉗轴，标高＋5.470m）焊缝探伤检测报告	××-××	合格	2014.10.18	××检测中心	26～30	—
…	…						

注：本表适用于C6施工试验记录及检测报告资料，钢构探伤、防火厚度及其他专项检测报告编目。

三、钢构件防火涂层厚度检验报告目录及实例

1. 钢构件防火涂层厚度检验报告目录

(钢结构工程)检验报告目录								
工程名称	××办公楼工程		资料类别		钢构件防火涂层厚度抽检报告			
序号	检验代表部位	检验类型	试验编号	结论	试验日期	检测单位	页次	备注
1	F5层钢构件防火涂装施工厚度抽检	涂层厚度(厚型)	××-××	合格	2015.04.20	××检测中心	1~3	—
2	F6层钢构件防火涂装施工厚度抽检	涂层厚度(厚型)	××-××	合格	2015.04.24	××检测中心	4~8	—
3	F4层钢构件防火涂装施工厚度抽检	涂层厚度(厚型)	××-××	合格	2015.05.11	××检测中心	9~12	—
4	F7层钢构件防火涂装施工厚度抽检	涂层厚度(厚型)	××-××	合格	2015.05.12	××检测中心	13~16	—
5	F8~F9层钢构件防火涂装施工厚度抽检	涂层厚度(厚型)	××-××	合格	2015.05.13	××检测中心	17~22	—
…	…							

注:本表适用于专项检测报告编目(如复合地基、桩基承载力检测、后置埋件拉拔试验检测、室内环境检测、节能保温检验、防火厚度检测等。)

2. 钢构件防火涂层厚度检验报告实例

(可参考本书相应实例,本处实例略。)

四、备考表

(表略。)

第十三节　第13卷C7施工质量验收记录(1)

一、案卷封面、卷内目录实例

1. 案卷封面实例

工　程　资　料

工程名称：××工程

案卷题名：建筑与结构——钢结构工程

C7施工质量验收记录(1)　钢结构零部件加工、焊接、焊钉焊接、组装分项工程检验批质量验收记录

编制单位：××钢结构安装公司

技术主管：×××

编制日期：自　2014　年　5　月　15　日起至　2015　年　11　月9日　止

保管期限：　　　　密级：

保存档号：

共　　册　　　第　　册

2. 卷内目录实例

工程资料卷内目录

工程名称	××办公楼工程		资料类别	C7 施工质量验收记录(1)		
序号	案卷内容题名	原编字号	编制单位	编制日期	页次	备注
1	钢结构零部件加工分项工程检验批质量验收记录	××—××	××钢结构公司	2014.05.15～2015.10.10	1～62	—
2	钢构件制作焊接分项工程检验批质量验收记录	××—××	××钢结构公司	2014.06.20～2015.11.09	63～125	—
3	钢构件制作焊钉(栓钉)焊接分项工程检验批质量验收记录	××—××	××钢结构公司	2014.07.08～2015.10.18	126～288	—
4	钢构件组装分项工程检验批质量验收记录	××—××	××钢结构公司	2014.07.08～2015.10.18	189～250	—

二、钢结构零部件加工检验批质量验收记录目录及实例

1.钢结构零部件加工检验批质量验收记录目录

质量验收记录目录					
工程名称	××办公楼工程	资料类别	钢结构、部件加工分项工程检验批质量验收记录		
序号	验收部位(内容摘要)	编制单位	验收日期	页次	备注
1	地脚螺栓 ϕ16×600mm、ϕ25×680mm 等钢构零、部件施工检验批质量验收	××钢结构安装公司	2014.05.15	1	—
2	钢构预埋件加工检验批质量验收	××钢结构安装公司	2014.06.20	2	—
3	角钢、边模 80×6、70×6、120×350×1.5、120×400×3.4 等零、部件加工检验批质量验收	××钢结构安装公司	2014.06.22	3	—
4	角钢、边模、支撑 150×120×1.5、120×350×1.5、120×50×3.4 等零、部件加工检验批质量验收	××钢结构安装公司	2014.06.23	4	—
5	钢柱 AZ-B28-1、AZ-B29-1、AZ-C28-1、AZ-C29-1 等零、部件加工检验批质量验收	××钢结构安装公司	2014.07.06	5	—
…	…				

注:本表适用于 C7 施工质量验收记录编目。

2.钢结构零部件加工检验批质量验收记录实例

(可参考本书相应实例,本处实例略。)

三、钢构件制作焊接检验批质量验收记录目录及实例

1. 钢构件制作焊接检验批质量验收记录目录

质量验收记录目录					
工程名称	××办公楼工程	资料类别	钢构件制作焊接分项工程检验批质量验收记录		
序号	验收部位(内容摘要)	编制单位	验收日期	页次	备注
1	钢构预埋件制作焊接检验批质量验收	××钢结构安装公司	2014.06.20	1	—
2	角钢、边模 80×6、70×6、120×350×1.5、120×400×3.4 等零、部件制作焊接检验批质量验收	××钢结构安装公司	2014.06.22	2	—
3	角钢、边模、支撑 150×120×1.5、120×350×1.5、120×50×3.4 等零、部件制作焊接检验批质量验收	××钢结构安装公司	2014.06.23	3	—
4	钢柱 AZ-B28-1、AZ-B29-1、AZ-C28-1、AZ-C29-1 等零、部件制作焊接检验批质量验收	××钢结构安装公司	2014.07.06	4	—
…	…				

注:本表适用于 C7 施工质量验收记录编目。

2. 钢构件制作焊接检验批质量验收记录实例

(可参考本书相应实例,本处实例略。)

四、钢构件制作焊钉(栓钉)焊接检验批质量验收记录目录及实例

1. 钢构件制作焊钉(栓钉)焊接检验批质量验收记录目录

<table>
<tr><th colspan="6">质量验收记录目录</th></tr>
<tr><td>工程名称</td><td>××办公楼工程</td><td>资料类别</td><td colspan="3">钢构件制作焊钉(栓钉)焊接分项工程检验批质量验收记录</td></tr>
<tr><td>序号</td><td>验收部位(内容摘要)</td><td>编制单位</td><td>验收日期</td><td>页次</td><td>备注</td></tr>
<tr><td>1</td><td>钢柱AZ-B28-1、AZ-B29-1、AZ-C28-1、AZ-C29-1等零、部件制作焊钉(栓钉)焊接检验批质量验收</td><td>××钢结构安装公司</td><td>2014.07.08</td><td>1</td><td>—</td></tr>
<tr><td>2</td><td>钢柱AZ-F28、AZ-E28-1、GZ-A30-1等零、部件制作焊钉(栓钉)焊接检验批质量验收</td><td>××钢结构安装公司</td><td>2014.07.12</td><td>2</td><td>—</td></tr>
<tr><td>3</td><td>钢柱AZ-F28、AZ-E27、AZ-F29、AZ-E29等零、部件制作焊钉(栓钉)焊接检验批质量验收</td><td>××钢结构安装公司</td><td>2014.07.14</td><td>3</td><td>—</td></tr>
<tr><td>4</td><td>钢柱AZ-F26、AZ-E27、AZ-F29、AZ-E29等零、部件制作焊钉(栓钉)焊接检验批质量验收</td><td>××钢结构安装公司</td><td>2014.07.15</td><td>4</td><td>—</td></tr>
<tr><td>5</td><td>钢梁A-01G5-10、A-01G5-43钢柱AZ-B19、AZ-B20、AZ-C19、AZ-C20等零、部件制作焊钉(栓钉)焊接检验批质量验收</td><td>××钢结构安装公司</td><td>2014.07.17</td><td>5</td><td>—</td></tr>
<tr><td>…</td><td>…</td><td></td><td></td><td></td><td></td></tr>
<tr><td></td><td></td><td></td><td></td><td></td><td></td></tr>
<tr><td></td><td></td><td></td><td></td><td></td><td></td></tr>
<tr><td></td><td></td><td></td><td></td><td></td><td></td></tr>
<tr><td></td><td></td><td></td><td></td><td></td><td></td></tr>
<tr><td></td><td></td><td></td><td></td><td></td><td></td></tr>
<tr><td></td><td></td><td></td><td></td><td></td><td></td></tr>
</table>

注:本表适用于C7施工质量验收记录编目。

2. 钢构件制作焊钉(栓钉)焊接检验批质量验收记录实例

(可参考本书相应实例,本处实例略。)

五、钢构件组装检验批质量验收记录目录及实例

1. 钢构件组装检验批质量验收记录目录

质量验收记录目录					
工程名称	××办公楼工程	资料类别	钢构件组装分项工程检验批质量验收记录		
序号	验收部位(内容摘要)	编制单位	验收日期	页次	备注
1	钢柱 AZ-B28-1、AZ-B29-1、AZ-C28-1、AZ-C29-1 等零、部件组装检验批质量验收	××钢结构安装公司	2014.07.08	1	—
2	钢柱 AZ-F28、AZ-E28-1、GZ-A30-1 等零、部件组装检验批质量验收	××钢结构安装公司	2014.07.12	2	—
3	钢柱 AZ-F28、AZ-E27、AZ-F29、AZ-E29 等零、部件组装检验批质量验收	××钢结构安装公司	2014.07.14	3	—
4	钢柱 AZ-F26、AZ-E27、AZ-F29、AZ-E29 等零、部件组装检验批质量验收	××钢结构安装公司	2014.07.15	4	—
5	钢梁 A-01G5-10、A-01G5-43 钢柱 AZ-B19、AZ-B20、AZ-C19、AZ-C20 等零、部件制作焊钉(栓钉)焊接检验批质量验收	××钢结构安装公司	2014.07.17	5	—
…	…				

注:本表适用于 C7 施工质量验收记录编目。

2. 钢构件组装检验批质量验收记录实例

(可参考本书相应实例,本处实例略。)

六、备考表

(表略。)

第十四节　第 14 卷 C7 施工质量验收记录(2)

一、案卷封面、卷内目录实例

1. 案卷封面实例

工　程　资　料

工程名称：××工程

案卷题名：建筑与结构——钢结构工程

C7 施工质量验收记录(2)　高层钢结构安装、焊接、高强度螺栓连接、焊钉焊接、压型板安装、防腐、防火分项检验批质量验收记录、子分部验收

编制单位：××钢结构安装公司

技术主管：×××

编制日期：自 2014 年 7 月 21 日起至 2015 年 11 月 16 日 止

保管期限：　　　　密级：

保存档号：

共　　册　　　第　　册

2. 卷内目录实例

工程资料卷内目录

工程名称		××办公楼工程	资料类别	C7 施工质量验收记录(2)		
序号	案卷内容题名	原编字号	编制单位	编制日期	页次	备注
1	高层钢结构安装分项工程检验批质量验收记录	—	××钢结构安装公司	2014.07.21～2015.04.28	1～98	—
2	钢结构安装焊接分项工程检验批质量验收记录	—	××钢结构安装公司	2014.07.21～2015.04.28	99～196	—
3	高强度螺栓连接分项工程检验批质量验收记录	—	××钢结构安装公司	2014.07.21～2015.04.25	197～289	—
4	焊钉(栓钉)焊接分项工程检验批质量验收记录	—	××钢结构安装公司	2014.07.21～2015.04.25	290～387	—
5	压型金属分项工程检验批质量验收记录	—	××钢结构安装公司	2014.10.20～2015.04.30	388～413	—
6	防腐涂料涂装分项工程检验批质量验收记录	—	××钢结构安装公司	2015.03.24～2015.10.17	414～438	—
7	防火涂料涂装分项工程检验批质量验收记录	—	××钢结构安装公司	2015.04.20～2015.10.21	439～480	—
8	钢结构子分部工程质量验收记录	—	××钢结构安装公司	2015.11.16	481	—

二、高层钢结构安装检验批质量验收记录目录及实例

1. 高层钢结构安装检验批质量验收记录目录

质量验收记录目录					
工程名称	××办公楼工程	资料类别	高层钢结构安装分项工程检验批质量验收记录		
序号	施工部位(内容摘要)	编制单位	验收日期	页次	备注
1	核心筒T1节箱形钢柱安装(Ⓑ～Ⓒ/㉘～㉙轴)检验批质量验收	××钢结构安装公司	2014.07.21	1	—
2	核心筒T1节箱形钢柱安装(Ⓔ～Ⓕ/㉖～㉙轴)检验批质量验收	××钢结构安装公司	2014.07.29	2	—
3	核心筒T2节箱形钢柱安装(Ⓑ～Ⓒ/㉘～㉙轴)检验批质量验收	××钢结构安装公司	2014.08.07	3	—
4	外框架T1节箱形钢柱安装(Ⓐ～Ⓓ/㉘～㉚、Ⓕ～Ⓖ/㉔～㉚轴)检验批质量验收	××钢结构安装公司	2014.08.07	4	—
5	核心筒T2节箱形钢柱安装(Ⓔ～Ⓕ/㉖～㉙轴)检验批质量验收	××钢结构安装公司	2014.08.09	5	—
6	外框架T1节箱形钢柱安装(Ⓐ～Ⓓ/①㉔～㉗、Ⓔ/㉔～㉚轴)检验批质量验收	××钢结构安装公司	2014.08.17	6	—
…	…				

注：本表适用于C7施工质量验收记录编目。

2. 高层钢结构安装检验批质量验收记录实例

(可参考本书相应实例，本处实例略。)

三、钢结构安装焊接检验批质量验收记录目录

质量验收记录目录					
工程名称	××办公楼工程	资料类别	钢结构安装焊接分项工程检验批质量验收记录		
序号	施工部位(内容摘要)	编制单位	验收日期	页次	备注
1	核心筒T1节箱形钢柱安装(Ⓑ～Ⓒ/㉘～㉙轴)焊接检验批质量验收	××钢结构安装公司	2014.07.21	1	—
2	核心筒T1节箱形钢柱安装(Ⓔ～Ⓕ/㉖～㉙轴)焊接检验批质量验收	××钢结构安装公司	2014.07.29	2	—
3	核心筒T2节箱形钢柱安装(Ⓑ～Ⓒ/㉘～㉙轴)焊接检验批质量验收	××钢结构安装公司	2014.08.07	3	—
4	外框架T1节箱形钢柱安装(Ⓐ～Ⓓ/㉘～㉚、Ⓕ～Ⓖ/㉔～㉚轴)焊接检验批质量验收	××钢结构安装公司	2014.08.07	4	—
5	核心筒T2节箱形钢柱安装(Ⓔ～Ⓕ/㉖～㉙轴)焊接检验批质量验收	××钢结构安装公司	2014.08.09	5	—
6	外框架T1节箱形钢柱安装(Ⓐ～Ⓓ/①㉔～㉗、Ⓔ/㉔～㉚轴)焊接检验批质量验收	××钢结构安装公司	2014.08.17	6	—
…	…				

注:本表适用于C7施工质量验收记录编目。

四、高强度螺栓连接检验批质量验收记录目录及实例

1. 高强度螺栓连接检验批质量验收记录目录

<table>
<tr><th colspan="6">质量验收记录目录</th></tr>
<tr><td>工程名称</td><td>××办公楼工程</td><td>资料类别</td><td colspan="3">高强度螺栓连接分项工程检验批质量验收记录</td></tr>
<tr><td>序号</td><td>施工部位（内容摘要）</td><td>编制单位</td><td>验收日期</td><td>页次</td><td>备注</td></tr>
<tr><td>1</td><td>核心筒T1节箱形钢柱安装（Ⓑ～Ⓒ/㉘～㉙轴）高强度螺栓连接检验批质量验收</td><td>××钢结构安装公司</td><td>2014.07.21</td><td>1</td><td>—</td></tr>
<tr><td>2</td><td>核心筒T1节箱形钢柱安装（Ⓔ～Ⓕ/㉖～㉙轴）高强度螺栓连接检验批质量验收</td><td>××钢结构安装公司</td><td>2014.07.29</td><td>2</td><td>—</td></tr>
<tr><td>3</td><td>核心筒T2节箱形钢柱安装（Ⓑ～Ⓒ/㉘～㉙轴）高强度螺栓连接检验批质量验收</td><td>××钢结构安装公司</td><td>2014.08.07</td><td>3</td><td>—</td></tr>
<tr><td>4</td><td>外框架T1节箱形钢柱安装（Ⓐ～Ⓓ/㉘～㉚、Ⓕ～Ⓖ/㉔～㉚轴）高强度螺栓连接检验批质量验收</td><td>××钢结构安装公司</td><td>2014.08.07</td><td>4</td><td>—</td></tr>
<tr><td>5</td><td>核心筒T2节箱形钢柱安装（Ⓔ～Ⓕ/㉖～㉙轴）高强度螺栓连接检验批质量验收</td><td>××钢结构安装公司</td><td>2014.08.09</td><td>5</td><td>—</td></tr>
<tr><td>6</td><td>外框架T1节箱形钢柱安装（Ⓐ～Ⓓ/①㉔～㉗、Ⓔ/㉔～㉚轴）高强度螺栓连接检验批质量验收</td><td>××钢结构安装公司</td><td>2014.08.17</td><td>6</td><td>—</td></tr>
<tr><td>…</td><td>…</td><td></td><td></td><td></td><td></td></tr>
<tr><td></td><td></td><td></td><td></td><td></td><td></td></tr>
<tr><td></td><td></td><td></td><td></td><td></td><td></td></tr>
<tr><td></td><td></td><td></td><td></td><td></td><td></td></tr>
<tr><td></td><td></td><td></td><td></td><td></td><td></td></tr>
</table>

注：本表适用于C7施工质量验收记录编目。

2. 高强度螺栓连接检验批质量验收记录实例

（可参考本书相应实例，本处实例略。）

五、焊钉(栓钉)焊接检验批质量验收记录目录

质量验收记录目录					
工程名称	××办公楼工程	资料类别	钢构件安装焊钉(栓钉)焊接分项工程检验批质量验收记录		
序号	施工部位(内容摘要)	编制单位	验收日期	页次	备注
1	核心筒T1节箱形钢柱安装(Ⓑ～Ⓒ/㉘～㉙轴)焊钉焊接检验批质量验收	××钢结构安装公司	2014.07.21	1	—
2	核心筒T1节箱形钢柱安装(Ⓔ～Ⓕ/㉖～㉙轴)焊钉焊接检验批质量验收	××钢结构安装公司	2014.07.29	2	—
3	核心筒T2节箱形钢柱安装(Ⓑ～Ⓒ/㉘～㉙轴)焊钉焊接检验批质量验收	××钢结构安装公司	2014.08.07	3	—
4	外框架T1节箱形钢柱安装(Ⓐ～Ⓓ/㉘～㉚、Ⓕ～Ⓖ/㉔～㉚轴)焊钉焊接检验批质量验收	××钢结构安装公司	2014.08.07	4	—
5	核心筒T2节箱形钢柱安装(Ⓔ～Ⓕ/㉖～㉙轴)焊钉焊接检验批质量验收	××钢结构安装公司	2014.08.09	5	—
6	外框架T1节箱形钢柱安装(Ⓐ～Ⓓ/①㉔～㉗、Ⓔ/㉔～㉚轴)焊钉焊接检验批质量验收	××钢结构安装公司	2014.08.17	6	—
…	…				

注:本表适用于C7施工质量验收记录编目。

六、压型钢板检验批质量验收记录目录及实例

1. 压型钢板检验批质量验收记录目录

<table>
<tr><td colspan="6">质量验收记录目录</td></tr>
<tr><td>工程名称</td><td>××办公楼工程</td><td>资料类别</td><td colspan="3">压型金属板分项工程
检验批质量验收记录</td></tr>
<tr><td>序号</td><td>施工部位(内容摘要)</td><td>编制单位</td><td>验收日期</td><td>页次</td><td>备注</td></tr>
<tr><td>1</td><td>F1层压型钢板铺设(Ⓐ～Ⓑ/①/㉔～㉚、Ⓑ～Ⓓ/①/㉔～㉚、Ⓓ～Ⓔ/㉔～㉚、Ⓔ～Ⓕ/㉔～㉖、Ⓕ～Ⓖ/㉔～㉗轴)检验批质量验收</td><td>××钢结构安装公司</td><td>2014.10.20</td><td>1</td><td>—</td></tr>
<tr><td>2</td><td>F1层压型钢板铺设(Ⓑ～Ⓒ/㉗～㉘、Ⓕ～Ⓖ/㉗～㉚轴)检验批质量验收</td><td>××钢结构安装公司</td><td>2014.11.03</td><td>2</td><td>—</td></tr>
<tr><td>3</td><td>F2层压型钢板铺设(Ⓐ～Ⓒ/㉔～㉚轴)检验批质量验收</td><td>××钢结构安装公司</td><td>2014.11.07</td><td>3</td><td>—</td></tr>
<tr><td>4</td><td>F3层压型钢板铺设(Ⓐ～Ⓒ/①/㉔～㉚轴及A轴以西、G轴以东、㉚轴)检验批质量验收</td><td>××钢结构安装公司</td><td>2014.12.03</td><td>4</td><td>—</td></tr>
<tr><td>5</td><td>F3层压型钢板铺设(Ⓕ～Ⓖ/㉔～㉚轴及A轴以西、G轴以东、㉚轴)检验批质量验收</td><td>××钢结构安装公司</td><td>2014.12.05</td><td>5</td><td>—</td></tr>
<tr><td>6</td><td>F4层压型钢板铺设(Ⓐ～Ⓖ/㉔～㉚轴及A轴以西、G轴以东、㉚轴)检验批质量验收</td><td>××钢结构安装公司</td><td>2015.01.08</td><td>6</td><td>—</td></tr>
<tr><td>…</td><td>…</td><td></td><td></td><td></td><td></td></tr>
<tr><td></td><td></td><td></td><td></td><td></td><td></td></tr>
<tr><td></td><td></td><td></td><td></td><td></td><td></td></tr>
<tr><td></td><td></td><td></td><td></td><td></td><td></td></tr>
<tr><td></td><td></td><td></td><td></td><td></td><td></td></tr>
<tr><td></td><td></td><td></td><td></td><td></td><td></td></tr>
<tr><td></td><td></td><td></td><td></td><td></td><td></td></tr>
</table>

注：本表适用于C7施工质量验收记录编目。

2. 压型钢板检验批质量验收记录实例

（可参考本书相应实例，本处实例略。）

七、防腐涂料涂装检验批质量验收记录目录及实例

1. 防腐涂料涂装检验批质量验收记录目录

<table>
<tr><th colspan="7">质量验收记录目录</th></tr>
<tr><td colspan="2">工程名称</td><td>××办公楼工程</td><td>资料类别</td><td colspan="3">防腐涂料涂装分项工程
检验批质量验收记录</td></tr>
<tr><td>序号</td><td colspan="2">施工部位(内容摘要)</td><td>编制单位</td><td>验收日期</td><td>页次</td><td>备注</td></tr>
<tr><td>1</td><td colspan="2">F4层主次梁、柱连接节点、预埋件(Ⓐ～Ⓖ/㉔～㉚及A轴以西、G轴以东、30轴以南悬挑，标高＋18.400m)防腐检验批质量验收</td><td>××钢结构安装公司</td><td>2014.03.24</td><td>1</td><td>—</td></tr>
<tr><td>2</td><td colspan="2">F5层主次梁、柱连接节点、预埋件(Ⓐ～Ⓖ/㉔～㉚及A轴以西、G轴以东、30轴以南悬挑，标高＋22.300m)防腐检验批质量验收</td><td>××钢结构安装公司</td><td>2014.03.26</td><td>2</td><td>—</td></tr>
<tr><td>3</td><td colspan="2">F6层主次梁、柱连接节点、预埋件(Ⓐ～Ⓖ/㉔～㉚及A轴以西、G轴以东、30轴以南悬挑，标高＋26.200m)防腐检验批质量验收</td><td>××钢结构安装公司</td><td>2014.04.03</td><td>3</td><td>—</td></tr>
<tr><td>4</td><td colspan="2">F7层主次梁、柱连接节点、预埋件(Ⓐ～Ⓖ/㉔～㉚及A轴以西、G轴以东、30轴以南悬挑，标高＋30.100m)防腐检验批质量验收</td><td>××钢结构安装公司</td><td>2014.04.20</td><td>4</td><td>—</td></tr>
<tr><td>5</td><td colspan="2">F8层主次梁、柱连接节点、预埋件(Ⓐ～Ⓖ/㉔～㉚及A轴以西、G轴以东、30轴以南悬挑，标高＋34.000m)防腐检验批质量验收</td><td>××钢结构安装公司</td><td>2014.04.25</td><td>5</td><td>—</td></tr>
<tr><td>6</td><td colspan="2">F9层主次梁、柱连接节点、预埋件(Ⓐ～Ⓖ/㉔～㉚及A轴以西、G轴以东、30轴以南悬挑，标高＋37.900m)防腐检验批质量验收</td><td>××钢结构安装公司</td><td>2015.04.29</td><td>6</td><td>—</td></tr>
<tr><td>…</td><td colspan="2">…</td><td></td><td></td><td></td><td></td></tr>
<tr><td></td><td colspan="2"></td><td></td><td></td><td></td><td></td></tr>
<tr><td></td><td colspan="2"></td><td></td><td></td><td></td><td></td></tr>
</table>

注：本表适用于C7施工质量验收记录编目。

2. 防腐涂料涂装检验批质量验收记录实例

（可参考本书相应实例，本处实例略。）

八、防火涂料涂装检验批质量验收记录目录

质量验收记录目录					
工程名称	××办公楼工程	资料类别	防火涂料涂装工程检验批质量验收记录		
序号	施工部位(内容摘要)	编制单位	验收日期	页次	备注
1	F5层钢构件防火涂装(Ⓐ～Ⓖ/㉔～㉚及A轴以西、G轴以东、30轴以南悬挑,标高＋22.300m)防腐检验批质量验收	××钢结构安装公司	2014.04.20	1	—
2	F6层钢构件防火涂装(Ⓐ～Ⓖ/㉔～㉚及A轴以西、G轴以东、30轴以南悬挑,标高＋26.200m)防腐检验批质量验收	××钢结构安装公司	2014.04.24	2	—
3	F4层钢构件防火涂装(Ⓐ～Ⓖ/㉔～㉚及A轴以西、G轴以东、30轴以南悬挑,标高＋18.400m)防腐检验批质量验收	××钢结构安装公司	2014.05.11	3	—
4	F7层钢构件防火涂装(Ⓐ～Ⓖ/㉔～㉚及A轴以西、G轴以东、30轴以南悬挑,标高＋30.100m)防腐检验批质量验收	××钢结构安装公司	2014.05.11	4	—
5	F8层钢构件防火涂装(Ⓐ～Ⓖ/㉔～㉚及A轴以西、G轴以东、30轴以南悬挑,标高＋34.000m)防腐检验批质量验收	××钢结构安装公司	2015.05.11	5	—
6	F9层钢构件防火涂装(Ⓐ～Ⓖ/㉔～㉚及A轴以西、G轴以东、30轴以南悬挑,标高＋37.900m)防腐检验批质量验收	××钢结构安装公司	2015.05.11	6	—
7	F4～F5层钢构件防火涂装(Ⓒ～Ⓔ/㉘～㉚,标高＋22.300m)检验批质量验收	××钢结构安装公司	2015.05.18	7	—
…	…				

注:本表适用于C7施工质量验收记录编目。

九、钢结构子分部工程质量验收记录实例

(可参考本书相应实例,本处实例略。)

十、备考表

(表略。)

附录　工程资料类别、来源及保存

工程资料类别	工程资料名称		工程资料来源	工程资料保存			
				施工单位	监理单位	建设单位	城建档案馆
A类	工程准备阶段文件						
A1类	决策立项文件	项目建议书	建设单位			●	●
		项目建议书的批复文件	建设行政管理部门			●	●
		可行性研究报告及附件	建设单位			●	●
		可行性研究报告的批复文件	建设行政管理部门			●	●
		关于立项的会议纪要、领导批示	建设单位			●	●
		工程立项的专家建议资料	建设单位			●	●
		项目评估研究资料	建设单位			●	●
A2类	建设用地文件	选址申请及选址规划意见通知书	建设单位 规划部门			●	●
		建设用地批准文件	土地行政管理部门			●	●
		拆迁安置意见、协议、方案等	建设单位			●	●
		建设用地规划许可证及其附件	规划行政管理部门			●	●
		国有土地使用证	土地行政管理部门			●	●
		划拨建设用地文件	土地行政管理部门			●	●
A3类	勘察设计文件	岩土工程勘察报告	勘察单位	●	●	●	●
		建设用地钉桩通知单(书)	规划行政管理部门	●	●	●	●
		地形测量和拨地测量成果报告	测绘单位			●	●
		审定设计方案通知书及审查意见	规划行政管理部门			●	●
		审定设计方案通知书要求征求有关部门的审查意见和要求取得的有关协议	有关部门			●	●
		初步设计图及设计说明	设计单位			●	
		消防设计审核意见	公安机关消防机构	○	○	●	●
		施工图设计文件审查通知书及审查报告	施工图审查机构	○	○	●	●
		施工图及设计说明	设计单位	○	○	●	

续表

工程资料类别	工程资料名称		工程资料来源	工程资料保存			
				施工单位	监理单位	建设单位	城建档案馆
A4类	招投标及合同文件	勘察招投标文件	建设单位 勘察单位			●	
		勘察合同*	建设单位 勘察单位			●	●
		设计招投标文件	建设单位 设计单位			●	
		设计合同*	建设单位 设计单位			●	●
		监理招投标文件	建设单位 监理单位		●	●	
		委托监理合同*	建设单位 监理单位		●	●	●
		施工招投标文件	建设单位 施工单位	●	○	●	
		施工合同*	建设单位 施工单位	●	○	●	●
A5类	开工文件	建设项目列入年度计划的申报文件	建设单位			●	●
		建设项目列入年度计划的批复文件或年度计划项目表	建设行政管理部门			●	●
		规划审批申报表及报送的文件和图纸	建设单位 设计单位			●	
		建设工程规划许可证及其附件	规划部门			●	●
		建设工程施工许可证及其附件	建设行政管理部门	●	●	●	●
		工程质量安全监督注册登记	质量监督机构	○	○	●	●
		工程开工前的原貌影像资料	建设单位	●	●	●	●
		施工现场移交单	建设单位	○	○	○	
A6类	商务文件	工程投资估算资料	建设单位			●	
		工程设计概算资料	建设单位			●	
		工程施工图预算资料	建设单位			●	
A类其他资料							
B类	监理资料						
B1类	监理管理资料	监理规划	监理单位		●	●	●
		监理实施细则	监理单位	○	●	●	●
		监理月报	监理单位		●	●	
		监理会议纪要	监理单位	○	●	●	
		监理工作日志	监理单位		●		

续表

工程资料类别	工程资料名称		工程资料来源	工程资料保存			
				施工单位	监理单位	建设单位	城建档案馆
B1类	监理管理资料	监理工作总结	监理单位		●	●	●
		工作联系单	监理单位 施工单位	○	○		
		监理工程师通知	监理单位	○	○		
		监理工程师通知回复单*	施工单位	○	○		
		工程暂停令	监理单位	○	○	○	●
		工程复工报审表*	施工单位	●	●	●	●
B2类	进度控制资料	工程开工报审表*	施工单位	●	●	●	●
		施工进度计划报审表*	施工单位	○	○		
B3类	质量控制资料	质量事故报告及处理资料	施工单位	●	●	●	●
		旁站监理记录*	监理单位	○	●	●	
		见证取样和送检见证人员备案表	监理单位或建设单位	●	●	●	
		见证记录*	监理单位	●	●	●	
		工程技术文件报审表*	施工单位	○	○		
B4类	造价控制资料	工程款支付申请表	施工单位	○	○	●	
		工程款支付证书	监理单位	○	○	●	
		工程变更费用报审表*	施工单位	○	○	●	
		费用索赔申请表	施工单位	○	○	●	
		费用索赔审批表	监理单位	○	○	●	
B5类	合同管理资料	委托监理合同*	监理单位		●	●	●
		工程延期申请表	施工单位	●	●	●	●
		工程延期审批表	监理单位	●	●	●	●
		分包单位资质报审表*	施工单位	●	●	●	
B6类	竣工验收资料	单位(子单位)工程竣工预验收报验表*	施工单位	●	●	●	
		单位(子单位)工程质量竣工验收记录**	施工单位	●	●	●	●
		单位(子单位)工程质量控制资料核查记录*	施工单位	●	●	●	●
		单位(子单位)工程安全和功能检验资料核查及主要功能抽查记录*	施工单位	●	●	●	●
		单位(子单位)工程观感质量检查记录*	施工单位	●	●	●	●
		工程质量评估报告	监理单位	●	●	●	●
		监理费用决算资料	监理单位		○	●	
		监理资料移交书	监理单位		●	●	
B类其他资料							

续表

工程资料类别	工程资料名称		工程资料来源	工程资料保存			
				施工单位	监理单位	建设单位	城建档案馆
C类	施工资料						
C1类	施工管理资料	工程概况表	施工单位	●	●	●	●
C1类	施工管理资料	施工现场质量管理检查记录*	施工单位	○	○		
C1类	施工管理资料	企业资质证书及相关专业人员岗位证书	施工单位	○	○		
C1类	施工管理资料	分包单位资质报审表*	施工单位	●	●	●	
C1类	施工管理资料	建设工程质量事故调查、勘查记录	调查单位	●	●	●	●
C1类	施工管理资料	建设工程质量事故报告书	调查单位	●	●	●	●
C1类	施工管理资料	施工检测计划	施工单位	○	○		
C1类	施工管理资料	见证记录*	监理单位	●	●	●	
C1类	施工管理资料	见证试验检测汇总表	施工单位	●	●		
C1类	施工管理资料	施工日志	施工单位	●			
C1类	施工管理资料	监理工程师通知回复单*	施工单位	○	○		
C2类	施工技术资料	工程技术文件报审表*	施工单位	○	○		
C2类	施工技术资料	施工组织设计及施工方案	施工单位	○	○		
C2类	施工技术资料	危险性较大分部分项工程施工方案专家论证表	施工单位	○	○		
C2类	施工技术资料	技术交底记录	施工单位	○			
C2类	施工技术资料	图纸会审记录**	施工单位	●	●	●	●
C2类	施工技术资料	设计变更通知单*	设计单位	●	●	●	●
C2类	施工技术资料	工程洽商记录(技术核定单)**	施工单位	●	●	●	●
C3类	进度造价资料	工程开工报审表*	施工单位	●	●	●	●
C3类	进度造价资料	工程复工报审表*	施工单位	●	●	●	●
C3类	进度造价资料	施工进度计划报审表*	施工单位	○	○		
C3类	进度造价资料	施工进度计划	施工单位	○	○		
C3类	进度造价资料	人、机、料动态表	施工单位	○	○		
C3类	进度造价资料	工程延期申请表	施工单位	●	●	●	●
C3类	进度造价资料	工程款支付申请表	施工单位	○	○	●	
C3类	进度造价资料	工程变更费用报审表*	施工单位	○	○	●	
C3类	进度造价资料	费用索赔申请表*	施工单位	○	○	●	

续表

工程资料类别	工程资料名称		工程资料来源	工程资料保存			
				施工单位	监理单位	建设单位	城建档案馆
C4类	施工物资资料	出厂质量证明文件及检测报告					
		砂、石、砖、水泥、钢筋、隔热保温、防腐材料、轻集料出厂质量证明文件	施工单位	●	●	●	●
		其他物资出厂合格证、质量保证书、检测报告和报关单或商检证等	施工单位	●	○	○	
		材料、设备的相关检验报告、型式检测报告、3C强制认证合格证书或3C标志	采购单位	●	○	○	
		主要设备、器具的安装使用说明书	采购单位	●	○	○	
		进口的主要材料设备的商检证明文件	采购单位	●	○	●	●
		涉及消防、安全、卫生、环保、节能的材料、设备的检测报告或法定机构出具的有效证明文件	采购单位	●	●	●	
		进场检验通用表格					
		材料、构配件进场检验记录*	施工单位	○	○		
		设备开箱检验记录*	施工单位	○	○		
		设备及管道附件试验记录*	施工单位	●	○	●	
		进场复试报告					
		钢材试验报告	检测单位	●	●	●	●
		水泥试验报告	检测单位	●	●	●	●
		砂试验报告	检测单位	●	●	●	●
		碎(卵)石试验报告	检测单位	●	●	●	●
		外加剂试验报告	检测单位	●	●	○	●
		防水涂料试验报告	检测单位	●	○	●	
		防水卷材试验报告	检测单位	●	○	●	
		砖(砌块)试验报告	检测单位	●	●	●	●
		预应力筋复试报告	检测单位	●	●	●	●
		预应力锚具、夹具和连接器复试报告	检测单位	●	●	●	●
		装饰装修用门窗复试报告	检测单位	●	○	●	
		装饰装修用人造木板复试报告	检测单位	●	○	●	
		装饰装修用花岗石复试报告	检测单位	●	○	●	
		装饰装修用安全玻璃复试报告	检测单位	●	○	●	
		装饰装修用外墙面砖复试报告	检测单位	●	○	●	

续表

工程资料类别	工程资料名称		工程资料来源	工程资料保存			
				施工单位	监理单位	建设单位	城建档案馆
C4类	施工物资资料	钢结构用钢材复试报告	检测单位	●	●	●	●
		钢结构用防火涂料复试报告	检测单位	●	●	●	●
		钢结构用焊接材料复试报告	检测单位	●	●	●	●
		钢结构用高强度大六角头螺栓连接副复试报告	检测单位	●	●	●	●
		钢结构用扭剪型高强螺栓连接副复试报告	检测单位	●	●	●	●
		幕墙用铝塑板、石材、玻璃、结构胶复试报告	检测单位	●	●	●	●
		散热器、采暖系统保温材料、通风与空调工程绝热材料、风机盘管机组、低压配电系统电缆的见证取样复试报告	检测单位	●	○	●	
		节能工程材料复试报告	检测单位	●	●	●	
C5类	施工记录	通用表格					
		隐蔽工程验收记录*	施工单位	●	●	●	●
		施工检查记录	施工单位	○			
		交接检查记录	施工单位	○			
		专用表格					
		工程定位测量记录*	施工单位	●	●	●	●
		基槽验线记录	施工单位	●	●	●	●
		楼层平面放线记录	施工单位	○	○		
		楼层标高抄测记录	施工单位	○	○		
		建筑物垂直度、标高观测记录*	施工单位	●	○	●	
		沉降观测记录	建设单位委托测量单位提供	●	○	●	●
		基坑支护水平位移监测记录	施工单位	○	○		
		桩基、支护测量放线记录	施工单位	○	○		
		地基验槽记录**	施工单位	●	●	●	●
		地基钎探记录	施工单位	○	○	●	●
		混凝土浇灌申请书	施工单位	○	○		
		预拌混凝土运输单	施工单位	○			
		混凝土开盘鉴定	施工单位	○	○		
		混凝土拆模申请单	施工单位	○	○		

续表

工程资料类别		工程资料名称	工程资料来源	工程资料保存			
				施工单位	监理单位	建设单位	城建档案馆
C5类	施工记录	混凝土预拌测温记录	施工单位	○			
		混凝土养护测温记录	施工单位	○			
		大体积混凝土养护测温记录	施工单位	○			
		大型构件吊装记录	施工单位	○	○	●	●
		焊接材料烘焙记录	施工单位	○			
		地下工程防水效果检查记录*	施工单位	○	○	●	
		防水工程试水检查记录*	施工单位	○	○	●	
		通风(烟)道、垃圾道检查记录*	施工单位	○	○	●	
		预应力筋张拉记录	施工单位	●	○	●	●
		有黏结预应力结构灌浆记录	施工单位	●	○	●	●
		钢结构施工记录	施工单位	●	○	●	
		网架(索膜)施工记录	施工单位	●	○	●	●
		木结构施工记录	施工单位	●	○	●	
		幕墙注胶检查记录	施工单位	●	○	●	
		自动扶梯、自动人行道的相邻区域检查记录	施工单位	●	○	●	
		电梯电气装置安装检查记录	施工单位	●	○	●	
		自动扶梯、自动人行道电气装置检查记录	施工单位	●	○	●	
		自动扶梯、自动人行道整机安装质量检查记录	施工单位	●	○	●	
C6类	施工试验记录及检测报告	通用表格					
		设备单机试运转记录*	施工单位	●	○	●	●
		系统试运转调试记录*	施工单位	●	○	●	●
		接地电阻测试记录*	施工单位	●	○	●	●
		绝缘电阻测试记录*	施工单位	●	○	●	
		专用表格					
		建筑与结构工程					
		锚杆试验报告	检测单位	●	○	●	●
		地基承载力检验报告	检测单位	●	○	●	●
		桩基检测报告	检测单位	●	○	●	●
		土工击实试验报告	检测单位	●	○	●	●
		回填土试验报告(应附图)	检测单位	●	○	●	●

续表

工程资料类别	工程资料名称		工程资料来源	工程资料保存			
				施工单位	监理单位	建设单位	城建档案馆
C6类	施工试验记录及检测报告	钢筋机械连接试验报告	检测单位	●	○	●	●
		钢筋焊接连接试验报告	检测单位	●	○	●	●
		砂浆配合比申请单、通知单	施工单位	○	○		
		砂浆抗压强度试验报告	检测单位	●	○	●	●
		砌筑砂浆试块强度统计、评定记录	施工单位	●		●	●
		混凝土配合比申请单、通知单	施工单位	○	○		
		混凝土抗压强度试验报告	检测单位	●	○	●	●
		混凝土试块强度统计、评定记录	施工单位	●		●	●
		混凝土抗渗试验报告	检测单位	●	○	●	●
		砂、石、水泥放射性指标报告	施工单位	●	○	●	●
		混凝土碱总量计算书	施工单位	●	○	●	●
		外墙饰面砖样板黏结强度试验报告	检测单位	●	○	●	●
		后置埋件抗拔试验报告	检测单位	●	○	●	●
		超声波探伤报告、探伤记录	检测单位	●	○	●	●
		钢构件射线探伤报告	检测单位	●	○	●	●
		磁粉探伤报告	检测单位	●	○	●	●
		高强度螺栓抗滑移系数检测报告	检测单位	●	○	●	●
		钢结构焊接工艺评定	检测单位	○	○		
		网架节点承载力试验报告	检测单位	●	○	●	●
		钢结构防腐、防火涂料厚度检测报告	检测单位	●	○	●	●
		木结构胶缝试验报告	检测单位	●	○	●	
		木结构构件力学性能试验报告	检测单位	●	○	●	●
		木结构防护剂试验报告	检测单位	●	○	●	●
		幕墙双组分硅酮结构密封胶混匀性及拉断试验报告	检测单位	●	○	●	●
		幕墙的抗风压性能、空气渗透性能、雨水渗透性能及平面内变形性能检测报告	检测单位	●	○	●	●
		外门窗的抗风压性能、空气渗透性能和雨水渗透性能检测报告	检测单位	●	○	●	●
		墙体节能工程保温板材与基层黏结强度现场拉拔试验	检测单位	●	○	●	●

续表

工程资料类别	工程资料名称		工程资料来源	工程资料保存			
				施工单位	监理单位	建设单位	城建档案馆
C6类	施工试验记录及检测报告	外墙保温浆料同条件养护试件试验报告	检测单位	●	○	●	●
		结构实体混凝土强度检验记录*	施工单位	●	○	●	●
		结构实体钢筋保护层厚度检验记录*	施工单位	●	○	●	●
		围护结构现场实体检验	检测单位	●	○	●	
		室内环境检测报告	检测单位	●	○	●	
		节能性能检测报告	检测单位	●	○	●	●
		给排水及采暖工程					
		灌(满)水试验记录*	施工单位	○	○	●	
		强度严密性试验记录*	施工单位	●	○	●	●
		通水试验记录*	施工单位	○	○	●	
		冲(吹)洗试验记录*	施工单位	●	○	●	
		通球试验记录	施工单位	○	○	●	
		补偿器安装记录	施工单位	○	○		
		消火栓试射记录	施工单位	●	○	●	
		安全附件安装检查记录	施工单位	●	○		
		锅炉烘炉试验记录	施工单位	●	○		
		锅炉煮炉试验记录	施工单位	●	○		
		锅炉试运行记录	施工单位	●	○	●	
		安全阀定压合格证书	检测单位	●	○	●	
		自动喷水灭火系统联动试验记录	施工单位	●	○	●	●
		建筑电气工程					
		电气接地装置平面示意图表	施工单位	●	○	●	●
		电气器具通电安全检查记录	施工单位	○	○	●	
		电气设备空载试运行记录*	施工单位	●	○	●	●
		建筑物照明通电试运行记录	施工单位	●	○	●	●
		大型照明灯具承载试验记录*	施工单位	●	○	●	
		漏电开关模拟试验记录	施工单位	●	○	●	
		大容量电气线路结点测温记录	施工单位	●	○	●	
		低压配电电源质量测试记录	施工单位	●	○	●	
		建筑物照明系统照度测试记录	施工单位	○	○	●	

续表

工程资料类别		工程资料名称	工程资料来源	工程资料保存			
				施工单位	监理单位	建设单位	城建档案馆
C6类	施工试验记录及检测报告	智能建筑工程					
		综合布线测试记录*	施工单位	●	○	●	●
		光纤损耗测试记录*	施工单位	●	○	●	●
		视频系统末端测试记录*	施工单位	●	○	●	●
		子系统检测记录*	施工单位	●	○	●	●
		系统试运行记录*	施工单位	●	○	●	●
		通风与空调工程					
		风管漏光检测记录*	施工单位	○	○	●	
		风管漏风检测记录*	施工单位	●	○	●	
		现场组装除尘器、空调机漏风检测记录	施工单位	○	○		
		各房间室内风量测量记录	施工单位	●	○	●	
		管网风量平衡记录	施工单位	●	○	●	
		空调系统试运转调试记录	施工单位	●	○	●	●
		空调水系统试运转调试记录	施工单位	●	○	●	●
		制冷系统气密性试验记录	施工单位	●	○	●	●
		净化空调系统检测记录	施工单位	●	○	●	●
		防排烟系统联合试运行记录	施工单位	●	○	●	●
		电梯工程					
		轿厢平层准确度测量记录	施工单位	○	○	●	
		电梯层门安全装置检测记录	施工单位	●	○	●	
		电梯电气安全装置检测记录	施工单位	●	○	●	
		电梯整机功能检测记录	施工单位	●	○	●	
		电梯主要功能检测记录	施工单位	●	○	●	
		电梯负荷运行试验记录	施工单位	●	○	●	●
		电梯负荷运行试验曲线图表	施工单位	●	○	●	
		电梯噪声测试记录	施工单位	○	○	○	
		自动扶梯、自动人行道安全装置检测记录	施工单位	●	○	●	
		自动扶梯、自动人行道整机性能、运行试验记录	施工单位	●	○	●	●

续表

工程资料类别	工程资料名称		工程资料来源	工程资料保存			
				施工单位	监理单位	建设单位	城建档案馆
C7类	施工质量验收记录	检验批质量验收记录*	施工单位	○	○	●	
		分项工程质量验收记录*	施工单位	●	●	●	
		分部(子分部)工程质量验收记录**	施工单位	●	●	●	●
		建筑节能分部工程质量验收记录**	施工单位	●	●	●	●
		自动喷水系统验收缺陷项目划分记录	施工单位	●	○	○	
		程控电话交换系统分项工程质量验收记录	施工单位	●	○	●	
		会议电视系统分项工程质量验收记录	施工单位	●	○	●	
		卫星数字电视系统分项工程质量验收记录	施工单位	●	○	●	
		有线电视系统分项工程质量验收记录	施工单位	●	○	●	
		公共广播与紧急广播系统分项工程质量验收记录	施工单位	●	○	●	
		计算机网络系统分项工程质量验收记录	施工单位	●	○	●	
		应用软件系统分项工程质量验收记录	施工单位	●	○	●	
		网络安全系统分项工程质量验收记录	施工单位	●	○	●	
		空调与通风系统分项工程质量验收记录	施工单位	●	○	●	
		变配电系统分项工程质量验收记录	施工单位	●	○	●	
		公共照明系统分项工程质量验收记录	施工单位	●	○	●	
		给排水系统分项工程质量验收记录	施工单位	●	○	●	
		热源和热交换系统分项工程质量验收记录	施工单位	●	○	●	
		冷冻和冷却水系统分项工程质量验收记录	施工单位	●	○	●	
		电梯和自动扶梯系统分项工程质量验收记录	施工单位	●	○	●	
		数据通信接口分项工程质量验收记录	施工单位	●	○	●	
		中央管理工作站及操作分站分项工程质量验收记录	施工单位	●	○	●	
		系统实时性、可维护性、可靠性分项工程质量验收记录	施工单位	●	○	●	
		现场设备安装及检测分项工程质量验收记录	施工单位	●	○	●	
		火灾自动报警及消防联动系统分项工程质量验收记录	施工单位	●	○	●	
		综合防范功能分项工程质量验收记录	施工单位	●	○	●	
		视频安防监控系统分项工程质量验收记录	施工单位	●	○	●	
		入侵报警系统分项工程质量验收记录	施工单位	●	○	●	
		出入口控制(门禁)系统分项工程质量验收记录	施工单位	●	○	●	
		巡更管理系统分项工程质量验收记录	施工单位	●	○	●	

续表

工程资料类别	工程资料名称			工程资料来源	工程资料保存			
					施工单位	监理单位	建设单位	城建档案馆
C7类	施工质量验收记录		停车场(库)管理系统分项工程质量验收记录	施工单位	●	○	●	
			安全防范综合管理系统分项工程质量验收记录	施工单位	●	○	●	
			综合布线系统安装分项工程质量验收记录	施工单位	●	○	●	
			综合布线系统性能检测分项工程质量验收记录	施工单位	●	○	●	
			系统集成网络连接分项工程质量验收记录	施工单位	●	○	●	
			系统数据集成分项工程质量验收记录	施工单位	●	○	●	
			系统集成整体协调分项工程质量验收记录	施工单位	●	○	●	
			系统集成综合管理及冗余功能分项工程质量验收记录	施工单位	●	○	●	
			系统集成可维护性和安全性分项工程质量验收记录	施工单位	●	○	●	
			电源系统分项工程质量验收记录	施工单位	●	○	●	
C8类	竣工验收资料		工程竣工报告	施工单位	●	●	●	●
			单位(子单位)工程竣工预验收报验表*	施工单位	●	●	●	
			单位(子单位)工程质量竣工验收记录**	施工单位	●	●	●	●
			单位(子单位)工程质量控制资料核查记录*	施工单位	●	●	●	●
			单位(子单位)工程安全和功能检验资料核查及主要功能抽查记录*	施工单位	●	●	●	●
			单位(子单位)工程观感质量检查记录**	施工单位	●	●	●	●
			施工决算资料	施工单位	○	○	●	
			施工资料移交书	施工单位	●		●	
			房屋建筑工程质量保修书	施工单位	●	●	●	
C类其他资料								
D类	竣工图							
D类	竣工图	建筑与结构竣工图	建筑竣工图	编制单位	●		●	●
			结构竣工图	编制单位	●		●	●
			钢结构竣工图	编制单位	●		●	●
		建筑装饰与装修竣工图	幕墙竣工图	编制单位	●		●	●
			室内装饰竣工图	编制单位	●		●	
			建筑给水、排水与采暖竣工图	编制单位	●		●	●
			建筑电气竣工图	编制单位	●		●	●
		智能建筑竣工图		编制单位	●		●	●

续表

工程资料类别	工程资料名称			工程资料来源	工程资料保存			
					施工单位	监理单位	建设单位	城建档案馆
D类	竣工图	通风与空调竣工图		编制单位	●		●	●
		室外工程竣工图	室外给水、排水、供热、供电、照明管线等竣工图	编制单位	●		●	●
			室外道路、园林绿化、花坛、喷泉等竣工图	编制单位	●		●	●
D类其他资料								
E类	工程竣工文件							
E1类	竣工验收文件	单位(子单位)工程质量竣工验收记录**		施工单位	●	●	●	●
		勘察单位工程质量检查报告		勘察单位	○	○	●	●
		设计单位工程质量检查报告		设计单位	○	○	●	●
		工程竣工验收报告		建设单位	●	●	●	●
		规划、消防、环保等部门出具的认可文件或准许使用文件		政府主管部门	●	●	●	●
		房屋建筑工程质量保修书		施工单位	●	●	●	
		住宅质量保证书、住宅使用说明书		建设单位			●	
		建设工程竣工验收备案表		建设单位	●	●	●	●
E2类	竣工决算文件	施工决算资料*		施工单位	○	○	●	
		监理费用决算资料*		监理单位		○	●	
E3类	竣工交档文件	工程竣工档案预验收意见		城建档案管理部门			●	●
		施工资料移交书*		施工单位	●		●	
		监理资料移交书*		监理单位		●	●	
		城市建设档案移交书		建设单位			●	
E4类	竣工总结文件	工程竣工总结		建设单位			●	●
		竣工新貌影像资料		建设单位	●		●	●
E类其他资料								

注：1. 表中工程资料名称与资料保存单位所对应的栏中“●”表示“归档保存”；“○”表示“过程保存”，是否归档保存可自行确定。

2. 表中注明“*”的表，宜由施工单位和监理或建设单位共同形成；表中注明“**”的表，宜由建设、设计、监理、施工等多方共同形成。

3. 勘察单位保存资料内容应包括工程地质勘察报告、勘察招投标文件、勘察合同、勘察单位工程质量检查报告以及勘察单位签署的有关质量验收记录等。

4. 设计单位保存资料内容应包括审定设计方案通知书及审查意见、审定设计方案通知书要求征求有关部门的审查意见和要求取得的有关协议、初步设计图及设计说明、施工图及设计说明、消防设计审核意见、施工图设计文件审查通知书及审查报告、设计招投标文件、设计合同、图纸会审记录、设计变更通知单、设计单位签署意见的工程洽商记录(包括技术核定单)、设计单位工程质量检查报告以及设计单位签署的有关质量验收记录。

参考文献

[1] 中华人民共和国住房和城乡建设部. 建筑工程资料管理规程:JGJ/T 185—2009[S]. 北京:中国建筑工业出版社,2010.

[2] 中华人民共和国住房和城乡建设部. 建筑工程文件归档规范:GB/T 50328—2014[S]. 北京:中国建筑工业出版社,2014.

[3]《建筑工程施工质量验收统一标准》GB 50300—2013 编写组. 建筑工程施工质量验收统一标准解读与资料编写指南[M]. 北京:中国建筑工业出版社,2014

[4] 中华人民共和国住房和城乡建设部. 钢结构工程施工质量验收规范:GB 50205—2001[S]. 北京:中国计划出版社,2002.

[5] 中华人民共和国住房和城乡建设部. 钢结构工程施工规范:GB 50755—2012[S]. 北京:中国建筑工业出版社,2012.

[6] 中华人民共和国住房和城乡建设部. 钢结构焊接规范:GB 50661—2011[S]. 北京:中国建筑工业出版社,2012.

[7] 中华人民共和国住房和城乡建设部. 建设工程施工现场供用电安全规范:GB 50194—2014[S]. 北京:中国计划出版社,2015.